Marketing

Reinhold Decker · Frank Kroll
Martin Meißner · Ralf Wagner

Marketing

Eine entscheidungsorientierte Einführung

Reinhold Decker
Universität Bielefeld
Bielefeld, Deutschland

Frank Kroll
Bielefeld, Deutschland

Martin Meißner
University of Southern Denmark
Esbjerg, Dänemark

Ralf Wagner
Universität Kassel
Kassel, Deutschland

ISBN 978-3-540-87455-3   ISBN 978-3-540-87456-0 (eBook)
DOI 10.1007/978-3-540-87456-0

Die Deutsche Nationalbibliothek verzeichnet diese Publikation in der Deutschen Nationalbibliografie; detaillierte bibliografische Daten sind im Internet über http://dnb.d-nb.de abrufbar.

Springer Gabler
© Springer-Verlag Berlin Heidelberg 2015
Das Werk einschließlich aller seiner Teile ist urheberrechtlich geschützt. Jede Verwertung, die nicht ausdrücklich vom Urheberrechtsgesetz zugelassen ist, bedarf der vorherigen Zustimmung des Verlags. Das gilt insbesondere für Vervielfältigungen, Bearbeitungen, Übersetzungen, Mikroverfilmungen und die Einspeicherung und Verarbeitung in elektronischen Systemen.
Die Wiedergabe von Gebrauchsnamen, Handelsnamen, Warenbezeichnungen usw. in diesem Werk berechtigt auch ohne besondere Kennzeichnung nicht zu der Annahme, dass solche Namen im Sinne der Warenzeichen- und Markenschutz-Gesetzgebung als frei zu betrachten wären und daher von jedermann benutzt werden dürften.
Der Verlag, die Autoren und die Herausgeber gehen davon aus, dass die Angaben und Informationen in diesem Werk zum Zeitpunkt der Veröffentlichung vollständig und korrekt sind. Weder der Verlag noch die Autoren oder die Herausgeber übernehmen, ausdrücklich oder implizit, Gewähr für den Inhalt des Werkes, etwaige Fehler oder Äußerungen.

Gedruckt auf säurefreiem und chlorfrei gebleichtem Papier

Springer Berlin Heidelberg ist Teil der Fachverlagsgruppe Springer Science+Business Media
(www.springer.com)

Vorwort

Das vorliegende Buch richtet sich an Studierende, die im Rahmen ihres Studiums Lehrveranstaltungen zum Thema Marketing besuchen, sowie an Marketingpraktiker, die ihr Methoden- und Modellwissen auffrischen möchten. Ziel ist es, dem Leser einen kompakten Einstieg in das entscheidungsorientierte Marketing zu ermöglichen. Besonderer Wert wird hierbei auf die Vermittlung eines elementaren Methoden- und Modellverständnisses gelegt. Der Leser soll auf diese Weise in die Lage versetzt werden, qualitatives Faktenwissen mit analytischen Denkprinzipien zu verbinden, um so profunde Marketingentscheidungen treffen oder vorbereiten zu können.

Die in den einzelnen Kapiteln behandelten Themenstellungen werden, der grundsätzlichen Zielsetzung des Buches folgend, sowohl unter qualitativen als auch quantitativen Gesichtspunkten behandelt. Die methoden- und modellbasierten Ansätze sollen einen Eindruck davon vermitteln, wie sich praktische Marketingprobleme mittels mathematischer Instrumente analysieren und einer systematischen Lösung zuführen lassen. Dabei steht weniger die umfassende Berücksichtigung aller eine reale Aufgabenstellung charakterisierenden Facetten als vielmehr der aus einer geeigneten Problemabstraktion resultierende strukturelle Erkenntnisgewinn im Vordergrund. Die betrachteten quantitativen Ansätze werden, soweit sinnvoll und möglich, anhand einfacher Rechenbeispiele veranschaulicht.

Bei der Erstellung und finalen Redigierung des Buches konnten wir auf die kompetente und engagierte Unterstützung durch verschiedene Personen zurückgreifen, denen wir an dieser Stelle unseren ausdrücklichen Dank aussprechen. In alphabetischer Reihenfolge sind dies *Frau Dipl.-Kffr. Janine Brase*, *Frau Martina Darkow*, *Frau Dipl.-Kffr. Nina Gemkow*, *Herr Dr. Ulrich Götte*, *Herr Dr. Malte Frederik Möller* sowie *Herr Dipl.-Kfm. Martin Walter*. Darüber hinaus gilt unser Dank all jenen Studierenden und studentischen Hilfskräften, die uns in den letzten Jahren durch ihre kritischen Fragen und konstruktiven Anregungen dazu motiviert haben, dieses Buch zu schreiben. Wir hoffen, dass wir die damit verbundenen Erwartungen einigermaßen befriedigen können.

Bielefeld, Esbjerg und Kassel, im September 2015
Reinhold Decker
Frank Kroll
Martin Meißner
Ralf Wagner

Inhaltsverzeichnis

Abbildungsverzeichnis XI

Tabellenverzeichnis XIII

1 Einführung in das Marketing 1
   1.1 Begriffsabgrenzung 1
   1.2 Entwicklungsphasen des Marketing 3
   1.3 Methoden und Modelle im Marketing 6

2 Marketingrelevante Grundlagen der Entscheidungstheorie 15
   2.1 Systematik von Entscheidungssituationen 15
   2.2 Ansätze der Entscheidungstheorie 18
      2.2.1 Grundmodell der normativen Entscheidungstheorie 18
      2.2.2 Präskriptive Entscheidungstheorie 21
      2.2.3 Deskriptive Entscheidungstheorie 33

3 Strategisches Marketing 39
   3.1 Grundlagen des strategischen Marketing 39
   3.2 Bewertung von Strategiealternativen 43
   3.3 Grundlegende Strategiemodelle 50
      3.3.1 Erfahrungskurve 51
      3.3.2 Produktlebenszyklus 54
      3.3.3 Portfolios und abgeleitete Normstrategien 57
   3.4 Formalisierte Entscheidungsunterstützung 60
      3.4.1 Analyse hierarchischer Entscheidungen 61
      3.4.2 Prinzipien des Entscheidens 66

4 Produktpolitik 69
   4.1 Grundlagen der Produktpolitik 69
      4.1.1 Produktgestaltung 71
      4.1.2 Produktpolitische Entscheidungsfelder 72

VIII Inhaltsverzeichnis

 4.2 Produktinnovation 72
  4.2.1 Planung von Innovationsprozessen mittels Kritischer-Pfad-Methode 73
  4.2.2 Generierung von Neuproduktideen 75
  4.2.3 Ideenbewertung und -selektion 77
  4.2.4 Wirtschaftlichkeitsanalyse 78
  4.2.5 Neuprodukttest 80
  4.2.6 Positionierung von Produkten im Markt 86
  4.2.7 Einführung und Diffusion von Neuprodukten 90
 4.3 Produktmodifikation 93
  4.3.1 Produktdifferenzierung versus Produktdiversifikation 94
  4.3.2 Produktliniengestaltung 95
 4.4 Produkteliminierung und Kaufverbundanalyse 103
 4.5 Entscheidungen im Rahmen der Markenpolitik 110
  4.5.1 Der Markenwert als Element markenpolitischer Entscheidungen 111
  4.5.2 Steuerung von Marken im Wettbewerb 114

5 Preispolitik 125
 5.1 Grundlagen der Preispolitik 126
  5.1.1 Ansatzpunkte zur Preisbestimmung 128
  5.1.2 Formen von Preis-Absatz-Funktionen 130
  5.1.3 Preiselastizität der Nachfrage 134
 5.2 Preisbildung auf Monopolmärkten 136
  5.2.1 Statische Preispolitik 137
  5.2.2 Dynamische Preispolitik 144
 5.3 Monopolistische Preisdifferenzierung 150
  5.3.1 Grundprinzip der Preisdifferenzierung 150
  5.3.2 Preisbündelung als Form der Preisdifferenzierung 153
  5.3.3 Nicht-lineare Preisbildung als Form der Preisdifferenzierung 157
 5.4 Preisbildung auf oligopolistischen Märkten 158
  5.4.1 Mengenwettbewerb im Oligopol 159
  5.4.2 Preiswettbewerb im Oligopol 165
 5.5 Auktionen als spezielle Form der Preisbildung 168
  5.5.1 Klassifikation von Auktionen 169
  5.5.2 Strategische Anreize der verschiedenen Auktionstypen 170

6 Kommunikationspolitik 175
 6.1 Grundlagen der Kommunikationspolitik 176
  6.1.1 Kommunikationsinstrumente 176
  6.1.2 Kommunikationsprozess 179
  6.1.3 Zielgruppenbestimmung 180
 6.2 Mediaselektion und Werbestreuplanung 182
  6.2.1 Kontaktmaßzahlen 183
  6.2.2 Hypergeometrisches Modell der Werbekontakte 185

		6.2.3	Binomialmodell der Werbekontakte	188

      6.2.3 Binomialmodell der Werbekontakte 188
      6.2.4 Nettoreichweite bei kombinierter Schaltung 189
  6.3 Werberesponsemodellierung und Werbebudgetierung 191
      6.3.1 Statische Werberesponsefunktionen 191
      6.3.2 Dynamische Werberesponsefunktionen 198

7 Vertriebspolitik 207
  7.1 Grundlagen der Vertriebspolitik 207
      7.1.1 Ausgestaltung der Vertriebswege 210
      7.1.2 Auswahl der Verkaufsorgane 214
  7.2 Quantitative Ansätze der Vertriebsplanung 216
      7.2.1 Einteilung von Verkaufsgebieten 218
      7.2.2 Allokation von Besuchszeiten 225
      7.2.3 Bestimmung deckungsbeitragsmaximaler Verkaufsgebiete .. 234
      7.2.4 Ausgestaltung von Vergütungs- und Bonussystemen 240
      7.2.5 Bestimmung der Außendienstgröße 248

Literaturverzeichnis 253

Sachverzeichnis 263

Abbildungsverzeichnis

1.1	Zusammenhang zwischen Kundennutzen und ökonomischem Erfolg	3
1.2	Strategisches Dreieck im Marketing	4
1.3	Marktreaktionsfunktion zur Preis-Absatz-Modellierung	8
2.1	Zusammenhänge im Grundmodell der Entscheidungstheorie	21
2.2	Entscheidungsbaum zur Bayes-Analyse	32
2.3	Die Value-Funktion der Prospect-Theorie	34
3.1	Hierarchie der Ziele in der strategischen Planung	41
3.2	Statements zu den Zielen der *Fraport AG*	42
3.3	Porters U-Kurve: Zusammenhang zwischen ROI und Marktanteil	51
3.4	Idealtypische Darstellung von Absatz und operativem Gewinn in den Phasen des Produktlebenszyklus	54
3.5	Anpassung des Produktlebenszyklus	56
3.6	Beispiel für eine Marktanteils-Marktwachstums-Matrix	59
3.7	Hierarchie für das Beispiel des italienischen Bekleidungsanbieters	62
4.1	Merkmale eines Produkts	71
4.2	CPM-Netzplan zum Neuproduktbeispiel	74
4.3	Grafische Bestimmung der Break-Even-Menge	79
4.4	Fiktiver Produktwahrnehmungsraum	87
4.5	Beobachtete und geschätzte Notebook-Absätze (2007-2020)	92
5.1	Lineare und multiplikative Preis-Absatz-Funktion	131
5.2	Gutenberg'sche PAF (doppelt-geknickte und kontinuierliche Form) und logistische PAF	132
5.3	Gewinnmaximierung bei linearer Preis-Absatz- und Kostenfunktion	139
5.4	Rentabilitäts- vs. Gewinnmaximum	140
5.5	Carryover- und Preisänderungseffekt im dynamischen Preis-Absatz-Modell	146
5.6	Abschöpfung der Konsumentenrenten durch Preisdifferenzierung	152

5.7	Einzelpreisstellung vs. reine Preisbündelung	155
5.8	Gemischte Preisbündelung	157
5.9	Reaktionsfunktionen und Cournot-Nash-Gleichgewicht im Duopol	161
5.10	Reaktionsfunktionen und Stackelberg-Gleichgewicht im Duopol	165
6.1	AIDA-Modell	179
6.2	Lasswell-Formel	179
6.3	Struktur des Kommunikationsprozesses	180
6.4	*Sinus*-Milieus in Deutschland 2010	182
6.5	Beispiele statischer Werberesponsefunktionen	193
6.6	Direkter und indirekter Goodwill-Transfer	199
6.7	Mögliche Systematisierung von Ansätzen zur Werbebudgetierung	203
7.1	Alternative Vertriebswegestruktur	211
7.2	GEOLINE: Verkaufsgebiet mit zugehörigen KGE	218
7.3	Bestimmung der Reaktionskurve im CALLPLAN-Modell	227
7.4	Beispiel einer linear approximierten Reaktionsfunktion	229
7.5	Beispiel für ein Bonus-Malus-System zur Vertriebssteuerung	242

Tabellenverzeichnis

1.1	Datenbeispiel zur Preis-Absatz-Modellierung	9
1.2	Alternative Marketingszenarien und deren Folgen	13
2.1	Datenbeispiel zur Entscheidung mittels Dominanzregel	22
2.2	Bewertung entsprechend der Wahrscheinlichkeitsdominanz	23
2.3	Schätzungen der bedingten Wahrscheinlichkeiten	29
2.4	A posteriori-Wahrscheinlichkeiten	29
2.5	Bedingte Wahrscheinlichkeiten für die vier Testmarktergebnisse	31
2.6	A posteriori-Wahrscheinlichkeiten für die vier Testmarktergebnisse	31
3.1	Kriterien zur Unterscheidung strategischer und operativer Marketingentscheidungen	40
3.2	Strategische Ziele im Marketingmanagement	44
3.3	Exemplarische EBIT-Berechnung	44
3.4	Exemplarische EVA-Berechnung	45
3.5	Datenbeispiel zur Bewertung zweier Strategiealternativen	46
3.6	Bewertung der Rentabilität zweier Strategiealternativen mittels ROI	47
3.7	Passagierzahlen und operative Gewinne ausgewählter deutscher Flughäfen	48
3.8	Datenbeispiel zur Ermittlung der Lernrate	52
3.9	Datenbeispiel zum Produktlebenszyklus	56
3.10	Datenbeispiel zur Marktanteils-Marktwachstums-Matrix	58
3.11	Zuordnung verbaler Urteile zu numerischen Prioritätsurteilen nach der Skala von Saaty	63
3.12	Beispiel zur Entscheidung unter Risiko	67
4.1	Planungsdaten eines Neuproduktentwicklungs- und Neuprodukteinführungsprozesses	73
4.2	Netzplanauswertung und kritische Aktivitäten	75
4.3	Morphologisches Tableau für ein fiktives Notebook	76
4.4	Exemplarisches Punktbewertungstableau	78

4.5	Datenbasis für das Präferenzmodell von ASSESSOR	84
4.6	Kaufwahrscheinlichkeiten im Präferenzmodell von ASSESSOR	85
4.7	Marktanteilsschätzer im Präferenzmodell von ASSESSOR	85
4.8	Parameterwerte für das Kauf-Wiederkauf-Modell von ASSESSOR	85
4.9	Übergangswahrscheinlichkeiten für das Kauf-Wiederkauf-Modell von ASSESSOR	86
4.10	Datengrundlage für das Bass-Modell	91
4.11	Mit dem Bass-Modell prognostizierte Absatzzahlen	92
4.12	Eckdaten für eine Produktlinienerweiterung in Richtung Notebooks	97
4.13	Segmentspezifische Teilnutzenwerte und Segmentgewichte für die Produktliniengestaltung	97
4.14	Segmentspezifische Nutzenwerte der gegenwärtig angebotenen Notebooks	98
4.15	Mögliche Produktprofile und segmentspezifische Nutzenwerte u_{ij}	98
4.16	Segmentunabhängige Teildeckungsbeiträge der Merkmalsausprägungen	99
4.17	Ergebnisse einer Anwendung der Best-In-Heuristik	100
4.18	Deckungsbeiträge der Erfolg versprechenden Produktkandidaten	100
4.19	Produktnutzenwerte und Gewinnerwartungen im Notebook-Beispiel	102
4.20	Optimale Produktlinienstruktur	102
4.21	Ergebnisse des ersten Schritts der Seller's Greedy-Heuristik	103
4.22	Datenbasis für eine Assoziationsanalyse zur Kaufverbundanalyse	107
4.23	Zuordnung der Transaktionen zu den einzelnen Items	107
4.24	Mögliche Assoziationsregeln und deren Bewertung	108
4.25	Realisationen der Markenpolitik	110
4.26	Rechenbeispiel zum DCF-Ansatz	113
4.27	Markenwahlentscheidungen im Zweimarkenfall	119
4.28	Ergebnisse der fünf Suchläufe zur Parameterbestimmung	119
4.29	Einfluss von Preis- und Garantielaufzeitänderungen auf das Markenwahlverhalten	122
4.30	Alternative Marketingszenarien und deren Auswirkungen auf das Markenwahlverhalten	123
5.1	Marktformen nach Maßgabe der Anzahl der Anbieter und Nachfrager	129
5.2	Maximale Zahlungsbereitschaft für die Einzelprodukte und das Produktbündel	154
5.3	Beispiel zur nicht-linearen Preisbildung	158
5.4	Gewinnkonstellation im Gefangenendilemma	162
5.5	Darstellung der unterschiedlichen Auktionsformen	170
7.1	Beispiel einer bestehenden VKG-Einteilung	221
7.2	Koordinaten der VKG-Zentren (für $k = 0$)	222
7.3	Distanzen d_{ij} für die bestehende VKG-Einteilung (für $k = 0$)	222
7.4	Ausgangstableau des resultierenden Transportproblems ($\hat{d}_{ij}$)	223

7.5	Resultierende $\hat{x}_{ij}$-Werte nach Beendigung des Matrixminimum-Verfahrens	223
7.6	Alte und neue VKG-Einteilung	224
7.7	Ausgangsdaten der aktuellen Besuchsplanung für eine Region	230
7.8	Schätzung der Umsätze bei unterschiedlichen Besuchshäufigkeiten	231
7.9	Erwartete Umsätze bei den fünf Kunden	232
7.10	Ergebnisse für die approximierten Reaktionsfunktionen	233
7.11	Gegenüberstellung von aktueller und optimierter Besuchsplanung	234
7.12	Ausgangssituation für das Beispiel zur Bestimmung eines optimalen Prämienplans	246
7.13	Ergebnisse der Optimierung für den aktuellen Prämienplan	247
7.14	Ergebnisse der Optimierung für einen alternativen Prämienplan	248

1
Einführung in das Marketing

Das Marketing in seiner heutigen Form ist eine noch vergleichsweise junge Disziplin der Betriebswirtschaftslehre. Die Wurzeln der wissenschaftlichen Auseinandersetzung mit betriebswirtschaftlichen Fragestellungen, die sich unter dem Begriff Marketing zusammenfassen lassen, finden sich Anfang des 20. Jahrhunderts. Aufgrund der alltäglichen Konfrontation mit Marketing in Form von Werbeanzeigen in Zeitungen, Werbespots im Fernsehen und Bannerwerbung im Internet wird Marketing von vielen Menschen fälschlicherweise im Kern mit Werbung und Verkauf gleichgesetzt. Die Lektüre der folgenden Kapitel soll jedoch deutlich werden lassen, wie facettenreich modernes Marketing sein kann und wie viel Gestaltungsspielraum das hierfür verfügbare Instrumentarium bietet. Der Schwerpunkt liegt dabei auf quantitativ-formalen Werkzeugen, wie sie insbesondere in führenden internationalen Fachzeitschriften seit Jahren diskutiert und weiterentwickelt werden. Spätestens mit den Umbrüchen in der Kommunikation durch die weite Verbreitung digitaler und mobiler Kommunikationsdienste ist die Diskussion um die methodengeleitete und an quantitativen Modellen orientierte Marketingausbildung abgeschlossen. Der alternative Ansatz einer ausschließlichen Orientierung an Managementerfahrungen hat sich als weniger adäquat erwiesen. Die nachfolgenden Ausführungen sollen zeigen, dass Modelle nicht nur dazu dienen können, Entscheidungssituationen systematisch zu strukturieren, sondern dass damit auch praktische Lösungen „errechnet" werden können.

In diesem einführenden Kapitel werden zunächst eine Begriffsabgrenzung vorgenommen (Abschnitt 1.1) sowie wichtige Entwicklungsphasen des Marketing dargestellt (Abschnitt 1.2). Daran anschließend wird in Abschnitt 1.3 am Beispiel der Marktreaktionsfunktion exemplarisch gezeigt, wie eine Methodenanwendung bzw. Modellbildung in der Marketingtheorie vollzogen werden kann.

1.1 Begriffsabgrenzung

Der Begriff **Marketing** geht auf das englische Verb „to market" („vermarkten") zurück und bezeichnet ein Bündel von auf einen Markt gerichteten Aktivitäten zur

Erreichung zuvor festgelegter Unternehmensziele. Im Mittelpunkt entsprechender Aktivitäten steht der Kunde und die Befriedigung seiner Bedürfnisse. Dieses Begriffsverständnis folgt einer Definition der American Marketing Association (2013):

> „Marketing is the activity, set of institutions, and processes for creating, communicating, delivering, and exchanging offerings that have value for customers, clients, partners, and society at large."

An dieser Definition ist hervorzuheben, dass die Kundenbeziehung und der dem Kunden vermittelte Nutzen („Value") und nicht die Leistungen des Unternehmens an sich oder die Marketinginstrumente im Vordergrund stehen. In der deutschsprachigen Literatur findet sich als Synonym für Marketing auch heute noch vereinzelt der Begriff **Absatzpolitik**. Hierin kommt noch das ursprünglich stark auf die Aufgabenfelder Verkauf und Vertrieb konzentrierte Selbstverständnis der letzten Phase des betrieblichen Leistungserstellungsprozesses zum Ausdruck.

In besonderen Kontexten kann Marketing sogar durchaus eine negative Konnotation aufweisen, z. B. dann, wenn es mit der Zielsetzung gleichgesetzt wird, Menschen dazu zu bringen, Dinge zu kaufen, die sie faktisch weder benötigen noch wünschen und die somit also keinen Nutzen im Sinne obiger AMA-Definition stiften.

Wie bereits durch die Definition der AMA deutlich wurde, steht der Kunde im Mittelpunkt des modernen Marketing. Die Wünsche und Bedürfnisse der Kunden frühzeitig zu erkennen, sie richtig zu interpretieren und hierauf basierend

- kundengerechte Produkte zu entwickeln (Kapitel 4),
- diese zu angemessenen Preisen anzubieten (Kapitel 5),
- sie in ausreichender Weise bekannt zu machen (Kapitel 6) und
- zum richtigen Zeitpunkt am richtigen Ort anzubieten (Kapitel 7),

stellt für Unternehmen eine stete Herausforderung dar und erfordert ein profundes Fakten- und Methodenwissen. Für durch einen intensiven Wettbewerb geprägte Märkte gilt dies in besonderem Maße.

Der Begriff **Produkt** wird im Folgenden zur Vereinheitlichung der Terminologie zumeist ganz allgemein als Synonym für das Ergebnis eines betrieblichen Leistungserstellungsprozesses verwandt, unabhängig davon, ob dieses Ergebnis physisch existent (z. B. in Form eines Autos oder eines Kaugummis) oder eher nicht-physischer Natur (z. B. in Form eines Wachdienstes oder einer Managementberatung) ist. Eine solche Vereinheitlichung erscheint auch in inhaltlicher Sicht gerechtfertigt, wenn man berücksichtigt, dass die Bezeichnung Produkt auch in abstrakten Kontexten durchaus gebräuchlich ist. So sprechen z. B. auch Unternehmensberater und Banken gerne von Produkten, wenn sie den von ihnen angebotenen Kompetenzen und Diensten eine konkrete Gestalt geben wollen.

Aus einer etwas abstrakteren Perspektive heraus kann Marketing mit einer bewusst marktorientierten Unternehmensführung in Verbindung mit dem Angebot und Verkauf von Kundennutzen und Problemlösungen gleichgesetzt werden (Nieschlag, Dichtl & Hörschgen (2002, S. 13)). Dies bedeutet jedoch nicht, es jedem potenziellen Kunden recht machen zu wollen. Der Fokus liegt vielmehr auf der konsequenten

Konzentration auf die aus Unternehmenssicht relevanten Zielgruppen. Um diese zuverlässig identifizieren zu können, bedarf es umfassender Kenntnisse der auf dem zu bedienenden Markt vorherrschenden Kaufverhaltensmuster. Das grundlegende Instrumentarium zur Erlangung dieser Kenntnisse liefert die Marktforschung (siehe z. B. Decker & Wagner (2002) für eine ausführliche Darstellung entsprechender Methoden). Eine aktuelle managementorientierte Einführung in das Marketing mit zahlreichen praktischen Beispielen findet sich bei Esch, Herrmann & Sattler (2013).

Im Zentrum des modernen Marketing steht nicht die kurzfristige Gewinnmaximierung, sondern die langfristige Unternehmenssicherung. Der zugrunde liegende Kausalzusammenhang lässt sich in vereinfachter Weise durch die in Abbildung 1.1 dargestellte Wirkungskette beschreiben. Sie zeigt, wie, ausgehend von dem durch die Kunden wahrnehmbaren Produktnutzen, eine dauerhafte Kundenbeziehung entstehen kann, die ihrerseits wiederum die Basis für den ökonomischen Erfolg des eingesetzten Aktivitätsbündels ist.

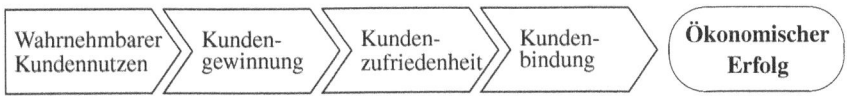

Abb. 1.1: Zusammenhang zwischen Kundennutzen und ökonomischem Erfolg

Unter praktischen Gesichtspunkten ist dies gleichbedeutend mit der Schaffung und dem Erhalt nachhaltiger Wettbewerbsvorteile durch dauerhafte, für die Kunden substanzielle und wahrnehmbar überlegene Produkteigenschaften. Voraussetzung hierfür ist die möglichst genaue Kenntnis der unternehmenseigenen und -fremden Ressourcen und Kompetenzen, was in der aktuellen Managementliteratur unter dem Begriff „Dynamic Capabilities" diskutiert wird. Abbildung 1.2 veranschaulicht diesen Sachverhalt anhand des **strategischen Dreiecks**. Wichtig ist hiernach nicht nur die Vermittlung eines wahrnehmbaren Nutzens, sondern auch die klare Differenzierung gegenüber den Wettbewerbern, z. B. über die Qualität der angebotenen Produkte, deren Preis oder beides. So gesehen ist Marketing, wie bereits oben herausgestellt, nicht nur eine betriebliche Funktion, sondern es impliziert auch einen unternehmerischen Denkstil, im Grunde genommen sogar eine Unternehmensphilosophie. Es entspricht einem dynamischen und kreativen Prozess, in dem die Unternehmen nicht nur auf die sich ändernden Marktbedingungen reagieren, sondern diese aktiv mitgestalten, um so die gesetzten Ziele zu erreichen. Dieser proaktive Ansatz kommt sehr anschaulich in dem folgenden Zitat des Mitbegründers des Elektronikkonzerns *Sony*, Akio Morita, zum Ausdruck: „Wir vermarkten nicht bereits entwickelte Produkte, sondern wir entwickeln einen Markt für Produkte, die wir herstellen."

1.2 Entwicklungsphasen des Marketing

Das Marketing hat sich im Laufe der letzten Jahrzehnte kontinuierlich weiterentwickelt und auf diese Weise an die sich verändernden Rahmenbedingungen und

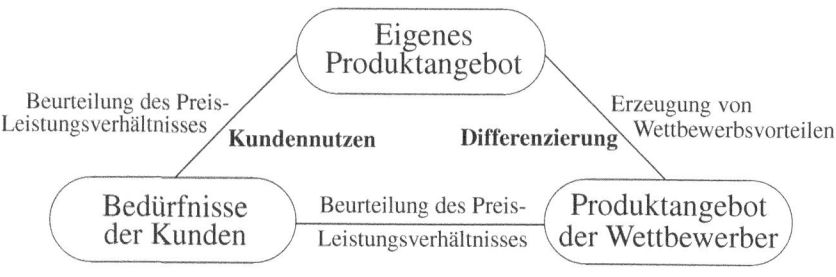

Abb. 1.2: Strategisches Dreieck im Marketing

Herausforderungen angepasst. Betrachtet man den Zeitraum seit Beginn des letzten Jahrhunderts, so lassen sich grob fünf Phasen unterscheiden (in Anlehnung an Bruhn (2014, S. 15ff.)):

Phase der Verkaufsorientierung (ca. 1900 – 1950):
  Der Fokus liegt in dieser Zeit auf der Sicherstellung des Flusses der produzierten Waren und Dienstleistungen zu den Nachfragern. Es geht also im Wesentlichen um die Deckung bestehender und z. T. sogar explizit artikulierter Bedarfe. Die in vielen Produktbereichen vergleichsweise starke Machtposition der Anbieter gegenüber den Nachfragern lässt sich mit dem Begriff des Verkäufermarktes umschreiben.

Phase der Marktorientierung (ca. 1950 – 1970):
  Aufgrund der sich in immer mehr Produktbereichen abzeichnenden Sättigungstendenzen und des damit einhergehenden Übergangs vom Verkäufer- zum Käufermarkt gewinnt die aktive Marktbearbeitung mittels der zur Verfügung stehenden Marketinginstrumente (Produkt-, Preis-, Kommunikations- und Vertriebspolitik) eine immer größere Bedeutung. Die gezielte Befriedigung der Kundenbedürfnisse rückt in den Mittelpunkt der Bemühungen.

Phase der Wettbewerbsorientierung (ca. 1970 – 1985):
  Es setzt sich zunehmend die Erkenntnis durch, dass nur jene Unternehmen auf Dauer erfolgreich sein können, denen es gelingt, gegenüber ihren Konkurrenten wahrnehmbare und nachhaltig gültige Wettbewerbsvorteile zu generieren. Die Identifikation von Erfolgsfaktoren in den jeweiligen Märkten beginnt zu einem zentralen Thema der empirischen Marketingforschung zu werden.

Phase der Umfeldorientierung (ca. 1985 – 2000):
  Die sich immer schneller vollziehenden ökologischen, politischen und sozioökonomischen Veränderungen stellen das Marketing in immer kürzeren Abständen vor neue Herausforderungen. Es genügt nicht mehr, gute Produkte zu angemessenen Preisen anzubieten, sondern die Geschwindigkeit, mit der dies gelingt, entscheidet zunehmend über den Erfolg der Unternehmen. Hierzu trägt insbesondere auch die schnell voranschreitende Internationalisierung der Märkte bei.

Phase der Dialogorientierung (ca. 2000 – heute):
  Mit zunehmender Interaktivität des Internets (Web 2.0) und dessen Einfluss auf das Kommunikationsverhalten der Konsumenten ändert sich zugleich auch die

Anspruchshaltung der Konsumenten gegenüber den Unternehmen. Unternehmen sind aufgefordert, neue Formen der Kommunikation mit Konsumenten zu entwickeln und umzusetzen. Dabei gilt es, den Konsumenten nicht mehr durch eine einseitige Kommunikation in seinem Kaufverhalten zu beeinflussen, sondern da, wo dies sinnvoll und durchführbar ist, durch eine zweiseitige Kommunikation, im Sinne eines Dialogs (z. B. über Foren, Blogs und Soziale Netzwerke), eine langfristige Beziehung zu den Zielgruppen des Unternehmens aufzubauen.

Die aktuelle Entwicklung ist durch konkurrierende Herausforderungen gekennzeichnet, die teilweise aus der konsequenten Fortschreibung der Aktivitäten entsprechend der letzten Phasen resultieren:

- Die Fokussierung auf die „Emerging Markets" und „Transition Economies" in Asien, Osteuropa und Südamerika kann als konsequente Fortschreibung der Umfeldorientierung gesehen werden. Hier sind besonders die Staaten Brasilien, Russland, Indien und China sowie Südafrika hervorzuheben. Diese Märkte werden unter den Akronymen BRIC bzw. BRICS sowohl in der wissenschaftlichen Literatur als auch in der Praxis intensiv diskutiert.
- Die Dialogorientierung mit und zwischen den Kunden findet heute eine erhebliche Ausweitung durch die Dienste des **Web 2.0**, in denen die Anbieter zum einen aktiv Communities um ihre Marken und Leistungsangebote herum aufbauen und zum anderen die Kunden auch von sich aus über Produktnutzung und Kauferfahrungen berichten. Insgesamt gewinnen die Kunden an Einfluss, da sie mit diesen Diensten z. T. sehr viele andere Kunden erreichen und sich aktiv unerwünschter Werbeansprachen entziehen können.
- „**Green Marketing**" bezeichnet nicht nur das Angebot und die Vermarktung umweltfreundlicher (oder nachhaltiger) Produkte als Herausforderung der Produktpolitik (siehe hierzu Kapitel 4), sondern die gesamte Anpassung der Marketingprozesse an die neuen Anforderungen zum Schutz der Umwelt und zum sparsamen Umgang mit endlichen Ressourcen. So ist beispielsweise die Distribution von Waren (siehe hierzu Kapitel 7) neu zu organisieren, wenn die immer wieder propagierte Vision autofreier Innenstädte mittelfristig tatsächlich Realität werden soll.
- Die zunehmende Verbreitung mobiler Endgeräte, wie etwa Tablets und Smartphones, bildet die Basis für eine neue Teildisziplin, das „Mobile Marketing". Die neuen Möglichkeiten der „Near Field Communication" und der „Augmented Reality" (z. B. *Google Glasses* oder computerbasierte Distanzeinblendungen in Fußballübertragungen) sind in der Praxis bislang nur unzureichend erschlossen, sodass bisher wenige empirische Befunde über Möglichkeiten und Grenzen, aber auch Gefahren, beispielsweise das Auftreten von Reaktanz in Bezug auf werbliche Kommunikation, vorliegen.
- Die Veränderung der Bevölkerungsstruktur stellt die Unternehmen in vielen industrialisierten Ländern, aber nicht nur in diesen, vor Herausforderungen des demografischen Wandels, denen u. a. mit den Ansätzen des **Best-Ager-Marketing** begegnet wird. Ebenso wird im Rahmen des **Ethno-Marketing** thematisiert, wie der steigende Anteil der Verbraucher mit Migrationshintergrund gezielt adres-

siert und wie ggf. spezielle Dienstleistungen und Produkte für diese Verbraucher entwickelt (z. B. eine Halal-Kennzeichnung für muslimische Konsumenten) und angeboten werden können.
- Unter dem Begriff „**Bottom of the Pyramid Marketing**" werden Ansätze diskutiert, wie die weltweit ca. vier Milliarden Verbraucher am Fuße der Einkommenspyramide erreicht werden können. Neben der Ver- und Entsorgung stehen hier auch die Einkommensgenerierung und die soziale Teilhabe im Zentrum der Forschung.
- Neue Herausforderungen an das Marketing resultieren auch aus dem Internet der Dinge. Darunter wird die Vernetzung von Gegenständen verstanden, die via Internet miteinander kommunizieren und auf diese Weise Aufgaben für den Nutzer erledigen. Diese Kommunikation erzeugt Daten, die auch im Marketing zur Entscheidungsunterstützung herangezogen werden können, da sie auf manifeste oder potenzielle Bedürfnisse der Besitzer der vernetzten „Dinge" hinweisen. Die Vernetzung erlaubt neue Preisbildungsmechanismen (etwa in der Versicherungsbranche), aber auch innovative Produkte durch die Kombination von „Dingen", vernetzter Steuerung und damit verbundenen Dienstleistungen. Beispielsweise teilt das sich der Wohnung nähernde Auto der Klimaanlage im „Smart Home" mit, dass die Temperatur in der Wohnung angepasst werden soll. Die Speicherung und Auswertung der hieraus resultierenden großen Datenmengen wird in der aktuellen Forschung unter den Begriffen „Cloud Computing" und „Big Data" diskutiert.

Obigen Trends ist gemein, dass zwar neue Erkenntnisse, z. B. zur kulturellen Einbettung der Ansprache der Kunden im Ethno-Marketing, und auch neue Datenqualitäten, z. B. in Bezug auf die Interaktionsbeziehungen der Mitglieder eines virtuellen sozialen Netzwerks, gewonnen werden, die Methoden der Analyse und auch Optimierung des Einsatzes der Marketinginstrumente jedoch weitestgehend identisch sind. Dementsprechend stehen Methoden, Modelle und die Demonstration ihres Einsatzes an konkreten Beispielen im Mittelpunkt der weiteren Ausführungen.

1.3 Methoden und Modelle im Marketing

Insbesondere die anglo-amerikanische Marketingwissenschaft weist bereits seit Jahren eine deutliche Methoden- und Modellorientierung auf, die u. a. auch dadurch zum Ausdruck kommt, dass international führende Publikationsorgane wie etwa das *Journal of Marketing Research*, das *International Journal of Research in Marketing* und die Zeitschrift *Marketing Science* einen Fokus auf die Veröffentlichung quantitativer resp. modellbasierter Arbeiten legen. In der Selbstdarstellung der zuletzt genannten Zeitschrift etwa findet sich die Aussage: „*Marketing Science* focuses on articles that answer important research questions in marketing. Researchers employ a rigorous mathematical modeling approach aimed at improving the actions of marketing decision makers, offering a deeper understanding of marketing phenomena."

Die Grundidee der meisten **Marketingmodelle** besteht darin, Entscheidungsprozesse dadurch einer systematischen Analyse zugänglich zu machen, sodass die wesentlichen Zusammenhänge zwischen den eine Entscheidung beeinflussenden und den ihr Ergebnis dokumentierenden Variablen mittels geeigneter mathematischer Funktionen beschrieben werden. Die mit einer solchen Formalisierung einhergehende Problemabstraktion soll dabei helfen, die zentralen Wirkungsgefüge besser zu verstehen. Marketingmodelle dienen vielfach der Entscheidungsunterstützung und sind somit im Kern nichts anderes als ein Managementwerkzeug.

Ein populäres Beispiel sind Marktreaktionsfunktionen. Eine **Marktreaktionsfunktion** beschreibt z. B. die Abhängigkeit der Absatzmenge x eines Produkts von seinem Preis p. Dieser Zusammenhang lässt sich im einfachsten Fall wie folgt darstellen:

$$x = x(p) \qquad (1.1)$$

Unterstellt man zwischen Preis und Absatzmenge einen linearen Zusammenhang, so ist z. B. eine Konkretisierung der Art

$$x(p) = a - bp \quad \text{mit} \quad a, b > 0 \qquad (1.2)$$

denkbar. Dabei sind a und b Parameter, die es in geeigneter Weise zu bestimmen gilt. Der Parameter b bringt die Stärke des Einflusses von Preisänderungen auf den Absatz x zum Ausdruck und wird deshalb auch als **Reaktionsparameter** bezeichnet. Dem Minuszeichen liegt die auf die meisten Produkte zutreffende Annahme zugrunde, dass sich Preiserhöhungen auf den Absatz negativ auswirken und umgekehrt. Der Parameter a repräsentiert den maximal möglichen Absatz (bei einem Produktpreis von 0 Geldeinheiten).

In der Praxis werden die Parameter solcher Marktreaktionsfunktionen zumeist mittels Beobachtung oder Befragung gewonnen. Wählt man z. B. für a den Wert 100 und für b den Wert 5, so liefert dies die in Abbildung 1.3 dargestellte Preis-Absatz-Funktion. Dieser ist z. B. zu entnehmen, dass eine Erhöhung des Preises von anfänglich 12 € auf 14 € zu einem Rückgang des Absatzvolumens um 10 Tsd. Mengeneinheiten führt. Eine 16,67-prozentige Preissteigerung geht also mit einem 25,0-prozentigen Absatzrückgang einher. Auf dem der Modellierung zugrunde liegenden Markt bewirken Preiserhöhungen also überproportionale Absatzrückgänge. Ab einem Preis von 20 € kann das Produkt nicht mehr abgesetzt werden, während im Gegenzug die maximale Absatzmenge bei 100 Tsd. Mengeneinheiten liegt.

Um die Sensibilität des Absatzes auf Änderungen interessierender Einflussgrößen, z. B. des Preises, zu quantifizieren, können sogenannte **Reaktionselastizitäten** berechnet werden. Die **Preiselastizität** des Absatzes $\varepsilon_{x(p),p}$ ist definiert als das Verhältnis einer relativen Änderung des Absatzes $\Delta x(p)/x(p)$ zu der diese Absatzänderung hervorrufenden relativen Änderung des Preises $\Delta p/p$. Bei modelltheoretischen Betrachtungen unterstellt man zumeist, dass die Variablenänderungen infinitesimal klein sind,[1] was im vorliegenden Fall zu folgender Formel führt:

---

[1] Da wir an dieser Stelle an Punkt- und nicht an Bogenelastizitäten (siehe hierzu S. 134) interessiert sind, bilden wir partielle Ableitungen, obwohl Geldbeträge nicht in beliebig kleinen Einheiten variiert werden können.

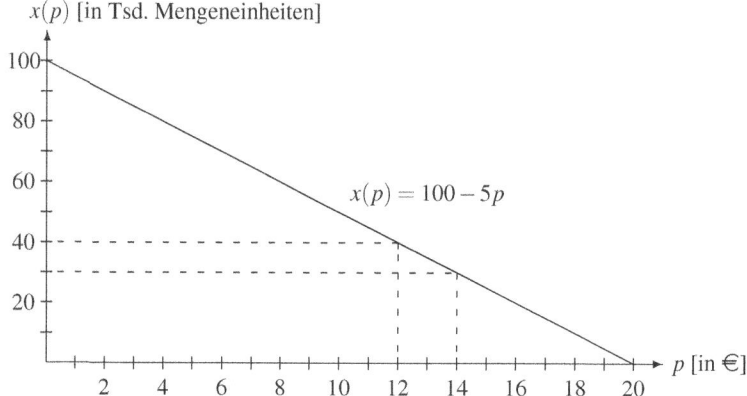

Abb. 1.3: Exemplarische Marktreaktionsfunktion zur Preis-Absatz-Modellierung

$$\varepsilon_{x(p),p} = \lim_{\Delta \to 0} \frac{\frac{\Delta x(p)}{x(p)}}{\frac{\Delta p}{p}} = \frac{dx(p)}{dp} \cdot \frac{p}{x(p)} \qquad (1.3)$$

Ist $\varepsilon_{x(p),p}$ betragsmäßig größer (kleiner) als 1, so spricht man von einem preiselastischen (preisunelastischen) Absatz. Bei $|\varepsilon_{x(p),p}| = 1$ verhält sich die relative Absatzmengenänderung proportional zur relativen Preisänderung. Für die in Gleichung 1.2 spezifizierte lineare Preis-Absatz-Beziehung resultiert hieraus:

$$\varepsilon_{x(p),p} = -b \cdot \frac{p}{x(p)} \qquad (1.4)$$

Mit $a = 100$ und $b = 5$ gilt entsprechend: $\varepsilon_{x(p),p} = -\frac{p}{20-p}$.

Die Tatsache, dass die vorliegende Reaktionselastizität $\varepsilon_{x(p),p}$ eine Funktion von p ist, bedeutet, dass der durch die Gleichung 1.2 charakterisierte Markt, in Abhängigkeit vom Ausgangspreis, in unterschiedlichem Maße auf Änderungen desselben reagiert. Die Erhöhung eines Preises von 10 € um 10 % hat z. B. einen Absatzrückgang von 50 auf 45 Tsd. Mengeneinheiten, d. h. um ebenfalls 10 %, zur Folge. Der zugehörige Elastizitätswert beträgt $\varepsilon_{x(10),10} = -1,0$. Eine Preiserhöhung um Δ % führt also zu einem Absatzrückgang um ebenfalls Δ %. Bei einem Ausgangspreis von 12 € beträgt die entsprechende Reaktionselastizität hingegen $\varepsilon_{x(12),12} = -1,5$. Eine Preiserhöhung um Δ % würde hier also zu einem Absatzrückgang um $1,5 \cdot \Delta$ % führen. Je höher der Ausgangspreis, umso sensibler reagiert der Markt auf Preiserhöhungen.

Des Weiteren bedeutet der Nenner $x(p)$ in Gleichung 1.4, dass die Reaktion des Absatzes auf eine Preiserhöhung umso schwächer ausfällt, je höher das realisierte Absatzvolumen ist. Dies bedeutet, dass ein hohes Absatzvolumen mit einer entsprechenden Marktmacht einhergeht und diese wiederum die Durchsetzbarkeit höherer Preise erleichtert. Der Extremfall ist das Angebotsmonopol, bei dem nur ein Anbieter am Markt agiert, der seinen Preis weitgehend frei gestalten kann. Beobachtbar ist dieses Phänomen z. B. bei der Einführung neuer Produkte, etwa im Bereich der

Unterhaltungselektronik, wo es i. d. R. erst mit dem Markteintritt von Konkurrenzprodukten zu einer merklichen Nivellierung des Abgabepreises kommt.

In praktischen Anwendungen wird der Funktionsverlauf auf der Basis von empirischen Daten geschätzt, d. h. die zunächst unbekannten Parameter der Marktreaktionsfunktion werden bestimmt. Nehmen wir z. B. einmal an, ein Unternehmen habe in den zurückliegenden $T = 12$ Quartalen die in Tabelle 1.1 dargestellten Preis-Absatz-Konstellationen beobachtet. Im zweiten Quartal wurden demzufolge zum Stückpreis von 10 € genau 55 Tsd. Mengeneinheiten des betrachteten Produkts abgesetzt. Die vorliegenden Daten können nun dazu verwendet werden, die unbekannten Parameter a und b in Gleichung 1.2 zu schätzen. Voraussetzung hierfür ist die Angemessenheit der Annahme eines linearen Zusammenhangs zwischen Preis- und Absatzentwicklung im Zeitverlauf, was wir hier auch unterstellen wollen.

Tabelle 1.1: Datenbeispiel zur Preis-Absatz-Modellierung

Quartal t ($t = 1, \ldots, T$)	1	2	3	4	5	6	7	8	9	10	11	12
Preis p_t [in €]	12	10	14	13	13	10	11	14	14	11	12	12
Absatzmenge $x(p_t)$ [in Tsd.]	40	55	25	30	40	45	50	35	30	40	30	50

Eine weitverbreitete Methode zur regressionsanalytischen Bestimmung der unbekannten Parameter linearer Reaktionsmodelle ist die **Methode der Kleinsten Quadrate**. Mit ihrer Hilfe lassen sich aus den vorliegenden Daten Schätzwerte $\hat{a}$ und $\hat{b}$ berechnen, die den mit Gleichung 1.2 unterstellten Zusammenhang zwischen den beobachteten Preisen p_t und den zugehörigen Absatzmengen $x(p_t)$ zumindest näherungsweise abbilden. Gesucht ist also jene Gerade

$$\hat{x}(p_t) = \hat{a} - \hat{b} p_t, \tag{1.5}$$

für die die Summe der quadrierten Abweichungen SQA zwischen den beobachteten Absatzmengen $x(p_t)$ und den mit Gleichung 1.5 geschätzten Absatzmengen $\hat{x}(p_t)$ minimal wird, für die also gilt:

$$SQA = \sum_{t=1}^{12} \left(x(p_t) - \hat{x}(p_t) \right)^2 = \sum_{t=1}^{12} \left(x(p_t) - \hat{a} + \hat{b} p_t \right)^2 \to Min. \tag{1.6}$$

Die Quadrierung stellt dabei u. a. sicher, dass sich die Abweichungen der Schätzwerte von den beobachteten Werten nach oben oder unten bei deren Aufsummierung über die 12 Quartale nicht gegenseitig ausgleichen.

Zur Lösung dieses Minimierungsproblems bilden wir (für ein beliebiges $T \in \mathbb{N}^+$; im Beispiel der Tabelle 1.1 gilt $T = 12$) die partiellen Ableitungen nach $\hat{a}$ und $\hat{b}$ und setzen diese gleich 0:

$$\frac{\partial SQA}{\partial \hat{a}} = \sum_{t=1}^{T} 2 \left(x(p_t) - \hat{a} + \hat{b} p_t \right)(-1) \stackrel{!}{=} 0 \tag{1.7}$$

$$\frac{\partial SQA}{\partial \hat{b}} = \sum_{t=1}^{T} 2(x(p_t) - \hat{a} + \hat{b}p_t)p_t \stackrel{!}{=} 0 \tag{1.8}$$

Einfache algebraische Umformungen führen dann zu den etwas übersichtlicheren Darstellungen

$$\sum_{t=1}^{T} x(p_t) - \hat{a}T + \hat{b}\sum_{t=1}^{T} p_t = 0 \tag{1.9}$$

und

$$\sum_{t=1}^{T} p_t x(p_t) - \hat{a}\sum_{t=1}^{T} p_t + \hat{b}\sum_{t=1}^{T} p_t^2 = 0. \tag{1.10}$$

Aus den beiden Gleichungen lassen sich schließlich der gesuchte Achsenabschnitt $\hat{a}$ und das Steigungsmaß $\hat{b}$ bestimmen. Es gilt:

$$\hat{a} = \frac{1}{T}\sum_{t=1}^{T} x(p_t) + \hat{b}\frac{1}{T}\sum_{t=1}^{T} p_t \quad \text{und} \quad \hat{b} = \frac{-\sum_{t=1}^{T} p_t x(p_t) + \hat{a}\sum_{t=1}^{T} p_t}{\sum_{t=1}^{T} p_t^2} \tag{1.11}$$

Setzt man in obige Formeln die in Tabelle 1.1 stehenden Werte für p_t und $x(p_t)$ ein, so liefert dies über den Zwischenschritt

$$\hat{a} = \frac{1}{12} \cdot 470 + \frac{1}{12} \cdot 146 \cdot \hat{b} \quad \text{und} \quad \hat{b} = \frac{-5600 + 146 \cdot \hat{a}}{1800} \tag{1.12}$$

sowie einige weitere Umformungen die gesuchte Lösung:

$$\hat{b} = 5 \quad \text{und} \quad \hat{a} = 39,1\bar{6} + 5 \cdot 12,1\bar{6} = 100$$

Die aus den tabellierten Preis-Absatz-Konstellationen resultierende Preis-Absatz-Funktion lautet somit $\hat{x}(p_t) = 100 - 5p_t$ und entspricht genau der in Abbildung 1.3 dargestellten Funktion. Somit ist aus dem Blickwinkel einer linearen Modellierung eine optimale Repräsentation der tabellierten Werte gelungen.

Marktreaktionsfunktionen und die hieraus ableitbaren Reaktionselastizitäten erlauben Abschätzungen der möglichen Folgen zukünftig geplanter Marketingmaßnahmen. Dieses entscheidungsunterstützende Potenzial mathematischer Modellierung wird noch deutlicher, wenn mehrere Entscheidungsvariablen gleichzeitig in die Betrachtungen mit einzubeziehen sind, z. B. der Preis p eines Produkts in Verbindung mit den für seinen Absatz erforderlichen Werbeaufwendungen w. Im einfachsten Fall geschieht dies in additiver Form:

$$x(p,w) = a - bp + cw \quad \forall\, a,b,c > 0 \quad p,w > 0 \tag{1.13}$$

Dem positiven Vorzeichen bei den Werbeaufwendungen liegt hierbei die Annahme zugrunde, dass sich eine Erhöhung der Werbeaufwendungen positiv auf die Absatzentwicklung auswirkt. Die Stärke dieses Einflusses kommt über den Wert des Parameters c zum Ausdruck.

Die Angemessenheit einer Modellierung wird aber nicht nur von der Anzahl und der Art der berücksichtigten Variablen, sondern auch vom verwendeten Funktionstyp bestimmt. Neben linearen Funktionen spielen, wie in den folgenden Kapiteln noch zu sehen sein wird, auch nichtlineare Funktionen eine bedeutende Rolle. Ein einfaches Beispiel ist die folgende Marktreaktionsfunktion:

$$x(p,w) = \exp(a - bp + cw) \tag{1.14}$$

Die Verwendung einer Exponentialfunktion stellt im vorliegenden Fall sicher, dass die aus den möglichen Belegungen der Variablen p und w resultierenden Absatzmengen nicht negativ sind, unabhängig vom Wert der Parameter a, b und c.

In aller Regel hängt der Absatz eines Produkts aber nicht nur von der – hier durch die Variablen p und w zum Ausdruck kommenden – eigenen Marketingpolitik ab, sondern natürlich auch von den Marketingmaßnahmen der Konkurrenz. Von besonderem Interesse sind dabei die Preise der Konkurrenzprodukte. Eine sehr einfache Form der Berücksichtigung dieses Aspekts ist die Einbeziehung des preisbedingten Wettbewerbs mittels einer **Preisniveauvariablen** $\tilde{p}$, die z. B. als Durchschnittspreis der Konkurrenzprodukte definiert werden kann. Als Konkurrenten werden dabei all jene Produkte angesehen, die anstelle des eigenen Produkts (d. h. als Substitute) zum Zwecke der Bedürfnisbefriedigung gekauft werden können. Beispiele hierfür sind die verschiedenen auf dem Fruchtjoghurt- oder dem Fertigpizza-Markt angebotenen Marken. Eine entsprechende Modifikation der Gleichung 1.13 könnte z. B. wie folgt aussehen:

$$x(p,\tilde{p},w) = a - b\frac{p-\tilde{p}}{\tilde{p}} + cw \tag{1.15}$$

Anstelle des direkten Einflusses des eigenen Preises auf den Absatz wird nun dessen relative Abweichung vom Konkurrenzniveau betrachtet. Schon das in dieser Weise nur geringfügig erweiterte Modell ermöglicht die nun deutlich realitätsnähere Analyse des Einflusses von Preismaßnahmen unter Berücksichtigung der Konkurrenz und der Werbeinvestitionen. Die Basis hierfür bilden wieder Reaktionselastizitäten, deren Berechnung analog zu Gleichung 1.3 erfolgt. Es gilt:

$$\varepsilon_{x(p,\tilde{p},w),p} = \frac{\partial x(p,\tilde{p},w)}{\partial p} \cdot \frac{p}{x(p,\tilde{p},w)} = -b\frac{p}{\tilde{p}x(p,\tilde{p},w)} \tag{1.16}$$

$$\varepsilon_{x(p,\tilde{p},w),w} = \frac{\partial x(p,\tilde{p},w)}{\partial w} \cdot \frac{w}{x(p,\tilde{p},w)} = c\frac{w}{x(p,\tilde{p},w)} \tag{1.17}$$

$$\varepsilon_{x(p,\tilde{p},w),\tilde{p}} = \frac{\partial x(p,\tilde{p},w)}{\partial \tilde{p}} \cdot \frac{\tilde{p}}{x(p,\tilde{p},w)} = -\varepsilon_{x(p,\tilde{p},w),p} \tag{1.18}$$

Gleichung 1.18 bezeichnet man auch als **Kreuzpreiselastizität** (vgl. dazu auch die Ausführungen auf Seite 141ff.), da sie, zumindest indirekt, den Einfluss von Preisänderungen der Konkurrenz auf den eigenen Produktabsatz beschreibt. Aus den Gleichungen 1.16 und 1.18 ist ersichtlich, dass sich Änderungen beim eigenen Preis p in der gleichen absoluten Stärke auf den Produktabsatz $x(.)$ auswirken, wie dies Änderungen des Konkurrenzpreisniveaus $\tilde{p}$ tun, allerdings mit umgedrehter Wirkungsrichtung (umgedrehtes Vorzeichen). Bemerkenswert ist in diesem Zusammenhang auch die Tatsache, dass die Sensitivität des Produktabsatzes sowohl in Bezug auf Änderungen des eigenen Preises p als auch in Bezug auf Änderungen des Konkurrenzpreisniveaus $\tilde{p}$ vom Verhältnis der beiden Variablen zueinander abhängt. Je höher der Absolutwert dieses Verhältnisses ist, desto stärker ist die Auswirkung eigener Preisänderungsmaßnahmen. Allen drei Reaktionselastizitäten ist gemein, dass die damit zum Ausdruck kommende Sensitivität der Absatzmenge umso schwächer ausgeprägt ist, je größer das gegenwärtig realisierte Absatzvolumen resp. die eigene Marktmacht ausfällt.

Marketingmodelle, etwa in der Form von Marktreaktionsfunktionen, ermöglichen aber nicht nur die Analyse der gegenwärtigen Marktsituation, sondern sie bieten sich auch zur Erstellung von Prognosen hinsichtlich der zukünftigen Absatzentwicklung an. Die mit Gleichung 1.15 definierte Reaktionsfunktion kann bei Kenntnis der Parameter a, b und c z. B. dazu verwendet werden, zu überprüfen, wie sich eine 10-prozentige Erhöhung des eigenen Preises bei konstantem Konkurrenzpreisniveau und konstanten Werbeaufwendungen auf den eigenen Produktabsatz auswirken würde (Szenario 1). Noch spannender ist allerdings die Untersuchung der Auswirkungen des Zusammenspiels mehrerer Variablen. Eine mögliche Variablenkonstellation wäre z. B. die 10-prozentige Erhöhung des eigenen Preises in Verbindung mit einer 20-prozentigen Erhöhung der eigenen Werbeaufwendungen und einem gleichzeitigen Anstieg des Konkurrenzpreisniveaus um 5 % (Szenario 2). Verwendet man in Gleichung 1.15 exemplarisch die Parameterwerte $a = 100$, $b = 500$ und $c = 3$, so resultiert für den Status Quo:

$$x(p, \tilde{p}, w) = 100 - 500 \cdot \frac{p - \tilde{p}}{\tilde{p}} + 3w \quad (1.19)$$

Für Szenario 1 resultiert damit:

$$x(1,1p, \tilde{p}, w) = 100 - 500 \cdot \frac{1,1p - \tilde{p}}{\tilde{p}} + 3w = x(p, \tilde{p}, w) - 50\frac{p}{\tilde{p}} \quad (1.20)$$

während für das Szenario 2 entsprechend gilt:

$$x(1,1p, 1,05\tilde{p}, 1,2w) = 100 - 500 \cdot \frac{1,1p - 1,05\tilde{p}}{1,05\tilde{p}} + 3 \cdot 1,2w$$
$$= x(p, \tilde{p}, w) - 23,81\frac{p}{\tilde{p}} + 0,6w \quad (1.21)$$

In Szenario 1 würde die beschriebene Marketingmaßnahme zu einem Absatzrückgang gegenüber dem aktuellen Status Quo um $50p/\tilde{p}$ Tsd. Mengeneinheiten führen, während der negative Einfluss der eigenen Preiserhöhung im zweiten Szenario aufgrund der allgemeinen Preiserhöhung deutlich geringer ausfällt (Faktor 23,81 gegenüber Faktor 50). Hinzu kommt eine weitere Kompensation des Effekts der eigenen Preiserhöhung durch die gleichzeitig durchgeführte Werbebudgeterhöhung im Umfang von $0,6w$ Tsd. Mengeneinheiten.

In Tabelle 1.2 sind zur Veranschaulichung der beschriebenen Szenarien verschiedene Fälle dargestellt, wobei jeder Fall einer möglichen Realisation der Entscheidungsvariablen p und w sowie der externen Variable $\tilde{p}$ entspricht. Dabei gibt $\Delta x(p)$

die Änderung des Absatzes gegenüber dem Status Quo, d. h. vor Durchführung der jeweiligen Maßnahmen, wieder. Die Preise verstehen sich wiederum in € und die Werbeaufwendungen in Tsd. €. Während im ersten Szenarium – unabhängig vom

Tabelle 1.2: Alternative Marketingszenarien und deren Folgen
(Werte auf zwei Nachkommastellen gerundet)

	Fall 1	Fall 2	Fall 3	Fall 4	Fall 5
Eigener Preis p [in €]	10	11	12	13	14
Konkurrenzpreisniveau $\tilde{p}$ [in €]	11	11	13	13	13
Werbeaufwendung w [in Tsd. €]	40	50	50	60	60
Absatzmenge $x(p)$ (Status Quo) [in Tsd.]	265,46	250,00	288,46	280,00	241,54
Szenarium 1:	$x(.) = 100 - 500 \cdot \frac{1,1p - \tilde{p}}{\tilde{p}} + 3w$				
Absatzmengenänderung $\Delta x(p)$ [in Tsd.]	−45,45	−50,00	−46,15	−50,00	−53,85
Szenarium 2:	$x(.) = 100 - 500 \cdot \frac{1,1p - 1,05\tilde{p}}{1,05\tilde{p}} + 3,6w$				
Absatzmengenänderung $\Delta x(p)$ [in Tsd.]	+2,35	+6,19	+8,02	+12,19	+10,36

jeweiligen Fall – der preisbedingte Absatzrückgang zumindest von der Tendenz her noch intuitiv vorherzusehen war, ist eine von Intuition getragene Wirkungsprognose im zweiten Szenarium kaum mehr zuverlässig möglich. Absatzprognosen auf Basis mehrerer Variablen sind im Allgemeinen nur noch mittels geeigneter Modelle durchzuführen[2]. Wie schwierig die Vorhersage des unterschiedlichen Ausmaßes von Preiserhöhungen ist, wird insbesondere dann sehr deutlich, wenn man die Resultate für die Fälle 2 und 4 im Szenarium 1 mit jenen der beiden Fälle im Szenarium 2 vergleicht. Im ersten Szenarium erhalten wir für beide Fälle das gleiche Resultat, sprich einen Absatzrückgang um 50 Tsd. Mengeneinheiten, während die resultierenden Unterschiede im Szenarium 2 mit einer Zunahme um 6,19 Tsd. Mengeneinheiten (im Fall 2) gegenüber einer um 12,19 Tsd. Mengeneinheiten (im Fall 4) doch markant ausfallen. Die 10-prozentige Preiserhöhung wird hier durch die Erhöhung der Werbeaufwendungen um 20 % nicht nur kompensiert, sondern es kommt vor dem Hintergrund des insgesamt gestiegenen Preisniveaus sogar zu einer deutlichen Ausweitung des Absatzes. Wie es zu solchen Phänomenen kommt und welche Auswirkungen kombinierte marketingpolitische Entscheidungen z. B. auf den Gewinn

---

[2] Der Fachterminus zur Umschreibung von Modellformulierungen mit der Zielsetzung zielgerichteter Prognosen, etwa von Kaufwahrscheinlichkeiten einzelner Kunden oder von Abwanderungswahrscheinlichkeiten („Churn Prediction"), im Marketing lautet „Predictive Modelling". Die Methodik des „Predictive Modelling" wird auch in anderen Bereichen der Betriebswirtschaft genutzt, etwa bei der Prognose von Kreditausfällen im Finanzmanagement oder von Schadensfällen in der Versicherungswirtschaft. Eine fundierte Methodenkenntnis eröffnet somit auch vielfältige Möglichkeiten des Transfers von Marketingwissen auf benachbarte Disziplinen.

oder den Marktanteil eines Anbieters haben können, sollen die Ausführungen der folgenden Kapitel deutlich machen.

2
Marketingrelevante Grundlagen der Entscheidungstheorie

Ein profundes Verständnis des Zustandekommens und der Konsequenzen von Entscheidungen ist für das Marketing aus zwei Gründen von besonderer Bedeutung: Zum einen verfolgt das Marketingmanagement das Ziel, in den unterschiedlichen Funktionsbereichen, z. B. der Produktpolitik oder der Kommunikationspolitik, durch den Einbezug relevanter Informationen zu den in der jeweiligen Situation bestmöglichen Entscheidungen zu gelangen. Zum anderen ist es eine Kernaufgabe des Marketing, das Entscheidungsverhalten von Abnehmern zu verstehen, da nur so z. B. erklärt werden kann, warum sich diese für das Produkt der Konkurrenz und nicht für das eigene Produkt entscheiden. Die Vermittlung von Grundlagen der Entscheidungstheorie soll dabei helfen, Entscheidungen des Marketingmanagements besser zu begründen und Entscheidungen von Abnehmern besser zu erklären.

In diesem Kapitel werden deshalb Grundlagen der Entscheidungstheorie für das Marketing vorgestellt. Hierdurch soll ein tieferes Verständnis dafür aufgebaut werden, wie resp. anhand welcher Kriterien sich Entscheidungssituationen systematisieren lassen, d. h. wie Handlungsalternativen, Umweltzustände und Konsequenzen zueinander in Beziehung gesetzt werden können (Abschnitt 2.1). Darüber hinaus werden drei grundlegende Ansätze der Entscheidungstheorie vorgestellt (Abschnitt 2.2). Den Ausgangspunkt bilden das Grundmodell der Entscheidungstheorie sowie Regeln für Entscheidungen unter Sicherheit und unter Risiko. Daran anschließend wird der Frage nachgegangen, welche Regeln und Heuristiken in realen Entscheidungssituationen von Entscheidungsträgern angewendet werden.

2.1 Systematik von Entscheidungssituationen

Das Streben nach guten oder sogar optimalen Entscheidungen kann zu Recht als Kernaufgabe des Managements und damit auch des Marketingmanagements aufgefasst werden. Diese Feststellung ist nicht neu. Bereits von Heinen (1969) ist der Versuch unternommen worden, die damalige Betriebswirtschaft auf dem Treffen geeigneter Entscheidungen zu begründen. Dieser Bereich der Betriebswirtschaftslehre, die Industriebetriebslehre, unterscheidet die Auswahl und Systematisierung geeigneter Ziele, die Erklärung des Verhaltens der Entscheidungsträger und die Ableitung von Gestaltungsempfehlungen.

Die **Entscheidungstheorie** wird enger gefasst. Rommelfanger & Eickemeier (2002) definieren die Entscheidungstheorie als logische oder empirische Analyse des rationalen oder des intendiert rationalen Entscheidungsverhaltens. Diese Definition erfasst allerdings weder die Auswahl der Ziele noch die für das Management relevante Ableitung von Gestaltungsempfehlungen. Eine Entscheidungssituation im Sinne der Entscheidungstheorie liegt immer dann vor, wenn ein Entscheidungträger, etwa die Marketingleitung eines Unternehmens, unter Berücksichtigung vorgegebener Zielsetzungen eine Wahl zwischen zwei oder mehr sich gegenseitig ausschließenden Handlungsoptionen zu treffen hat.

Die obige Definition der Entscheidungstheorie weist bereits auf das Problem der Rationalität hin. Tatsächlich wurde in den Wirtschaftswissenschaften lange Zeit mit dem Ideal des Homo oeconomicus gearbeitet. Dieser zeichnet sich dadurch aus, dass er stets über vollständige Informationen verfügt, eine unbegrenzte Informationsverarbeitungskapazität besitzt und seine Entscheidungen auf der Basis wohldefinierter Präferenzen fällt. Die angeführten Eigenschaften treffen jedoch weder auf das Marketingmanagement noch auf die Abnehmer von Produkten zu. Dies würde nämlich bedeuten, dass die Abnehmer beim Kauf alltäglicher Produkte stets alle entscheidungsrelevanten Informationen zur Verfügung haben. Die eingeschränkten Ressourcen (z. B. die für eine Kaufentscheidung zur Verfügung stehende Zeit) führen jedoch dazu, dass die Abnehmer dem Ideal des Homo oeconomicus nicht entsprechen und beispielsweise die Entscheidungssituation vereinfachende Regeln anwenden. Für eine Entscheidungsunterstützung im Marketingmanagement ist die ausschließliche Orientierung an der Rationalität von Entscheidungen demnach nicht geeignet.

Andererseits werden Annahmen benötigt, um im betrieblichen Gestaltungskontext ein (formales) Modell der Ziele, Handlungsalternativen und möglichen Konsequenzen formulieren zu können. Das Ausmaß, in dem Annahmen in die Modellbildung aufgenommen werden, führt zu der Unterscheidung in deskriptive und präskriptive Entscheidungstheorie. Die **deskriptive Entscheidungstheorie** untersucht die in der Realität zu beobachtenden Beziehungen zwischen Variablen. Beispielsweise beschreibt sie, welche Entscheidungsregeln in realen Kaufsituationen tatsächlich von Abnehmern angewendet werden. Die **präskriptive Entscheidungstheorie** hingegen gibt Empfehlungen für rationales Entscheiden in unterschiedlichen Entscheidungssituationen. Beispielsweise könnten mit ihrer Hilfe Empfehlungen darüber abgeleitet werden, ob ein vorhandenes Neuprodukt auf dem Markt eingeführt werden soll oder nicht.

Ein in der Praxis weitverbreiteter Einwand gegen solche formalen Entscheidungsmodelle ist die Notwendigkeit, alle Handlungsalternativen herauszuarbeiten und in einem zweiten Schritt zu bewerten. Dies führt u. U. dazu, dass Entscheidungsträger (resp. das Management) ihre Fähigkeit, „aus dem Bauch heraus" zu entscheiden, oder ihre langjährige Erfahrung nur unzureichend gewürdigt sehen. Werden solche „Entscheidungen" überdies mit dem Kommentar „... es gibt keine Alternative zu ..." präsentiert, so sind Zweifel an der Adäquanz des Entscheidungsprozesses als Ganzem angebracht, da eine Entscheidung als die bewusste Auswahl von Handlungsalternativen zur Erreichung eines Ziels definiert ist (Rommelfanger & Eickemeier (2002, S. 1)). Stehen also gar keine Alternativen zur Auswahl, so ist auch keine Entscheidung zu treffen.

Nach obiger Definition lassen sich Entscheidungssituationen daher anhand folgender Kriterien systematisieren:

Anzahl der Beteiligten: Wird die Entscheidung durch ein Individuum getroffen, so ist die Modellierung einfacher als bei einer Entscheidung durch ein Gremium (z. B. eine Gruppe von Einkäufern eines Unternehmens oder die Mitglieder einer Familie), da in Gremien zumeist unterschiedliche Rollen der Beteiligten, unterschiedliche Informationsstände, unterschiedliche Kompetenzen der Informationsverarbeitung und auch konkurrierende Zielbewertungen zu berücksichtigen sind. Das Binnenverhältnis der Gremienmitglieder, die funktionale Organisation des Gremiums und der zeitliche Ablauf der Entscheidungsfindung durch das Gremium wirken auf die Entscheidungen. Beispielsweise können sich bei gleichberechtigten Entscheidern eines Gremiums Koalitionen mit gemeinsamen Interessen bilden, um Entscheidungen „gegen" andere Mitglieder des Gremiums durchzusetzen. Für das Marketingmanagement von besonderer Relevanz ist das Buying-Center Konzept, anhand dessen Gremienentscheidungen systematisiert und analysiert werden können.

Anzahl der Ziele: In der betrieblichen Realität sind oft mehrere Ziele gleichzeitig zu berücksichtigen. In der entscheidungstheoretischen Analyse werden die Modelle, die einen Ausschnitt der Realität erfassen, grundsätzlich in solche mit einfacher Zielsetzung und solche mit mehrfachen Zielsetzungen unterschieden. Letztere sind oftmals realitätsnäher, dafür aber auch anspruchsvoller in der Formalisierung. Die Ziele sind auf Kompatibilität, Neutralität oder Konkurrenz hin zu prüfen. In der betriebswirtschaftlichen Praxis tritt oftmals der Fall konkurrierender Ziele auf. Dafür eignen sich spezielle Verfahren, beispielsweise der im Abschnitt 3.4 vorgestellte Analytic Hierarchy Process (AHP).

Zeitlicher Verlauf der Entscheidung: Bei einstufigen Entscheidungssituationen und korrespondierenden Modellen werden die Entscheidungen myopisch getroffen, also ohne Berücksichtigung später zu treffender Folgeentscheidungen. Myopische Entscheider können zwar zu jedem Zeitpunkt neu die jeweils beste Entscheidung treffen, jedoch führt diese Entscheidungssequenz nicht notwendigerweise zum optimalen Gesamtzielerreichungsbeitrag. Mehrstufige Entscheidungsmodelle, bzw. dynamische Entscheidungsmodelle, berücksichtigen spätere Entscheidungsoptionen und bieten somit die Möglichkeit einer periodenübergreifenden Optimierung.

2.2 Ansätze der Entscheidungstheorie

2.2.1 Grundmodell der normativen Entscheidungstheorie

Gegenstand der normativen Entscheidungstheorie ist ein Entscheider, der versucht, sich rational zu verhalten. Dabei wird das rationale Verhalten als grundsätzlich zweckmäßig interpretiert. Den Ausgangspunkt für die Entwicklung eines (normativen) Grundmodells der Entscheidungstheorie bildet eine Entscheidungssituation, in der aus einer Menge von Alternativen genau eine Alternative auszuwählen ist. Das Modell ist im Sinne obiger Kriterien zur Systematisierung von Entscheidungssituationen durch einen fehlenden Zeitbezug sowie die Beschränkung auf nur einen Entscheidungsträger und nur eine Zielsetzung gekennzeichnet. Dies führt auf ein einfaches Grundmodell, das sich bei Bedarf auf mehr Entscheidungsträger und mehr Ziele erweitern lässt. Alle Entscheidungsmodelle weisen eine Gemeinsamkeit in der Formalisierung des **Entscheidungsfelds** auf. Dieses ist durch drei Elemente definiert:

- Der *Aktionsraum* wird durch die Menge $\mathbb{A}$ der Handlungsalternativen a_i ($i = 1, \ldots, I$) beschrieben, wobei diese Alternativenmenge zumeist abzählbar viele Elemente enthält. Preise und Werbebudgets werden hierzu beispielsweise auf eine endliche Zahl von Ausprägungen reduziert. Beispielsweise könnte das Werbebudget in Schritten von 50000 € zwischen 1 Mio. € und 2 Mio. € variiert werden. In diesem Fall stellen also alle möglichen Werbebudgets den Aktionsraum dar.
- Der *Zustandsraum* gibt die Menge $\mathbb{Z}$ der möglicherweise eintretenden Umweltzustände z_j ($j = 1, \ldots, J$) an. Beispielsweise könnte aufgrund bisheriger Markterfahrung davon ausgegangen werden, dass der Preis eines Konkurrenzproduktes 99 €, 109 € oder 119 € betragen kann. Auch hier wird man – wie im Beispiel geschehen – aus Gründen der Praktikabilität die Anzahl der möglichen Ausprägungen durch Diskretisierung reduzieren. Im Unterschied zu Aktionen sind die Umweltzustände durch den Entscheidungsträger nicht beeinflussbar.
- Die *Menge der zu erzielenden Ergebnisse* $\mathbb{E}$ umfasst alle Konsequenzen e_{ij}, die bei Realisation der Alternative a_i im Umweltzustand z_j eintreten. Dazu wird eine Ergebnisfunktion $e(.)$ auf jedes Tupel (a_i, z_j) angewendet. Dies bedeutet, dass in obigem Beispiel für jede Kombination von eigenem Werbebudget und Preis des Konkurrenzproduktes eine bestimmte Nachfrage nach dem eigenen Produkt resultieren wird, die die Konsequenz darstellt.

Die Elemente e_{ij} der Ergebnismenge $\mathbb{E}$ können in einer *Ergebnismatrix* **E** angeordnet werden:

$$\mathbf{E} = (e_{ij})_{I \times J} = \begin{pmatrix} e_{11} & \cdots & e_{1j} & \cdots & e_{1J} \\ \vdots & & \vdots & & \vdots \\ e_{i1} & \cdots & e_{ij} & \cdots & e_{iJ} \\ \vdots & & \vdots & & \vdots \\ e_{I1} & \cdots & e_{Ij} & \cdots & e_{IJ} \end{pmatrix} \qquad (2.1)$$

Anhand der Kenntnisse hinsichtlich des Eintretens der Umweltzustände werden verschiedene Entscheidungssituationen unterschieden:

Entscheidung unter Sicherheit: Mit jeder Alternative a_i korrespondiert genau ein Element der Ergebnismatrix **E**, da die Menge $\mathbb{Z}$ genau ein Element enthält.

Entscheidung unter Risiko: Die möglichen Umweltzustände $z_1, \ldots, z_J$ treten mit subjektiven (z. B. von Experten geschätzten) oder objektiven (z. B. aufgrund historischer Daten berechneten) Wahrscheinlichkeiten ein.

Entscheidung unter Ungewissheit: Es ist lediglich bekannt, welche Zustände z_j ($j = 1, \ldots, J$) möglich sind. Die Wahrscheinlichkeiten für das Eintreten der einzelnen Zustände sind jedoch unbekannt. Man spricht in diesem Zusammenhang auch von „objektiver Unsicherheit" oder „Ungewissheit im eigentlichen Sinne".

Die Entscheidung für die Auswahl einer Alternative a_i basiert auf einem Zielsystem, das aus einer oder mehreren Zielgrößen[1] und **Präferenzrelationen** bestehen kann. Letztere lassen sich untergliedern in:

- Indifferenz: $\sim$ (Gleichbewertung zweier Alternativen)
- Präferenz: $\succeq$ (Gleich- oder Besserbewertung einer Alternative gegenüber einer anderen)
- Strenge Präferenz: $\succ$ (Besserbewertung einer Alternative gegenüber einer anderen)

Zur Quantifizierung der möglichen Entscheidungsergebnisse, d. h. zur Bewertung der Elemente der Ergebnismatrix **E** wird eine **Nutzenfunktion** u (für „Utility") herangezogen, die die Ergebnisse e_{ij} in die Menge der reellen Zahlen abbildet. Dies bedeutet, dass die Präferenzrelationen zwischen den Konsequenzen durch eine numerische Bewertungsfunktion repräsentiert werden. Dementsprechend wird also jeder Konsequenz mithilfe der Nutzenfunktion ein Nutzenwert zugeordnet. Formal lässt sich dies wie folgt zum Ausdruck bringen:

$$u : \mathbb{E} \to \mathbb{R} \quad \text{und} \quad e_{ij} \mapsto u(e_{ij}) \in \mathbb{R} \quad \forall\, i, j \tag{2.2}$$

$\mathbb{E}$ muss dabei relationeneindeutig[2] in $\mathbb{R}$ abgebildet werden, d. h. für zwei Ergebnisse e_{ij} und $e_{i'j'}$ muss gelten:

$$e_{ij} \sim e_{i'j'} \Leftrightarrow u(e_{ij}) = u(e_{i'j'})$$
$$e_{ij} \succeq e_{i'j'} \Leftrightarrow u(e_{ij}) \geq u(e_{i'j'})$$
$$e_{ij} \succ e_{i'j'} \Leftrightarrow u(e_{ij}) > u(e_{i'j'})$$

Die **Erwartungsnutzentheorie** besagt für Entscheidungen unter Risiko, dass ein Entscheidungsträger jene Alternative wählen wird, die ihm den höchsten erwarteten Nutzen verspricht. Die Nutzenfunktionen selbst können ihrerseits wiederum auf

---

[1] Im Falle des Vorliegens mehrerer Zielgrößen repräsentieren die Elemente der Ergebnismenge auch entsprechend mehrere Maßzahlen, beispielsweise Marktanteil und resultierenden Gewinn.

[2] Die Abbildung erfolgt unter Beibehaltung der zwischen den betreffenden Elementen bestehenden Beziehungen (Relationen).

zwei verschiedene Arten genauer spezifiziert werden. Ausschlaggebend für den jeweiligen Spezifikationsansatz ist die Frage, ob man beim Vergleich verschiedener Nutzenwerte lediglich feststellen möchte, ob ein Nutzenwert größer, kleiner oder gleich einem anderen Nutzenwert ist oder ob zusätzlich auch die Differenz zwischen den zu vergleichenden Nutzenwerten von Interesse ist. Im ersten Fall handelt es sich um ein ordinales Nutzenkonzept, im zweiten um ein kardinales.

Notwendige Bedingungen für die Existenz einer **ordinalen Nutzenfunktion** sind:

Vergleichbarkeitsaxiom: Für zwei Ergebnisse e_{ij} und $e_{i'j'}$ kann mithilfe der oben eingeführten Präferenzrelationen immer angegeben werden, ob entweder $e_{ij} \succ e_{i'j'}$, $e_{i'j'} \succ e_{ij}$ oder $e_{ij} \sim e_{i'j'}$ gilt.

Transitivitätsaxiom: Für drei Ergebnisse e_{ij}, $e_{i'j'}$ und $e_{i''j''}$ folgt aus $e_{ij} \succeq e_{i'j'}$ und $e_{i'j'} \succeq e_{i''j''}$ stets auch $e_{ij} \succeq e_{i''j''}$.

Das ordinale Nutzenkonzept erscheint dann adäquat, wenn man die Skalierbarkeit des Nutzens der auf diese Weise zu beschreibenden Ergebnisse für ausreichend hält.[3] Beim kardinalen Nutzenkonzept geht man hingegen davon aus, dass der Nutzen der Ergebnisse nicht nur skalierbar, sondern sogar messbar, d. h. konkret quantifizierbar ist. Damit sind Angaben darüber möglich, in welchem Maße ein Ergebnis einem anderen vorgezogen wird. An die Existenz einer **kardinalen Nutzenfunktion** sind allerdings neben der Vergleichbarkeit und der Transitivität noch zwei weitere Bedingungen zu knüpfen:

Stetigkeitsaxiom: Für drei Ergebnisse e_{ij}, $e_{i'j'}$ und $e_{i''j''}$ mit Präferenzbeziehung $e_{ij} \succeq e_{i'j'} \succeq e_{i''j''}$ existiert ein $x \in [0;1]$, sodass gilt: $xe_{ij} + (1-x)e_{i''j''} \sim e_{i'j'}$.

Substitutionsaxiom: Für drei Ergebnisse e_{ij}, $e_{i'j'}$ und $e_{i''j''}$ sowie ein beliebiges $x \in [0;1]$ mit $e_{ij} \succeq e_{i'j'}$ gilt stets $xe_{ij} + (1-x)e_{i''j''} \succeq xe_{i'j'} + (1-x)e_{i''j''}$.

Durch die (ordinale oder kardinale) Nutzenfunktion u wird jedem Ergebnis $e_{ij} \in \mathbb{E}$ der Nutzenwert $u_{ij} := u(e_{ij}) \in \mathbb{R}$ zugeordnet. Ersetzt man jedes Element der Ergebnismatrix durch den ihm zugeordneten Nutzen, so erhält man die Entscheidungsmatrix:[4]

$$\mathbf{U} = (u_{ij})_{I \times J} = \begin{pmatrix} u_{11} & \cdots & u_{1j} & \cdots & u_{1J} \\ \vdots & & \vdots & & \vdots \\ u_{i1} & \cdots & u_{ij} & \cdots & u_{iJ} \\ \vdots & & \vdots & & \vdots \\ u_{I1} & \cdots & u_{Ij} & \cdots & u_{IJ} \end{pmatrix} = \begin{pmatrix} u(e_{11}) & \cdots & u(e_{1j}) & \cdots & u(e_{1J}) \\ \vdots & & \vdots & & \vdots \\ u(e_{i1}) & \cdots & u(e_{ij}) & \cdots & u(e_{iJ}) \\ \vdots & & \vdots & & \vdots \\ u(e_{I1}) & \cdots & u(e_{Ij}) & \cdots & u(e_{IJ}) \end{pmatrix} \quad (2.3)$$

---

[3] Dies ist z. B. dann der Fall, wenn die in eine entsprechende Untersuchung einbezogenen Konsumenten im Rahmen von paarweisen Produktvergleichen nur anzugeben haben, welches der jeweils einander gegenübergestellten Produkte sie (aufgrund des unterstellten, aber nicht näher quantifizierbaren Gebrauchsnutzens) im Falle einer diesbezüglichen Kaufentscheidung vorziehen würden.

[4] Liegen die Ergebnisse z. B. in Form von Erlösen oder Deckungsbeiträgen vor, so können diese mit dem Nutzen gleichgesetzt werden, d. h. es gilt dann $u(e_{ij}) = e_{ij} \ \forall \ i, j$.

Entscheidungssituationen sind somit gekennzeichnet durch eine Alternativen- und eine Zustandsmenge, dem Kenntnisstand bezüglich der Umweltzustände (Sicherheit, Risiko oder Ungewissheit), einer Ergebnis- und einer Entscheidungsmatrix sowie Präferenzrelationen. Zusammenfassend ist dies in Abbildung 2.1 noch einmal veranschaulicht.

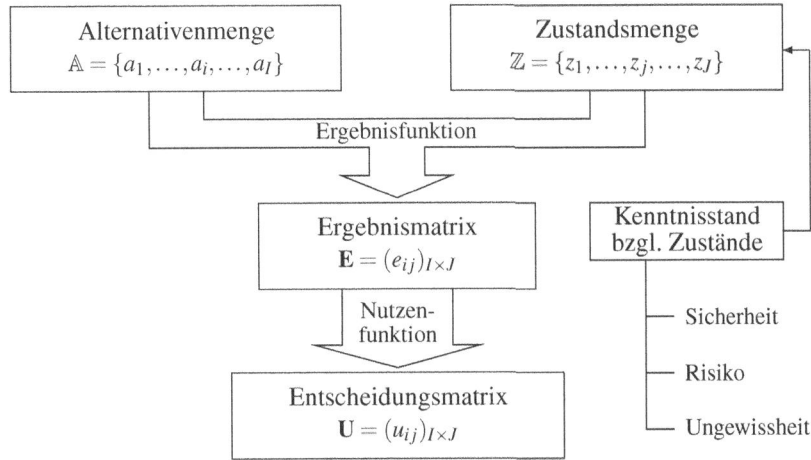

Abb. 2.1: Zusammenhänge im Grundmodell der Entscheidungstheorie

In der täglichen Marketingpraxis wissen die Entscheider zwar häufig, welche das Ergebnis der Alternativenauswahl beeinflussenden Umweltzustände in einer vorliegenden Entscheidungssituation eintreten können, d. h. wie sich die Zustandsmenge zusammensetzt. Sie vermögen aber – so wünschenswert dies für eine zielgerichtete Planung auch sein mag – oft nicht mit letzter Sicherheit vorherzusagen, wann die einzelnen Zustände tatsächlich eintreten werden. Aufgrund früherer Erfahrungen sind sie jedoch u. U. in der Lage, Wahrscheinlichkeiten für das Eintreten der einzelnen Zustände anzugeben. Im Sinne obiger Definition liegt dann eine Entscheidung unter Risiko vor.

2.2.2 Präskriptive Entscheidungstheorie

Liegen im Grundmodell der Entscheidungstheorie monotone Nutzenfunktionen vor, so können bereits auf Basis der Ergebnismatrix unvorteilhafte Handlungsalternativen von der weiteren Betrachtung ausgeschlossen werden.[5] Werden zwei Alternativen miteinander verglichen, so dominiert eine Alternative eine andere Alternative, wenn sie bezüglich der Zielgröße einen höheren Wert aufweist, also z. B. zu einem höheren Gewinn führt. Es werden drei Arten der Dominanz unterschieden (Homburg & Krohmer (2009, S. 174ff.)):

---

[5] Beispielsweise entspricht bei einer Nutzenfunktion $u(x) = x$ die Entscheidungsmatrix auch der Ergebnismatrix.

Absolute Dominanz: Die Alternative a_i dominiert eine andere Alternative a_k, falls das Worst-Case-Ergebnis von a_i bezüglich aller Zustände z_j mindestens so gut ist wie das Best-Case-Ergebnis von a_k:

$$\min_j e(a_i, z_j) \geq \max_j e(a_k, z_j) \qquad (2.4)$$

Dabei stellt $e(.)$ wiederum die Ergebnisfunktion dar.

Zustandsdominanz: Eine Alternative a_i dominiert eine andere Alternative a_k, wenn das Ergebnis von a_i bei allen Umweltzuständen mindestens so gut ist wie das Ergebnis der Alternative a_k, aber bei mindestens einem Zustand z_{j^*} wirklich besser ist und somit gilt:

$$\begin{array}{ll} e(a_i, z_j) \geq e(a_k, z_j) & \forall z_j \quad \text{und} \\ e(a_i, z_{j^*}) > e(a_k, z_{j^*}) & \text{für mindestens ein } z_{j^*} \end{array} \qquad (2.5)$$

Wahrscheinlichkeitsdominanz: In einer Entscheidungssituation unter Risiko dominiert eine Alternative a_i die Alternative a_k, wenn die Wahrscheinlichkeit p für das Erreichen eines Ergebnisses $\bar{e}$ bei der Wahl der Alternative a_i mindestens so groß ist wie die Wahrscheinlichkeit, den gleichen Zielerfolg mit der Alternative a_k zu erreichen, jedoch für mindestens einen Zielerfolg $\bar{e}^*$ wirklich größer ist, d. h. wenn gilt:

$$\begin{array}{ll} p(e(a_i, z_j) \geq \bar{e}) \geq p(e(a_k, z_j) \geq \bar{e}) & \forall \bar{e} \quad \text{und} \\ p(e(a_i, z_j) \geq \bar{e}^*) > p(e(a_k, z_j) \geq \bar{e}^*) & \text{für mindestens ein } \bar{e}^* \in \mathbb{E} \end{array} \qquad (2.6)$$

Das Dominanzkriterium führt selten zu einer eindeutigen Handlungsempfehlung, da in realen Entscheidungssituationen oftmals mehrere Alternativen nicht dominiert werden. Alle nicht dominierten Alternativen sind effizient. Alle dominierten Alternativen sind ineffizient.

Die Anwendung der Dominanzregeln wird im Folgenden anhand des in Tabelle 2.1 dargestellten Datenbeispiels verdeutlicht. Für das Design eines neuen Produkts seien drei Gestaltungsalternativen a_1, a_2 und a_3 möglich. Zudem gibt es, unabhängig von der gewählten Alternative, drei verschiedene Umweltzustände z_1, z_2 und z_3, die den Jahresüberschuss determinieren. Die Tabelle zeigt als Ergebnisgröße den zu erwartenden Jahresüberschuss in Mio. €. Zusätzlich weist die Tabelle das Best-Case-Ergebnis und das Worst-Case-Ergebnis für jede Alternative aus.

Tabelle 2.1: Datenbeispiel zur Entscheidung mittels Dominanzregel

	z_1	z_2	z_3	$\min_j e(a_i, z_j)$	$\max_j e(a_i, z_j)$
a_1	4	5	3	3	5
a_2	3	10	11	3	11
a_3	7	8	15	7	15

Die Alternative a_1 kann entsprechend des Kriteriums der absoluten Dominanz als ineffizient bezeichnet werden, da $\min_j e(a_3, z_j) = 7 > \max_j e(a_1, z_j) = 5$. Somit wird

a_1 unabhängig vom eintretenden Umweltzustand durch die Alternative a_3 dominiert. Die Alternativen a_2 und a_3 sind entsprechend der Kriterien der absoluten Dominanz ($\min_j e(a_3, z_j) = 7 \not> \max_j e(a_2, z_j) = 11 \land \min_j e(a_2, z_j) = 3 \not> \max_j e(a_3, z_j) = 15$) und der Zustandsdominanz ($e(a_2, z_2) = 10 > e(a_3, z_2) = 8 \land e(a_2, z_3) = 11 < e(a_3, z_3) = 15$) als effizient zu bezeichnen, da keine Alternative die andere dominiert. Zur Überprüfung der Wahrscheinlichkeitsdominanz ist die Menge der möglichen Ergebnisse $\mathbb{E} = \{3, 4, 5, 7, 8, 10, 11, 15\}$ heranzuziehen. Da die Alternative a_1 ineffizient ist, kann die Menge der relevanten Ergebnisse auf $\tilde{\mathbb{E}} = \{3, 7, 8, 10, 11, 15\}$ reduziert werden. Bei gegebenen Eintrittswahrscheinlichkeiten $p(z_1) = 0,4$, $p(z_2) = 0,3$ und $p(z_3) = 0,3$ der Umweltzustände kann die Prüfung der Wahrscheinlichkeitsdominanz wie in Tabelle 2.2 dargestellt erfolgen.

Tabelle 2.2: Bewertung entsprechend der Wahrscheinlichkeitsdominanz

$e(a_i, z_j)$	3	7	8	10	11	15
$p(e(a_2, z_j))$	0,4	0	0	0,3	0,3	0
$p(e(a_3, z_j))$	0	0,4	0,3	0	0	0,3
$p(e(a_2, z_j) \geq \bar{e})$	1	0,6	0,6	0,6	0,3	0
$p(e(a_3, z_j) \geq \bar{e})$	1	1	0,6	0,3	0,3	0,3

In der zweiten und dritten Zeile der Tabelle sind die Wahrscheinlichkeiten für den Eintritt der Zielgröße resp. des betreffenden Ergebnisses angegeben. Die unteren beiden Zeilen geben die kumulierte Wahrscheinlichkeit für die Realisation der Zielgröße an. Die Wahrscheinlichkeit für genau 3 Mio. € Jahresüberschuss beträgt für Alternative a_2 bei Eintreten des Umweltzustands z_1 $p(e(a_2, z_1)) = 0,4$. Dieser Wert tritt bei Alternative a_3 nicht auf. Daher ist hier $p(e(a_3, z_1)) = 0$. Jedoch generiert diese Alternative, wie Tabelle 2.1 zu entnehmen ist, in jedem Fall höhere Jahresüberschüsse, sodass hier die kumulierte Wahrscheinlichkeit 1 beträgt. Damit ist die zweite Bedingung des Kriteriums in Gleichung 2.6 für $\bar{e} = 3$ Mio. € erfüllt. Da zudem für alle $\bar{e} \in \tilde{\mathbb{E}}$, wie aus der Tabelle ersichtlich, die Bedingung $p(e(a_3, z_j) \geq \bar{e}) \geq p(e(a_2, z_j) \geq \bar{e})$ erfüllt ist, ist a_3 im Falle von Wahrscheinlichkeitsdominanz als einzige Alternative effizient.

Abschließend ist noch anzumerken, dass der Effizienzbegriff oftmals falsch verwendet wird. Marketingmanager oder Unternehmensberater, die behaupten, eine Marketingaufgabe „effizienter" bewältigen zu können, dokumentieren damit, dass sie mit den Grundlagen der Entscheidungstheorie nicht wirklich vertraut sind. Analysen des realen Entscheidungsverhaltens, z. B. in Verhandlungssituationen (Gupta (1989)) oder im Supply Chain Management (Bendoly, Donohue & Schultz (2006)), zeigen, dass sich auch erfahrene Manager oftmals für ineffiziente Handlungsalternativen entscheiden. Eine Dominanzanalyse kann somit ein geeignetes Mittel darstellen, um im Marketingmanagement bessere Entscheidungen zu treffen.

Dies führt zu der Frage, in welchem Ausmaß der Einsatz spezieller entscheidungsunterstützender Techniken und damit auch die Beschaffung der dafür erforderlichen Informationen überhaupt sinnvoll ist. Ein hierfür geeignetes Verfahren ist die

Bayes-Analyse, deren Ergebnisse im Anschluss in einem **Entscheidungsbaum** veranschaulicht werden können. Green, Tull & Albaum (1988) unterscheiden hierbei:

a priori-Analysen, im Sinne einer Entscheidungsfindung ohne zusätzliche Informationsbeschaffung,

a posteriori-Analysen, im Sinne einer Entscheidungsfindung unter Berücksichtigung von „alten" und „neuen" (zusätzlichen) Informationen, und

pre posteriori-Analysen, im Sinne einer Klärung der Frage, ob vor einer anstehenden Entscheidung „neue" (zusätzliche) Informationen beschafft werden sollen.

Das Marketingmanagement steht oft vor der Aufgabe, den Wert zusätzlicher Informationen abzuschätzen, um zu entscheiden, ob zusätzliche Informationen die Entscheidung in dem Maße verbessern, dass der Aufwand für die Informationsbeschaffung gerechtfertigt ist. Diese Aufgabe ist durch die pre posteriori-Analyse zu bewältigen.

Die Veranschaulichung der drei Analyseformen erfolgt in Anlehnung an Büning, Haedrich, Kleinert, Kuß & Streitberg (1981) anhand eines Beispiels aus Decker & Wagner (2002). Ausgangspunkt ist die folgende Entscheidungssituation:

Ein Automobilhersteller stehe vor der Entscheidung, zusätzlich zu einer bereits erfolgreich vertriebenen PKW-Variante 1 mit Benzinmotor, eine bis auf die Motorisierung identische Variante 2 dieses Fahrzeugs mit Hybridantrieb auf den Markt zu bringen. Hieraus resultieren zwei Handlungsalternativen:

a_1: Einführung der Fahrzeugvariante 2
a_2: Verzicht auf eine entsprechende Neuprodukteinführung

Die höheren Produktionskosten für den Hybridantrieb gehen mit einem höheren Verkaufspreis einher, sodass der Stückdeckungsbeitrag für beide Varianten als identisch angenommen werden kann. Ziel der Neuprodukteinführung ist die Erschließung neuer Käuferschichten und, damit einhergehend, Marktanteilssteigerungen bei konstantem Gesamtmarktvolumen. Entsprechend würde auch der Gesamtdeckungsbeitrag steigen. Die Umweltzustände sind die Reaktionen der anvisierten Käuferzielgruppe sowie die Reaktionen der Konkurrenz. Darüber hinaus ist eine mögliche Kannibalisierung[6] innerhalb der eigenen Produktpalette zu beachten. Die Konsequenz der Entscheidung wird anhand des resultierenden Marktanteils quantifiziert.

Die Marketingmanager des Automobilherstellers schränken die Menge der Umweltzustände $\mathbb{Z}$ bei Einführung des Hybridantriebs auf drei realistische Szenarien ein.

z_1: Der bisherige (und allein mit Variante 1 erzielte) Marktanteil des Automobilherstellers von 20 % ändert sich trotz Angebotsausweitung nicht, da die anvisierte Käuferschicht kein nennenswertes Interesse an Variante 2 signalisiert und die Konkurrenz darüber hinaus mit massiven Gegenmaßnahmen (Preissenkungen) reagiert.

---

[6] Hierunter versteht man die konkurrierende Vermarktung gleichartiger Produkte durch ein und dasselbe Unternehmen.

z_2: Der Marktanteil pendelt sich bei 23 % ein, da sowohl die Reaktion der Kunden als auch die der Konkurrenz zwischen den „Extremen" z_1 und z_3 liegt.

z_3: Der Marktanteil des Automobilherstellers steigt auf erfreuliche 26 %, da das Interesse bei der fokussierten Zielgruppe sehr groß ist und die Konkurrenz der Neuprodukteinführung nur verhalten entgegentritt.

Dem Entscheidungskalkül liegen folgende Daten zugrunde:

- Das relevante Marktvolumen sei im dreiperiodigen Analysezeitraum konstant und liege bei 100.000 Fahrzeugen pro Periode.
- Der Stückdeckungsbeitrag betrage jeweils 1000 €.
- Die Gesamtmarketingkosten für die Neuprodukteinführungsmaßnahme werden mit 2 Mio. € angesetzt.

Die aufgeführten Markt- und Kalkulationsdaten führen zu der Entscheidungsmatrix

$$\mathbf{U} = \begin{pmatrix} 18 & 21 & 24 \\ 20 & 20 & 20 \end{pmatrix} \quad [\text{in Mio. €}]$$

und der damit korrespondierenden Opportunitätskostenmatrix[7]

$$\mathbf{K}^{opp} = \begin{pmatrix} 2 & 0 & 0 \\ 0 & 1 & 4 \end{pmatrix} \quad [\text{in Mio. €}].$$

In einer Entscheidungssituation unter Sicherheit würde dies beim Eintritt von Zustand z_1 (wegen $u_{11} = 18 < u_{21} = 20$) die Wahl der Alternative a_2, beim Zustand z_2 die Wahl der Alternative a_1 und beim Zustand z_3 ebenfalls die Wahl der Alternative a_1 zur Folge haben. Interessanter ist indes die Betrachtung der drei eingangs erwähnten Analyseformen a priori, a posteriori und pre posteriori.

Ausgangspunkt der **a priori-Analyse** ist die Annahme, dass zu der vorliegenden Neuprodukteinführungsentscheidung keine zusätzlichen Informationen herangezogen werden. Um in einer solchen Situation zu einer nach Möglichkeit eindeutigen Entscheidung zu gelangen, bedarf es geeigneter **Entscheidungsregeln**. Diese können z. B. auf einer **Bewertungsfunktion** $f(.)$ basieren, mit der alle zur Auswahl stehenden Handlungsalternativen $a_1, \ldots, a_I$ bezüglich aller möglichen Umweltzustände $z_1, \ldots, z_J$ bewertet werden. Es ist dann jene Alternative a^* zu wählen, für die die Bewertungsfunktion den noch genauer zu spezifizierenden optimalen Wert $f(a^*)$ annimmt.

Sei

$$u_i^{min} = \min_j \{u_{ij}\} \quad \text{und} \quad u_i^{max} = \max_j \{u_{ij}\} \quad \forall\, i \quad (2.7)$$

und entsprechend für obiges Zahlenbeispiel

$$u_1^{min} = 18,\ u_2^{min} = 20 \quad \text{und} \quad u_1^{max} = 24,\ u_2^{max} = 20,$$

---

[7] Opportunitätskosten beschreiben entgangenen Nutzen, der aus dem Verzicht auf die Realisation einer Handlungsalternative resultiert. Die Opportunitätskostenmatrix $\mathbf{K}^{opp}$ hat so viele Zeilen, wie Handlungsalternativen zur Auswahl stehen, und so viele Spalten, wie Umweltzustände zu berücksichtigen sind.

dann können mithilfe der Bewertungsfunktion $f(.)$ verschiedene Entscheidungsregeln formuliert werden:

Maximax-Regel: Es wird jene Alternative a^* gewählt, deren maximales Ergebnis das größte unter allen maximalen Ergebnissen ist:

$$f(a^*) = \max_i \{u_i^{max}\} \qquad (2.8)$$

Die Regel entspricht einer „optimistischen" Betrachtungsweise, da nur die jeweils günstigsten Umweltzustände in die Bewertung der beiden Alternativen einfließen. Sie liefert für unser Beispiel das Resultat $f(a^*) = \max\{24; 20\} = 24$ und somit die Entscheidung für Alternative a_1.

Maximin-Regel (Wald-Regel): Es wird jene Alternative a^* gewählt, deren minimales Ergebnis das größte unter allen minimalen Ergebnissen ist:

$$f(a^*) = \max_i \{u_i^{min}\} \qquad (2.9)$$

Die Regel entspricht somit einer „pessimistischen" Betrachtungsweise und liefert für unser Beispiel das Resultat $f(a^*) = \max\{18; 20\} = 20$ und damit die Entscheidung für Alternative a_2.

Hurwicz-Regel: Es wird jene Alternative a^* gewählt, für die bei beliebigem $\alpha \in [0; 1]$ gilt:

$$f(a^*) = \max_i \{\alpha u_i^{max} + (1-\alpha) u_i^{min}\} \qquad (2.10)$$

Diese Regel entspricht gewissermaßen einem Kompromiss zwischen den beiden vorausgegangenen Regeln und liefert in unserem Beispiel für $\alpha = 0,5$ das Resultat

$$\begin{aligned}f(a^*) &= \max\{0,5 \cdot 24 + 0,5 \cdot 18;\ 0,5 \cdot 20 + 0,5 \cdot 20\} \\ &= \max\{21;\ 20\} = 21\end{aligned} \qquad (2.11)$$

und damit die Entscheidung für Alternative a_1. Durch entsprechende Wahl von α kann der Entscheider das Ausmaß seines Optimismus bzw. Pessimismus bezüglich des Eintretens der Umweltzustände zum Ausdruck bringen. Für $\alpha = 1$ resultiert die Maximax- und für $\alpha = 0$ die Maximin-Regel. Die Größe α kann deshalb auch als „Optimismusfaktor" bezeichnet werden.

In empirischen Untersuchungen wurde festgestellt, dass Manager zwar in den meisten Fällen risikoavers handeln, jedoch in Bezug auf die Einschätzung der Konsequenzen der gewählten Handlungsalternativen zu optimistisch sind (den Steen (2004); Bazerman & Moore (2008)). Die Hurwicz-Regel kann daher auch genutzt werden, um zu zeigen, wie optimistisch ein Manager sein muss bzw. darf, damit seine Entscheidungen noch als rational zu rechtfertigen sind.

Minimax-Regret-Regel (Savage-Niehans-Regel): Es wird jene Alternative a^* gewählt, deren maximale Opportunitätskosten die kleinsten unter allen maximalen Opportunitätskosten sind:

$$f(a^*) = \min_i \{\max_j \{K_{ij}^{opp}\}\} \qquad (2.12)$$

2.2 Ansätze der Entscheidungstheorie 27

Im vorliegenden Beispiel liefert diese Regel das Resultat

$$f(a^*) = \min\{\max\{2;\ 0;\ 0\}, \{\max\{0;\ 1;\ 4\}\} = \min\{2;\ 4\} = 2 \qquad (2.13)$$

und damit die Entscheidung für Alternative a_1.

Im Interesse einer realitätsnäheren Betrachtungsweise sollen nun zusätzlich Wahrscheinlichkeiten für das Eintreten der möglichen Umweltzustände Berücksichtigung finden, d. h. es wird von einer Entscheidung unter Risiko ausgegangen. Die Einbeziehung subjektiver – weil z. B. vom Management vorab festgelegter oder geschätzter – a priori-Wahrscheinlichkeiten $p(z_j)$ für das Auftreten der Umweltzustände $z_j \in \mathbb{Z}$ führt zu folgender Bewertungsfunktion:

$$f(a^*) = \max_i \left\{ \sum_{j=1}^{J} u_{ij}\, p(z_j) \right\} \qquad \text{mit} \qquad \sum_{j=1}^{J} p(z_j) = 1 \qquad (2.14)$$

Auch diese allgemeingültige Grundform bedarf einer genaueren Spezifikation in der Form von Regeln:

Laplace-Regel: Es wird unterstellt, dass – aufgrund fehlender zusätzlicher Informationen – jeder der möglichen Umweltzustände mit der gleichen Wahrscheinlichkeit eintreten kann, d. h. es sei $p(z_1) = \cdots = p(z_J) = \frac{1}{J}$, und es wird jene Alternative a^* gewählt, für die gilt:

$$f(a^*) = \max_i \left\{ \frac{1}{J} \sum_{j=1}^{J} u_{ij} \right\} \qquad (2.15)$$

In unserem Beispiel liefert diese, den Erwartungswert als Entscheidungskriterium verwendende Regel das Resultat

$$f(a^*) = \max \left\{ \frac{1}{3}(18+21+24);\ \frac{1}{3}(20+20+20) \right\}$$
$$= \max\{21;\ 20\} = 21 \qquad (2.16)$$

und damit die Entscheidung für Alternative a_1.

Erwarteter-Geldwert-Regel: Ausgangspunkt ist hier die Annahme zumindest partiell verschiedener Eintrittswahrscheinlichkeiten für die möglichen Umweltzustände. D. h. es wird unterstellt, dass $p(z_j) \neq p(z_l)$ für mindestens ein $j \neq l$ gegeben ist. Der Wert eines Informationsstands werde dabei mit WI bezeichnet. Dann wird jene Alternative a^* gewählt, für die gilt:

$$f^{prior}(a^*) = \max_i \left\{ \underbrace{\sum_{j=1}^{J} u_{ij}\, p(z_j)}_{(=WI_i^{prior})} \right\} \qquad (2.17)$$

Die Regel beruht, wenn man die Werte u_{ij} der Entscheidungsmatrix als Erlösgrößen interpretiert, auf der maximalen Erlös- bzw. Gewinnerwartung ohne Informationsbeschaffung (angedeutet durch die Markierung „prior"). Unterstellt man für das Zahlenbeispiel exemplarisch die Wahrscheinlichkeiten $p(z_1) = 0,2$, $p(z_2) = 0,5$ und $p(z_3) = 0,3$, so führt dies zu dem Resultat

$$f^{prior}(a^*) = \max\{18 \cdot 0,2 + 21 \cdot 0,5 + 24 \cdot 0,3;\ 20 \cdot 0,2 + 20 \cdot 0,5 + 20 \cdot 0,3\}$$
$$= \max\{21,3;\ 20\} = 21,3 \qquad (2.18)$$

und mithin zu einer Entscheidung für Alternative a_1.

Erwartete-Opportunitätskosten-Regel: Ausgangspunkt ist analog zur vorangegangenen Regel die Annahme zumindest partiell verschiedener Eintrittswahrscheinlichkeiten für die möglichen Umweltzustände. Es wird nun aber jene Alternative a^* gewählt, für die gilt:

$$f(a^*) = \min_i \left\{ \sum_{j=1}^{J} K_{ij}^{opp} p(z_j) \right\} \qquad (2.19)$$

Die Regel basiert auf der minimalen Opportunitätskostenerwartung ohne Informationsbeschaffung. Unter Beibehaltung oben angegebener Wahrscheinlichkeiten führt dies zu dem Resultat

$$f(a^*) = \min\{2 \cdot 0,2 + 0 \cdot 0,5 + 0 \cdot 0,3;\ 0 \cdot 0,2 + 1 \cdot 0,5 + 4 \cdot 0,3\}$$
$$= \min\{0,4;\ 1,7\} = 0,4 \qquad (2.20)$$

und somit zur Entscheidung für Alternative a_1.

Im Abschnitt 3.4 werden diese Regeln wieder aufgegriffen, um strategische Alternativen zu bewerten. Auch das in diesem Abschnitt vorgestellte AHP-Verfahren ist der präskriptiven Entscheidungstheorie zuzuordnen.

Beurteilt der Entscheider die Unsicherheit hinsichtlich der möglicherweise eintretenden Umweltzustände und das hieraus resultierende Risiko einer Fehlentscheidung als unvertretbar hoch, so erscheint die Beschaffung zusätzlicher Informationen sinnvoll. Dieser Aspekt des Entscheidungsverhaltens wird in der **a posteriori-Analyse** aufgegriffen. Ausgangspunkt ist die Annahme, dass eine zusätzliche Information *INF* (z. B. in Form von käuflich zu erwerbenden Marktdaten, etwa aus einer Testmarktstudie) grundsätzlich verfügbar und auch abrufbar ist. Ziel der Berechnungen ist nun die Bestimmung der a posteriori-Wahrscheinlichkeit $p(z_j|INF)$ für das Eintreten des Umweltzustands z_j, wenn der Entscheider bereits über die Information *INF* verfügt.

Mit

$p(z_j)$ = a priori-Wahrscheinlichkeit für das Eintreten des Umweltzustands z_j

$p(INF|z_j)$ = bedingte Wahrscheinlichkeit für das Vorliegen der Information *INF* unter der Voraussetzung, dass Umweltzustand z_j vorliegt

$p(INF)$ = Wahrscheinlichkeit für das Vorliegen von Information *INF*

2.2 Ansätze der Entscheidungstheorie 29

berechnet sich diese Wahrscheinlichkeit gemäß **Bayes-Theorem** als:

$$p(z_j|INF) = \frac{p(INF|z_j)\,p(z_j)}{\sum_{l=1}^{J} p(INF|z_l)\,p(z_l)} = \frac{p(INF|z_j)\,p(z_j)}{p(INF)} \quad \forall\, j \qquad (2.21)$$

Modifizierte Erwarteter-Geldwert-Regel: Unter Berücksichtigung der soeben eingeführten a posteriori-Wahrscheinlichkeit wird jene Alternative a^* gewählt, für die gilt:

$$f^{post}(a^*) = \max_{i} \underbrace{\left\{ \sum_{j=1}^{J} u_{ij}\, p(z_j|INF) \right\}}_{(=WI_i^{post})} \qquad (2.22)$$

Genau wie bei der entsprechenden Regel in der a priori-Analyse werden die Werte u_{ij} der Entscheidungsmatrix wieder als Erlösgrößen interpretiert, jetzt allerdings zur Bestimmung der maximalen Erlös- bzw. Gewinnerwartung bei Vorliegen von Information INF.

Um die vorgestellte Methodik an unserem Automobilbeispiel veranschaulichen zu können, soll Folgendes gelten: Die Variante mit Hybridantrieb sei auf einem geeigneten Testmarkt erprobt worden. Dabei konnte für beide Fahrzeugvarianten ein Marktanteil von 24 % erzielt werden. Vor diesem Hintergrund nimmt das Marketingmanagement eine Schätzung der Wahrscheinlichkeiten dafür vor, dass das Testmarktergebnis resp. die Information $INF = 0,24$ realisierbar ist, wenn die drei bereits bekannten möglichen Umweltzustände als realistisch anzunehmen sind. Aufgrund früherer Erfahrungen im Zusammenhang mit analogen Problemstellungen kommt man zu den in Tabelle 2.3 dargestellten Schätzungen der bedingten Wahrscheinlichkeiten.

Tabelle 2.3: Schätzungen der bedingten Wahrscheinlichkeiten

j	z_j [in %]	$p(INF = 0,24|z_j)$
1	20	0,15
2	23	0,2
3	26	0,4

Unter Hinzunahme der a priori-Wahrscheinlichkeiten $p(z_j)$ können dann die interessierenden a posteriori-Wahrscheinlichkeiten $p(z_j|INF)$ berechnet werden (siehe Tabelle 2.4).

Tabelle 2.4: A posteriori-Wahrscheinlichkeiten

j	z_j [in %]	$p(z_j)$	$p(INF|z_j)$	$p(INF|z_j) \cdot p(z_j)$	$p(z_j|INF)$
1	20	0,2	0,15	0,03	0,12
2	23	0,5	0,2	0,1	0,4
3	26	0,3	0,4	0,12	0,48
$\sum$	–	1,0	–	0,25 = $p(INF)$	1,0

Damit ergibt sich für die Bewertungsfunktion

$$f^{post}(a^*) = \max\{18 \cdot 0,12 + 21 \cdot 0,4 + 24 \cdot 0,48;\ 20 \cdot 0,12 + 20 \cdot 0,4 + 20 \cdot 0,48\}$$
$$= \max\{22,08;\ 20\} = 22,08$$

und es fällt erneut die Entscheidung zugunsten von Alternative a_1.

Bei der **pre posteriori-Analyse** wird, wie bereits eingangs angedeutet, der Frage nachgegangen, ob sich die Beschaffung von zusätzlicher Information überhaupt lohnt. Es soll also bereits vor der Informationsbeschaffung geklärt werden, ob diese zu einer derartigen Verbesserung der Entscheidungsgrundlage beiträgt, dass der Wert der zusätzlichen Information die mit ihrer Beschaffung verbundenen Kosten übersteigt. Dabei ist zu beachten, dass eine Informationsbeschaffung zu unterschiedlichen Informationen führen kann. Beispielsweise sind in der Testmarktsimulation für den Hersteller unterschiedliche Marktanteilsprognosen möglich. Folglich müssen die Ergebnisse unterschiedlicher a posteriori-Analysen antizipiert werden, d. h. es sind K bedingte Wahrscheinlichkeiten $p(INF_k|z_j)$ (mit $k = 1, \ldots, K$) für J mögliche Umweltzustände z_j sowie K Wahrscheinlichkeiten $p(INF_k)$ im Voraus zu bestimmen. Darüber hinaus wird auch hier eine geeignete Entscheidungsregel benötigt.

Zunächst ermittelt man den erwarteten Geldwert auf Basis der a posteriori-Wahrscheinlichkeit bezüglich Information INF_k mit

$$f_k^{post}(a^*) = \max_i \left\{ \underbrace{\sum_{j=1}^{J} u_{ij}\, p(z_j|INF_k)}_{(=WI_{ik}^{post})} \right\} \qquad \forall\, k \qquad (2.23)$$

und den daraus resultierenden erwarteten Geldwert der Informationsbeschaffung, d. h. die maximale Erlös- bzw. Gewinnerwartung bei Informationsbeschaffung:

$$f(a^*) = \sum_{k=1}^{K} f_k^{post}(a^*)\, p(INF_k) = WI^{pre\text{-}post} \qquad (2.24)$$

Mit $\Delta WI = WI^{pre\text{-}post} - WI^{prior}$ als dem Nettowert der Informationsbeschaffung und KOS als den korrespondierenden Beschaffungskosten der Informationsbeschaffung ergibt sich schließlich die zur Entscheidungsfindung heranzuziehende Informationsbeschaffungsregel: Die Beschaffung zusätzlicher Informationen ist genau dann von Vorteil resp. „lohnenswert", wenn $\Delta WI > KOS$ gilt.

Um auch diesen Modellierungsaspekt anhand des Automobilbeispiels demonstrieren zu können, sei angenommen, dass das Einholen der besagten Testmarktinformationen Kosten in Höhe von $KOS = 0,5$ Mio. € verursachen würde. Darüber hinaus werden vom Marketingmanagement folgende vier Prognosen aus Testmarktuntersuchungen für möglich gehalten:

$$INF_1 = 22\,\% \qquad INF_2 = 24\,\%$$

$$INF_3 = 25\,\% \qquad INF_4 = 28\,\%$$

2.2 Ansätze der Entscheidungstheorie

Auf Basis seiner bisherigen Erfahrungen nimmt das Marketingmanagement eine Schätzung der bedingten Wahrscheinlichkeiten $p(INF_k|z_j)$ für die vier vorliegenden Testmarktergebnisse vor und kommt dabei zu den in Tabelle 2.5 dargestellten Resultaten.

Tabelle 2.5: Bedingte Wahrscheinlichkeiten für die vier Testmarktergebnisse

j	z_j [in %]	$p(z_j)$	$p(INF_1|z_j)$	$p(INF_2|z_j)$	$p(INF_3|z_j)$	$p(INF_4|z_j)$
1	20	0,2	0,2	0,55	0,15	0,1
2	23	0,5	0,45	0,2	0,2	0,15
3	26	0,3	0,05	0,05	0,4	0,5

Hieraus ergeben sich dann die Wahrscheinlichkeiten

$$p(INF_1) = 0,28 \quad p(INF_2) = 0,225$$

$$p(INF_3) = 0,25 \quad p(INF_4) = 0,245$$

für das Vorliegen der einzelnen Informationen und die a posteriori-Wahrscheinlichkeiten in Tabelle 2.6.

Tabelle 2.6: A posteriori-Wahrscheinlichkeiten für die vier Testmarktergebnisse

j	$p(z_j|INF_1)$	$p(z_j|INF_2)$	$p(z_j|INF_3)$	$p(z_j|INF_4)$
1	0,143	0,489	0,12	0,082
2	0,804	0,444	0,4	0,306
3	0,053	0,067	0,48	0,612

Mit den in dieser Weise aufbereiteten Daten sind wir in der Lage, die erwarteten Geldwerte auf Basis der a posteriori-Wahrscheinlichkeiten bezüglich der Informationen $INF_1, \ldots, INF_4$ zu bestimmen. Es gilt:

$$f_1^{post}(a^*) = \max_i \{18 \cdot 0,143 + 21 \cdot 0,804 + 24 \cdot 0,053;$$
$$20 \cdot 0,143 + 20 \cdot 0,804 + 20 \cdot 0,053\} = \max_i \{20,73;\ 20\} = 20,73 \tag{2.25}$$

$$f_2^{post}(a^*) = \max_i \{18 \cdot 0,489 + 21 \cdot 0,444 + 24 \cdot 0,067;\ 20\}$$
$$= \max_i \{19,734;\ 20\} = 20 \tag{2.26}$$

$$f_3^{post}(a^*) = \max_i \{18 \cdot 0,12 + 21 \cdot 0,4 + 24 \cdot 0,48;\ 20\}$$
$$= \max_i \{22,08;\ 20\} = 22,08 \tag{2.27}$$

$$f_4^{post}(a^*) = \max_i \{18 \cdot 0,082 + 21 \cdot 0,306 + 24 \cdot 0,612;\ 20\}$$
$$= \max_i \{22,59;\ 20\} = 22,59 \tag{2.28}$$

Damit lassen sich auch der erwartete Geldwert der Informationsbeschaffung

$$f(a^*) = 20{,}73 \cdot 0{,}28 + 20{,}0 \cdot 0{,}225 + 22{,}08 \cdot 0{,}25 + 22{,}59 \cdot 0{,}245$$
$$= 21{,}359 = WI^{pre\text{-}post} \tag{2.29}$$

und der Nettowert der Informationsbeschaffung $\Delta WI = 21{,}359 - 21{,}3 = 0{,}059$ bestimmen. Wegen $\Delta WI = 0{,}059 < 0{,}5 = KOS$ resultiert die Einsicht, dass sich die Informationsbeschaffung, obwohl der erwartete Geldwert der Informationsbeschaffung mit immerhin 59000 € deutlich positiv ausfällt, im vorliegenden Szenarium nicht zu lohnen scheint und deshalb unterbleiben sollte. Die anhand des Automobilbeispiels exemplarisch aufgezeigte Entscheidungssituation lässt sich auch, wie in Abbildung 2.2 geschehen, anschaulich als **Entscheidungsbaum** darstellen.

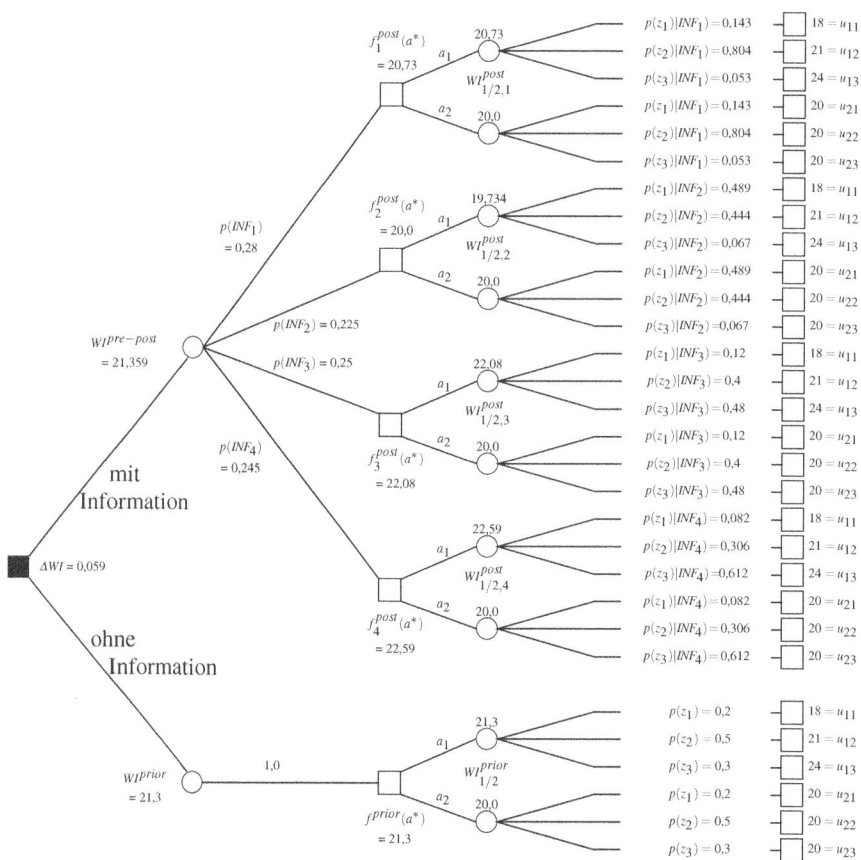

Abb. 2.2: Entscheidungsbaum zur Bayes-Analyse

Der Nutzen einer solchen grafischen Repräsentation tritt besonders dann recht deutlich zutage, wenn die im Rahmen von entsprechenden Analysen offengelegten Optionen einem größeren Kreis von Entscheidern präsentiert und mit diesen diskutiert werden sollen.

2.2.3 Deskriptive Entscheidungstheorie

Für die in Abschnitt 2.2.2 dargestellte präskriptive Entscheidungstheorie sind Annahmen in Bezug auf die Rationalität der betrachteten Entscheidungsträger grundlegend. Für die meisten Entscheidungssituationen in Unternehmen ist die Prämisse, dass die Entscheidungsträger sich stets vollständig rational verhalten und vollständige Informationen in Bezug auf den jeweiligen Entscheidungszusammenhang besitzen, jedoch unrealistisch. Beispielsweise ist im vorausgegangenen Abschnitt unterstellt worden, dass der Entscheider alle vorhandenen Informationen auswertet, um den Wert zusätzlicher Informationen zu ermitteln. Für einen nach Effizienz strebenden Manager erscheint dies in vielen Fällen (z. B. bei einer entsprechenden finanziellen Bedeutung des Entscheidungszusammenhangs) auch durchaus zu rechtfertigen. Für betriebswirtschaftlich weniger bedeutende Entscheidungszusammenhänge ist ein solcher Analyseaufwand hingegen nur selten zu rechtfertigen. In solchen Fällen bietet sich eine andere Herangehensweise an.

Die Methoden und Modelle der **deskriptiven Entscheidungstheorie** untersuchen daher, wie und warum Entscheidungen in der Realität oder auch in einem Experiment getroffen werden. Besondere Resonanz im Marketing hat die **Prospect-Theorie** von Kahneman & Tversky (1979) gefunden, die eine realistischere Alternative zur Erwartungsnutzentheorie resp. zur Annahme darstellt, dass ein Entscheidungsträger zur Wahl einer den Nutzen maximierenden Alternative in der Lage ist. Diese Theorie beschreibt, wie Entscheidungsträger Gewinne und Verluste bewerten. Es wird davon ausgegangen, dass die Beurteilung Letzterer in Bezug auf einen Referenzpunkt erfolgt. Dieser Referenzpunkt kann beispielsweise das derzeitige Vermögen eines Entscheidungsträgers sein. In Bezug auf den Entscheidungsprozess geht die Prospect-Theorie davon aus, dass Entscheidungsträger bei ihrer Entscheidungsfindung zwei Phasen durchlaufen, die Editier- und die Evaluationsphase.

Die Editierphase dient der vorbereitenden Analyse der relevanten Alternativen mit dem Ziel einer Vereinfachung des Entscheidungsproblems, um sodann in der Evaluationsphase die bearbeiteten Alternativen (die sogenannten „Prospects") zu bewerten. Die Alternative mit dem höchsten Ergebniswert wird gewählt.

In der Editierphase werden sechs Bearbeitungsschritte durchlaufen. Im ersten, dem „Coding"-Schritt, nimmt der Entscheider die möglichen Ergebnisse seiner Entscheidung als positive oder negative Abweichungen von einem Referenzpunkt wahr (z. B. die positive oder negative Abweichung von dem im Zusammenhang mit einer Neuprodukteinführung anvisierten Umsatz mit dem betreffenden Produkt infolge alternativer Werbemaßnahmen). Bei der Kodierung wird der Referenzpunkt festgelegt, sodass die Ergebnisse (des Ergreifens der zur Auswahl stehenden Werbemaßnahmen) als (Umsatz-) Gewinne und (Umsatz-) Verluste gegenüber diesem Referenzpunkt (dem anvisierten Umsatz) gemessen werden. Im Anschluss daran werden im „Combination"-Schritt die Wahrscheinlichkeiten identischer Ergebnisse (hier Umsätze) addiert. Im „Segregation"-Schritt werden jene Bestandteile des Entscheidungsproblems (z. B. die Kaufkraft in dem fokussierten Zielmarkt), die allen Ergebnissen gemeinsam sind, abgetrennt. Der „Cancellation"-Schritt hat die Ignorierung bzw. Eliminierung gemeinsamer Bestandteile zu vergleichender Alternativen (z. B. das Timing der Werbemaßnahme) zum Gegenstand. Des Weiteren werden dominierte Ergebnisse (resp. Umsätze und – damit einhergehend – auch die zugehörigen Werbemaßnahmen) aus der weiteren Betrachtung ausgeschlossen („Detection-of-Dominance"-Schritt) und Wahrscheinlichkeiten werden durch Rundung vereinfacht („Simplification"-Schritt).

Die Prospect-Theorie hat sich insbesondere in der Analyse von Kaufentscheidungen in Bezug auf Sonderangebote und Preisänderungen als für das Marketing fruchtbar erwiesen (Boztug (2002)). Zur Verdeutlichung bietet sich das folgende Beispiel an: Der Marketingleiter eines großen Pharmaunternehmens sieht auf einer Messe genau die Präsentationsmappen, die er schon seit Längerem für seine Außendienstmitarbeiter zu kaufen beabsichtigt. In der von ihm präferierten Größe und Aufmachung ist allerdings nur noch ein Paket dieser Mappen vorhanden. Allerdings erscheint ihm der Preis etwas überhöht, was ihn veranlasst, nach alternativen Angeboten Ausschau zu halten. Der Messepreis bildet hierbei den Referenzpunkt (resp. Referenzpreis). Der Marketingleiter kann nun bei verschiedenen Anbietern nach günstigeren Angeboten suchen. Gelingt dies, so realisiert er gegenüber dem Messepreis einen Gewinn im Sinne eines Preisabschlags. Sind die alternativen Angebote indes teurer und das besagte letzte Paket Präsentationsmappen des Anbieters von der Messe zwischenzeitlich verkauft, so realisiert er einen Verlust im Sinne eines Aufschlags auf den Preis, der beim sofortigen Kauf auf der Messe zu zahlen gewesen wäre.

Abbildung 2.3 zeigt den Verlauf der sogenannten „Value"-Funktion, anhand derer die Abweichung vom Referenzpunkt bewertet wird. Die „Value"-Funktion trägt der Neigung von Entscheidern Rechnung, Verlusten gegenüber wesentlich sensibler zu sein als bei Gewinnen gleichen Umfangs.

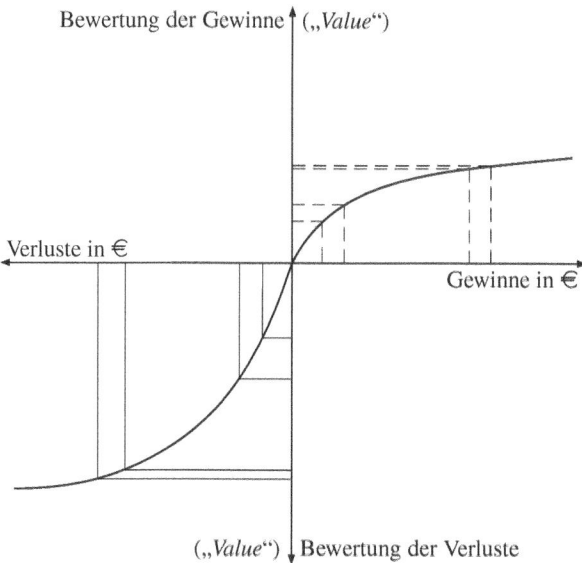

Abb. 2.3: Die Value-Funktion der Prospect-Theorie

Aus Abbildung 2.3 ist ersichtlich, dass die „Value"-Funktion im Bereich der Gewinne konkav gekrümmt ist und insgesamt einen asymmetrischen Verlauf aufweist. Somit ist die Freude über eine positive Änderung des Gewinns (in der Abbildung gestrichelt dargestellt) in der Nähe des Referenzpunkts deutlich höher als weiter von ihm entfernt (wiederum gestrichelt dargestellt). Im Bereich der Verluste ist der Verlauf konvex. Die „Value"-Funktion verläuft nahe des Referenzpunkts steiler als im Gewinnbereich. Somit schmerzt der erste € Verlust den Entscheider stärker, als ihn der erste € Gewinn erfreut.

Die deskriptive Entscheidungsforschung hat sich des Weiteren intensiv damit beschäftigt, wie Entscheidungsprozesse auf empirischem Wege beschrieben werden können. Dabei ist die Forschung insbesondere an Antworten auf die folgenden Fragen interessiert (Trommsdorff & Teichert (2011)):

- Welche Anzahl an Informationen wird in Entscheidungsprozesse mit einbezogen?
- In welcher Reihenfolge werden die Informationen einbezogen?
- Wie werden die Einzelinformationen zu einer Gesamtbeurteilung der Alternativen zusammengeführt?

Um diese und verwandte Fragen beantworten zu können, sind verschiedene Messtechniken entwickelt worden. So kann beispielsweise mittels Blickbewegungsaufzeichnung („Eyetracking") erfasst werden, wie Entscheidungsträger nach Informationen suchen. Da neuere Blickaufzeichnungsgeräte eine präzisere Messung erlauben und außerdem portabel sind, können auch die Blickbewegungen in realen Entscheidungssituationen, wie etwa auf einem Messestand, aufgezeichnet werden. Die Informationsaufnahme durch das menschliche Auge erfolgt in einzelnen Informationseinheiten (den Fixationen). Diese können den in einer Entscheidungssituation zur Verfügung stehenden Informationen zugeordnet werden. Somit lassen sich Aussagen darüber treffen, welche Informationen in welcher Reihenfolge in die Entscheidungssituation einbezogen wurden (Meißner, Musalem & Huber (2015)). Neben der Blickbewegungsaufzeichnung kommen auch ältere Verfahren wie die Information Display Matrix, Mouselab oder Protokolle lauten Denkens zum Einsatz (Hammann & Erichson (2006); Meißner, Decker & Pfeiffer (2010)).

In Bezug auf die Reihenfolge der einbezogenen Informationen kann betrachtet werden, ob die Alternativen in einer Entscheidungssituation eher entlang der beschreibenden Eigenschaften miteinander verglichen werden oder ob sie zunächst ganzheitlich betrachtet werden (Meißner & Decker (2010)). Im ersten Fall wird von einem attributbasierten, im zweiten von einem alternativenbasierten Suchverhalten gesprochen. Dies ist deshalb von besonderem Interesse, weil die beschriebene Vorgehensweise etwas über die Art der Urteilsbildung seitens der Entscheidungsträger verrät. Ist beispielsweise zu beobachten, dass Personen die Alternativen ausschließlich in Bezug auf eine Eigenschaft, wie z. B. den Preis der Alternativen, betrachten, so ist davon auszugehen, dass sie die verschiedenen Eigenschaften der Alternativen nicht gegeneinander abwägen. In diesem Fall liegt **nicht-kompensatorisches Entscheidungsverhalten** vor, weil eine („schlechte") Eigenschaft einer Entscheidungsalternative (z. B. ein hoher Preis) nicht durch eine andere („gute") Eigenschaft (z. B.

eine besonders hohe Produktqualität) kompensiert werden kann. Ist hingegen ein alternativenbasiertes Informationssuchverhalten zu beobachten, so ist es wahrscheinlicher, dass sich der Entscheidungsträger eine Vorstellung vom erwarteten Nutzen einer Alternative macht und diesen dem zu erwartenden Nutzen der anderen Alternativen gegenüberstellen wird. In diesem Fall liegt **kompensatorisches Entscheidungsverhalten** vor.

In vielen Entscheidungssituationen ist zu beobachten, dass die betreffenden Personen nicht in kompensatorischer Weise vorgehen, sondern vielmehr dazu neigen, ihre Wahlentscheidungen zu vereinfachen, indem sie **Entscheidungsheuristiken** anwenden. Bricht ein Entscheidungsträger die weitere Informationssuche und Informationsverarbeitung ab, sobald er eine zufriedenstellende Alternative gefunden hat, so spricht man vom „Satisficing" (Simon (1955)). Weitverbreitete Heuristiken sind darüber hinaus:

Dominanzregel: Eine Alternative, z. B. eine Neuproduktvariante, wird dann gewählt, wenn es keine weitere Variante gibt, die hinsichtlich aller relevanten Eigenschaften Erfolg versprechend erscheint. Sind mehrere Eigenschaften relevant, führt das Dominanzprinzip oftmals nicht zu eindeutigen Entscheidungen.

Konjunktive Regel: Es werden mehrere wichtige Eigenschaften gleichzeitig beurteilt, wobei für jede Eigenschaft ein Mindestanspruchsniveau erfüllt sein muss. Im Zuge von Entscheidungsprozessen können die Mindestanspruchsniveaus erhöht werden, sodass eine eindeutige Auswahl möglich wird.

Disjunktive Regel: Eine Alternative wird gewählt, wenn sie bei mindestens einer Eigenschaft eine herausragende Ausprägung aufweist. Beispiele für solche Regeln sind: „Wähle dasjenige Neuprodukt, das den höchsten Marktanteil verspricht." oder „Wähle dasjenige Neuprodukt, das den höchsten Deckungsbeitrag verspricht.".

Lexikografische Regel: Wenn die Eigenschaften entsprechend ihrer Bedeutung in eine Rangordnung gebracht werden können, so werden bei der lexikografischen Auswahl zuerst die Ausprägungen der wichtigsten Eigenschaft geprüft. Führt dieses noch nicht zu einer eindeutigen Auswahl, so wird die zweitwichtigste Eigenschaft herangezogen, usw.

Eigenschaftsweise Eliminierung: Bei einer großen Zahl von Alternativen (z. B. im Falle des Werbeflächenangebots in einer Stadt) werden zunächst die ungeeigneten Alternativen anhand einer Eigenschaft (z. B. der Lage in der Stadt) aussortiert. Diese Heuristik kann der Anwendung anderer Entscheidungsregeln vorgeschaltet werden.

Es ist gezeigt worden, dass eine höhere Komplexität der Entscheidungssituation die Verwendung nicht-kompensatorischer Entscheidungsheuristiken begünstigt (Payne, Bettman & Johnson (1993)). Des Weiteren ist zu beobachten, dass das Entscheidungsverhalten oftmals durch mehrere Phasen gekennzeichnet ist (Hauser, Toubia, Evgeniou, Silinskiai & Befurt (2009)). So wird beispielsweise in einer ersten Phase die Zahl der Alternativen auf das „Consideration Set" beschränkt (einige Autoren sprechen auch vom „Relevant Set"). Dies ist die Menge der Alternativen, die vom Entscheidungsträger grundsätzlich als akzeptabel angesehen werden. In einer zweiten Phase wird dann eine Entscheidung zwischen den verbliebenen Alternativen getroffen. Diese Vorgehensweise bietet sich für Entscheidungssituationen an, in denen eine Vielzahl von Informationen zu berücksichtigen ist, da hierdurch die Komplexität der Entscheidungssituation reduziert werden kann.

Neben den bereits erwähnten Aufzeichnungstechniken werden zunehmend auch medizinische Diagnoseapparaturen eingesetzt, mit denen nicht nur die Aktivität der Augen, sondern auch die Gehirnaktivitäten gemessen werden können (Kenning, Plassmann & Ahlert (2007)). Insbesondere die funktionelle Magnetresonanztomografie wird von den beteiligten Forschern als vielversprechendes Verfahren eingestuft. Obwohl die gegenwärtigen Forschungsbemühungen noch vorwiegend auf methodische Grundlagen fokussieren, sind bereits unterschiedlich ablaufende Entscheidungsprozesse auch auf der biologischen Ebene nachweisbar. Neben der limitierten Fähigkeit zur Informationsverarbeitung ist auch die emotionale Komponente der Entscheidungsfindung als wichtige Determinante herausgearbeitet worden. Entsprechend dieser Argumentation kommt z. B. der „emotionalen Ladung" von Marken eine zentrale Rolle für die Wahlentscheidung zu (siehe hierzu Wagner (2014)).

3
Strategisches Marketing

Eine wichtige Voraussetzung für eine erfolgreiche Marketingplanung ist es, dass das Unternehmen entsprechend seiner zentralen Betätigungsfelder ausgerichtet ist. Die langfristige Planung der Betätigung in diesen Feldern stellt die Unternehmensstrategie dar. Die Entscheidung zugunsten oder zuungunsten eines Betätigungsfeldes hängt von einer Reihe von Faktoren ab, so z. B. von den technologischen Kompetenzen im Unternehmen, der Qualifikation der Mitarbeiter, bestehenden Marktzutrittschancen oder -barrieren sowie den verfügbaren Produktions- und Distributionskapazitäten. Dem Leser soll deshalb in diesem Kapitel u. a. vermittelt werden, wie die Aufgaben der strategischen Planung von operativen Marketingaktivitäten abzugrenzen sind.

In Abschnitt 3.1 wird zunächst verdeutlicht, wie die Ziele für einzelne Geschäftsfelder konkretisiert werden können, bevor dann in Abschnitt 3.2 Instrumente und Kennzahlen der strategischen Analyse eingeführt werden. In Abschnitt 3.3 soll der Leser ein tieferes Verständnis für grundlegende Modelle der strategischen Planung entwickeln, wie etwa den Produktlebenszyklus und die Lern- oder Erfahrungskurve. In Abschnitt 3.4 wird gezeigt, wie strategische Entscheidungen bei konkurrierenden Zielsetzungen und in Risikosituationen in qualifizierter Weise getroffen werden können.

3.1 Grundlagen des strategischen Marketing

Grundgedanke des strategischen Marketing ist, dass das Unternehmen durch eine strategische Planung zu einer Präzisierung der eigenen Zielvorstellungen und einer geeigneten Implementierung korrespondierender Prozesse motiviert wird. Eine solche Planung beschreibt, wie das Unternehmen bei sich ändernden Umweltbedingungen Chancen auf den Absatz- oder Beschaffungsmärkten zu seinem Vorteil nutzen kann. Dabei kommt es darauf an, Übereinstimmungen zwischen den erkannten Marktchancen und den Zielen und Fähigkeiten des Unternehmens zu identifizieren. Eine **Marketingstrategie** findet ihren Niederschlag in einem langfristigen, auf Beschaffungs- und Absatzmärkte gerichteten Verhaltensplan, der den Rahmen für das operative Handeln vorgibt. Kennzeichnend für strategische Marketingentscheidungen sind die in Tabelle 3.1 aufgeführten Charakteristika. So erfordert z. B. die Formulierung einer Marketingstrategie immer die Beteiligung des Top-Managements und sie ist nicht delegierbar. Dies ist in erster Linie auf den geringen Grad der Strukturierung strategischer Entscheidungssituationen zurückzuführen. Für die besser strukturierten operativen Entscheidungen können hingegen Entscheidungsregeln formuliert werden, die sicherstellen, dass die Entscheidungsträger auf den nachfolgenden Hierarchieebenen im Sinne des Top-Managements entscheiden. Strategische Entscheidungen sind, wie aus Tabelle 3.1 ersichtlich, durch ihren konstitutiven Charakter, eine längerfristige Orientierung und eine geringe Korrigierbarkeit gekennzeichnet.

Tabelle 3.1: Kriterien zur Unterscheidung strategischer und operativer Marketingentscheidungen (in Anlehnung an Wissmeier (2002))

Kriterium	strategische Entscheidung	operative Entscheidung
Entscheider	obere Führungsebene	mittlere und untere Ebene
Delegierbarkeit	gering	hoch
Entscheidungsfrequenz	selten	häufig (oftmals regelmäßig)
Entscheidungshorizont	langfristig	kurz- bis mittelfristig
Gültigkeit	generell	fallweise
Revidierbarkeit	gering (hohe Kosten)	mittel (eher geringere Kosten)
Entscheidungsverhalten	chancenorientiert	regelorientiert
Strukturierungsgrad	schlecht strukturiert	zumeist wohlstrukturiert

Eine grundlegende Anforderung an einen Strategiebildungsprozess ist die Existenz von Strategiealternativen, zwischen denen gewählt werden kann. Eine Planung, die nur den zukünftigen Rahmenbedingungen des Unternehmens Rechnung trägt, stellt daher noch keine Strategie dar. Eine Strategiealternative ist beispielsweise die Fokussierung auf Premiumkunden in Abgrenzung zur Fokussierung auf die Kostenführerschaft in einem Markt (d. h. die Zielsetzung, der kostengünstigste Anbieter zu sein), eine weitgehende Standardisierung der Leistungen und Massengeschäft impliziert. Auch die Fokussierung auf eine Dachmarkenpolitik (z. B. *Dr. Oetker* für Pizzen, Backzutaten etc.) in Abgrenzung zu einer Solitärmarkenpolitik (z. B. *Du Darfst, Axe* und *Dove* als Solitärmarken von *Unilever*) ist eine strategische Entscheidung.

Ausgangspunkt der strategischen Planung ist die Formulierung von **strategischen Zielen**, d. h. die Festlegung dessen, was in welchem Markt und innerhalb welchen Zeitraums erreicht werden soll. Dies bedeutet, dass für alle Aktivitäten im Unternehmen Ziele festzulegen sind, um auf diese Weise die unternehmensinternen Planungsprozesse auch bewerten zu können. Insbesondere können beim Treffen von Marketingentscheidungen auch Ziele relevant sein, die gegeneinander abzuwägen und u. U. sogar gegenläufiger Natur sind. In Abschnitt 3.4 werden Verfahren zur Unterstützung dieser Abwägungsentscheidungen vorgestellt.

Die Ziele werden, wie in Abbildung 3.1 angedeutet, oftmals in eine Hierarchie analog zur Strukturierung des Unternehmens gestellt. Dabei werden die Ziele auf den unteren Ebenen der Hierarchie zunehmend konkreter und schließlich auf einzelne Betätigungsfelder des Unternehmens bezogen. Letztere werden auch als **Strategische Geschäftseinheiten** (SGE) bezeichnet. Eine SGE hat die Aufgabe, Leistungen für ein spezielles Marktsegment anzubieten, und agiert dabei weitgehend unabhängig von den anderen SGE des Unternehmens. SGE werden in nahezu jedem größeren Unternehmen gebildet, es sei denn, der Anbieter verfügt nur über ein sehr kleines und homogenes Produkt bzw. Leistungsprogramm.

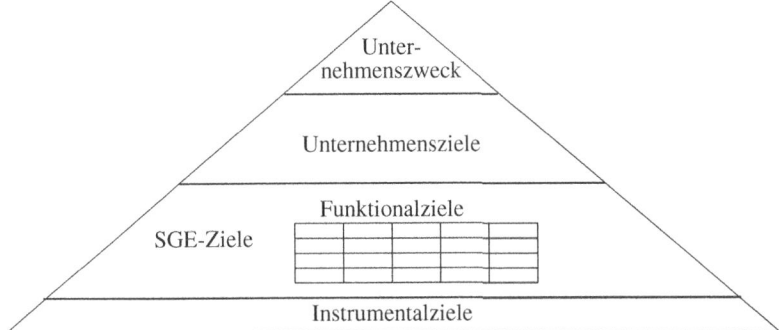

Abb. 3.1: Hierarchie der Ziele in der strategischen Planung (in Anlehnung an Homburg & Krohmer (2009, S. 417))

Wie in Abbildung 3.1 dargestellt, bildet der Unternehmenszweck die Grundlage der Zielformulierung und den Handlungsrahmen für sämtliche Aktivitäten im Unternehmen. Immer mehr Unternehmen kommunizieren den Unternehmenszweck gegenüber ihren Kunden in der Form einer „**Business Mission**". Diese sollte einfach und verständlich formuliert sein und sich aus naheliegenden Gründen von jener der Konkurrenz unterscheiden. Bei der Formulierung der Business Mission sollten demnach die Kernkompetenzen des Unternehmens im Vordergrund stehen. Aus dem Unternehmenszweck leiten sich finanzielle (beispielsweise eine angemessene Dividende für die Aktionäre des Unternehmens) und nicht-finanzielle Unternehmensziele ab (beispielsweise das Erreichen einer hohen Kundenzufriedenheit). Zur Erreichung der Unternehmensziele müssen eine Vielzahl von Funktionalzielen erfüllt werden. Das bedeutet, dass die übergeordneten Unternehmensziele nur durch das Zusammenwirken verschiedener Unternehmensfunktionen, wie Marketing-, Finanz- und Personalmanagement, erreicht werden können. Die Instrumentalziele auf der untersten Ebene der Zielpyramide weisen die höchste Konkretisierung auf. So könnte z. B. zur Erreichung des Funktionalziels „Erhöhung der Kundenzufriedenheit" das Instrumentalziel „Erreichen einer hohen Produktqualität" formuliert werden. Die Aufgabe des strategischen Marketing reicht somit von der Formulierung des Unternehmenszwecks und der damit verbundenen Ziele und Werte bis zu einer Konkretisierung dieser Ziele für einzelne SGE in Form von Funktional- und Instrumentalzielen. Die Identifikation von Faktoren, die die Kundenzufriedenheit maßgeblich beeinflussen, ist dabei ein vordringliches Ziel des strategischen Marketing (Raithel, Sarstedt, Scharf & Schwaiger (2012)).

Dieser Prozess der Konkretisierung soll am Beispiel der *Fraport AG* verdeutlicht werden, deren Business Mission durch das Unternehmen wie folgt beschrieben wird: „We professionally develop mobility, making it an exciting experience for our customers. As an airport group we are the most strongly performing player in all business segments of the industry." (Fraport AG (2015)).

Der Business Mission nachgelagert ist die Ebene der strategischen Ziele des Gesamtunternehmens. Für das Beispiel der *Fraport AG* gelten die in Abbildung 3.2 aufgeführten Ziele:

Value Creation

- Our goal is to create sustained corporate value growth in all business segments. We generate above average financial returns in all our business segments. Therefore, we are among the top players in the industry in each segment.
- We strive to improve our financing capabilities and achieve a strong debt-service performance.

Strong Performance

- Our integrated business model ensures superior services due to safe, efficient and high-quality processes.
- Our strong performance is reflected by both significant market share and customer satisfaction. Our goal is to improve this performance continuously.

Sustainability

- As an employer and economic generator, we are conscious of our corporate responsibility for our employees, society and the environment.
- In managing our business we focus on sustainability and ensure that our corporate activities conform to economic, ecological and social criteria.

Abb. 3.2: Statements zu den Zielen der *Fraport AG* (Quelle: Fraport AG (2015))

Die Zieldiskussion wird zumeist durch Leistungsziele des Gesamtunternehmens dominiert. Die Erreichung von Leistungszielen konkretisiert sich nicht selten in einem langfristigen finanziellen Überschuss, der durch die Unternehmenstätigkeit erwirtschaftet wird. Am Beispiel der Ziele der *Fraport AG* wird deutlich, dass dieser Überschuss neben seiner absoluten Höhe noch durch weitere Eigenschaften zu beschreiben ist. So wird oftmals gefordert, dass der Überschuss

- über dem Branchendurchschnitt liegen soll,
- nicht nur in einer Planungsperiode, sondern langfristig erreicht werden soll und
- unter Einhaltung von mitunter konfliktären Nebenbedingungen erreicht werden soll.

Nebenbedingungen sind im obigen Beispiel etwa die nicht weiter spezifizierten ökologischen und sozialen Anforderungen, aber auch der angestrebte oder zu haltende Marktanteil. Dass diese Nebenbedingungen nicht unbedingt im Konflikt mit dem

Ziel der Überschussmaximierung stehen müssen, verdeutlichen Studien zum Marktanteil und zur Kundenzufriedenheit, aus denen hervorgeht, dass hohe Marktanteile und hohe Kundenzufriedenheiten oftmals zu überdurchschnittlichen Periodenüberschüssen führen (z. B. Buzzel & Gale (1989)).

Um zu kontrollieren, ob eine Zielformulierung adäquat ist, können die folgenden Kriterien herangezogen werden:

- Operationalität: Wie gut lässt sich das Ziel im Unternehmen umsetzen?
- Effektivität: Inwiefern lässt sich das Ziel in effektiver Weise erreichen?
- Konsistenz: Inwieweit ist das Ziel mit anderen Zielen vereinbar?
- Aktualität: Ist das Ziel für den Betrachtungszeitraum relevant?
- Transparenz: Wie klar umrissen und nachvollziehbar ist die Zielsetzung?
- Überprüfbarkeit: Inwieweit lässt sich der Grad der Zielerreichung kontinuierlich kontrollieren und aktualisieren?

Soll beispielsweise der Bekanntheitsgrad eines Produktes erhöht werden, so ist danach zu fragen, wie diese Größe gemessen werden kann. Nur wenn die Möglichkeit besteht, den Bekanntheitsgrad eines Produktes zu messen, kann die Erreichung dieses Zieles auch überprüft werden. Ebenso ist zu präzisieren, wie eine Steigerung des Bekanntheitsgrades in effektiver Weise erreicht werden kann und inwiefern dieses Ziel beispielsweise mit dem Gewinnziel der Unternehmung vereinbar ist.

3.2 Bewertung von Strategiealternativen

Zur Bewertung von Strategiealternativen werden in der Marketingplanung zumeist **Kennzahlen** herangezogen. Die Kennzahlen werden dazu verwendet, den Grad der Zielerreichung zu überprüfen. Für ein Unternehmen ist nicht nur das Erreichen von Ertragszielen, sondern auch das von Marktstellungs-, Effizienz-, Wachstums- oder Imagezielen von Bedeutung. Daher müssen für die unterschiedlichen strategischen Ziele mitunter auch eigene Kennzahlen entwickelt werden. In Tabelle 3.2 sind einige zu strategischen Marketingzielen gehörende Kennzahlen zusammengefasst.

Neben den in Tabelle 3.2 aufgeführten Kennzahlen werden in der Literatur (z. B. bei Nieschlag et al. (2002) und Becker (2009)) noch weitere Ziele diskutiert, die jedoch von strategischen Marketingzielen abzugrenzen sind, falls sich der Zielinhalt auf taktische Zielsetzungen, z. B. die Reichweite einer speziellen Werbemaßnahme, oder nicht marktbezogene Zielsetzungen, z. B. die Erzielung eines finanziellen Gleichgewichts und/oder eine Kapazitätsauslastung, bezieht. Grundsätzlich ist darauf zu achten, dass die strategischen Marketingziele in das Gefüge der strategischen Ziele des Unternehmens passen. So bildet beispielsweise die Verfügbarkeit finanzieller Mittel eine bindende Nebenbedingung bei der Auswahl von Strategiealternativen.

Da die Ertragsziele eine vordringliche Bedeutung für die Sicherung der Unternehmensaktivität besitzen, soll zunächst der Zusammenhang der in Tabelle 3.2 erwähnten Kennzahlen erläutert werden: Der Periodenüberschuss (im Sinne eines operativen Gewinns, der in einer Periode erreicht wurde) wird zumeist um die Steuern und Kapitalzinsen bereinigt angegeben, da die Leistungsbemessung nicht durch

Tabelle 3.2: Strategische Ziele im Marketingmanagement

Strategische Ziele	Kennzahlen (Auswahl)
Ertragsziele	Earnings Before Interests and Taxes (EBIT)
	Economic Value Added (EVA)
	Return on Investment (ROI)
	Discounted Cash Flow (DCF)
Marktstellungsziele	Absatzmenge, Umsatz
	Marktanteil, Marktdurchdringung, Marktabdeckung
	Markenbekanntheit
	Kundenzufriedenheitsindex, Kundenbindungsindex
Effizienzziele	Lernrate, Stückkosten
Wachstumsziele	Anzahl der Markteintritte
	Anzahl der Neuprodukteinführungen
	Anzahl der Neukunden
Imageziele	Reputationsindex
	Qualitätsindex
	Umweltverträglichkeitsindex

Schwankungen der Zinssätze oder Änderungen der Steuersätze verzerrt werden soll. Daher werden der Berechnung von Kennzahlen die **Earnings Before Interests and Taxes (EBIT)** zugrunde gelegt, die in der Unternehmenspraxis weitverbreitet sind. Es gilt (Grant & Nippa (2006)):

$$\begin{aligned}
&\text{Jahresüberschuss (Gewinn)} \\
+\ &\text{Steueraufwand} \\
-\ &\text{Steuererträge} \\
+\ &\text{außerordentlicher Aufwand} \\
-\ &\text{außerordentliche Erträge} \\
+\ &\text{Finanzaufwand} \\
-\ &\text{Finanzerträge} \\
=\ &\text{Operativer Gewinn }(EBIT)
\end{aligned}$$

In Tabelle 3.3 ist die Berechnung der EBIT exemplarisch für die *Henkel KGaA* dargestellt. Aus der Berechnung ist ersichtlich, dass der Jahresüberschuss um 82,0 %, die EBIT aber nur um 59,5 % gestiegen ist.

Tabelle 3.3: Exemplarische EBIT-Berechnung am Beispiel der *Henkel KGaA* (Henkel (2010))

	2009	2010
Jahresüberschuss	628	1143
+ Steueraufwand	257	409
+ außerordentlicher Aufwand (Beteiligungen)	4	
− außerordentliche Erträge (Beteiligungen)		1
+ Finanzaufwand	261	236
− Finanzerträge	70	64
= Operativer Gewinn (*EBIT*) in Mio. €	1080	1723

Auf die EBIT aufbauend können Maße zur Beurteilung der Unternehmenstätigkeit in den einzelnen Sparten oder Geschäftsfeldern definiert werden. In der Praxis kommt dem **Economic Value Added**©[1] (EVA) steigende Bedeutung zu. Dieser ist, bezogen auf eine bestimmte Periode, wie folgt definiert:

	Operativer Gewinn ($EBIT$)
+	Geschäftswertabschreibungen
−	Kapitalkosten
=	EVA

Das EVA-Konzept gibt somit den wirtschaftlichen Mehrwert an, den ein Unternehmen in einem bestimmten Zeitraum erwirtschaftet hat. Für die *Henkel KGaA* ergab sich im Jahr 2010 das in Tabelle 3.4 dargestellte Bild.

Tabelle 3.4: Exemplarische EVA-Berechnung am Beispiel der *Henkel KGaA* (Henkel (2010))

	2010
Operativer Gewinn ($EBIT$)	1.723
+ Geschäftswertabschreibungen	6
− Kapitalkosten	1.160
= EVA	569

Entsprechend des EVA-Kriteriums ist ein Geschäftsfeld somit auch dann als nicht profitabel zu bewerten, wenn zwar ein operativer Überschuss erwirtschaftet wird, dieser jedoch nicht mindestens die Kapitalkosten deckt. Die weite Verbreitung dieser Kennzahl in der Praxis kann u. a. darauf zurückgeführt werden, dass alle erforderlichen Daten unmittelbar dem Rechnungswesen zu entnehmen sind. Dem Kriterium schlägt aber auch Kritik entgegen, da

- Geschäftsfelder mit einem Bedarf an neuen Investitionen gegenüber Geschäftsfeldern mit bereits getätigten Investitionen benachteiligt werden,
- Liquidationen zur Verbesserung der Bewertung eines Geschäftsfelds führen, obwohl dieses i. d. R. ein Indikator für eine sinkende Attraktivität dieses Geschäftsfelds ist, und
- der Bewertung der Kapitalkosten typischerweise historische Zinssätze zugrunde liegen.

Zudem bereitet die Abgrenzung der Kapitalkosten für die einzelnen SGE einer Unternehmung oftmals erhebliche Schwierigkeiten. Alternativ ist in strategischen Entscheidungssituationen der Rückgriff auf den **Return on Investment** (**ROI**) verbreitet. Dieser wird in der deutschsprachigen Literatur zumeist als **Kapitalrentabilität** oder **kapitalbezogene Rendite** bezeichnet. Der ROI gibt das Verhältnis von Ertrag zum eingesetzten Kapital in einer SGE s und einer Planungsperiode t wieder. Es gilt:

---

[1] Diese Kennzahl ist ein eingetragenes Warenzeichen des Beratungsunternehmens *Stern Stewart & Co.*

$$ROI_{st} = \text{Umsatzrendite}_{st} \cdot \text{Kapitalumschlag}_{st}$$

$$= \frac{\text{operativer Gewinn}_{st}}{\text{(Netto)Umsatz}_{st}} \cdot 100 \cdot \frac{\text{(Netto)Umsatz}_{st}}{\text{eingesetztes Kapital}_{st}}$$

$$= \frac{\text{operativer Gewinn}_{st}}{\text{eingesetztes Kapital}_{st}} \cdot 100 \qquad (3.1)$$

Ein Nachteil des ROI liegt in der Bezugnahme auf einzelne Planungsperioden, da die strategische Betrachtungsweise, wie aus der Tabelle 3.1 ersichtlich, langfristiger Natur ist. Entsprechend wird ergänzend der **Discounted Cash Flow (DCF)** herangezogen (Grant & Nippa (2006)). Für einen aus $T+1$ Perioden bestehenden Planungshorizont gilt:

$$DCF_s = \sum_{t=0}^{T} \frac{\text{Cash Flow der SGE } s \text{ in Periode } t}{\Pi_{t'=0}^{t}(1+i_{t'})}, \qquad (3.2)$$

mit $i_{t'}$ als dem Zinssatz in der Periode t'. Der **Cash Flow** wird dabei als operativer Gewinn einer Periode t zuzüglich der Abschreibungen und abzüglich der zu zahlenden Steuern und der für die Strategiealternative a_i erforderlichen Investitionen definiert. Anhand der in Tabelle 3.5 dargestellten Daten sollen die vorgestellten Kennzahlen ROI und DCF für die Ertragsziele von zwei Strategiealternativen (a_1 und a_2) miteinander verglichen werden. Die Strategiealternativen, die sich in Bezug auf die Höhe der vorzunehmenden Investitionen sowie den operativen Gewinn und Steuerzahlungen der jeweiligen Periode unterscheiden, können beispielsweise zwei Möglichkeiten beschreiben, ein Neuprodukt zu vermarkten.

Tabelle 3.5: Datenbeispiel zur Bewertung zweier Strategiealternativen a_1 und a_2

		$t=0$	$t=1$	$t=2$	$t=3$	$t=4$
a_1	Operativer Gewinn	24100	51300	44000	67600	59200
	Steuern	8676	18468	15840	24336	21312
	Eingesetztes Kapital	500000	485000	470450	437518,5	406892,21
	Investition	500000	0	0	0	-406892,21
a_2	Operativer Gewinn	26000	49800	64200	76300	86300
	Steuern	9360	17928	23112	27468	31068
	Eingesetztes Kapital	600000	579000	558735	539179,28	520308
	Investition	600000	0	0	0	-520308
	Zinssatz	5 %	5 %	6 %	6 %	7 %

Es wird davon ausgegangen, dass beide Strategiealternativen nur über fünf Planungsperioden profitabel sein können und das investierte Kapital nach fünf Perioden zurückgezogen werden kann. Für das obige Beispiel ergeben sich dann die in Tabelle 3.6 dargestellten ROI-Werte.

Tabelle 3.6: Bewertung der Rentabilität zweier Strategiealternativen mittels ROI

	$t=1$	$t=2$	$t=3$	$t=4$	$t=5$
ROI_{1t}	4,82 %	10,58 %	9,35 %	15,45 %	14,55 %
ROI_{2t}	4,33 %	8,60 %	11,49 %	14,15 %	16,59 %

Aus Tabelle 3.6 ist ersichtlich, dass die Strategiealternativen zur Vermarktung des Neuprodukts durch eine unterschiedliche Entwicklung der Rentabilität im Zeitverlauf gekennzeichnet sind. Die Strategiealternative a_1 ist zu Beginn des Betrachtungszeitraums vorteilhaft, die Alternative a_2 eher in den letzten Perioden. Diese scheint mit einem durchschnittlichen ROI_2 von 11,03 % etwas besser bewertet zu sein als Alternative a_1 mit einem durchschnittlichen ROI_1 von 10,95 %. Im vorliegenden Fall sollte man sich demnach für die Alternative a_2 entscheiden. Eine solche Betrachtung ist jedoch möglicherweise irreführend, da in der Berechnung des durchschnittlichen ROI die Einnahmen in den früheren und den späteren Perioden als gleichwertig betrachtet werden.

Der Zeitpräferenz, die sich aus der Wiederanlagemöglichkeit der Rückflüsse heraus begründet, wird durch die Bewertung anhand des DCF-Kriteriums explizit Rechnung getragen. Wird davon ausgegangen, dass die durch Tabelle 3.6 charakterisierten Investitionen am Beginn der Periode, die Desinvestitionen und operativen Gewinne jedoch am Ende der Periode anfallen, so ergibt sich:

$$DCF(a_1) = -500000 + \frac{15424}{1,05^1} + \frac{47832}{1,05^2} + \frac{42710}{1,05^2 \cdot 1,06}$$

$$+ \frac{76195,5}{1,05^2 \cdot 1,06^2} + \frac{475406,5}{1,05^2 \cdot 1,06^2 \cdot 1,07} = 14796,71 \quad (3.3)$$

$$DCF(a_2) = 19958,18 \quad (3.4)$$

Gemäß DCF-Kriterium erweist sich somit die Alternative a_2 als vorteilhaft.[2]

Dennoch ist es durchaus möglich, dass eine strategische Entscheidung gegen diese Alternative getroffen wird, da im Marketingmanagement neben finanzwirtschaftlichen Zielen primär marktbezogene Ziele verfolgt werden (z. B. soll ein Geschäftsfeld nicht den Wettbewerbern überlassen werden). Darüber hinaus sind Kennzahlen aus dem Controlling – anders als in obigem Cash-Flow-Beispiel – oftmals vergangenheitsbezogen. Zudem werden weder psychografische Einflüsse (z. B. die Wirkung der eigenen Marken in den einzelnen Geschäftsfeldern oder die Reputation des Unternehmens als Ganzes) noch zukunftsbezogene Determinanten (z. B. die Entwicklungsmöglichkeiten der Märkte und erwartete Aktionen oder Reaktionen der Wettbewerber) erfasst.

Daher sind neben Ertragszielen gerade auch Marktstellungsziele von hoher strategischer Bedeutung. Letzteres trifft insbesondere auf den Marktanteil zu. Dies wird

---

[2] In der Literatur zum Controlling werden verschiedene Berechnungsweisen des periodenbezogenen Zahlungsmittelüberschusses und auch unterschiedliche Berechnungsweisen des *DCF* diskutiert (vgl. z. B. Kruschwitz & Löffler (2006)). Eine alternative Berechnung des *DCF* wird im Kapitel 4 auf der Seite 112 vorgestellt.

u. a. durch die Ergebnisse verschiedener Untersuchungen im Rahmen der **Erfolgsfaktorenforschung** bestätigt (z. B. Buzzel & Gale (1989) und Hildebrandt (2002)). Ziel entsprechender Forschungsbemühungen ist es, durch den Vergleich von Unternehmen innerhalb einer Branche, aber auch über Branchen hinweg, jene Faktoren zu ermitteln, die ausschlaggebend für den Erfolg eines Unternehmens oder einer SGE im Wettbewerb sind. Eine prominente Umsetzung dieses Forschungsansatzes war das PIMS-Projekt, in dem Daten von über 3.000 SGE aus über 450 Unternehmen ausgewertet wurden. Auf diese Weise konnte z. B. mittels Regressionsanalyse ein statistisch signifikanter, positiver Einfluss des Marktanteils auf den ROI festgestellt werden, wobei der **relative Marktanteil** (RMA), d. h. der Marktanteil (MA) im Vergleich zum größten Wettbewerber, bereits mehr als 12 % der Varianz des ROI erklärt (Buzzel & Gale (1989))[3]. Der relative Marktanteil des i-ten von insgesamt I Anbietern in einem Markt kann berechnet werden als:

$$RMA_i = \frac{MA_i}{\max_{j=1,\ldots,J}\{MA_j\}} \quad \forall i \quad (3.5)$$

Die Vorgehensweise der Erfolgsfaktorenforschung soll anhand eines Beispiels für die operativen Gewinne einiger deutscher Flughäfen erläutert werden. In diesem Fall ist zu vermuten, dass der relative Marktanteil ein wesentlicher Erfolgsfaktor für Flughafenbetreiber ist, da z. B. im Falle eines großen relativen Marktanteils Kostenvorteile realisiert werden können. Da in den Daten gemäß Tabelle 3.7 keine Angaben zum ROI enthalten sind, wird im vorliegenden Fall der operative Gewinn als Erfolgsmaß in das zur Analyse der Erfolgsrelevanz des relativen Marktanteils formulierten Regressionsmodell herangezogen.

Tabelle 3.7: Passagierzahlen und operative Gewinne (in Tsd. Geldeinheiten) ausgewählter deutscher Flughäfen (2006)

Flughäfen (i)	Passagiere	MA_i	RMA_i	operativer Gewinn (OG_i)
Frankfurt	52810683	0,303	1	228900
Düsseldorf	16547695	0,095	0,313	20100
Hamburg	11895775	0,068	0,225	38173
Stuttgart	10045694	0,058	0,190	25600
weitere	82915439	0,476	–	–

Der Einfluss des relativen Marktanteils (RMA) auf den operativen Gewinn (OG) der vier explizit betrachteten Flughäfen kann wie folgt in Form einer linearen Regressionsgleichung zum Ausdruck gebracht werden:

$$OG_i = \alpha_0 + \alpha_1 \cdot RMA_i \quad \forall i \quad (3.6)$$

---

[3] Dabei ist zu beachten, dass die Kausalität der Analyse als Annahme zugrunde liegt und nicht ein Ergebnis dieser ist.

Dabei quantifiziert der Regressionsparameter α_1 den Einfluss des relativen Marktanteils auf den operativen Gewinn. Schätzt man die Regressionsparameter mittels der Methode der Kleinsten Quadrate (vgl. Kapitel 1), so gilt:

$$\hat{\alpha}_0 = \overline{OG} - \alpha_1 \cdot \overline{RMA} \tag{3.7}$$

$$\hat{\alpha}_1 = \frac{(\sum_{i=1}^{I} RMA_i \cdot OG_i) - I \cdot \overline{RMA} \cdot \overline{OG}}{\sum_{i=1}^{I} RMA_i^2 - I \cdot (\overline{RMA})^2} \tag{3.8}$$

Dabei bezeichnet $\overline{RMA} = \frac{1}{I} \sum_{i=1}^{I} RMA_i$ das arithmetische Mittel der relativen Marktanteile der konkurrierenden Anbieter i und $\overline{OG} = \frac{1}{I} \sum_{i=1}^{I} OG_i$ das arithmetische Mittel der entsprechenden operativen Gewinne. Für das Zahlenbeispiel aus Tabelle 3.7 (in Tsd.) ergibt sich damit:

$$\hat{\alpha}_1 = \frac{1,0 \cdot 228900 + 0,313 \cdot 20100 + 0,225 \cdot 38173 + 0,19 \cdot 25600}{(1^2 + 0,313^2 + 0,225^2 + 0,19^2) - 4 \cdot 0,432^2}$$
$$- \frac{4 \cdot 0,432 \cdot 78193,25}{(1^2 + 0,313^2 + 0,225^2 + 0,19^2) - 4 \cdot 0,432^2}$$
$$= 259075,32 \quad \text{sowie} \tag{3.9}$$
$$\hat{\alpha}_0 = 78193,25 - 259075,32 \cdot 0,432 = -33727,29 \tag{3.10}$$

Die Regressionsgleichung lautet damit:

$$OG_i = -33727,29 + 259075,32 \cdot RMA_i \tag{3.11}$$

Für das vorliegende Beispiel zeigt sich ein positiver Einfluss des relativen Marktanteils auf den Erfolg, der hier mittels des operativen Gewinns quantifiziert wurde. Am Regressionsparameter $\hat{\alpha}_1$ lässt sich ablesen, dass bei einem Anstieg des relativen Marktanteils um 1 % der operative Gewinn um 2590,75 Geldeinheiten ansteigen würde. Bei nur zwei Variablen kann der Zusammenhang zwischen diesen auch durch den empirischen Korrelationskoeffizienten quantifiziert werden. Im Unterschied zum Reaktionsparameter in der Regression ist der Korrelationskoeffizient $r(RMA, OG)$ auf das Intervall $[-1, 1]$ normiert, sodass auch damit eine Aussage über die Richtung und über die relative Stärke des Zusammenhangs abgeleitet werden kann. Er lässt sich wie folgt berechnen:

$$r(RMA, OG) = \frac{\frac{1}{I} \sum_{i=1}^{I} (RMA_i - \overline{RMA})(OG_i - \overline{OG})}{\sqrt{\frac{1}{I} \left(\sum_{i=1}^{I} RMA_i - \overline{RMA} \right)^2} \sqrt{\frac{1}{I} \left(\sum_{i=1}^{I} OG_i - \overline{OG} \right)^2}} \tag{3.12}$$

Setzen wir die obigen Daten ein, so resultiert:

$$r(RMA, OG) = \frac{\frac{1}{4} \cdot [(1-0,432) \cdot (228900-78193,25) + \ldots + (0,190-0,432) \cdot (25600-78193,25)]}{\sqrt{\frac{1}{4}[(1-0,432)^2 + \ldots + (0,190-0,432)^2]} \cdot \sqrt{\frac{1}{4}[(228900-78193,25)^2 + \ldots + (25600-78193,25)^2]}}$$
$$= 0,983 \tag{3.13}$$

Dieses Ergebnis deutet auf einen starken positiven Zusammenhang hin.[4] Dies bedeutet, dass die Schwankungen des operativen Gewinns in hohem Maße vom relativen Marktanteil erklärt werden. Um den operativen Gewinn eines Unternehmens zu erhöhen, ist es in diesem Beispiel somit ratsam, Marktanteile von Wettbewerbern zu gewinnen, um so den eigenen relativen Marktanteil zu erhöhen. Neben der Normierung des Korrelationskoeffizienten bietet die Korrelationsanalyse einen weiteren Vorteil: Eine Korrelation ist auch dann sinnvoll berechen- und interpretierbar, wenn die Kausalität der Wirkung einer Variablen auf eine andere Variable nicht klar ist. Somit sind Korrelationshypothesen allgemeiner als Kausalhypothesen (Wagner (2008)).

3.3 Grundlegende Strategiemodelle

Da sich ein Zusammenhang zwischen dem relativen Marktanteil und Erfolgsmaßen wie dem Gewinn, dem ROI oder der Profitabilität in vielen Branchen nachweisen lässt, bietet es sich an, hierauf Strategiemodelle aufzubauen, die die Zusammenhänge zwischen diesen Größen erfassen. Dabei ist zu beachten, dass dieser Zusammenhang nicht notwendigerweise linear sein muss. Beispielsweise postuliert Porter (2000) mit seinem **Konzept der Wettbewerbsvorteile** einen U-förmigen Zusammenhang zwischen dem ROI eines Unternehmens und dem Marktanteil. Er identifiziert zwei Erfolg versprechende Strategien: Nischenanbieter streben mit ihren Produkten eine Qualitätsführerschaft an. Die Stärke des Unternehmens liegt hier darin, dass den Abnehmern Leistungsvorteile aufgrund einer höheren Spezialisierung der Produkte (und damit auch einer Differenzierung gegenüber der Konkurrenz) angeboten werden können. Damit ist im Allgemeinen auch eine höhere Zahlungsbereitschaft und in der Folge ein überdurchschnittlicher ROI verbunden. Eine zweite Strategie stellt die Kostenführerschaft dar. Dabei gelingt es dem (den) jeweiligen Marktführer(n) aufgrund von Kostendegressionseffekten, einen überdurchschnittlichen ROI zu erzielen. Dementsprechend ist die in Abbildung 3.3 dargestellte Position „zwischen den Stühlen", als Kompromiss zwischen den beiden Strategiealternativen, d. h. der Spezialisierung einerseits und der Kostenführerschaft andererseits, wenig Erfolg versprechend.

Die Strategie der Kostenführerschaft erscheint allerdings nur dann zweckmäßig, wenn alle nachgelagerten operativen Marketingentscheidungen daran ausgerichtet werden. Das Ziel der Kostenführerschaft ist somit, die niedrigen Kosten in entsprechend niedrige Preise umzusetzen. Gelingt es mit dieser Strategie, einen erheblichen Marktanteil zu erreichen, so wird es für die Konkurrenz schwer, dieselben Kostenvorteile zu realisieren und damit ähnlich profitabel zu sein. Um die Kostenführerschaft zu erreichen und im Wettbewerb zu verteidigen, kann der betreffende Anbieter z. B.

---

[4] Der Vollständigkeit halber ist an dieser Stelle allerdings darauf hinzuweisen, dass der hohe Korrelationswert vor allem auf die exponierte Wertekonstellation beim Flughafen Frankfurt im Vergleich zu jener der restlichen drei Flughäfen zurückzuführen ist. Trägt man die vier Wertepaare in ein Koordinatensystem ein, so wird dieser Aspekt sehr deutlich.

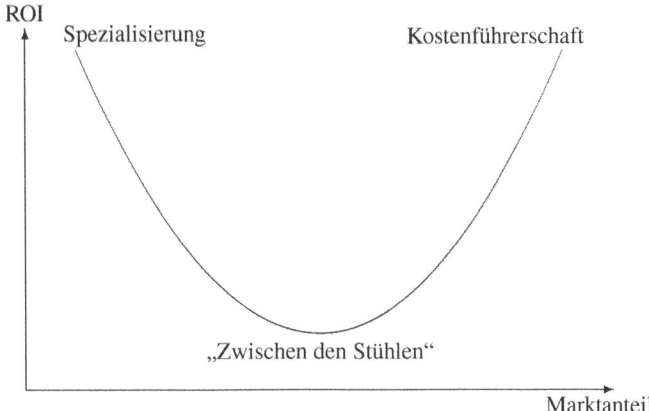

Abb. 3.3: Porters U-Kurve: Zusammenhang zwischen ROI und Marktanteil

eine Penetrationsstrategie in Betracht ziehen (vergleiche hierzu Kapitel 5 auf Seite 150) und in der Werbung auf eine standardisierte Massenkommunikation setzen.

3.3.1 Erfahrungskurve

Kostendegressionseffekte können z. B. anhand des **Erfahrungskurvenmodells** quantifiziert werden. Dieses beschreibt die Entwicklung der Kosten der Erstellung und Vermarktung von Produkten und Dienstleistungen im Zeitverlauf. Hierbei wird unterstellt, dass aufgrund der gewonnenen Erfahrung die Kosten k pro Einheit eines Produktes (oder einer Dienstleistung) mit steigender kumulierter Absatzmenge $\tilde{x}$ sinken. Dieser Zusammenhang kann durch verschiedene Funktionen abgebildet werden (ein Überblick bietet Yelle (1979)), wobei die folgende Spezifikation weitverbreitet ist (Homburg (2000)):

$$k(\tilde{x}_t) = \alpha_0 \cdot \tilde{x}_t^{-\alpha_1} \quad \tilde{x}_t \in \mathbb{N}^+ \ \forall t \qquad (3.14)$$

mit $\tilde{x}_t = \sum_{\tau=1}^{t} x_\tau$ als der bis einschließlich Periode t abgesetzten Menge des Produkts und x_τ als der in Periode τ abgesetzten Menge. Dabei wird unterstellt, dass die abgesetzte Menge und die produzierte Menge des betreffenden Produktes übereinstimmen.

Hierbei bezeichnet der Skalierungsparameter α_0 die direkt zurechenbaren Stückkosten der ersten produzierten Einheit. Das Verhältnis der Stückkosten bei einer Verdopplung der kumulierten Absatzmenge beträgt: $\frac{k(2\tilde{x}_t)}{k(\tilde{x}_t)} = \frac{\alpha_0 \cdot (2\tilde{x}_t)^{-\alpha_1}}{\alpha_0 \cdot \tilde{x}_t^{-\alpha_1}} = 2^{-\alpha_1}$. Dementsprechend kann die Kostenreduktion durch die Erfahrungs- oder **Lernrate** $L = 1 - 2^{-\alpha_1}$ des jeweiligen Anbieters oder der jeweiligen strategischen Geschäftseinheit beschrieben werden. Der Parameter α_1 kann als **Kostenelastizität** interpretiert werden. Die Ermittlung der Lernrate soll am Beispiel der in Tabelle 3.8 dargestellten Daten demonstriert werden.

Tabelle 3.8: Datenbeispiel zur Ermittlung der Lernrate

t	x_t	$\tilde{x}_t$	$\ln(\tilde{x}_t)$	$k(\tilde{x}_t)$	$\ln(k(\tilde{x}_t))$
1	10	10	2,3026	1200	7,0901
2	110	120	4,7875	900	6,8024
3	800	920	6,8244	500	6,2146
4	2000	2920	7,9793	200	5,2983
5	4000	6920	8,8422	150	5,0106

Durch Logarithmieren kann Gleichung 3.14 linearisiert und dadurch einer regressionsanalytischen Schätzung mittels der Methode der Kleinsten Quadrate zugänglich gemacht werden:

$$\ln(k(\tilde{x}_t)) = \ln(\alpha_0) - \alpha_1 \ln(\tilde{x}_t) \tag{3.15}$$

Für die Parameter α_0 und α_1 ergibt sich damit aus den Daten in Tabelle 3.8:

$$\begin{aligned}
-\hat{\alpha}_1 &= \frac{\sum_{t=1}^{T} \ln(\tilde{x}_t) \cdot \ln(k(\tilde{x}_t)) - T \cdot \frac{1}{T}\sum_{t=1}^{T} \ln(\tilde{x}_t) \cdot \frac{1}{T}\sum_{t=1}^{T} \ln(k(\tilde{x}_t))}{\sum_{t=1}^{T} (\ln(\tilde{x}_t))^2 - T \cdot (\frac{1}{T}\sum_{t=1}^{T} \ln(\tilde{x}_t))^2} \\
&= \frac{(2,3026 \cdot 7,0901 + \ldots + 8,8422 \cdot 5,0106) - 5 \cdot 6,1472 \cdot 6,0832}{(2,3026^2 + \ldots + 8,8422^2) - 5 \cdot 6,1472^2} \\
&= \frac{-9,0887}{27,7079} = -0,328
\end{aligned} \tag{3.16}$$

und somit $\hat{\alpha}_1 = 0,328$ sowie

$$\ln(\hat{\alpha}_0) = \frac{1}{T}\sum_{t=1}^{T} \ln(k(\tilde{x}_t)) + \hat{\alpha}_1 \cdot \frac{1}{T}\sum_{t=1}^{T} \ln(\tilde{x}_t) = 6,0832 + 0,328 \cdot 6,1472 = 8,0995 \tag{3.17}$$

und somit $\hat{\alpha}_0 = e^{8,0995} = 3292,82$.

Die Lernrate L beträgt damit $1 - 2^{-\hat{\alpha}_1} = 1 - 2^{-0,328} = 0,2034 = 20,34\,\%$ und liegt am unteren Ende des Bereichs zwischen 20 % und 30 %, der in empirischen Untersuchungen für verschiedene Gebrauchsgüter ermittelt wurde (Rosenkranz (1999, S. 239); Simon & Fassnacht (2009, S. 324)). Die aus dem Datenbeispiel resultierende Erfahrungskurve lautet folglich $k(\tilde{x}_t) = 3.292,82 \cdot \tilde{x}_t^{-0,328}$.

Eine alternative Methode zur Ermittlung der Parameter ist der **Fixierungsansatz**. Dazu werden die zurechenbaren Gesamtkosten eines Zeitraums der Länge t [Zeiteinheiten] zu einem Wert $\tilde{K}(\tilde{x}(t))$ zusammengefasst. Sei $\tilde{x}(t)$ wieder die bis zum Zeitpunkt t kumulierte Absatzmenge, die nun allerdings als stetige Variable interpretiert wird. In diesem Fall gilt (Kloock, Sabel & Schuhmann (1987); Hauke & Opitz (1996)):

$$\begin{aligned}
\tilde{K}(\tilde{x}(t)) &= \int_0^\zeta k(\tilde{x}(t)) d\tilde{x}(t) \\
&= \int_0^\zeta \alpha_0 \cdot \tilde{x}(t)^{-\alpha_1} d\tilde{x}(t) = \frac{\alpha_0}{1-\alpha_1} \zeta^{1-\alpha_1} = \tilde{K}(\zeta)
\end{aligned} \tag{3.18}$$

Für eine fixe kumulierte Absatzmenge ζ ergibt sich somit:

$$\frac{\tilde{K}(\zeta)}{k(\zeta)} = \frac{\alpha_0 \zeta^{1-\alpha_1}}{(1-\alpha_1)\alpha_0 \zeta^{-\alpha_1}} = \frac{\zeta}{1-\alpha_1}$$

$$\Leftrightarrow 1-\alpha_1 = \frac{\zeta \cdot k(\zeta)}{\tilde{K}(\zeta)}$$

$$\Leftrightarrow \alpha_1 = 1 - \frac{\zeta \cdot k(\zeta)}{\tilde{K}(\zeta)} = 1 - \frac{k(\zeta)}{\tilde{K}(\zeta)\zeta^{-1}}$$

$$= 1 - \frac{\text{Stückkosten bei der kumulierten Absatzmenge } \zeta}{\text{Gesamtkosten bei der kumulierten Absatzmenge } \zeta} \quad (3.19)$$

Umstellen der Erfahrungskurve liefert unmittelbar die direkt zurechenbaren Stückkosten der ersten produzierten Einheit α_0:

$$\alpha_0 = k(\tilde{x}(t)) \cdot \tilde{x}(t)^{\alpha_1} \quad (3.20)$$

In vorliegenden Fall werden die Parameter berechnet, nachdem die kumulierten Absatzmengen und Stückkosten am Ende eines Zeitraums der Länge 5 [Zeiteinheiten] vorliegen. Daher werden zur Berechnung von α_1 die Stückkosten am Ende des Betrachtungszeitraums zu den Gesamtstückkosten $\frac{\tilde{K}(\tilde{x}(5))}{\tilde{x}(5)} = \frac{1511000}{6920} = 218,35$ ins Verhältnis gesetzt. Das Einsetzen der Zahlen aus dem in Tabelle 3.8 dargestellten Beispiel liefert:

$$\hat{\alpha}_1 = 1 - \frac{150}{218,35} = 0,313 \quad \text{und} \quad (3.21)$$

$$\hat{\alpha}_0 = k(\tilde{x}(5)) \cdot \tilde{x}(5)^{\alpha_1} = 150 \cdot 6920^{0,313} = 2388,06 \quad (3.22)$$

Die resultierende Erfahrungskurve lautet damit:

$$k(\tilde{x}(t)) = 2388,06 \cdot \tilde{x}(t)^{-0,313} \quad (3.23)$$

Die beiden Verfahren liefern somit unterschiedliche Ergebnisse, was sich insbesondere in der Schätzung des Skalierungsparameters α_0 auswirkt. Tendenziell schätzt der Regressionsansatz für die erste produzierte Einheit höhere Kosten als der Fixierungsansatz. Hauke & Opitz (1996) empfehlen den Fixierungsansatz, wenn die Daten $\tilde{K}(\tilde{x}(t)), k(\tilde{x}(t))$ und $x(t)$ als verbindlich angesehen werden können, was in der betrieblichen Praxis zumeist erfüllt sein sollte.

Zu beachten ist, dass die Erfahrungskurve ein Kostensenkungspotenzial beschreibt. Aus den Erfolgen vergangener Perioden ergeben sich aber nicht automatisch weitere Kostensenkungen. Hieraus resultiert für das Management die Herausforderung, dieses Potenzial auch zu realisieren. Darüber hinaus schränkt diese Betrachtungsweise die strategische Perspektive durch eine Überbetonung der Kosten bei gleichzeitiger Vernachlässigung der Vorteile aus Produktdifferenzierungen, individueller Kommunikation mit den Kunden und Ähnlichem ein. Auch werden die Möglichkeiten des Lernens aus Fehlern der Konkurrenz und des gesteuerten Erfahrungstransfers nicht berücksichtigt. Zudem ist zu beachten, dass insbesondere bei Gebrauchsgütern (z. B. Tablet-PCs) oftmals eine Sättigungsgrenze erreicht wird, wenn die Mehrzahl der potenziellen Kunden das Produkt erworben hat.

3.3.2 Produktlebenszyklus

Der **Produktlebenszyklus** ist ein Phasenschema, in dem die Absatzmenge x (alternativ auch der Umsatz oder der Cash-Flow) als Funktion der Zeit t bezogen auf den Markteinführungszeitpunkt beschrieben wird. Unterstellt man zu Veranschaulichungszwecken, dass die Absatzmenge $x(t)$ zum Zeitpunkt t durch eine stetig differenzierbare Funktion beschrieben werden kann, so können die folgenden Phasen unterschieden werden:

I. Entwicklung (mit $x(t) = 0$)
II. Einführung (mit $\frac{dx(t)}{dt} > 0$ und $\frac{d^2x(t)}{dt^2} > 0$)
III. Wachstum (mit $\frac{dx(t)}{dt} > 0$ und $\frac{d^2x(t)}{dt^2} \approx 0$)
IV. Reife (mit $\frac{dx(t)}{dt} > 0$ und $\frac{d^2x(t)}{dt^2} < 0$)
V. Sättigung (mit $\frac{dx(t)}{dt} \approx 0$)
VI. Degeneration (mit $\frac{dx(t)}{dt} < 0$)

In Abbildung 3.4 sind sowohl der Absatz als auch der operative Gewinn in den verschiedenen Phasen des Produktlebenszyklus schematisch dargestellt. Oftmals werden für die einzelnen Phasen normative Empfehlungen formuliert, die sich auf die strategischen Ziele, die Marktwahl, die Distribution bzw. den Vertrieb, die Werbung, die Preisgestaltung und/oder die Tiefe bzw. Breite des Produktprogramms beziehen. Die Idee des Produktlebenszyklus kann auch dazu verwendet werden, den Lebenszyklus ganzer Branchen oder aber auch einzelner Kunden zu beschreiben.

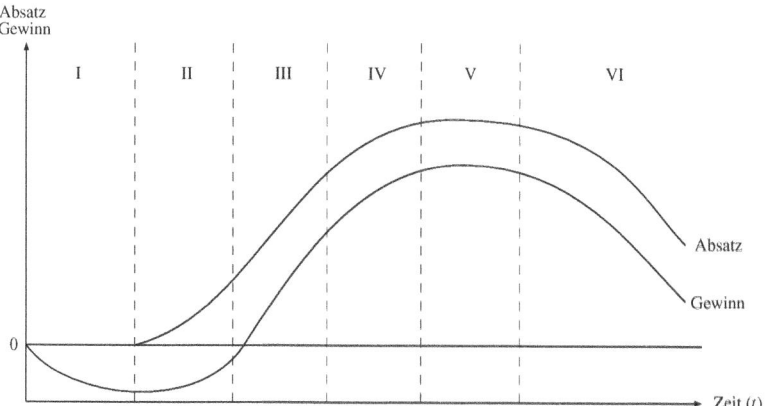

Abb. 3.4: Idealtypische Darstellung von Absatz und operativem Gewinn in den Phasen des Produktlebenszyklus

Der Produktlebenszyklus kann durch verschiedene Modelle formalisiert werden. In Anlehnung an Homburg (2000) kann z. B. folgende Spezifikation gewählt werden:

$$x(t) = \alpha_0 \cdot t^{\alpha_1} \cdot \exp(-\alpha_2 t) \quad \text{mit } t \geq 0 \tag{3.24}$$

3.3 Grundlegende Strategiemodelle

wobei α_0, α_1 und α_2 wieder die gesuchten Parameter zur Anpassung des Modells an die vorliegenden Lebenszyklusdaten sind. Von besonderem Interesse ist die Bestimmung des Zeitpunktes, an dem das Maximum erreicht wird. An diesem Zeitpunkt sollte z. B. die Werbung für das Produkt geändert werden, um ggf. die Vommarktnahme („Eliminierung") des Produkts oder einen Relaunch bzw. den Ersatz durch ein Folgeprodukt vorzubereiten. Notwendige Bedingung für das Maximum ist $\frac{\partial x(t)}{\partial t} \stackrel{!}{=} 0$. Im vorliegenden Fall gilt also:

$$\frac{dx(t)}{dt} = \alpha_0 t^{\alpha_1} \exp(-\alpha_2 t)\left(\frac{\alpha_1}{t} - \alpha_2\right) = x(t) \cdot \left(\frac{\alpha_1}{t} - \alpha_2\right) \stackrel{!}{=} 0 \qquad (3.25)$$

Durch anschließende Umformung kann so der Zeitpunkt des Umsatzmaximums $t^* = \frac{\alpha_1}{\alpha_2}$ (für $x(t) \neq 0$) bestimmt werden.

Für die weiteren Betrachtungen wechseln wir nun der Einfachheit halber vom allgemeinen stetigen Fall (oben) in den diskreten, d. h. periodenbezogenen Fall. Um eine möglichst gute Anpassung des Modells an die vorliegenden Lebenszyklusdaten zu erreichen, muss die Summe der quadrierten Abstände zwischen den wahren und den geschätzten Produktions- bzw. Absatzzahlen minimal werden. Dies kann durch nachfolgende Zielfunktion erreicht werden, die es erlaubt, die Abweichung der beobachteten (x_t) von den modellgestützt geschätzten Werten ($\hat{x}_t$) zu minimieren (mit x_t als der in Periode (z. B. Woche) t erzielten Produktions- bzw. Absatzmenge):

$$\sum_{t=1}^{T} (x_t - \underbrace{\hat{\alpha}_0 \cdot t^{\hat{\alpha}_1} \cdot \exp(-\hat{\alpha}_2 t)}_{\hat{x}_t})^2 \to min! \qquad (3.26)$$

Leitet man diese Zielfunktion nach den zu schätzenden Parametern $\hat{\alpha}_0, \hat{\alpha}_1$ und $\hat{\alpha}_2$ ab, so entsteht ein nicht-lineares Gleichungssystem, das mit einem numerischen Approximationsverfahren, etwa dem Levenberg-Marquardt-Algorithmus (Marquardt (1963)), gelöst werden kann.

Um aber weiterhin lineare Schätzverfahren anwenden zu können, schlägt Hansmann (2006) vor, mit der logarithmierten Form der Gleichung $x(t) = \alpha_0 \cdot t^{\alpha_1} \cdot \exp(-\alpha_2 t)$ zu arbeiten. Es gilt dann:

$$\ln(x_t) = \ln(\alpha_0) + \alpha_1 \ln(t) - \alpha_2 t \qquad \forall \, t \qquad (3.27)$$

Dies führt zu der neuen Zielfunktion:

$$\sum_{t=1}^{T} (\ln(x_t) - \ln(\hat{\alpha}_0) - \hat{\alpha}_1 \ln(t) + \hat{\alpha}_2 t)^2 \to min! \qquad (3.28)$$

Die Schätzung einer exemplarischen Produktlebenszykluskurve soll nun anhand der in Tabelle 3.9 dargestellten Abverkaufsdaten eines hypothetischen Produktes demonstriert werden.

Tabelle 3.9: Datenbeispiel zum Produktlebenszyklus

t	x_t	t	x_t	t	x_t	t	x_t	t	x_t	t	x_t
1	0	5	17	9	131	13	312	17	399	21	241
2	0	6	29	10	173	14	398	18	312	22	177
3	0	7	41	11	201	15	423	19	278	23	132
4	7	8	72	12	270	16	414	20	292	24	96

Die Kalibrierung des Modells gemäß Gleichung 3.24 mittels des iterativen Verfahrens von Marquardt (1963) führt zu den geschätzten Parametern $\hat{\alpha}_0 = 1,6634 \cdot 10^{-6}$, $\hat{\alpha}_1 = 11,1259$ und $\hat{\alpha}_2 = 0,7223$. Entsprechend erreicht die geschätzte Produktlebenszykluskurve ihr Maximum im Zeitpunkt $t^* = \frac{11,1259}{0,7223} = 15,4$. Die Anpassung des linearisierten, diskreten Modells gemäß Gleichung 3.27 an die vorliegenden Daten ergibt hingegen $\hat{\alpha}_0 = 0,0018$, $\hat{\alpha}_1 = 7,0221$ und $\hat{\alpha}_2 = 0,4618$, was zu einem minimal abweichenden $t^* = 15,21$ führt. Abbildung 3.5 zeigt die Anpassung der beiden Modelle an die Daten in Tabelle 3.9.

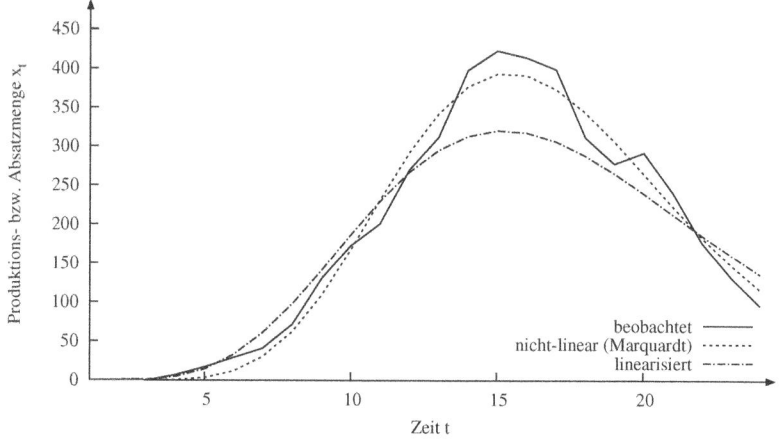

Abb. 3.5: Anpassung des Produktlebenszyklus

Offensichtlich erfasst das linearisierte Produktlebenszyklusmodell zwar die grundsätzliche Gestalt des Produktlebenszyklus, jedoch ist die Güte der Anpassung schlechter. Die linearisierte resp. regressionsanalytische Form des Modells unterschätzt die Absatzmenge in der Mitte des Produktlebenszyklus systematisch. Das Beispiel zeigt, dass die Anwendung anspruchsvollerer Schätzverfahren die Güte der Analyse und damit einhergehend auch die Qualität der hierauf basierenden Entscheidungen substanziell verbessern kann.

Der Produktlebenszyklus, wie er in Abbildung 3.4 veranschaulicht wurde, entspricht einer idealtypischen Vorstellung von Absatz- und Gewinnentwicklung im Zeitverlauf. Durch Produkt-Relaunches kann der Lebenszykluskurve in der Degenerationsphase zu einem erneuten Anstieg verholfen werden, falls der Relaunch in den

Wiederkaufzyklus der Kunden passt (z. B. bei PKWs) oder innovative Eigenschaften einen Anlass für einen Neukauf bieten (z. B. bei Smartphones).

Für die Entscheidungsfindung im praktischen Marketingmanagement stellen sich somit weitere fundamentale Herausforderungen:

- Die Abgrenzung der Phasen ist unsicher, insbesondere wenn kleinere Schwankungen die Krümmung der Kurve beeinflussen. Auch finden sich in der Literatur konkurrierende Phaseneinteilungen und unterschiedliche Anzahlen an Phasen.
- Es treten oftmals vom Idealverlauf abweichende Verläufe der Umsatzentwicklung (z. B. jahreszeitliche Schwankungen) auf.
- Der Verlauf der Produktlebenszykluskurve, d. h. auch der sich ergebende Absatz, ist das Ergebnis der strategischen Planung und ihrer konsequenten Umsetzung und ist damit kontinuierlichen Anpassungen unterworfen.
- Die Fokussierung auf Absatz oder Umsatz als Erfolgsmaßzahl kann u. U. im Widerspruch zu anderen strategischen Zielen stehen (z. B. Produktqualität).

Die vorgestellte Modellierung in Verbindung mit geeigneten Schätzverfahren stellt gleichwohl einen erheblichen Mehrwert dar, da so die Entwicklung der Absatzzahlen in einem Marktsegment (z. B. der Absatz von DVD-Playern) relativ gut prognostiziert werden kann. Die Prognose der Absatzzahlen in den nächsten Perioden (z. B. Jahren) ist oftmals ein wichtiger Orientierungspunkt für die nachfolgende operative Planung. Im vorliegenden Fall ergeben sich z. B. für die Planungsperiode $t = 25$ die Absatzprognosen $\hat{x}_{25} = 86$ (nicht-linear (Marquardt (1963))) und $\hat{x}_{25} = 114$ (linearisiert).

Der entscheidungsunterstützende Wert einer solchen lebenszyklusbasierten Prognose ist natürlich umso höher, je früher (d. h. mit umso weniger Daten) man hierzu in der Lage ist. Je weniger Daten für die Schätzung der Modellparameter vorliegen, umso wichtiger wird allerdings auch die Wahl eines leistungsfähigen Schätzansatzes.

3.3.3 Portfolios und abgeleitete Normstrategien

Ein gemeinsames Kennzeichen der bislang vorgestellten Konzepte ist die Fokussierung auf eine Erfolgsmaßzahl, z. B. den ROI, den Absatz oder die Stückkosten. Um der daraus erwachsenden Kritik einer zu isolierten Betrachtungsweise zu begegnen, wurden die Konzepte miteinander kombiniert, woraus u. a. die **Portfolio-Ansätze** entstanden sind. Diese sind in der strategischen Marketingplanung und insbesondere in der strategischen Unternehmensberatung weitverbreitet. Zu den prominenten Ansätzen zählen die **Marktanteils-Marktwachstums-Matrix** (*Boston Consulting Group*), die **Marktattraktivitäts-Wettbewerbsvorteils-Matrix** (*McKinsey*) und die **Wettbewerbspositions-Marktanteils-Matrix** (*Arthur D. Little*).

Die grundsätzliche Idee der Portfolio-Ansätze wird im Folgenden anhand der Marktanteils-Marktwachstums-Matrix verdeutlicht. Die Matrix dient der Entwicklung von **Normstrategien** für Unternehmen mit mehreren strategischen Geschäftsbereichen (SGE), die voneinander unabhängig betrachtet werden können. Die Normstrategien geben dabei, ausgehend vom (relativen) Marktanteil einer SGE und dem

58   3 Strategisches Marketing

Marktwachstum im Geschäftsbereich der SGE, an, in welchem Ausmaß in die jeweilige SGE investiert werden sollte. Reale Beispiele sind der *Oetker*-Konzern, der neben Backzutaten und Pizzen auch Mineralwasser, Bier und sogar Logistik- und Bankdienstleistungen anbietet, oder der *Unilever*-Konzern, der eine Vielzahl von Konsumgütermarken (z. B. *Axe, Domestos, Du Darfst, Knorr* und *Sunil*) vermarktet. Diese Diversifikation kann sich sowohl auf sachliche (unterschiedliche Produkte und Dienstleistungen werden angeboten) als auch räumliche (unterschiedliche Ländermärkte werden bedient) Zusammenhänge als auch auf eine Kombination aus beidem beziehen. Anhand des (relativen) Marktanteils wird die Marktposition bewertet. Der betrachtete Markt hingegen wird über das Marktwachstum charakterisiert, was in der Logik des Lebenszyklusmodells verankert ist.

Tabelle 3.10 enthält die Daten zur Veranschaulichung des Vorgehens der Erstellung einer Marktanteils-Marktwachstums-Matrix entsprechend des Vorschlags der *Boston Consulting Group*.

Tabelle 3.10: Datenbeispiel zur Marktanteils-Marktwachstums-Matrix

SGE (i)	Umsatz [in Mio. €]	Marktvolumen [in Mio. €]	Marktanteil (MA_i) [in %]	Umsatz des Hauptwettbewerbers [in Mio. €]	$\widetilde{RMA}_i$	Marktwachstum MW_i [in %]
1	90	300	30,00	200	0,45	3
2	215	550	39,10	200	1,08	1
3	87	700	12,40	480	0,18	-2
4	102	1200	8,50	710	0,14	0
5	150	600	25,00	200	0,75	-1
6	46	400	11,50	303	0,15	2

Die in der Tabelle dargestellten relativen Marktanteile $\widetilde{RMA}_i$ können, wie bei der SGE_2 der Fall, größer 1 werden, da die Umsätze der SGE nicht auf den umsatzstärksten Anbieter, sondern auf den Umsatz des jeweiligen Hauptwettbewerbers bezogen werden (d. h. für SGE 2 gilt $215/200 \approx 1,08$). Es sei also:

$$\widetilde{RMA}_i = \frac{\text{Umsatz der SGE } i}{\text{Umsatz des Hauptwettbewerbers}} \quad \forall i \qquad (3.29)$$

In Abbildung 3.6 sind auf der Abszisse die relativen Marktanteile $\widetilde{RMA}_i$ der einzelnen SGE abgetragen. Auf der Ordinate ist das Marktwachstum MW_i verzeichnet, das in praktischen Anwendungen des betrachteten Portfolio-Ansatzes in geeigneter Weise (z. B. auf Basis von Expertenmeinungen) zu schätzen ist. Der Einfachheit halber sei das Marktwachstum an dieser Stelle für die verschiedenen SGE gegeben.

Der Durchmesser der Kreise visualisiert den aktuellen Umsatz und damit die Bedeutung der jeweiligen strategischen Geschäftseinheit. Wie in Abbildung 3.6 dargestellt, bilden die vier Quadranten des Koordinatensystems eine Matrix, wobei jeder Quadrant zur Veranschaulichung seiner Implikationen einen „sprechenden" Bezeich-

3.3 Grundlegende Strategiemodelle 59

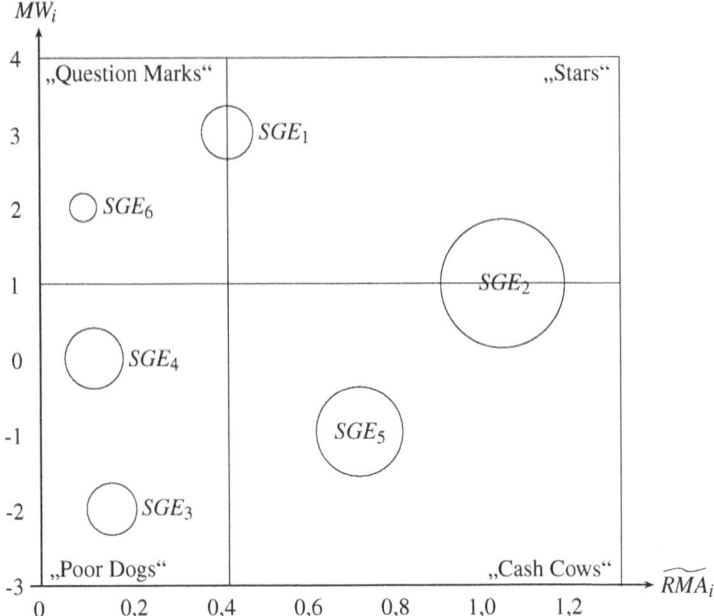

Abb. 3.6: Beispiel für eine Marktanteils-Marktwachstums-Matrix

ner erhalten hat. Dabei ist die Festlegung der Trennungslinien zwischen den Quadranten im Grunde subjektiver Natur und insbesondere von der zugrunde liegenden Marktkonstellation abhängig. Es bietet sich beispielsweise das Durchschnittswachstum einer Branche als Trennlinie an. In unserem Beispiel ist der relative Marktanteil vergleichsweise hoch angesehen, wenn er über 40 % liegt. Des Weiteren sind im vorliegenden Beispiel die Wachstumsraten in allen Geschäftsbereichen relativ niedrig und teilweise sogar negativ. Daher wird in diesem Fall von einem relativ hohen Marktwachstum ausgegangen, wenn das Marktwachstum größer als 1 % ist.

Entsprechend der Position im Koordinatensystem können daran anschließend für die einzelnen SGE Handlungsempfehlungen formuliert werden:

„*Question Marks*" (im Beispiel die SGE_6) zeichnen sich dadurch aus, dass sie in Relation zu ihrem Umsatz erhebliche Marketingressourcen benötigen, um eine gute Position in einem wachsenden Markt aufzubauen oder zu halten. Sie erwirtschaften daher zumeist nur einen geringen *EBIT* (siehe Seite 44). Ziel ist es, diese SGE zu „Stars" zu entwickeln, also den relativen Marktanteil zu erhöhen. In Anbetracht begrenzter Ressourcen ist allerdings die SGE_1 gegenüber der SGE_6 bevorzugt zu unterstützen, da sie dichter an der Star-Position ist.

„*Stars*" (im Beispiel partiell bereits SGE_1 und in gewissem Maße auch SGE_2) profitieren von der Kombination aus hohem relativem Marktanteil und hohem Marktwachstum und sind daher zumeist überdurchschnittlich profitabel. Um diese Profitabilität auf einem Wachstumsmarkt zu erhalten, ist die anteilige Reinvestition der Erträge in weitere Marketingmaßnahmen geboten.

„*Cash Cows*" (im Beispiel SGE$_5$) haben einen hohen relativen Marktanteil bei niedrigem oder mitunter sogar zurückgehendem Marktwachstum. Die Investition in Marketingkommunikation sollte im Laufe der Zeit verringert werden, da mit dem Ende des Produktlebenszyklus zu rechnen ist. Primäres Ziel ist hier die (möglichst lange) Behauptung des Marktanteils. Operative Gewinne sollten als „Quersubventionierung" für die Stärkung der Stars und die Entwicklung der Question Marks genutzt werden.

„*Poor Dogs*" (im Beispiel SGE$_3$ und SGE$_4$) mit niedrigem Marktwachstum und niedrigem relativem Marktanteil sollten so geführt werden, dass sie keine Belastung für das Unternehmen darstellen. Der Rückzug in eine Marktnische ist in dieser Situation oftmals die einzige Alternative zur Elimination, d. h. der Aufgabe dieses Marktes.

Das Konzept impliziert, dass ein diversifizierendes Unternehmen immer hinreichend viele „Question Marks" unterstützten sollte, die sich im Laufe der Zeit zu „Stars" und dann zu „Cash Cows" entwickeln, um dann ihrerseits wieder Mittel für die Entwicklung neuer „Question Marks" zu generieren. Dies hat allerdings zur Konsequenz, dass dieses Konzept nur für stark diversifizierende Unternehmen sinnvoll nutzbar ist. Zudem sind die Marktwachstumsraten durch das Marketingmanagement beeinflussbar und keineswegs eine naturgesetzliche Gegebenheit. Trotz dieser Kritik ist der Rückgriff auf die Marktanteils-Marktwachstums-Matrix in der Praxis der strategischen Marketingplanung weitverbreitet.

3.4 Formalisierte Entscheidungsunterstützung

In der Tagespresse wird regelmäßig über strategische Fehlentscheidungen des Managements bekannter Unternehmen berichtet, sodass sich die Frage aufdrängt, wie bessere Entscheidungen getroffen werden können. Da strategische Entscheidungssituationen, wie aus Tabelle 3.1 ersichtlich, i. d. R. gering strukturiert sind, besteht eine Option zur Verbesserung in der systematischen Strukturierung derselben.

Nach Wilde (1989) lassen sich die Methoden bzw. Verfahren zur Bewertung von Strategien in drei Gruppen untergliedern. Die Verfahren der ersten Gruppe überprüfen die generelle Tauglichkeit einer Strategie. So werden beispielsweise Checklisten dazu verwendet, eine Vorauswahl von Strategien zu treffen, indem die Erfüllung von Mindestanforderungen, z. B. in Bezug auf die für die Umsetzung einer Strategie erforderlichen Ressourcen, überprüft wird. Zur zweiten Gruppe gehören Methoden, die den Wirkungszusammenhang zwischen den Strategien und deren Folgen untersuchen. Hierzu gehören Methoden, wie die bereits vorgestellte Produktlebenszyklusanalyse, die Portfolio-Analyse sowie die Analyse von Erfahrungskurveneffekten. Ebenso gehören Methoden dazu, die bei einer Vielzahl konkurrierender Ziele zur Entscheidungsunterstützung eingesetzt werden können. Hierzu zählen Scoringmodelle und der sogenannte **Analytic Hierarchy Process** (AHP). Lassen sich die Folgen strategischer Entscheidungen für alle Zielkriterien exakt quantifizieren, so können Methoden der dritten Gruppe zur Feinbewertung eingesetzt werden. Zu nennen sind hier etwa die Kapitalwertmethode sowie Simulationsmodelle.

3.4.1 Analyse hierarchischer Entscheidungen

Wegen der Fähigkeit, neben quantitativen auch qualitative Kriterien in strategische Marketingentscheidungen mit einbeziehen zu können, soll an dieser Stelle der Analytic Hierarchy Process (AHP) eingehender vorgestellt werden. Das von Saaty (1980) vorgeschlagene Verfahren zielt darauf ab, die Komplexität strategischer Entscheidungssituationen durch Dekomposition zu reduzieren und damit zugleich mögliche Zielkonflikte zu lösen. Das Verfahren lässt sich sowohl unabhängig von der Anzahl der im Entscheidungsprozess involvierten Personen als auch unabhängig von der Anzahl der betrachteten Planungsperioden anwenden.

Bei der Entscheidungsunterstützung mittels des AHP sind die folgenden Schritte zu durchlaufen, die nachfolgend an einem Beispiel erläutert werden:

1. Hierarchische Strukturierung des Entscheidungsproblems
2. Bewertung der das Entscheidungsproblem charakterisierenden Ziele und Alternativen im Paarvergleich
3. Berechnung der lokalen Gewichte aus den abgegebenen Paarvergleichsurteilen
4. Berechnung der globalen Gewichte für die gesamte Hierarchie

Die Vorgehensweise soll direkt anhand eines Beispiels verdeutlicht werden: Die *hierarchische Strukturierung* erfolgt entsprechend der Einschätzungen der Entscheidungsträger (z. B. der Leitung der Marketingabteilung) und trägt daher den situativen Bedingungen Rechnung. Die Hierarchie besteht auf der oberen Ebene aus den übergeordneten strategischen Zielen. Auf der unteren Ebene der Hierarchie befinden sich die möglichen Entscheidungsalternativen, die bezüglich der Ziele zu vergleichen sind. Die Anzahl der Ebenen kann noch erweitert werden, wenn sich die Ziele noch weiter in Unterziele einteilen lassen.

Es sei angenommen, dass ein italienischer Bekleidungsanbieter eine weitere Internationalisierung seiner Geschäftstätigkeit vornehmen möchte. Der Eintritt in den chinesischen Wachstumsmarkt ist über eine der drei folgenden Entscheidungsalternativen möglich:

Alternative 1 (Export): Mieten eines bereits eingeführten internationalen Labels (die zugehörige Lizenzvereinbarung wird jährlich verlängert); Produktion in Italien; Export der Waren nach China.

Alternative 2 (Export): Etablierung einer neuen eigenen Marke; Produktion in Italien; Export der Waren nach China.

Alternative 3 (Joint Venture): Inanspruchnahme eines bereits eingeführten internationalen Labels (die Lizenzvereinbarung wird jährlich verlängert); Produktion durch einen Partner in China; Aufbau eines eigenen Vertriebsnetzwerks vor Ort.

Durch das Management können außerdem die folgenden sieben konkurrierenden Ziele angegeben werden:

1. *Nutzung des Länderimages*: Das positive Länderimage (mit einem entsprechenden „Country of Origin"-Effekt (Bilkey & Nes (1982); Zulauf, Oswald & Wagner (2013))), welches Italien für modische Bekleidung besitzt, soll genutzt werden.

2. *Lokales Vertriebsnetz*: Der Zugriff auf ein lokales Vertriebsnetz ist für den erfolgreichen Vertrieb von Bekleidung von großer Bedeutung und soll daher gesichert werden.
3. *Etablierung der eigenen Marke*: Die eigene Marke soll im chinesischen Markt etabliert werden.
4. *Kontrolle über den Marketing-Mix*: Der Anbieter möchte eine Kontrolle über den Marketing-Mix vor Ort ausüben, um die Positionierung als exklusive italienische Marke sicherstellen zu können. Dies gilt insbesondere für die Preisgestaltung.
5. *Vermeidung von Plagiaten*: Ein Verkauf der Produkte auf „Schwarzmärkten", auf denen auch Plagiate exklusiver Markenartikel gehandelt werden, soll vermieden werden.
6. *Geringe Anfälligkeit gegenüber Protektionismus*: Nationale Regierungen neigen in unterschiedlichem Ausmaß dazu, einheimische Unternehmen durch entsprechende Einfuhrhemmnisse für ausländische Waren zu schützen, um beispielsweise Arbeitsplätze im eigenen Land zu sichern. Der italienische Bekleidungsanbieter möchte eine Internationalisierungsform wählen, die wenig anfällig gegenüber solchen protektionistischen Maßnahmen ist.
7. *Nachhaltigkeit des Engagements*: Die Nachhaltigkeit der Aktivitäten sollte sichergestellt werden, da ein langfristiges Engagement im chinesischen Markt intendiert ist.

Die sich aus diesen Informationen ergebende Hierarchie des Entscheidungsproblems ist in Abbildung 3.7 dargestellt. Das übergeordnete Ziel stellt dabei die Auswahl einer geeigneten Markteintrittsstrategie für den chinesischen Markt dar. Die genannten sieben Subziele müssen dazu Berücksichtigung finden.

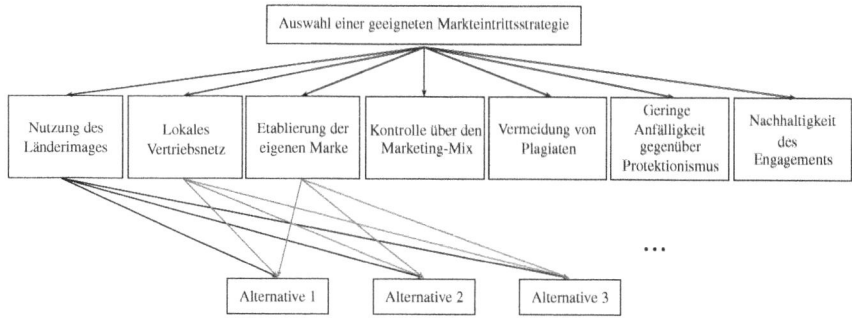

Abb. 3.7: Hierarchie für das Beispiel des italienischen Bekleidungsanbieters

Nach Aufstellen der Hierarchie werden im zweiten Schritt die *Ziele und Alternativen im Paarvergleich einander gegenübergestellt*, um sie hinsichtlich ihrer Wichtigkeit zu bewerten. Diese Bewertung kann im vorliegenden Beispiel z. B. durch die Mitglieder des Top-Managements und der Leitung der Exportabteilung erfolgen. Auf diese Weise wird zunächst die Wichtigkeit der sieben Subziele[5] für das übergeordnete Ziel (Auswahl einer geeigneten Markteintrittsstrategie) ermittelt. Daran anschließend werden für jedes der sieben Ziele die Entscheidungsalternativen einander gegenübergestellt, um auf diese Weise zu bestimmen, welche Alternative in welchem Maße zur Erreichung des jeweiligen Ziels beiträgt.

Die Erhebung der Paarvergleichsurteile soll zunächst am Beispiel der Bewertung der sieben Ziele veranschaulicht werden: Die Bewertung der Wichtigkeit erfolgt im AHP anhand einer neunstufigen Verhältnisskala (siehe Tabelle 3.11). In den meisten Anwendungen werden die entsprechenden Prioritätsurteile in verbaler Form abgefragt. Die Aussagen des die Bewertung vornehmenden Entscheidungsträgers werden dann in numerische Prioritätsurteile a_{ij} kodiert, mittels derer das Vergleichsergebnis zweier Elemente i und j quantifiziert wird. Die dabei in den meisten Fällen verwendete Skala von Saaty (1980) ermöglicht es, die Dominanz eines Ziels graduell mittels neun verschiedener Stufen auszudrücken. Besitzen zwei Ziele in Bezug auf das übergeordnete Ziel die gleiche Wichtigkeit, so wird dies mit einer 1 kodiert. Dominiert ein Ziel das mit ihm verglichene Ziel absolut, so wird dies mit einer 9 bewertet.

Tabelle 3.11: Zuordnung verbaler Urteile zu numerischen Prioritätsurteilen nach der Skala von Saaty (Saaty (1980))

Verbales Urteil	Prioritätsurteil a_{ij}
gleich wichtig	1
etwas wichtiger	3
erheblich wichtiger	5
sehr viel wichtiger	7
extrem viel wichtiger	9
Zwischenwerte	2, 4, 6, 8

Im vorliegenden Beispiel sind sieben Ziele in Bezug auf das übergeordnete Ziel gegeneinander abzuwägen. Dies ergibt $\frac{7\cdot(7-1)}{2} = 21$ Paarvergleichsurteile, die von den Entscheidungsträgern abzufragen sind. Die paarweisen Bewertungen der Ziele werden dann zur reziproken Matrix **A** zusammengefasst. Dabei wird jedes Paarvergleichsurteil an zwei Stellen in die Matrix zur Beschreibung des Verhältnisses zwischen i und j sowie zwischen j und i aufgenommen. Es gilt:

$$\mathbf{A} = \begin{pmatrix} 1 & w_1/w_2 & \ldots & w_1/w_J \\ w_2/w_1 & 1 & \ldots & w_2/w_J \\ \vdots & & & \vdots \\ w_J/w_1 & w_J/w_2 & \ldots & 1 \end{pmatrix} = (a_{ij})_{i,j=1,\ldots,J} \quad \text{mit } a_{ij} = \frac{1}{a_{ji}} \quad \forall i,j \quad (3.30)$$

Die Einträge der Matrix drücken das Verhältnis der Wichtigkeiten w_i und w_j der beiden Ziele i und j zueinander aus, sodass gilt:

---

[5] Der Einfachheit halber werden die sieben Subziele im Folgenden kurz als Ziele bezeichnet, sofern nicht die Gefahr einer Verwechslung mit dem übergeordneten Ziel besteht.

$$a_{ij} = \frac{w_i}{w_j} \quad \text{und} \quad a_{ji} = \frac{w_j}{w_i} \quad \forall i,j \qquad (3.31)$$

Für unser Beispiel der Internationalisierung des Bekleidungsanbieters möge aus der paarweisen Bewertung der Ziele durch einen der Entscheidungsträger die folgende Matrix resultieren:

$$\mathbf{A} = \begin{pmatrix} 1 & \frac{1}{2} & \frac{1}{5} & \frac{1}{5} & \frac{1}{7} & \frac{1}{4} & \boxed{\frac{1}{8}} \\ 2 & 1 & 2 & \frac{1}{4} & \frac{1}{4} & \frac{1}{6} & \frac{1}{2} \\ 5 & \frac{1}{2} & 1 & \frac{1}{2} & \frac{1}{3} & \frac{1}{5} & \boxed{1} \\ 5 & 4 & 2 & 1 & 1 & \frac{1}{4} & 2 \\ 7 & 4 & 3 & 1 & 1 & 2 & 4 \\ 4 & 6 & 5 & 4 & \frac{1}{2} & 1 & \frac{1}{3} \\ \boxed{8} & 2 & \boxed{1} & \frac{1}{2} & \frac{1}{4} & 3 & 1 \end{pmatrix}$$

Aus der Matrix kann abgelesen werden, dass beispielsweise das Ziel „Nachhaltigkeit des Engagements" (Ziel 7 in Abbildung 3.7 auf S. 62) in der Bewertung das Ziel „Nutzung des Länderimages" (Ziel 1) deutlich dominiert, da $a_{71} = 8$ und $a_{17} = \frac{1}{8}$. Hingegen werden die Ziele „Nachhaltigkeit des Engagements" und „Etablierung der eigenen Marke" (Ziel 3) als gleichbedeutend eingestuft, da $a_{73} = a_{37} = 1$.

Als nächstes werden auf der darunterliegenden Ebene die drei Alternativen paarweise in Bezug auf die jeweiligen Ziele verglichen. Die Paarvergleiche für die Alternativen seien mit y_{ij} bezeichnet. In Bezug auf das Ziel 1 („Nutzung des Länderimages") werden die drei Alternativen wiederum entlang der neunstufigen Skala verglichen. Hier kommt der Entscheidungsträger zu der Einschätzung, dass nur bei einer Produktion in Italien der positive Imageeffekt genutzt werden kann. Da bei den Alternativen 1 und 2 jeweils in Italien produziert wird, unterscheiden sich diese Alternativen bezüglich des Ziels nicht, sodass $y_{12} = y_{21} = 1$. Die Alternative 3 wird hingegen von den Alternativen 1 und 2 hinsichtlich dieses Ziels absolut dominiert, sodass $y_{13} = y_{23} = 9$ und $y_{31} = y_{32} = \frac{1}{9}$ gilt. Dies führt zur Matrix $\mathbf{Y}_1$.

$$\mathbf{Y}_1 = \begin{pmatrix} 1 & 1 & 9 \\ 1 & 1 & 9 \\ \frac{1}{9} & \frac{1}{9} & 1 \end{pmatrix}$$

In gleicher Weise werden die subjektiven Bewertungen der Zielbeiträge der drei Alternativen für die verbleibenden sechs Ziele erfasst. Diese werden in den Matrizen $\mathbf{Y}_j$ für die Ziele $j = 2, \ldots, J = 7$ zusammengefasst. Für unser Beispiel kommt der betrachtete Entscheidungsträger zu folgenden Bewertungen der drei Alternativen bezüglich der sechs verbleibenden Ziele:

$$\mathbf{Y}_2 = \begin{pmatrix} 1 & 2 & 3 \\ \frac{1}{2} & 1 & \frac{1}{3} \\ \frac{1}{3} & 3 & 1 \end{pmatrix}, \mathbf{Y}_3 = \begin{pmatrix} 1 & \frac{1}{9} & 1 \\ 9 & 1 & 5 \\ 1 & \frac{1}{5} & 1 \end{pmatrix}, \mathbf{Y}_4 = \begin{pmatrix} 1 & \frac{1}{6} & 1 \\ 6 & 1 & 5 \\ 1 & \frac{1}{5} & 1 \end{pmatrix},$$

$$\mathbf{Y}_5 = \begin{pmatrix} 1 & \frac{1}{6} & \frac{1}{4} \\ 6 & 1 & 3 \\ 4 & \frac{1}{3} & 1 \end{pmatrix}, \mathbf{Y}_6 = \begin{pmatrix} 1 & \frac{1}{2} & \frac{1}{7} \\ 2 & 1 & \frac{1}{7} \\ 7 & 7 & 1 \end{pmatrix} \text{ und } \mathbf{Y}_7 = \begin{pmatrix} 1 & \frac{1}{6} & 1 \\ 6 & 1 & 5 \\ 1 & \frac{1}{5} & 1 \end{pmatrix}.$$

3.4 Formalisierte Entscheidungsunterstützung

Im dritten Schritt des AHP-Verfahrens erfolgt die *Berechnung der lokalen Gewichte aus den abgegebenen Paarvergleichsurteilen*. Eine sehr einfache Berechnungsmöglichkeit ergibt sich aus dem geometrischen Mittel a_i^{geom} der Prioritätsurteile einer Zeile der Matrix **A** im Verhältnis zur Summe der geometrischen Mittel aller Zeilen. Die lokalen Gewichte können dann wie folgt berechnet werden:

$$w_i = \frac{a_i^{geom}}{\sum_{k=1}^{J} a_k^{geom}} = \frac{\sqrt[J]{\prod_{j=1}^{J} a_{ij}}}{\sum_{k=1}^{J} \sqrt[J]{\prod_{j=1}^{J} a_{kj}}} \quad \forall i \qquad (3.32)$$

Für das Beispiel ergeben sich somit die folgenden geometrischen Mittelwerte: $a_1^{geom} = \sqrt[7]{1 \cdot \frac{1}{2} \cdot \frac{1}{5} \cdot \frac{1}{5} \cdot \frac{1}{7} \cdot \frac{1}{4} \cdot \frac{1}{8}} = 0,2640$, $a_2^{geom} = 0,5752$, $a_3^{geom} = 0,7012$, $a_4^{geom} = 1,5341$, $a_5^{geom} = 2,5346$, $a_6^{geom} = 1,8701$, $a_7^{geom} = 1,2917$. Daraus wird dann der Vektor **w** berechnet, der die lokalen Gewichte der Ziele enthält:

$$\mathbf{w} = \begin{pmatrix} 0,0301 & 0,0656 & 0,0799 & 0,1749 & 0,2890 & 0,2132 & 0,1473 \end{pmatrix}$$

Anhand des Vektors **w** ist zu erkennen, dass das Ziel „Vermeidung von Plagiaten" (Ziel 5) für unseren Entscheidungsträger mit einem Wichtigkeitswert von 28,90 % einen hohen Stellenwert hat, wohingegen dem Ziel „Nutzung des Länderimages" (Ziel 1) mit 3,01 % nur eine untergeordnete Bedeutung zugesprochen wird. Analog wird die Berechnung für die Matrizen $\mathbf{Y}_j$ ($j = 1,...,7$) durchgeführt. Die lokalen Vektoren der Gewichte sind für die sieben Ziele in der folgenden Matrix **M** zeilenweise zusammengefasst:

$$\mathbf{M} = \begin{pmatrix} 0,4737 & 0,4737 & 0,0526 \\ 0,5397 & 0,1634 & 0,2970 \\ 0,1040 & 0,7695 & 0,1265 \\ 0,1297 & 0,7324 & 0,1378 \\ 0,0853 & 0,6442 & 0,2706 \\ 0,0877 & 0,1392 & 0,7732 \\ 0,1297 & 0,7324 & 0,1378 \end{pmatrix}$$

Um eine Entscheidung zwischen den Alternativen treffen zu können, erfolgt im vierten und letzten Schritt die *Berechnung der globalen Gewichte*. Dazu werden die berechneten Wichtigkeiten der Ziele mit den Gewichten aus der Matrix **M** multipliziert, die den Grad der Erreichung der Ziele ausdrücken.

Für unser Beispiel gilt:

$$\mathbf{w} \cdot \mathbf{M} = \begin{pmatrix} 0,1431 & 0,5383 & 0,3186 \end{pmatrix} \qquad (3.33)$$

Somit ist die zweite Alternative für den Bekleidungsanbieter vor dem Hintergrund seiner abgegebenen Zielgewichtungen und seiner individuellen Bewertungen der Alternativen am besten geeignet, um die gesetzten Ziele zu erreichen. Mittels Sensitivitätsanalysen lässt sich darüber hinaus untersuchen, wie sich die Wichtigkeit der Ziele verändern müsste, damit z. B. die Entscheidung zugunsten der Alternative 3 ausfallen würde. Werden die Urteile mehrerer Entscheidungsträger ($e = 1,...,E$)

erfasst, so kann z. B. eine Mittelung der final resultierenden Vektoren ($\mathbf{w}_e \cdot \mathbf{M}_e$) vorgenommen werden, um auf diese Weise zu einer Gesamteinschätzung zu gelangen.

Das AHP-Verfahren kann das Marketingmanagement in vielfältigen strategischen Entscheidungssituationen unterstützen, wobei die erforderlichen Berechnungen durch einschlägige Software erleichtert werden. Ebenso kann das Verfahren (in angepasster Form) im Rahmen der Marktforschung zur Messung von Konsumentenpräferenzen eingesetzt werden (Scholz, Meißner & Decker (2010); Meißner, Decker & Scholz (2011)). In der Praxis kommt zur Berechnung der Gewichte allerdings die (mathematisch etwas aufwendigere) Eigenwertmethode zum Einsatz (Saaty (1980)). Diese ermöglicht es, inkonsistente, d. h. sich widersprechende Antworten aufzudecken und Entscheidungsträger dazu anzuregen, die Validität der eigenen Antworten zu überprüfen. Die hier gezeigte Berechnung mittels geometrischem Mittel stellt bei inkonsistentem Antwortverhalten lediglich eine Näherung dar, kommt bei konsistenten Antworten jedoch zum gleichen Ergebnis wie die Eigenwertberechnung (Saaty (1990)).

I. d. R. werden die Bewertungen der Ziele und die Einschätzung des Zielerreichungsbeitrags der einzelnen Alternativen vom Management vorgenommen. Diese Einbeziehung der individuellen Expertise der Manager in Form von Expertenurteilen kann die Akzeptanz des formalen Verfahrens auch bei jenen Managern erhöhen, die mit der Methodik nicht vertraut sind oder denen die mathematische Grundausbildung zum Verständnis der Methodik fehlt (Little (1970)).

3.4.2 Prinzipien des Entscheidens

Das AHP-Verfahren setzt voraus, dass die Einschätzungen vom Management präzise vorgenommen werden können. In praktischen strategischen Entscheidungssituationen sind die Einschätzungen zumeist Erwartungen, die mit einer Unsicherheit oder mit einem Risiko verbunden sind (vgl. Kapitel 2). In einer Entscheidungssituation unter Unsicherheit kann der Entscheider keine Wahrscheinlichkeit für das Eintreten eines bestimmten Zustands[6] angeben, in einer Entscheidungssituation unter Risiko ist er hierzu jedoch in der Lage. Diese Wahrscheinlichkeiten können auf subjektiven Schätzungen oder der Auswertung historischer Daten beruhen.

Will ein Manager „gute" strategische Entscheidungen treffen, so ist der Rückgriff auf die Regeln der präskriptiven Entscheidungstheorie, die im Abschnitt 2.2.2 dargestellt sind, möglich. Sind die Wahrscheinlichkeiten p_j für das Eintreten eines Umweltzustands z_j (von J möglichen Zuständen) bekannt, so kann entsprechend des Bayes-Prinzips durch die Addition der mit ihrer Eintrittswahrscheinlichkeit gewichteten Zustände ein Erwartungswert für das Erreichen des Ziels bestimmt werden. Sei $\Phi(a_k)$ das erwartete Ausmaß der Zielerreichung bei einer Entscheidung für die Handlungsalternative a_k aus einer Menge von K Alternativen. Dann gilt:

$$\Phi(a_k) = \sum_{j=1}^{J} p_j y_{kj} := \mu_k \qquad \forall k \qquad (3.34)$$

---

[6] Dieses bezieht sich sowohl auf Umweltzustände, z. B. den Markteintritt eines neuen Wettbewerbers, als auch auf Ergebnisse eigener Entscheidungen, z. B. das Erreichen eines Ziels.

Dabei bezeichnet y_{kj} den Zielbeitrag aufgrund der Entscheidung zugunsten von Alternative a_k bei Eintritt des Umweltzustands j. Es ist dann jene Alternative k^* zu wählen, die die erwartete Zielerreichung maximiert: $\Phi(a_{k^*}) = \max_{k=1,\ldots,K} \Phi(a_k)$.

In Tabelle 3.12 ist ein Beispiel in Form einer einfachen Entscheidungssituation gegeben, mit drei Umweltzuständen (Rückgang, Konstanz oder Ansteigen der Nachfrage in einem Ländermarkt) und drei Entscheidungsalternativen:

Tabelle 3.12: Beispiel zur Entscheidung unter Risiko

	Nachfrage y_{kj}						
	steigt ($j=1$)	bleibt konstant ($j=2$)	sinkt ($j=3$)	$\Phi(a_k)=\mu_k$	σ_k	$\mu_k - \sigma_k$	$\mu_k + \sigma_k$
p_j	0,2	0,5	0,3				
a_1	500	250	25	232,5	165,5	67,0	398,0
a_2	250	225	200	222,5	17,5	205,0	240,0
a_3	625	150	50	215	209,5	5,5	424,5

Für das dargestellte Beispiel ergibt sich gemäß Gleichung 3.34 die zu erwartende Nachfrage $\Phi(a_1) = 0,2 \cdot 500 + 0,5 \cdot 250 + 0,3 \cdot 25 = 232,5$, $\Phi(a_2) = 222,5$ und $\Phi(a_3) = 215$. Entsprechend erscheint die Alternative a_1 empfehlenswert.

Dieses Entscheidungsprinzip ist in realen Entscheidungssituationen leicht umzusetzen, allerdings berücksichtigt das Bayes-Prinzip nur den Erwartungswert (μ_k) und unterstellt somit Risikoneutralität des Entscheiders. Man spricht deshalb auch vom μ-**Prinzip**. In der Praxis des strategischen Marketingmanagements gilt es jedoch zumeist, Risiken zu meiden, da strategische Fehler den Gegenstand der SGE oder auch des gesamten Unternehmens infrage stellen können. Dazu ist es notwendig, die Abweichungen vom Erwartungswert μ_k in die Betrachtungen miteinzubeziehen. Die Standardabweichung σ_k ist ein hierfür geeignetes Streuungsmaß, da sich positive und negative Abweichungen nicht kompensieren[7]. Es gilt:

$$\sigma_k = \sqrt{\sum_{j=1}^{J} p_j \cdot (y_{kj} - \mu_k)^2} \quad \forall k \qquad (3.35)$$

Hierauf aufbauend ist das sogenannte (μ, σ)-**Prinzip** definiert, wobei die unterschiedlichen Risikopräferenzen durch die Wahl der Entscheidungsfunktion $\Phi(a_k) = \Phi(\mu_k, \sigma_k)$ abgebildet werden, z. B. in der Form:

$$\Phi(a_k) = \mu_k - \iota \cdot \sigma_k \qquad (3.36)$$

Über den Parameter ι wird die Risikopräferenz in das Kalkül eingebracht. Für $\iota = 0$ resultiert die gleiche Entscheidungsempfehlung wie beim Bayes-Prinzip. Es wird also Risikoneutralität unterstellt. Mit $\iota > 0$ wird Risikoaversion, mit $\iota < 0$ Risikoaffinität modelliert. Für praktische Anwendungen ist zu beachten, dass Marketingmanager oftmals nicht nur für das Erreichen des bestmöglichen Ergebnisses, sondern

---

[7] Die Quadrierung unter der Wurzel „bestraft" im Übrigen große Abweichungen zwischen y_{kj} und μ_k.

auch bereits für die Annäherung an einen Zielwert (z. B. ein gesetztes Umsatzziel) entsprechende Gratifikationen erhalten, was mit $\iota > 0$ zu erfassen ist.

Bei Risikoneutralität wird die Alternative a_1 mit dem höchsten Erwartungswert (mit $232,5$) gewählt. In den beiden letzten Spalten der Tabelle 3.12 sind die Ergebnisse für $\iota = 1$ und $\iota = -1$ dargestellt. Bei Risikoaversion ($\iota = 1$) wird die Alternative a_2 (mit $205,0$) vorgezogen. Bei Risikoaffinität ($\iota = -1$) ist hingegen Alternative a_3 (mit $424,5$) vorzuziehen.

Die in diesem Kapitel vorgestellten Verfahren geben einen ersten Einblick in die Vorgehensweise qualifizierter strategischer Planung. Weitere Verfahren werden in den einschlägigen Lehrbüchern, z. B. in Berens, Delftmann & Schmitting (2004) und in Welge & Al-Laham (2007) vorgestellt. Des Weiteren ist darauf hinzuweisen, dass nicht die Verfügbarkeit quantitativer Modelle und formaler Techniken der Entscheidungsunterstützung, sondern ihr angemessener Einsatz in der Praxis derzeit als Hemmschuh für verbesserte strategische Entscheidungen zu sehen ist. Die Einsicht, dass weder langjährige Erfahrungen noch qualitative Managementmethoden ein formales Kalkül zur Gänze ersetzen können, wird in strategisch operierenden Unternehmen immer wieder aufs Neue gewonnen. Die strategische Marketingplanung ist ein Gestaltungsprozess, der sich auf die Zukunft der Marketingpolitik bezieht. Daher kommt der systematischen Informationsbeschaffung und -verarbeitung ein besonderer Stellenwert zu.

4
Produktpolitik

Gegenstand der Produktpolitik sind die im Zusammenhang mit der Ausgestaltung des Leistungsprogramms eines Unternehmens zu treffenden Entscheidungen. In Abschnitt 4.1 werden zunächst die Grundlagen der Produktgestaltung und produktpolitische Entscheidungsfelder vorgestellt. Das für die meisten Unternehmen zentrale Thema Produktinnovationen ist Gegenstand des Abschnitts 4.2. Es wird der Prozess von der Produktidee bis hin zur Einführung des Neuprodukts dargestellt. Eine zentrale Frage ist dabei, wie man zu Erfolg versprechenden Neuprodukten gelangt. Abschnitt 4.3 beschäftigt sich mit der Frage, wie die Produkte eines Unternehmens sinnvoll differenziert und Produktlinien aufgebaut werden können. In Abschnitt 4.4 wird diskutiert, was bei der Eliminierung von Produkten aus einem bestehenden Angebot zu beachten ist, bevor sich Abschnitt 4.5 schließlich modellbasierten Ansätzen zur Analyse der Marktanteile markierter Produkte zuwendet.

4.1 Grundlagen der Produktpolitik

Ein **Produkt** wird ganz allgemein als ein Bündel von Eigenschaften verstanden, das seinem Verwender einen gewissen Nutzen spendet. Es ist i. d. R. mehr als die Summe seiner physikalischen bzw. technischen Eigenschaften und lässt sich u. U. durch zahlreiche Sekundäreigenschaften, z. B. die Marke und die Art und Weise, wie es den Kunden optisch dargeboten wird, charakterisieren. Produkte können sowohl materieller (z. B. ein Schokoriegel oder ein Auto) als auch immaterieller Art (z. B. die Beratungsleistung eines Rechtsanwaltes) sein. Als zentraler Output der betrieblichen Aktivitäten aufgefasst, dienen markt- und kundengerecht gestaltete Produkte der Sicherung des langfristigen Erfolgs und Fortbestands der betreffenden Unternehmen.

Aus kaufverhaltensorientierter Sicht lassen sich folgende **Produkttypen** unterscheiden:

Güter des täglichen Bedarfs („Convenience Goods"): Sie werden regelmäßig nachgefragt und ihr Kauf erfordert zumeist eher geringe Planungsanstrengungen und Ausgaben. Normalerweise werden sie von mehreren Einzelhändlern angeboten und zentral vom Hersteller beworben. Beispiele sind Lebensmittel, Zeitschriften und einfache Küchengeräte.

Güter des gehobenen Bedarfs („Shopping Goods"): Sie sind häufig originärer Anlass eines Einkaufs. Ihr Verkauf erfordert seitens der Anbieter zumeist größere Verkaufsanstrengungen, was eine intensivere Zusammenarbeit zwischen Hersteller und Händler erforderlich machen kann. Beispiele sind Designermöbel und Sportwagen.

Spezialitäten („Speciality Goods"): Der Kauf solcher Produkte wird i. d. R. intensiv geplant und vorbereitet. Seitens der Kunden bestehen relativ konkrete Präferenzen, was z. B. die Produktqualität angeht. Der Vertrieb erfolgt z. T. über spezielle Vertriebskanäle, etwa Fachgeschäfte. Beispiele sind exklusive Kosmetika, Schmuck und Versicherungen.

Eine weitere populäre Unterscheidung ist die in Konsumgüter und Industriegüter. **Konsumgüter** dienen in erster Linie der Befriedigung der Bedürfnisse von Privatpersonen. **Industriegüter** werden hingegen primär an gewerblich bzw. institutionell tätige Organisationen verkauft und dienen dort z. B. der Leistungserstellung. Eine alternative Einteilung nach der Form der Produktinanspruchnahme führt auf die Unterscheidung in

Verbrauchsgüter, d. h. Produkte, die im Normalfall im Verlaufe eines einzigen oder einiger weniger Verwendungseinsätze verbraucht werden (z. B. Lebensmittel),

Gebrauchsgüter, d. h. Produkte, die sich für mehrere Verwendungseinsätze eignen (z. B. Füllfederhalter und Notebooks) und

Dienstleistungen, d. h. abstrakte Produkte (z. B. Versicherungen) und Tätigkeiten (z. B. juristische Beratungen), die als augenblickliche oder zukünftige Leistungen angeboten werden.

In einer neueren Sichtweise von Vargo & Lusch (2004) werden Güter reduziert auf ein Hilfsmittel zum Verkauf von Dienstleistungen, was in der einschlägigen Literatur als „**Service Dominant Logic**" bezeichnet wird. Nur wenn ein Unternehmen über ein auf Dauer tragfähiges produktpolitisches Konzept verfügt, lassen sich die übrigen Bereiche des Marketing Erfolg versprechend ausgestalten. Eine systematisch betriebene Produktpolitik ist besonders wichtig auf Märkten mit einem breiten Angebot an technisch/funktional ähnlichen Produkten, einem hohen Qualitätswettbewerb und vergleichsweise kurzen Produktlebenszyklen.

Die Produktpolitik wird häufig als Kern des Marketing bezeichnet, der sich unmittelbar an übergeordneten Unternehmenszielen orientiert. Als wichtige Zielsetzungen sind z. B. zu nennen (vgl. auch Freter (2004, S. 59)):

Ökonomische Ziele:

- Konzeption und Einführung marktgerechter Produkte
- Initiierung von Erst- und Wiederkauf
- Erzeugung von Cross-Selling-Effekten
- Auf- und Ausbau von Marktanteilen

Psychografische Ziele:

- Aufbau eines positiven Produktimages
- Erzeugung produktbezogener Präferenzen und Kaufabsichten
- Erzeugung von Zufriedenheit und Aufbau von Produktbindung

4.1.1 Produktgestaltung

Vorrangiges Ziel der Produktpolitik ist eine markt- bzw. kundengerechte Gestaltung von Produkten, welche die Bedürfnisse der Kunden unter Profitabilitätsgesichtspunkten bestmöglich befriedigen. Dies ist dann am ehesten der Fall, wenn die Produkte, neben dem unverzichtbaren materiellen oder immateriellen Produktkern, d. h. den elementaren funktionalen Aspekten der angebotenen Leistungen (Grundnutzen), auch ergänzende Merkmale aufweisen, die über die Mindestanforderungen und Erwartungen der Kunden hinausgehen (Zusatznutzen). Dieses Verständnis von nutzenorientierter Produktgestaltung schließt auch den Fall mit ein, dass der von einem Produkt gespendete Zusatznutzen den Kunden u. U. erst durch geeignete Kommunikationsmaßnahmen bewusst gemacht werden muss. Ein typisches Beispiel hierfür ist die Markierung von Produkten und der sich durch deren Kauf und Konsum bzw. Besitz für die Kunden möglicherweise ergebende Prestigegewinn. Man denke hier etwa an renommierte Bekleidungsmarken, deren Kauf häufig zu einem nicht unbeträchtlichen Teil auf die jeweilige Marke bzw. deren Image in der Öffentlichkeit zurückgeht, während die rein materiellen Produkteigenschaften eine eindeutige Abgrenzung der verfügbaren Angebote kaum zulassen.

Bei der Generierung eines Zusatznutzens verfügt das Unternehmen daher i. d. R. über einen größeren Gestaltungsspielraum als bei der Generierung des Grundnutzens. Eine nachhaltige Abgrenzung gegenüber Konkurrenzprodukten ist daher oftmals nur über den Zusatznutzen möglich. Neben der Marke kann dem Kunden z. B. auch durch eine bedürfnisgerechte Preisbildung oder durch das Produkt sinnvoll ergänzende Service- und Garantieleistungen ein Zusatznutzen vermittelt werden. Letzteres gilt vor allem für langlebige Gebrauchsgüter, während bei Verbrauchsgütern des täglichen Bedarfs vor allem das Preis- und Markenprofil die Kaufentscheidung beeinflussen. Abbildung 4.1 gibt – ohne Anspruch auf Vollständigkeit – einen Überblick über verschiedene den Produktnutzen beeinflussende Merkmale.

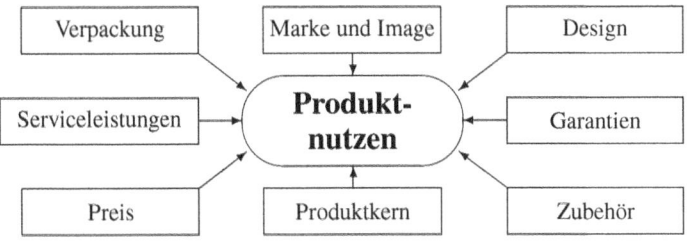

Abb. 4.1: Merkmale eines Produkts

4.1.2 Produktpolitische Entscheidungsfelder

Die Gesamtheit aller zu einem bestimmten Zeitpunkt von einem Unternehmen angebotenen Produkte bezeichnet man im produzierenden Gewerbe als **Produktprogramm** und im Handel als **Sortiment**. Das verbindende Element ergibt sich aus der programm- bzw. sortimentspolitischen Grundorientierung (z. B. ein auf der LED-Technik basierendes Leuchtenangebot). Die Breite des Produktprogramms bzw. Sortiments wird durch die Anzahl der nebeneinander existierenden Produktlinien (siehe S. 95) bzw. Warengruppen bestimmt. Die Anzahl an verschiedenen Produkten (Artikeln) innerhalb einer Produktlinie bzw. Warengruppe bestimmt die Programm- bzw. Sortimentstiefe.

Die wesentlichen produktpolitischen Entscheidungen sind die Produktinnovation, die Produktmodifikation und die Produkteliminierung. Alle drei werden nachfolgend eingehender betrachtet. Der Übersichtlichkeit halber werden sich diese Ausführungen auf die Perspektive des produzierenden Gewerbes konzentrieren. Vom grundsätzlichen Entscheidungsproblem her sind die betrachteten Aspekte aber auch auf immaterielle Dienstleistungen übertragbar.

4.2 Produktinnovation

Als **Innovation** im produktpolitischen Sinne kann jedes Produkt bezeichnet werden, das vom Kunden als neu wahrgenommen wird (Homburg & Krohmer (2009, S. 542)). Sie kann von Kundenwünschen („Demand Pull") oder technologischen Entwicklungen („Technology Push") ausgehen. Bei Produkten mit eher kurzen Lebenszyklen sind sowohl absolute als auch relative Innovationen erforderlich, um auf Dauer am Markt bestehen zu können. Von einer absoluten Innovation spricht man, wenn das betreffende Neuprodukt in der vorliegenden Form bislang noch nirgendwo angeboten wurde. Eine relative Innovation liegt vor, wenn das betreffende Produkt auf einem Markt A (z. B. Deutschland) bislang noch nicht angeboten wird, wohl aber bereits auf einem anderen Markt B (z. B. Japan) existiert. Für die Kunden auf Markt A stellt das Produkt somit zum Zeitpunkt seiner Einführung ein Novum dar.

Aufgrund der mit Innovationsprozessen i. d. R. verbundenen Kosten bedarf die Entwicklung und Einführung neuer Produkte einer konsequenten Planung, bei der der Kundenorientierung zentrale Bedeutung zukommen sollte. Die Einführung marktgerechter neuer Produkte und die systematische Weiterentwicklung bestehender Produkte ermöglicht nicht nur kurzfristige Absatzerfolge, sondern sie dient auch der langfristigen Absicherung einer führenden Marktposition. Die wesentlichen Phasen eines produktbezogenen Innovationsprozesses sind (siehe hierzu auch Nieschlag et al. (2002, S. 693)):

1. Generierung von Neuproduktideen
2. Ideenbewertung und -selektion
3. Wirtschaftlichkeitsanalyse
4. Produktentwicklung
5. Produkttest

6. Einführung und Diffusion

Das wirtschaftliche Risiko, das ein Unternehmen mit der Entwicklung und Einführung neuer Produkte eingeht, ist gerade in innovationsintensiven Branchen (z. B. im Bereich von Computer-Software) mitunter beträchtlich. Fällt ein Produkt bei den Kunden durch, so hat dies für das dahinterstehende Unternehmen oft einen Imageschaden, immer aber finanzielle Verluste zur Folge. Diese sind umso größer, je aufwendiger der vorausgegangene Innovationsprozess war, je größer die evtl. eigens aufgebauten Produktionskapazitäten sind und umso stärker für das Neuprodukt im Vorfeld und in der Einführungsphase geworben wurde. Ursachen für den Misserfolg eines Neuprodukts können ein zu geringer Neuigkeitsgrad, eine Fehleinschätzung mutmaßlicher Käuferpräferenzen bzw. -bedürfnisse, ein zu hoher Einführungspreis, bestehende Qualitätsmängel, eine ungünstige Positionierung im Wettbewerbsumfeld, eine Überschätzung der tatsächlichen Aufnahmefähigkeit des Marktes resp. des bestehenden Marktpotenzials oder aber Mängel in der Kommunikation und im Vertrieb sein (Erichson (2007, S. 397)). Außerdem kommt der systematischen Planung des gesamten Innovationsprozesses eine herausragende Bedeutung zu.

4.2.1 Planung von Innovationsprozessen mittels Kritischer-Pfad-Methode

Für die zeitliche Planung von Produktinnovationsprozessen kann z. B. die **Kritischer-Pfad-Methode** (kurz: KP-Methode) herangezogen werden. Diese eignet sich zur Erstellung vorgangsorientierter Netzpläne. In dem folgenden Beispiel wird die KP-Methode („**Critical Path Method**" (**CPM**)) dazu verwendet, die Entwicklung und Einführung eines Neuprodukts zu steuern, Engpässe zu identifizieren sowie mögliche Terminüberschreitungen frühzeitig zu erkennen. Die im Beispiel anfallenden Aktivitäten und ihre voraussichtliche Dauer sowie die zu berücksichtigenden Reihenfolgebeziehungen sind in Tabelle 4.1 dargestellt.

Tabelle 4.1: Planungsdaten eines Neuproduktentwicklungs- und Neuprodukteinführungsprozesses

Kennzeichnung und Beschreibung der durchzuführenden Aktivität	voraussichtliche Aktivitätsdauer [in Monaten]	vorher abzuschließende Aktivität(en)
PI: Generierung der NeuProduktIdeen	3	-
IB: IdeenBewertung und -selektion	5	PI
PK: Konzeption des ProduktKerns	3	PI
P1: Produktionsplanung (Phase 1)	5	IB
PT: ProduktTest	3	IB
PZ: Konzeption der ProduktZusatzmerkmale	2	PT
P2: Produktionsplanung (Phase 2)	5	PT
VS: VersuchsSerien	3	P1, PZ
WM: Konzeption der WerbeMaßnahmen	6	P1, PZ
MT: MarktTest	3	VS
SF: SerienFertigung	6	P2, MT

Die in Tabelle 4.1 dargestellten Beziehungen lassen sich unmittelbar in einen entsprechenden **CPM-Netzplan** übertragen. Abbildung 4.2 veranschaulicht die Abfolge der einzelnen Projektschritte. Hierbei stellen die Knoten Ereignisse, etwa den abgeschlossenen Produkttest (Knoten Nr. 5), dar. Die Pfeile repräsentieren die einzelnen Aktivitäten. Der Pfeil (6,9) zwischen den Knoten 6 und 9 steht z. B. für die Konzeption der Werbemaßnahmen (WM). Darüber hinaus ist den Aktivitätspfeilen die jeweilige Dauer der betreffenden Aktivität zugeordnet (z. B. 6 Monate im Falle des mit WM abgekürzten Vorgangs). Das Resultat ist ein zyklenfreier CPM-Netzplan (d. h. es existiert kein einfacher Pfad von einem Knoten zu sich selbst).

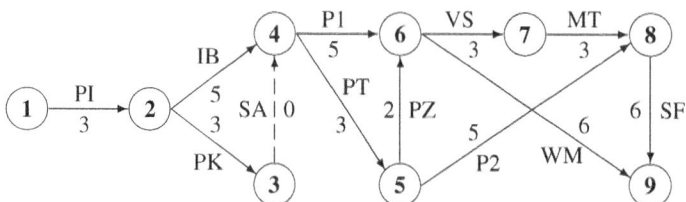

Abb. 4.2: CPM-Netzplan zum Neuproduktbeispiel

Die zusätzlich eingeführte und durch den gestrichelten Pfeil (3,4) erfasste Schein-Aktivität (SA) zwischen den Knoten 3 und 4 stellt sicher, dass aus einsichtigen Gründen sowohl der Produkttest (PT) als auch die Phase 1 der Produktionsplanung (P1) erst dann beginnen kann, wenn die Konzeption des Produktkerns (PK) abgeschlossen ist. Eine Scheinaktivität wird mit einer Dauer von 0 (Monaten) bewertet.

Bei Anwendungen der KP-Methode typischerweise interessierende Größen sind

- die kürzestmögliche Dauer $\underline{D}_n$ des gesamten Projekts, mit n als dem Index des Endknotens (im Beispiel gilt also $n = 9$),
- die Zeitpunkte des frühestmöglichen Beginns $\underline{D}_i$ und des frühestmöglichen Abschlusses $\underline{D}_i + d_{ij}$ einzelner Aktivitäten, mit d_{ij} als der Dauer der durch den Pfeil (i,j) repräsentierten Aktivität,
- der Zeitpunkt des spätestmöglichen Beginns $(\overline{D}_j - d_{ij})$ bzw. Abschlusses $(\overline{D}_j)$ einzelner Aktivitäten unter der Maßgabe, dass die kürzestmögliche Gesamtprojektdauer eingehalten werden soll, und
- die maximalen Pufferzeiten[1] $t_{ij}^{max} = \overline{D}_j - \underline{D}_i - d_{ij}$.

Für unser Beispiel ergeben sich somit die in Tabelle 4.2 zusammengestellten Werte. Die mit einem Stern (*) gekennzeichneten Aktivitäten sind kritisch, d. h. bei ihnen darf die geplante Dauer nicht überschritten werden, andernfalls verlängert sich die Gesamtprojektdauer um die Länge dieser Überschreitung. Kritisch sind somit all jene Aktivitäten, für deren maximale Pufferzeit $t_{ij}^{max} = 0$ gilt. Im vorliegenden Fall gibt es folglich zwei kritische Pfade zwischen Start- und Endknoten, nämlich (1, 2,

---

[1] Die Pufferzeit einer Aktivität gibt an, um wie viel sich diese verzögern darf, ohne dass sich diese Verzögerung negativ auf den Abschlusszeitpunkt des Gesamtprojekts auswirkt.

4, 6, 7, 8, 9) und (1, 2, 4, 5, 6, 7, 8, 9). Jede Verlängerung einer auf diesen kritischen Pfaden liegenden Aktivität würde somit zwangsläufig zu einer Verlängerung des Gesamtprojekts über die Dauer von 25 Monaten hinaus führen.

Tabelle 4.2: Netzplanauswertung und kritische Aktivitäten

Aktivität	Aktivitäts-pfeil (i,j)	Dauer d_{ij}	frühester Beginn $\underline{D}_i$	spätester Beginn $\overline{D}_j - d_{ij}$	frühester Abschluss $\underline{D}_i + d_{ij}$	spätester Abschluss $\overline{D}_j$	maximale Pufferzeit t_{ij}^{max}
PI*	(1,2)	3	0	0	3	3	0
IB*	(2,4)	5	3	3	8	8	0
PK	(2,3)	3	3	5	6	8	2
SA	(3,4)	0	6	8	6	8	2
P1*	(4,6)	5	8	8	13	13	0
PT*	(4,5)	3	8	8	11	11	0
PZ*	(5,6)	2	11	11	13	13	0
P2	(5,8)	5	11	14	16	19	3
VS*	(6,7)	3	13	13	16	16	0
WM	(6,9)	6	13	19	19	25	6
MT*	(7,8)	3	16	16	19	19	0
SF*	(8,9)	6	19	19	25	25	0

Aus dem vorgestellten Beispiel wurde deutlich, dass eine Aktivität erst dann beginnen kann, wenn alle vorausgegangenen Aktivitäten abgeschlossen sind. Hat eine Aktivität mehrere Vorgänger, so sind erforderlichenfalls Scheinaktivitäten (mit Aktivitätsdauer = 0) einzuführen. Jede Aktivität darf nur einmal durchgeführt werden, d. h. es dürfen keine Schleifen bzw. Zyklen auftreten.

4.2.2 Generierung von Neuproduktideen

Bei der Gewinnung von Neuproduktideen kann auf verschiedene unternehmensinterne und -externe Ideenquellen zurückgegriffen werden. Mögliche Quellen sind z. B. das innerbetriebliche Vorschlagswesen, die Marktforschung, aber auch die Beschwerden und Reklamationen von Kunden. Hilfestellung bei der gezielten Generierung von Neuproduktideen bieten z. T. auch Unternehmensberatungen. Diese bedienen sich hierbei häufig einschlägiger Kreativitätstechniken, die sich größtenteils mit vergleichsweise geringem Aufwand anwenden lassen. Die für die Neuproduktentwicklung relevanten **Kreativitätstechniken** lassen sich in intuitive und systematische Techniken unterteilen.

Zu den **intuitiven Verfahren** zählen u. a. das Brainstorming, die Synektik und die Methode 635. Beim **Brainstorming** werden möglichst viele Ideen, i. d. R. durch eine Gruppe von Personen entworfen, aufgegriffen und spontan weiterentwickelt. Entscheidend ist dabei, dass während des Entstehungsprozesses keine Kritik an den generierten Ideen erfolgt, um auf diese Weise eine positive Atmosphäre zu gewährleisten und den freien Gedankenfluss nicht zu beeinträchtigen. Die Aus- und Bewertung der Ideen erfolgt erst im Anschluss an die eigentliche Brainstorming-Sitzung.

Das Grundprinzip der **Synektik** besteht darin, dass sich die an einem solchen Kreativitätsprozess mitwirkenden Teilnehmer schrittweise von der ursprünglichen Problemstellung entfernen, um hierdurch eine neue Sicht auf die Dinge zu erhalten. Zu diesem Zweck wird das Problem (z. B. die Konzeption eines neuen Gehäusedesigns für Notebooks) zunächst allen Mitwirkenden ausführlich erläutert, bevor man sich dann durch die schrittweise gedankliche Entfernung von der Ausgangslage (dem derzeit verwendeten Gehäusedesign) und durch die Herstellung von Analogien auf die Suche nach neuen Lösungen macht. Bestehende Problemlösungen in vom ursprünglichen Problem entfernten Bereichen (z. B. im Armbanduhrendesign, wo transparente Gehäuse eine gewisse Popularität besitzen) können anschließend, je nach Eignung, wieder zu der eigentlichen Aufgabenstellung in Beziehung gesetzt werden.

Die **Methode 635**, die hin und wieder auch als **Brainwriting** bezeichnet wird, ist ein schriftliches Verfahren zur Generierung von Neuproduktideen. Hierbei werden 6 Personen aufgefordert, mindestens 3 Lösungsvorschläge für das vorliegende Innovationsproblem innerhalb von 5 Minuten schriftlich zu formulieren. Anschließend werden die Vorschläge so lange weitergereicht, bis jeder Vorschlag von jedem Teilnehmer der Runde einmal der Zielsetzung entsprechend bearbeitet und ggf. weiterentwickelt oder modifiziert wurde.

Ein wichtiges **systematisches Verfahren** zur Gewinnung von Neuproduktideen ist die **morphologische Analyse**. Dabei wird der Innovationsgegenstand (z. B. ein Notebook) in die für das Vorhaben relevanten Einzelmerkmale (resp. Gerätekomponenten) zerlegt. Für jedes Objektmerkmal werden dann systematisch Realisationsalternativen formuliert. Die sich hieraus ergebende Entscheidungsbasis lässt sich mittels eines morphologischen Tableaus darstellen. Anhand dieses Tableaus können dann verschiedene Merkmale bzw. deren Ausprägungen miteinander kombiniert und so die z. B. für unterschiedliche Zielgruppen optimalen Produktideen gefunden werden. Tabelle 4.3 veranschaulicht das skizzierte Vorgehen am Beispiel von sechs für die Neuproduktentwicklung relevanten Notebook-Merkmalen. Für das Merkmal Prozessorgeschwindigkeit liegen sechs mögliche Realisationen vor, während im Falle der Displaygröße nur drei Varianten als entscheidungsrelevant erachtet werden.

Tabelle 4.3: Morphologisches Tableau für ein fiktives Notebook

Prozessor-geschwindigkeit	Arbeits-speicher	Display-größe	Festplatten-kapazität	Akku-leistung	Verkaufs-preis
2,5 GHz	2048 MB	13 Zoll	200 GB	3 h	800 €
3,0 GHz	**4096 MB**	**15 Zoll**	400 GB	**5 h**	1000 €
3,5 GHz	8192 MB	17 Zoll	**600 GB**	7 h	**1150 €**
4,0 GHz			800 GB	9 h	1250 €
4,5 GHz			1 TB		1750 €

Die mittels Fettschrift hervorgehobene Merkmalskombination stellt eine mögliche Realisation des neuen Notebooks dar. Im vorliegenden Fall wäre dies ein Gerät mittlerer Ausstattung und Leistung zu einem mittleren Preis. Die besondere Stärke der morphologischen Analyse liegt in der hierdurch gegebenen Möglichkeit der systematischen Durchdringung vergleichsweise komplexer Sachverhalte. Eine ausführliche Darstellung dieser und einiger weiterer Kreativitätstechniken findet sich beispielsweise bei Schlicksupp (1995) und Gierl & Helm (2007).

Mithilfe kollektiver Intelligenz[2] in sozialen Netzwerken kann die Generierung neuer Ideen und Konzepte im Innovationsprozess kosteneffizient gestaltet werden. Eine Möglichkeit der Umsetzung dieses Gedankens besteht in der „**Open Innovation**". Diese bezeichnet eine Vorgehensweise, bei der sich die Entwicklungsabteilung für externe Ideen öffnet und fremde mit eigenen Ideen im Produktentwicklungsprozess miteinander verknüpft. Faktisch geht es um die gezielte Nutzung der Außenwelt des Unternehmens zur Vergrößerung des vorhandenen Innovationspotenzials. In diesem Zusammenhang zu nennende Instrumente mit korrespondierender Zielsetzung sind u. a. „Crowdsourcing", „Customer Co-Creation" und „Lead-User-Analysis".

4.2.3 Ideenbewertung und -selektion

In dieser Phase des Innovationsprozesses werden die vorliegenden Neuproduktideen im Hinblick auf ihr grundsätzliches Realisationspotenzial bewertet und bei negativem Ausgang der Bewertung von den weiteren Schritten ausgeschlossen. Dabei empfiehlt es sich (Freter (2004, S. 71)), relativ leicht zu beurteilende Kriterien zu berücksichtigen, z. B. rechtliche Restriktionen, Ziele des Managements, die technische und wirtschaftliche Realisierbarkeit sowie die mutmaßliche Reaktion der Abnehmer auf die Neuproduktidee. Letzteres kann im Rahmen von Konzept-Tests erfolgen. Bei einem **Konzept-Test** wird die möglichst präzise formulierte Idee des Neuprodukts (das „Konzept") durch die Befragung von potenziellen Käufern im Hinblick auf ihre grundsätzliche Tragfähigkeit überprüft. Zur Durchführung solcher Bewertungen stehen verschiedene Methoden zur Verfügung, wobei die Punktbewertungsverfahren zu den populärsten zählen.

Punktbewertungsverfahren beinhalten eine systematische Vorgehensweise, bei der zunächst alle als relevant erachteten Bewertungskriterien festgelegt und entsprechend ihrer Bedeutung für das zu beurteilende Neuprodukt gewichtet werden. Anschließend werden sukzessive alle Neuproduktideen auf einer zuvor festgelegten Punkteskala bewertet. Durch die Multiplikation der vergebenen Punkte mit dem Gewicht des jeweiligen Kriteriums und anschließende Addition der gewichteten Einzelbewertungen erhält man eine Gesamtbewertung. Ein Vergleich der Gesamtbewertungen der einzelnen Neuproduktideen liefert Hinweise auf die grundsätzliche Brauchbarkeit der Produktidee.

Für das in Tabelle 4.3 auf S.76 durch Fettschrift hervorgehobene Notebook könnte sich so beispielsweise die in Tabelle 4.4 als Alternative A bezeichnete Bewertung ergeben. Diese stünde der möglichen Realisierung eines Notebooks in Form

---

[2] Unter kollektiver Intelligenz („Collective Intelligence") versteht man Intelligenz in Bezug auf einen Sachverhalt (z. B. die Entwicklung alternativer Antriebsformen im Automobilbereich), die dadurch entsteht, dass mehrere Individuen in kollektiver Weise an der Lösung eines Problems arbeiten, um so zu einer besseren Entscheidung zu kommen, als dies der Fall wäre, wenn jedes Individuum für sich alleine die Problemlösung anstreben würde.

von Alternative B gegenüber. Da die Unterschiede zwischen beiden Alternativen hinsichtlich der gewählten Bewertungskriterien eher gering ausfallen, unterscheiden sich auch die Gesamtbewertungen nur geringfügig. Im vorliegenden Fall würde die Entscheidung, mit leichtem Vorsprung, zugunsten von Alternative A ausfallen.

Tabelle 4.4: Exemplarisches Punktbewertungstableau

Kriterien l	Gewichte g_l	Punkte $x_l \in \{1,\ldots,10\}$		Bewertungen $x_l \cdot g_l$	
Alternativen		A	B	A	B
Technische Realisierbarkeit	0,15	8	6	1,20	0,90
Innovationsgrad	0,15	3	5	0,45	0,75
Prestigeeffekt	0,20	4	4	0,80	0,80
Produktdeckungsbeitrag	0,05	2	1	0,10	0,05
Selbstverkäuflichkeit	0,10	7	6	0,70	0,60
Neukundengewinnungspotenzial	0,20	7	8	1,40	1,60
Marktwachstumspotenzial	0,15	9	8	1,35	1,20
Summe	$\sum_{l=1}^{7} g_l = 1$			$\sum_{l=1}^{7} x_l g_l = 6,00$	$\sum_{l=1}^{7} x_l g_l = 5,90$

Bei der Nutzung solcher vergleichsweise einfacher Ideenbewertungen zur Entscheidungsunterstützung ist zu beachten, dass die Auswahl der Kriterien, die Festlegung der Gewichte und natürlich die Beurteilung der Alternativen selbst zumeist zwangsläufig subjektiver Natur sind. Des Weiteren gilt es zu berücksichtigen, dass der Addition der Einzelbewertungen die implizite Annahme der Kompensation zugrunde liegt, was bedeutet, dass „schlechte" Beurteilungen bei einem Kriterium durch „gute" bei einem anderen ausgeglichen werden können. Dass dies nicht bei jedem Produkttyp angemessen ist, liegt auf der Hand. Ein als unzureichend bewerteter Produktdeckungsbeitrag kann, unabhängig von dessen Gewicht, kaum durch das hohe Maß an Selbstverkäuflichkeit einer Innovation ausgeglichen werden. Die alleinige Fokussierung auf die sich ergebenden Summenwerte kann also schnell zu falschen Entscheidungen führen.

4.2.4 Wirtschaftlichkeitsanalyse

Erste Hinweise darauf, ob ein in der Entwicklung befindliches Neuprodukt auch unter wirtschaftlichen Gesichtspunkten Erfolg versprechend ist, können einfache Break-Even-Analysen oder Verfahren der dynamischen Investitionsrechnung liefern. Die Anwendung dieser Verfahren setzt allerdings die zumindest näherungsweise Prognostizierbarkeit der relevanten Planungsgrößen (Absatzmengen, Ein- und Ausgaben u. Ä.) für den gesamten Produktlebenszyklus voraus. Man kommt an dieser Stelle somit um Prognosen auf Basis von Vergangenheitsdaten, wie sie z. B. das Vorläufermodell eines Produkts liefern kann, nicht umhin. Die nachfolgenden Betrachtungen unterstellen die Verfügbarkeit entsprechender Daten.

Ausgangspunkt einer **Break-Even-Analyse** ist die Gewinnfunktion $G(x)$, mit der zum Ausdruck gebracht wird, welcher Gewinn aus x abgesetzten Mengeneinheiten im Falle der Markteinführung des betrachteten Produkts in einem bestimmten Zeitraum resultieren würde. Mit $E(x)$ als dem Erlös bzw. Umsatz und $K(x)$ als den Gesamtkosten gilt:

$$G(x) = E(x) - K(x) \\ = px - (k_{var}x + k_{fix}) \qquad (4.1)$$

Dabei bezeichnet k_{var} die variablen Stückkosten und k_{fix} die mengenunabhängigen Fixkosten, die z. B. aus der produktunabhängigen Bereitstellung der betrieblichen Infrastruktur resultieren können.

Bei einer Neuprodukteinführung stellt sich natürlich die Frage, ab welcher Absatzmenge x mit dem Produkt ein Gewinn erzielt werden kann. Für diese sogenannte Break-Even-Menge x_{BE} gilt:

$$G(x_{BE}) \stackrel{!}{=} 0 \quad \Leftrightarrow \quad E(x_{BE}) = K(x_{BE}) \quad \Leftrightarrow \quad px_{BE} = k_{var}x_{BE} + k_{fix}$$

$$\Leftrightarrow \quad x_{BE} = \frac{k_{fix}}{p - k_{var}} \qquad (4.2)$$

Die Break-Even-Menge x_{BE} lässt sich, wie durch Abbildung 4.3 veranschaulicht, auch auf grafischem Weg bestimmen. Im vorliegenden Fall wurde der Einfachheit halber exemplarisch eine lineare Gesamtkostenfunktion unterstellt.

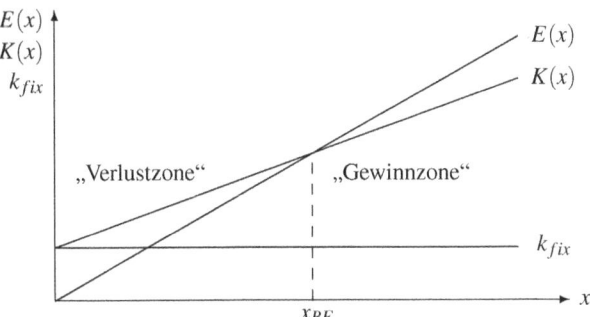

Abb. 4.3: Grafische Bestimmung der Break-Even-Menge

Die oben eingeführte Gewinnfunktion $G(x)$ erreicht ihr Maximum genau dort, wo ihre erste Ableitung gleich Null und die zweite Ableitung negativ ist. Für die gewinnmaximale Menge x^* gilt also:

$$\frac{dG(x^*)}{dx^*} = \frac{dE(x^*)}{dx^*} - \frac{dK(x^*)}{dx^*} \stackrel{!}{=} 0 \quad \Leftrightarrow \quad \frac{dK(x^*)}{dx^*} = \frac{dE(x^*)}{dx^*} \qquad (4.3)$$

und

$$\frac{d^2 G(x^*)}{d(x^*)^2} = \frac{d^2 E(x^*)}{d(x^*)^2} - \frac{d^2 K(x^*)}{d(x^*)^2} < 0 \qquad (4.4)$$

Das Gewinnoptimum wird somit bei jener Absatzmenge x^* erreicht, bei der der Grenzerlös $dE(x^*)/dx^*$ und die Grenzkosten $dE(x^*)/dx^*$ gleich sind. Auf den genauen funktionalen Zusammenhang zwischen Produktpreis, Absatzmenge und Gewinnmaximum wird ausführlich im Rahmen der Preispolitik in Kapitel 5 eingegangen.

Zu den grundlegenden Verfahren der dynamischen Investitionsrechnung zählen die Kapitalwertmethode, die Methode des internen Zinsfußes[3] sowie die dynamische Amortisationsrechnung[4]. Da die beiden zuletzt genannten Verfahren auf dem Kapitalwertgedanken basieren, beschränken sich die weiteren Betrachtungen stellvertretend auf die Kapitelwertmethode.

Ein Neuprodukt erscheint demzufolge genau dann vorteilhaft, wenn der Kapitalwert KW, d.h. die mit einem Kalkulationszinsfuß γ (mit $0 < \gamma < 1$) abgezinsten und über den gesamten, d.h. T Perioden umfassenden, Produktlebenszyklus summierten, prognostizierten Einzahlungsüberschüsse (negative wie positive), mindestens den Wert 0 ergeben:

$$KW = -I_0 + \sum_{t=1}^{T}(M_t^{zu} - M_t^{ab})(1+\gamma)^{-t} \stackrel{!}{\geq} 0 \qquad (4.5)$$

mit

I_0 = neuproduktbezogene (Entwicklungs-) Kosten im Vorfeld der Markteinführung,
M_t^{zu} = durch das Neuprodukt in Periode t verursachter Mittelzufluss,
M_t^{ab} = durch das Neuprodukt in Periode t verursachter Mittelabfluss,
γ = positiver Kalkulationszinsfuß und
T = voraussichtliche Länge des Produktlebenszyklus in Perioden.

Die größte Hürde bei der Anwendung dieser Verfahren im Rahmen realer Neuproduktentwicklungsszenarien stellt, wie bereits eingangs angedeutet, die adäquate Prognose der Mittelzu- und -abflüsse dar. Der einer Entscheidungsfindung zugrunde zu legende Kalkulationszinsfuß kann sich z. B. am gegenwärtigen, marktüblichen Zins für langfristige Kapitalanlagen orientieren.

4.2.5 Neuprodukttest

Um den potenziellen Markterfolg eines zumindest als Prototyp vorliegenden Neuprodukts zu bestimmen, können Produkt- und Ladentests durchgeführt werden (vgl. z. B. Erichson (2007, S. 404ff.)). Bei einem **Produkttest** wird das Neuprodukt von einer Gruppe von Testpersonen beurteilt.[5] Allerdings können bei solchen Befragungen, mit Blick auf eine mögliche Überforderung der Probanden, zumeist nur Teilaspekte überprüft werden. Eine umfassende Überprüfung gerade auch der mit einer geplanten Neuprodukteinführung einhergehenden Marketingmaßnahmen ist auf

---

[3] Ziel ist dabei die Bestimmung jenes Kalkulationszinsfußes γ^*, bei dem der Kapitalwert der für den Produktlebenszyklus prognostizierten Zahlungsreihe gleich 0 ist.

[4] Hier interessiert man sich für den Zeitpunkt, ab dem der Kapitalwert der Innovation erstmals nicht negativ ist.

[5] Siehe hierzu auch die entsprechende Übersicht in Freter (2004, S. 72).

diesem Weg nicht möglich. **Ladentests**, im Rahmen derer in ausgewählten Testgeschäften einer Stadt oder Region die Wirksamkeit insbesondere der handelsgerichteten Marketingkonzeption überprüft werden kann, kommen einem solchen ganzheitlichen Neuprodukttest schon näher.

Noch einen Schritt weiter geht man bei einem regional abgegrenzten **Testmarkt**. Dieser eignet sich für die probeweise Einführung eines neuen Produkts unter realen Wettbewerbsbedingungen und ermöglicht die gleichzeitige Überprüfung nahezu aller mit der Neuprodukteinführung verbundenen Marketingmaßnahmen. Der Testmarkt muss zu diesem Zweck repräsentativ für den später ins Auge gefassten Gesamtmarkt sein. Eine detaillierte Darstellung von Testmärkten sowie ein Vergleich unterschiedlicher Testmarktansätze findet sich bei Erichson (2007, S. 409ff.).

Aus den unterschiedlichsten Gründen, vor allem aber aus dem Wunsch heraus, eine geplante Neuprodukteinführung bis zum tatsächlichen Startzeitpunkt geheim zu halten, kann es sinnvoll sein, anstelle eines realen Testmarkts auf einen simulierten Testmarkt zurückzugreifen. Eine **Testmarktsimulation** hat i. d. R. die modellbasierte Vorhersage des mutmaßlichen Marktanteils eines Neuprodukts (oder einer Produktmodifikation) zum Gegenstand. Zur Beschaffung der erforderlichen Kaufverhaltens- bzw. Präferenzdaten können Laborexperimente und Zielgruppenbefragungen durchgeführt werden. Neben der Prognose des potenziellen Markterfolgs des Neuprodukts lassen sich – abhängig vom jeweiligen Simulationsmodell – auch diagnostische Informationen zur weiteren Verbesserung des Testprodukts und der damit u. U. verbundenen Marketingmaßnahmen gewinnen. Zu den bekanntesten und grundlegenden Testmarktsimulatoren der ersten Generation zählt ASSESSOR.

Mithilfe des von Silk & Urban (1978) vorgeschlagenen **ASSESSOR**-Ansatzes kann, unter Rückgriff auf zwei voneinander unabhängige Teilmodelle, der langfristig zu erwartende Marktanteil eines neuen Produkts prognostiziert und erklärt werden. Das auf typischerweise im Rahmen von Laborexperimenten gewonnenen Kaufverhaltensdaten basierende Kauf-Wiederkauf-Modell und das auf Befragungsdaten basierende Präferenzmodell liefern im Idealfall gleiche Marktanteilsprognosen. Anderenfalls werden die beiden Einzelresultate, im einfachsten Fall durch Mittelung der vorliegenden Prognosewerte, miteinander kombiniert. Da ASSESSOR Wiederholungskäufe berücksichtigt, ist dieser Ansatz im Gegensatz zu den weiter unten vorgestellten Diffusionsmodellen (vgl. Abschnitt 4.2.7) primär für Konsumgüter des täglichen Bedarfs geeignet. Verwandte Ansätze sind das vom Marktforschungsunternehmen *GfK* eingesetzte *Volumetric TESI* (www.gfk.com) und *DESIGNOR* von *IpsosMarketing/Novaction* (www.ipsos.com). Weitere z. T. ebenfalls in kommerzieller Anwendung befindliche Testmarktsimulationsansätze sind DISCOVERY (von Clancy, Krieg & Wolf (2006)) und *LAUNCH EVALUATE* von *TNS Infratest* (www.tns-infratest.com).

Die beiden Teilmodelle von ASSESSOR sind wie folgt aufgebaut:

Das **Kauf-Wiederkauf-Modell** unterstellt folgende einfache Beziehung zwischen dem langfristig zu erwartenden Marktanteil MA_{KWM} des Neuprodukts und der Versuchskauf- bzw. Marktdurchdringungsrate (Penetration) p_{VK} sowie der Wiederkaufrate p_{WK}:

$$MA_{KWM} = p_{VK} \cdot p_{WK} \tag{4.6}$$

82   4 Produktpolitik

Für die Versuchskaufrate gilt weiterhin:

$$p_{VK} = (p_V \cdot p_W \cdot p_E) + (p_P \cdot p_B) - [(p_V \cdot p_W \cdot p_E) \cdot (p_P \cdot p_B)] \qquad (4.7)$$

mit

p_V = Wahrscheinlichkeit eines <u>V</u>ersuchskaufs des Neuprodukts bei grundsätzlicher Bekanntheit und Verfügbarkeit,

p_W = Wahrscheinlichkeit dafür, dass das Neuprodukt (im Wettbewerbsumfeld) <u>w</u>ahrgenommen wird,

p_E = Wahrscheinlichkeit dafür, dass das Neuprodukt im Handel <u>e</u>rhältlich ist,

p_P = Wahrscheinlichkeit dafür, dass ein Kunde eine kostenlose <u>P</u>robe des Neuprodukts erhält und

p_B = Wahrscheinlichkeit dafür, dass ein Kunde die zuvor erhaltene Produktprobe auch tatsächlich <u>b</u>enutzt bzw. konsumiert.

Der erste Term entspricht dem Anteil der Kunden, die das Neuprodukt aus eigenem Antrieb heraus wählen, während der zweite Term jenen Anteil repräsentiert, der über eine zur Verfügung gestellte Produktprobe mit dem Neuprodukt in Kontakt kommt. Die Subtraktion des dritten Terms schließt eine Doppelzählung jener Kunden aus, die über beide Wege mit dem Neuprodukt in Kontakt kamen.

Für die Wiederkaufrate bzw. -wahrscheinlichkeit p_{WK} wird folgendes auf dem Prinzip einer Markov-Kette[6] basierende Gleichgewichtsmodell unterstellt:

$$(p_{WK}, 1 - p_{WK}) = (p_{WK}, 1 - p_{WK}) \cdot \begin{pmatrix} q_{neu,neu} & q_{neu,eta} \\ q_{eta,neu} & q_{eta,eta} \end{pmatrix} \qquad (4.8)$$

mit, beispielsweise,

$q_{eta,neu}$ = Wahrscheinlichkeit[7] eines Wechsels von einem etablierten Produkt zum Neuprodukt und

$q_{neu,neu}$ = Wahrscheinlichkeit einer Wiederwahl des Neuprodukts

als den sich zeilenweise zu 1 addierenden Übergangswahrscheinlichkeiten für die beiden Systemzustände „Wahl des Neuprodukts" und „Wahl eines etablierten Produkts". Obiges Gleichgewichtsmodell besagt, dass sich der betrachtete Produktmarkt so weit eingependelt hat, dass sich die Wiederkaufrate p_{WK} für das Neuprodukt nicht mehr ändert. Aus Gleichung 4.8 erhält man nach algebraischer Umformung die für die Grundgleichung 4.6 des ASSESSOR-Modells benötigte Beziehung:

$$p_{WK} = \frac{q_{eta,neu}}{1 + q_{eta,neu} - q_{neu,neu}} \qquad (4.9)$$

Das zweite Teilmodell von ASSESSOR, das **Präferenzmodell**, geht von der Annahme aus, dass sich mittels Kundenbefragungen, bei denen z. B. jeder Proband alle zur Auswahl stehenden Produkte (inkl. des Neuprodukts) paarweise hinsichtlich

---

[6] Eine Markov-Kette ist – vereinfacht ausgedrückt – ein diskreter stochastischer Prozess, bei dem der Übergang von einem Systemzustand Z_t (z. B. der Wahl eines bereits etablierten Produkts) zu einem Folgezustand Z_{t+1} (z. B. der Wahl des Neuprodukts) unabhängig ist von früheren Systemzuständen (resp. Wahlentscheidungen) Z_{t-1}, Z_{t-2} etc.

[7] Man spricht hierbei auch von Übergangswahrscheinlichkeiten.

ihrer jeweiligen Vorziehenswürdigkeit bewertet, Erkenntnisse über die grundsätzliche Akzeptanz des Neuprodukts gewinnen lassen. Die Gleichung zur Schätzung des langfristig zu erwartenden Marktanteils MA_{PM} auf Basis solcher Präferenzurteile lautet:

$$MA_{PM} = \frac{p_{ES}}{K} \cdot \sum_{k=1}^{K} p_k^{Kauf} \qquad (4.10)$$

mit
- K = Anzahl der befragten Kunden bzw. Probanden,
- p_{ES} = Anteil der Kunden bzw. Probanden, die das Neuprodukt in ihrem „Evoked Set"[8] haben und
- p_k^{Kauf} = Wahrscheinlichkeit dafür, dass Kunde bzw. Proband k das Neuprodukt (nach dessen Probe) kauft.

Die zur Berechnung des Marktanteilsschätzers MA_{PM} benötigte individuelle Wahrscheinlichkeit der Wahl des Neuprodukts, nachdem es zuvor probiert wurde, wird unter Hinziehung individueller Präferenzwerte bestimmt. Für einen K Personen umfassenden Kunden- bzw. Probandenkreis sei

$$p_k^{Kauf} = \frac{v_{k,neu}^{\beta}}{v_{k,neu}^{\beta} + \sum_{m \in \mathcal{M}_k} v_{km}^{\beta}} \qquad \forall\, k \in \{1,\ldots,K\} \qquad (4.11)$$

mit
- β = zu schätzender oder geeignet zu wählender Modellparameter,[9]
- $\mathcal{M}_k$ = Menge der von Kunde/Proband k bei einem Produktkauf in Betracht gezogenen etablierten Alternativen („Evoked Set"),
- $v_{k,neu}$ = geäußerte Präferenz des Kunden k in Bezug auf das Neuprodukt nach dessen Probe („Vorziehenswürdigkeitswert") und
- v_{km} = geäußerte Präferenz des Kunden k in Bezug auf das Alternativprodukt m nach Probe des Neuprodukts.

Die Präferenzwerte $v_{k,neu}$ und v_{km} (mit $m \in \mathcal{M}_k$) können mittels einer Konstantsummenskala oder einer Rating-Skala bestimmt werden.[10]

Ein kleines Beispiel möge die grundsätzliche Vorgehensweise verdeutlichen: Ein neuer Deo-Roller (NEU) soll auf einem Markt eingeführt werden, auf dem bereits vier Deo-Roller der Marken A, B, C und D angeboten werden. Im Rahmen eines Laborexperiments, an dem $K = 5$ potenzielle Käufer (Probanden) teilnahmen, wurden die in Tabelle 4.5 dargestellten Präferenzwerte für die Deo-Roller ermittelt. Bei jedem der aufgelisteten paarweisen Vergleiche zweier Produkte wurden jeweils 9 Punkte entsprechend der jeweiligen Vorziehenswürdigkeit vergeben. Je höher die vergebene Punktzahl, desto stärker wird das betreffende Produkt bevorzugt.

---

[8] Das ist die Menge an verschiedenen Produkten, die ein Kunde bei seiner Kaufentscheidung in Bezug auf eine Produktkategorie in Erwägung zieht.

[9] Je größer β wird, desto stärker werden die Unterschiede zwischen den bevorzugten und den weniger bevorzugten Produkten betont. Zweckmäßigerweise sollte $\beta \geq 1$ gelten.

[10] Für eine ausführliche Darstellung dieser in der Marktforschung weitverbreiteten Messskalen siehe z. B. Decker & Wagner (2002).

84   4 Produktpolitik

Bei allen fünf Probanden wurde zunächst eine auf die Produkte A bis D begrenzte Präferenzmessung vorgenommen (Vorher-Messung). Danach wurde das Neuprodukt vorgestellt und zum Probieren angeboten. Im Anschluss daran erfolgte eine zweite Messung (Nachher-Messung). Hierbei wurden von jedem Probanden die in seinem individuellen „Evoked Set" befindlichen Produkte zu einem Vergleich mit dem Neuprodukt NEU herangezogen.

Tabelle 4.5: Datenbasis für das Präferenzmodell von ASSESSOR

Proband k	Evoked Set	Präferenzwerte (Vorher-Messung)				Präferenzwerte (Nachher-Messung)				
		A	B	C	D	A	B	C	D	NEU
1	A, B und C	2	7	-	-	2	7	-	-	-
		4	-	5	-	4	-	5	-	-
		-	5	4	-	-	5	4	-	-
						1	-	-	-	8
						-	4	-	-	5
						-	-	3	-	6
2	B und D	A	B	C	D	A	B	C	D	NEU
		-	5	-	4	-	5	-	4	-
		-	-	-	-	-	3	-	-	6
		-	-	-	-	-	-	-	2	7
3	B, C und D	A	B	C	D	A	B	C	D	NEU
		-	6	3	-	-	6	3	-	-
		-	8	-	1	-	8	-	1	-
		-	-	6	3	-	-	6	3	-
		-	-	-	-	-	5	-	-	4
		-	-	-	-	-	-	4	-	5
		-	-	-	-	-	-	-	1	8
4	A, B und D	A	B	C	D	A	B	C	D	NEU
		3	6	-	-	3	6	-	-	-
		7	-	-	2	7	-	-	2	-
		-	-	6	3	-	-	6	3	-
		-	-	-	-	5	-	-	-	4
		-	-	-	-	-	3	-	-	6
		-	-	-	-	-	-	-	1	8
5	B und C	A	B	C	D	A	B	C	D	NEU
		-	7	2	-	-	7	2	-	-
		-	-	-	-	-	4	-	-	5
		-	-	-	-	-	-	2	-	7

Die sich hieraus gemäß Gleichung 4.11 ergebenden individuellen Kaufwahrscheinlichkeiten p_k^{Kauf} für die betrachteten Produkte (vor und nach Probieren des Neuprodukts) sind in Tabelle 4.6 zusammengefasst. Der Einfachheit halber wurde hierbei $\beta = 1$ gesetzt.

4.2 Produktinnovation

Tabelle 4.6: Kaufwahrscheinlichkeiten im Präferenzmodell von ASSESSOR

Proband k	Vor dem Neuproduktkontakt				Nach dem Neuproduktkontakt				
	A	B	C	D	A	B	C	D	NEU
1	$\frac{6}{27}$	$\frac{12}{27}$	$\frac{9}{27}$		$\frac{7}{54}$	$\frac{16}{54}$	$\frac{12}{54}$		$\frac{19}{54}$
2		$\frac{5}{9}$		$\frac{4}{9}$	$\frac{8}{27}$		$\frac{6}{27}$	$\frac{13}{27}$
3		$\frac{14}{27}$	$\frac{9}{27}$	$\frac{4}{27}$		$\frac{19}{54}$	$\frac{13}{54}$	$\frac{5}{54}$	$\frac{17}{54}$
4	$\frac{10}{27}$	$\frac{12}{27}$		$\frac{5}{27}$	$\frac{15}{54}$	$\frac{15}{54}$		$\frac{6}{54}$	$\frac{18}{54}$
5		$\frac{7}{9}$	$\frac{2}{9}$		$\frac{11}{27}$	$\frac{4}{27}$			$\frac{12}{27}$

Setzt man die Kaufwahrscheinlichkeiten der $K = 5$ Probanden aus Tabelle 4.6 in Gleichung 4.10 ein und berücksichtigt man dabei, dass alle fünf Probanden das Neuprodukt in ihrem „Evoked Set" hatten,[11] d. h., dass $p_{ES} = 1$ gilt, so erhält man die in Tabelle 4.7 angegebenen Marktanteilsschätzer $\widehat{MA}_{PM}$. Im Wettbewerb der fünf Deo-Roller würde das Neuprodukt demzufolge einen Marktanteil von ca. 38,5 % erwarten können.

Tabelle 4.7: Marktanteilsschätzer im Präferenzmodell von ASSESSOR

Berechnungs-grundlage	Vor dem Neuproduktkontakt				Nach dem Neuproduktkontakt				
	A	B	C	D	A	B	C	D	NEU
$\widehat{MA}_{PM}$	$\frac{16}{135}=$ 0,119	$\frac{74}{135}=$ 0,548	$\frac{24}{135}=$ 0,178	$\frac{21}{135}=$ 0,156	$\frac{22}{270}=$ 0,081	$\frac{88}{270}=$ 0,326	$\frac{33}{270}=$ 0,122	$\frac{23}{270}=$ 0,085	$\frac{104}{270}=$ 0,385

Ein parallel zur Präferenzmessung durchgeführtes Brainstorming des Marketingmanagements sowie entsprechende Versuchskaufexperimente mit eigens zu diesem Zweck eingeladenen und für die Zielgruppe des Neuprodukts repräsentativen Probanden lieferten die in Tabelle 4.8 angegebenen Parameterwerte für das Kauf-Wiederkauf-Modell:

Tabelle 4.8: Parameterwerte für das Kauf-Wiederkauf-Modell von ASSESSOR

Parameter	p_V	p_W	p_E	p_P	p_B
Wert	0,792	0,604	0,852	0,253	0,751

---

[11] Im vorliegenden Beispiel kommt dies dadurch zum Ausdruck, dass in der Nachher-Messung bei allen fünf Probanden das Neuprodukt explizite Berücksichtigung gefunden hat. Hätten einige der Probanden auch nach Probieren des Neuprodukts dieses als nicht kaufentscheidungsrelevant erachtet, so wären bei diesen Probanden die entsprechenden Felder im Block „Nachher-Messung" leer geblieben. In diesem Fall wäre p_{ES} kleiner als 1. Ein entsprechendes Beispiel findet sich in Homburg & Krohmer (2009).

Setzt man diese Werte in Gleichung 4.7 ein, so resultiert hieraus eine Versuchskaufrate $p_{VK} = 0,408 + 0,190 - 0,077 = 0,521$. Der Berechnung der Wiederkaufrate p_{WK} werden die in Tabelle 4.9 angegebenen Übergangswahrscheinlichkeiten zugrunde gelegt:

Tabelle 4.9: Übergangswahrscheinlichkeiten für das Kauf-Wiederkauf-Modell von ASSESSOR

Übergangswahrscheinlichkeit	$q_{neu,neu}$	$q_{neu,eta}$	$q_{eta,neu}$	$q_{eta,eta}$
Wert	0,662	0,338	0,756	0,244

Mit dem hieraus gemäß Gleichung 4.9 resultierenden Wert von

$$p_{WK} = \frac{0,756}{1 + 0,756 - 0,662} = 0,691 \qquad (4.12)$$

kommen wir auf eine Marktanteilsprognose von $\widehat{MA}_{KWM} = 0,521 \cdot 0,691 = 0,360 \equiv 36,0\,\%$, die mit jener aus dem Präferenzmodell (38,5 %) vergleichbar ist. Mittelt man beide Prognosewerte, so führt dies auf einen geschätzten, langfristig zu erwartenden Marktanteil für den neuen Deo-Roller von 37,25 %.

4.2.6 Positionierung von Produkten im Markt

Ein eng mit der Testmarktsimulation verbundenes Thema ist die modellgestützte **Positionierung** von Produkten im Allgemeinen und die von Neuprodukten im Besonderen. Vereinfacht ausgedrückt kann die Position eines Produkts in einem interessierenden Markt als das Ergebnis aller unternommenen Marketinganstrengungen und deren Wahrnehmung durch Konkurrenz und Käuferschaft verstanden werden. Überlegungen zur Positionierung können sich auf ein ganzes Unternehmen, eine Marke oder aber auch ein einzelnes Produkt beziehen. Nachfolgend wird exemplarisch auf Letzteres abgehoben. In einem engen Zusammenhang mit der Produktpositionierung stehen Begriffe wie Qualität, Image, Prestige, Präferenz und Wettbewerbsvorteil. Anlässe für entsprechende Maßnahmen können sein (Trommsdorff (2007, S. 344)):

- eine Produktinnovation (Erstpositionierung),
- die Stärkung des Markenprofils (Positionsstärkung) oder
- ein Produkt-Relaunch (Repositionierung).

Ein wesentliches Ziel all dieser Maßnahmen ist die Erzielung einer gegenüber der Konkurrenz differenzierten Wahrnehmung seitens der gegenwärtigen oder zukünftigen Kunden. Die methodische Grundlage hierfür können **Positionierungsanalysen** bzw. die hiermit generierbaren **Wahrnehmungsräume** („**Perceptual Maps**") darstellen. Mithilfe dieser, vom Prinzip her einfachen Landkarten ähnlichen Datenrepräsentationen kann die Wahrnehmung der bereits auf dem Markt befindlichen Produkte seitens der Käuferschaft beschrieben werden. Die Produkte entsprechen hierbei quasi den Orten auf der Landkarte, während die Abstände zwischen den Produkten ihre Unterschiedlichkeit resp. ihre „geografische" Distanz zueinander zum Ausdruck bringen. Kartenbereiche, in denen sich keine Produkte befinden, können als Marktnischen Hinweise darauf geben, wie ein mögliches Neuprodukt aussehen bzw. wie es positioniert werden könnte. Abbildung 4.4 zeigt eine Perceptual Map für einen insgesamt acht Produkte $P_1, \ldots, P_8$ umfassenden fiktiven Markt. Wie man sieht, wird der zweidimensionale Wahrnehmungsraum durch die Eigenschaften Design und Qualität aufgespannt. Das Produkt P_4 zeichnet sich demzufolge durch eine hohe Qualität und ein tendenziell eher modernes Design aus und steht damit in unmittelbarer Konkurrenz zu Produkt P_2.

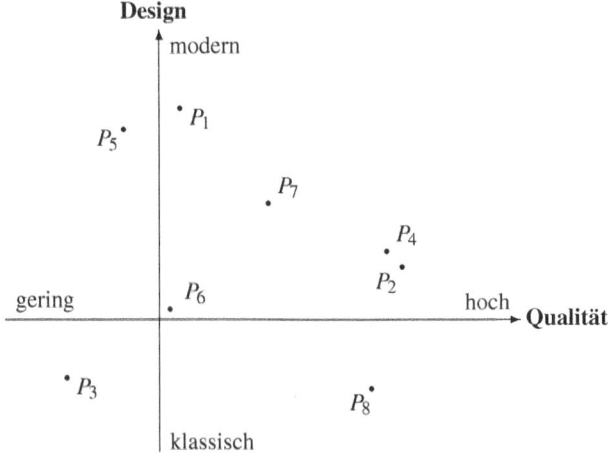

Abb. 4.4: Fiktiver Produktwahrnehmungsraum

Es bestehen nun verschiedene Möglichkeiten, um solche Wahrnehmungsräume zu generieren. Im Bereich der multivariaten Datenanalyse zählen hierzu etwa die multidimensionale Skalierung und die Faktorenanalyse. Daneben existieren aber auch speziell auf die Positionierung von Produkten zugeschnittene Ansätze. Zu den bekanntesten zählen PERCEPTOR von Urban (1975), DEFENDER von Hauser & Shugan (1983) und PROPOSAS von Albers (1989b).

Das PERCEPTOR-Modell kann sowohl für das grundsätzliche Design bzw. die originäre Produktpositionierung als auch für die marktorientierte Modifikation existierender Produkte zum Zwecke einer Repositionierung, etwa infolge des Markteintritts eines konkurrierenden Produkts, herangezogen werden. Darüber hinaus lassen sich hiermit alternative Neuproduktkonzepte bewerten (vgl. hierzu auch Lilien, Kotler & Moorthy (1992, S. 245ff.)). Der Fokus liegt auf Gütern des täglichen Bedarfs. Der grundsätzliche Testaufbau von PERCEPTOR ähnelt in verschiedener Hinsicht jenem von ASSESSOR, was einen Vergleich der beiden Ansätze erleichtert.

Der langfristig zu erwartende Marktanteil MA eines neuen Produkts wird im PERCEPTOR-Modell auf Basis der Gleichung

88 4 Produktpolitik

$$MA = p_{VK} \cdot p_{KA} \qquad (4.13)$$

mit

p_{VK} = <u>V</u>ersuchs<u>k</u>aufrate (relativer Anteil der Käuferschaft bzw. Probanden, die das Neuprodukt ausprobieren) und

p_{KA} = langfristig in der Versuchskaufgruppe auf das Neuprodukt entfallender <u>K</u>äufer<u>a</u>nteil

geschätzt.

Für die Versuchskaufrate gilt analog zum ASSESSOR-Modell:

$$p_{VK} = p_V \cdot p_W \cdot p_E \qquad (4.14)$$

mit

p_V = Wahrscheinlichkeit eines <u>V</u>ersuchskaufs des Neuprodukts bei grundsätzlicher Bekanntheit und Verfügbarkeit,

p_W = Wahrscheinlichkeit dafür, dass das Neuprodukt (im Wettbewerbsumfeld) <u>w</u>ahrgenommen wird und

p_E = Wahrscheinlichkeit dafür, dass das Neuprodukt im Handel <u>e</u>rhältlich ist.

Während p_W und p_E in der Designphase durch das Management zu schätzen sind, schlägt Urban (1975) für p_V einen spezifischen Messansatz vor. Ein wesentlicher Aspekt dieses Ansatzes ist die Annahme der Existenz eines Idealprodukts, also eines imaginären Produkts, dessen Eigenschaftsausprägungen genau den Idealvorstellungen der Zielgruppe entsprechen. Nachfolgend wird zu diesem Zweck unterstellt, dass sich sowohl das Neuprodukt als auch das Idealprodukt durch L Eigenschaften mit den jeweiligen Ausprägungswerten $x_1, \ldots, x_L$ hinreichend genau charakterisieren lassen.[12] Die L Eigenschaften spannen einen L-dimensionalen Wahrnehmungsraum auf. Für $L = 2$ ist eine solche Perceptual Map in einem einfachen Koordinatensystem grafisch darstellbar (analog zu Abbildung 4.4).

Unterstellt man, dass ein Versuchskauf des Neuprodukts umso wahrscheinlicher wird, je ähnlicher dieses dem Idealprodukt ist, dann kann für die Versuchskaufrate p_V folgende Beziehung formuliert werden:

$$p_V = \alpha_0^{vor} + \alpha_1^{vor} D^{vor} = \alpha_0^{vor} + \alpha_1^{vor} \sum_{l=1}^{L} w_l (x_l^{vor} - x_l^{Ideal})^2 \qquad (4.15)$$

mit

x_l^{vor} = wahrgenommene Ausprägung der Eigenschaft l beim Neuprodukt (<u>vor</u> einem Probekauf),

x_l^{Ideal} = als ideal empfundene Ausprägung der Eigenschaft l,

w_l = relative Wichtigkeit der Eigenschaft l,

D^{vor} = quadrierte Distanz des Neuprodukts zum Idealprodukt im Wahrnehmungsraum, bevor das Produkt probiert wurde (Vorher-Messung), und

$\alpha_0^{vor}, \alpha_1^{vor}$ = z. B. auf Basis von Befragungsdaten zu schätzende Modellparameter.

---

[12] Es wird also von einer Quantifizierbarkeit der Eigenschaftsausprägungen ausgegangen.

Ein bekannter Ansatz zur Bestimmung der Idealpunktkoordinaten und der Eigenschaftsgewichte ist die von Srinivasan & Shocker (1982) vorgeschlagene LINMAP-Prozedur. Eine ausführlichere Beschreibung dieser auf dem Prinzip der linearen Programmierung basierenden Methodik findet sich z. B. in Lilien et al. (1992).

Durch einen Versuchskauf und die damit einhergehende, mehr oder weniger bewusste Auseinandersetzung mit den Produkteigenschaften kann es zu einer Verschiebung der ursprünglichen Produktbeurteilungen kommen. Die Messwerte nach einem Versuchskauf (Nachher-Messung) dienen daher als Grundlage für die Berechnung der Wahrscheinlichkeit $q_{neu,neu}$ einer Wiederwahl des Neuprodukts. Es gilt dann (bei analoger Bedeutung der Variablen und Parameter):

$$q_{neu,neu} = \alpha_0^{nach} + \alpha_1^{nach} D^{nach} = \alpha_0^{nach} + \alpha_1^{nach} \sum_{l=1}^{L} w_l (x_l^{nach} - x_l^{Ideal})^2 \quad (4.16)$$

Dies führt wieder auf das schon vom ASSESSOR-Modell her bekannte Markov'sche Gleichgewichtsmodell, mit dessen Hilfe der langfristig in der Versuchskaufgruppe auf das Neuprodukt entfallende Käuferanteil

$$p_{KA} = \frac{q_{eta,neu}}{1 + q_{eta,neu} - q_{neu,neu}} \quad (4.17)$$

bestimmt werden kann. Die Wahrscheinlichkeit $q_{eta,neu}$ dafür, dass von einem etablierten Produkt (infolge einer versuchsweisen Nutzung des Neuprodukts) zum Neuprodukt gewechselt wird, kann hierbei wieder aus dem im Experiment beobachteten Wahlverhalten gewonnen werden. Damit ist Gleichung 4.13 auf S. 88 vollständig spezifiziert.

Die mittels PERCEPTOR möglichen Positionierungsanalysen erlauben aber nicht nur eine Prognose des durch das Neuprodukt wahrscheinlich zu erreichenden Marktanteils, sondern sie liefern über den Vergleich mit dem Idealprodukt auch Hinweise darauf, welchen Stellenwert die einzelnen Eigenschaften für die Käufer haben. Darüber hinaus kann aber auch das Ausmaß bestimmt werden, in dem die übrigen, bereits auf dem Markt befindlichen Produkte von der Einführung des Neuprodukts betroffen sind. Dies lässt sich durch den entstehenden Marktanteilsverlust MA_m^- für ein bereits etabliertes Produkt m zum Ausdruck bringen:

$$MA_m^- = MA \cdot \frac{\frac{p_{ES,m}}{D_m^{nach}}}{\sum_{j=1}^{M} \frac{p_{ES,j}}{D_j^{nach}}} \quad (4.18)$$

mit

MA = mit PERCEPTOR prognostizierter Marktanteil des Neuprodukts,
D_m^{nach} = quadrierte Distanz des etablierten Produkts m zum Neuprodukt im Wahrnehmungsraum,[13]
$p_{ES,m}$ = Anteil an der potenziellen Käuferschaft, der Produkt m in seinem „Evoked Set" hat, und
M = Anzahl etablierter Produkte.

---

[13] Die Berechnung erfolgt analog zu Gleichung 4.16.

Je größer die Distanz D_m^{nach} ausfällt, desto kleiner wird der Zähler des Doppelbruchs in Gleichung 4.18 und damit der Faktor, mit dem der prognostizierte Marktanteil *MA* gewichtet wird.

4.2.7 Einführung und Diffusion von Neuprodukten

Diffusion bezeichnet im Marketingkontext die Ausbreitung einer Innovation auf dem Markt im Zeitablauf. Mithilfe entsprechender Diffusionsmodelle können der Verlauf einer Innovationsausbreitung prognostiziert und Regelmäßigkeiten im Diffusionsverlauf bestimmt werden. Da sich Diffusionsmodelle ausschließlich auf Erst- und nicht auf Wiederholungskäufe beziehen, bieten Gebrauchsgüter wie z. B. Computer-Hardware und Digitalkameras sinnvolle Anwendungsfelder.

Das wahrscheinlich populärste, vielfach zitierte und zwischenzeitlich in verschiedener Weise weiterentwickelte **Diffusionsmodell** stammt von Bass (1969). Dieses Modell berücksichtigt sowohl das Kaufverhalten der Innovatoren, d. h. jener Personen, die besonders schnell auf Neuproduktangebote ansprechen, als auch das der Imitatoren, d. h. jener Personen, die eine eher abwartende Haltung einnehmen und ein Neuprodukt erst dann kaufen, wenn es eine gewisse Verbreitung gefunden hat. Daneben stehen dem Marketingmanagement aber auch eine Reihe von Diffusionsmodellen zur Verfügung, die sich nur auf eine dieser beiden Gruppen konzentrieren. Bekannte, frühe Beispiele sind das Modell des innovatorischen Kaufverhaltens von Fourt & Woodlock (1960) und das Modell des imitatorischen Kaufverhaltens von Fisher & Pry (1971). Aufgrund seiner großen Popularität und seines weitreichenden Einflusses auf die einschlägige, quantitative Innovationsforschung im Marketing soll das Modell von Bass (1969) im Folgenden genauer betrachtet werden.

Ziel dieses Modells ist es, den Absatzverlauf von Neuprodukten, und zwar insbesondere den von Gebrauchsgütern, zu erklären und für zukünftige Perioden zu prognostizieren. Dabei wird von der Annahme ausgegangen, dass die pro Periode t (mit $t = 1,\ldots,T =$ Länge des Betrachtungszeitraums) realisierten Absatzmengen Q_t aus zwei Käufergruppen, den Innovatoren und den Imitatoren, resultieren und dass jeder Käufer genau eine Einheit des Produkts erwirbt. Die Grundgleichung des **Bass-Modells** lautet:

$$Q_t = \underbrace{\alpha(\overline{Q} - N_{t-1})}_{\text{Innovationseffekt}} + \underbrace{\beta\frac{N_{t-1}}{\overline{Q}}(\overline{Q} - N_{t-1})}_{\text{Imitationseffekt}} = \left(\alpha + \beta\frac{N_{t-1}}{\overline{Q}}\right)(\overline{Q} - N_{t-1}) \quad (4.19)$$

mit
$\overline{Q}$ = Anzahl der potenziellen Käufer des Neuprodukts (Marktpotenzial),
N_{t-1} = Anzahl der bis einschließlich Periode $t-1$ schon gewonnenen Käufer (kumulierte Käuferschaft),
α = zu schätzender Innovationsparameter („Innovationsrate") und
β = zu schätzender Imitationsparameter („Imitationsrate").

Je größer der Parameter α ist, desto schneller verläuft die Diffusion des Neuprodukts, und je größer β ausfällt, desto mehr sind die realisierten Absätze das Resultat imitatorischen Kaufverhaltens.

Für konkrete Anwendungen des Modells kann die nachfolgende Spezifikation von Vorteil sein:

$$Q_t = a + bN_{t-1} + cN_{t-1}^2 \qquad (4.20)$$

mit $a = \alpha \bar{Q}$, $b = \beta - \alpha$ und $c = -\frac{\beta}{\bar{Q}}$.

Mögliche Marketingaktivitäten zur Förderung der Produktdiffusion bleiben im Bass-Modell somit unberücksichtigt. Der (zukünftige) Absatzverlauf wird allein über die Zeit erklärt.

Liegt, wie im nachfolgenden Anwendungsbeispiel unterstellt, eine ausreichend lange Absatzzeitreihe vor, so können die Parameter a, b und c mit dem Instrumentarium der Regressionsanalyse bestimmt werden. Ausgangspunkt der Betrachtungen seien die bis dato für ein Notebook realisierten Absatzzahlen. Die in Tabelle 4.10 dargestellten Werte für die Jahre 2007 bis 2015 können als Grundlage für eine Prognose der zukünftigen Absatzzahlen in den Jahren 2016 bis 2020 herangezogen werden. Eine erste Inaugenscheinnahme der Daten zeigt, dass sich das Produkt schon in einer fortgeschrittenen Phase seines Lebenszyklus befindet. In den Perioden 8 und 9 liegen sogar bereits zurückgehende Absatzmengen vor.

Tabelle 4.10: Datengrundlage für das Bass-Modell

Periode t	Jahr	Q_t	N_t
1	2007	13	13
2	2008	15	28
3	2009	17	45
4	2010	19	64
5	2011	27	91
6	2012	31	122
7	2013	37	159
8	2014	33	192
9	2015	28	220

Die tabellierten Absatzzahlen liefern bei Anwendung des Instrumentariums der Regressionsanalyse und bei Zugrundelegung von Gleichung 4.20 die folgenden Schätzwerte für die gesuchten Parameter:

$$\hat{a} = 7{,}4576, \quad \hat{b} = 0{,}4029 \quad \text{und} \quad \hat{c} = -0{,}0015$$

Eingesetzt in Gleichung 4.20 liefert dies die Beziehung:

$$\hat{Q}_t = 7{,}4576 + 0{,}4029 \cdot N_{t-1} - 0{,}0015 \cdot N_{t-1}^2 \qquad (4.21)$$

Die Parameter der Grundgleichung 4.19 erhält man durch entsprechendes Auflösen der drei Reparametrisierungsgleichungen

$$a = \alpha \bar{Q}, \quad b = \beta - \alpha \quad \text{und} \quad c = -\frac{\beta}{\bar{Q}}. \qquad (4.22)$$

92   4 Produktpolitik

Es resultiert:
$$\widehat{\overline{Q}} = 285{,}73, \quad \hat{\alpha} = 0{,}0261 \quad \text{und} \quad \hat{\beta} = 0{,}4290$$

Das insgesamt abschöpfbare Marktpotenzial liegt demzufolge bei ca. 286 Mengeneinheiten. Gleichzeitig kann aufgrund der Größenrelation von $\hat{\alpha}$ und $\hat{\beta}$ davon ausgegangen werden, dass die zukünftigen Absätze $\hat{Q}_{10}$, $\hat{Q}_{11}$,... primär auf imitatorisches Kaufverhalten zurückzuführen sein werden, da $\hat{\beta}$ deutlich größer als $\hat{\alpha}$ ist.

Mit den vorliegenden Parameterschätzern sind wir nun in der Lage, die Absatzzahlen bis zum Jahr 2020 zu prognostizieren. Die sich bei Verwendung von Gleichung 4.21 ergebenden Prognosewerte sind in Tabelle 4.11 dargestellt. Man erkennt, dass sich das Notebook mit Ablauf von Periode 14 dem Ende seines Lebenszyklus nähert resp. das berechnete Marktpotenzial nahezu abgeschöpft haben wird.

Tabelle 4.11: Mit dem Bass-Modell prognostizierte Absatzzahlen (gerundete Werte)

Periode t	Jahr	$\hat{Q}_t$	$\hat{N}_t$
10	2016	23,50	243,50
11	2017	16,63	260,13
12	2018	10,76	270,89
13	2019	6,53	277,42
14	2020	3,79	281,21

Abbildung 4.5 zeigt noch einmal die Absatzentwicklung für den gesamten Betrachtungszeitraum.

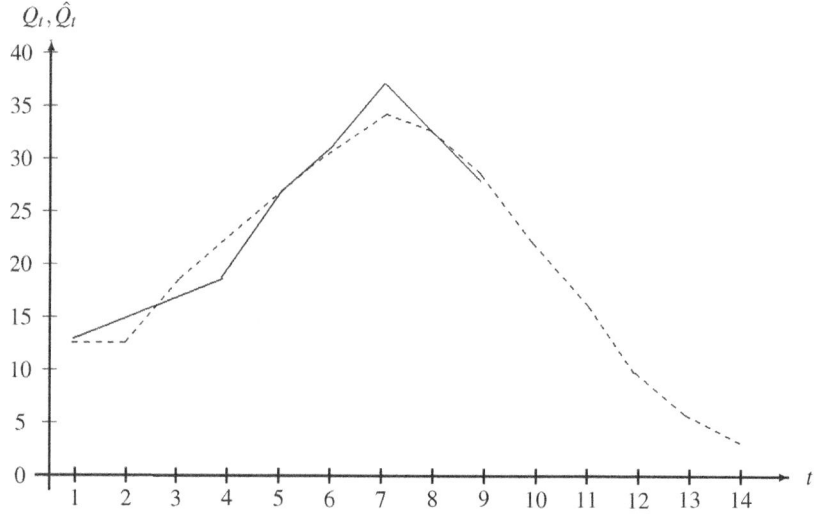

Abb. 4.5: Beobachtete (Q_t: —) und geschätzte bzw. prognostizierte ($\hat{Q}_t$: - - -) Notebook-Absätze (2007-2020)

Das Bass-Modell lässt in seiner Grundform den möglichen Einfluss des zur Vermarktung eines Produktes eingesetzten Marketinginstrumentariums und den anderer externer Faktoren außer Acht. Häufig ist allerdings davon auszugehen, dass gerade die flankierend durchgeführten Marketingaktivitäten für eine schnelle Durchdringung des Zielmarktes maßgeblich sind. Wie einfach sich eine diesbezügliche Erweiterung des Grundmodells gestalten kann, zeigt der entsprechende Vorschlag von Horsky & Simon (1983). Zweck dieser Modellerweiterung ist es, den Einfluss der Werbung auf den Produktabsatz zu berücksichtigen. Die Autoren erreichen dies, indem sie den Innovationsparameter α als Funktion des für die Vermarktung des Neuprodukts investierten, periodenabhängigen Werbebudgets w_t definieren:

$$Q_t = \alpha(\overline{Q} - N_{t-1}) + \beta \frac{N_{t-1}}{\overline{Q}}(\overline{Q} - N_{t-1})$$

$$= (\alpha_1 + \alpha_2 \ln(w_t)) \cdot (\overline{Q} - N_{t-1}) + \beta \frac{N_{t-1}}{\overline{Q}}(\overline{Q} - N_{t-1}) \quad (4.23)$$

Durch die Verwendung des logarithmierten Wertes des Werbebudgets wird hierbei der mit zunehmender Werbeintensität sinkenden Wirkung weiterer Investitionen in Werbung Rechnung getragen. Hintergrund dieser Überlegung ist das häufig zu beobachtende Phänomen, dass mit zunehmender Intensität der Werbung die absatzfördernde Wirkung jedes weiteren Euros für Werbung aufgrund von Sättigungseffekten immer geringer ausfällt. Der Parameter α_1 kann als Niveaukonstante interpretiert werden, während α_2 die Effektstärke der Werbung zum Ausdruck bringt und im Regelfall ein positives Vorzeichen aufweist. Geht die Effektstärke in einem konkreten Anwendungsfall gegen 0, so entspricht α_1 gerade dem ursprünglichen Innovationsparameter α.

4.3 Produktmodifikation

Eine **Produktmodifikation** entsteht durch die bewusste Veränderung bzw. Verbesserung von Eigenschaften, bei der die Kernfunktionen des Ausgangsprodukts aber im Regelfall beibehalten werden. Gründe hierfür können z. B. Änderungen der Kundenbedürfnisse, der technische Fortschritt, sich ändernde rechtliche Rahmenbedingungen oder Aktivitäten der Konkurrenz sein (Büschken & von Thaden (2007, S. 599)).

Führt eine solche Modifikation zum Ersatz des ursprünglichen Produkts, so bezeichnen wir dies als **Produktvariation**. Hinweise auf die Notwendigkeit einer Produktvariation können sich u. a. aus der Lebenszyklusphase des Ausgangsprodukts ergeben. Wenn die vorliegenden Absatzzahlen oder entsprechende Prognosen erkennen lassen, dass sich das gegenwärtig auf dem Markt befindliche Produkt der Sättigungs- bzw. Degenerationsphase (vgl. Abbildung 3.4 auf Seite 54) nähert, dann kann bzw. sollte darüber nachgedacht werden, dieses Produkt durch eine verbesserte Variante zu ersetzen, also einen „**Relaunch**" durchzuführen. Eine weitere Informationsquelle stellt die gegenwärtige Positionierung des betreffenden Produkts im

Wettbewerbsumfeld dar (vgl. hierzu auch die Ausführungen auf S. 86ff.). Falls sich diese beispielsweise als nicht mehr zeitgemäß oder als der aktuellen Entwicklung der Kundenbedürfnisse widersprechend erweist, kann durch die gezielte Modifikation kaufentscheidungsrelevanter Produkteigenschaften eine Repositionierung angestrebt werden.

Führt eine Produktmodifikation hingegen dazu, dass gleichzeitig verschiedene Varianten des Ausgangsprodukts nebeneinander angeboten werden, z. B. um auf diese Weise den heterogenen Bedürfnissen unterschiedlicher Käufersegmente Rechnung zu tragen, dann bezeichnen wir dies als **Produktdifferenzierung**. Die hieraus resultierende Produktpalette wird als **Produktlinie** interpretiert, wenn sie aus aufeinander abgestimmten Produkten besteht. Die Planung optimal ausgestalteter Produktlinien ist eine ebenso wichtige wie anspruchsvolle Marketingaufgabe.

4.3.1 Produktdifferenzierung versus Produktdiversifikation

Eine **Produktdifferenzierung** bedeutet immer die konsequente Orientierung am Ausgangsprodukt. So kann ein Notebook-Hersteller beispielsweise verschiedene Notebook-Varianten für die Käufersegmente „Schüler und Studierende", „gewerbliche Kunden" und „Gamer" anbieten. Je nach Zielsetzung der Differenzierung kann sich diese auf die technische Ausstattung der einzelnen Produkte (z. B. unterschiedliche Prozessoren und Grafikkarten), die mit ihrem Verkauf verbundenen Zusatzleistungen (z. B. die zusätzlich bereitgestellten Anwendungsprogramme betreffend) oder den Endkundenabgabepreis (z. B. Studierendenpreise und Großkundenpreise) beziehen. Ein mit Produktdifferenzierungsüberlegungen einhergehendes Entscheidungsproblem besteht darin, einen akzeptablen Kompromiss zwischen der aus Marketingsicht wünschenswerten Individualisierung der auf dem Markt angebotenen Produktvarianten und den aus einer Produktdifferenzierung resultierenden beschaffungs-, produktions- und/oder werbeseitigen Erfordernissen zu finden.

Eine in produktpolitischer Hinsicht u. U. sehr weitreichende Form der Ausdifferenzierung des angebotenen Produktprogramms ist die **Produktdiversifikation**. Diese definiert sich als die Entscheidung eines Unternehmens, neue Produkte auf bisher nicht bearbeiteten Märkten anzubieten. Man unterscheidet drei Arten der Diversifikation. **Horizontale Diversifikation** liegt vor, wenn die bestehende Produktpalette um Produkte derselben Fertigungsstufe und gleicher oder ähnlicher Branchenzugehörigkeit erweitert wird. Dies wäre z. B. dann der Fall, wenn ein Anbieter von Herrenoberhemden zukünftig auch Herrenhosen und/oder Damenblusen produzieren und anbieten würde. Von **vertikaler Diversifikation** spricht man, wenn zukünftig auch Produkte vor- oder nachgelagerter Wertschöpfungsstufen mit in das Programm aufgenommen werden. Dies wäre bei obigem Hemdenproduzenten genau dann der Fall, wenn er zukünftig verschiedene, für die Herstellung von Kleidungsstücken geeignete Stoffe als Meterware fertigen würde. Nimmt ein Unternehmen indes Produkte in sein Programm mit auf, die mit dem bisher angebotenen Produktprogramm nichts oder nur sehr wenig gemein haben, dann bezeichnet man dies als **laterale Diversifikation**. Dies träfe z. B. dann zu, wenn sich unser Herrenoberhemdenhersteller zukünftig auch auf dem Notebook-Markt engagieren würde. Gründe für eine Diversifikation können z. B. die Erzielung einer Risikostreuung, der Ausgleich zyklischer Nachfrageschwankungen und/oder die Ausdehnung der Marktmacht sein.

Das mitunter beträchtliche Ausmaß der betriebswirtschaftlichen Konsequenzen derartiger Modifikationsentscheidungen bringt es mit sich, dass sie über die Entscheidungsbefugnisse des Marketingmanagements hinausgehen können und dann eher in den Zuständigkeitsbereich der Unternehmensleitung fallen. Das Thema Diversifikation soll deshalb an dieser Stelle nicht weiter vertieft werden.

4.3.2 Produktliniengestaltung

Produktlinien umfassen Gruppen von Produkten, die aufgrund bestimmter Kriterien, z. B. technische/funktionale Ähnlichkeit und/oder der Befriedigung des gleichen Bedarfs, in einer engen Beziehung zueinander stehen. Beispiele sind Notebooks einer Marke mit unterschiedlichen Prozessoren und Speicherkapazitäten oder Hautcremes einer Marke für verschiedene Hauttypen. Hintergrund von Entscheidungen zur Produktliniengestaltung können Erweiterungen des Angebots im Hinblick auf bislang nicht bediente Marktsegmente sein. Beim „Trading-up" erfolgt eine Aufwertung einer bestehenden Produktlinie durch die Aufnahme einer i. d. R. höherpreisigen „Premiumvariante". In analoger Weise zielt ein „Trading-down" auf die Abschöpfung jener Segmente, die eher an einfachen und somit zumeist auch preiswerteren Varianten interessiert sind.

Mithilfe spezieller Optimierungsansätze, die ihrerseits wieder auf Daten der Marktforschung zurückgreifen, können Eigenschaftsprofile für Neuprodukte entwickelt werden, die sich für die Aufnahme in eine bestehende oder zu konzipierende Produktlinie eignen. Typischerweise orientiert man sich dabei an Größen wie dem kundenindividuellen Produktnutzen und dem mit dem betreffenden Produkt erzielbaren Deckungsbeitrag oder Gewinn. Im Folgenden wird die gewinnorientierte Produktliniengestaltung gemäß eines Vorschlages von Green & Krieger (1985) bzw. Green & Krieger (1987) vorgestellt. Der hierbei verwendete Formalismus ist u. a. an Gaul, Aust & Baier (1995), Steiner (1999) und Decker & Bornemeyer (2007) angelehnt.

Ausgangspunkt der angestrebten Gewinnmaximierung ist eine vorgegebene Menge von Produktkandidaten[14], für die es zu entscheiden gilt, ob sie in die betreffende Produktlinie aufgenommen werden sollen oder nicht. Auf der ersten Entscheidungsstufe werden deshalb zunächst die Erfolg versprechenden Kandidaten identifiziert. Diese werden sodann im Hinblick auf ihren individuellen Beitrag zum Gesamtgewinn der resultierenden Produktlinie überprüft und bei positivem Ausgang dieser Prüfung in die Linie mit aufgenommen. Dazu werden folgende Bezeichner eingeführt:

---

[14] Hierbei kann es sich durchaus auch um noch in der Entwicklung befindliche Prototypen handeln.

$i = 1,\ldots,I$ = Index für Individuen/Konsumenten bzw. Nachfragersegmente[15],
$j = 1,\ldots,J$ = Index für die möglichen Produktkandidaten,
$j = 0$ = Index des Status-quo-Produkts resp. des bisher gekauften Produkts,
u_{ij} = Nutzen, den Produktkandidat j dem Individuum/Segment i stiftet,
d_{ij} = individuen- bzw. segmentspezifischer Stückdeckungsbeitrag des Produktkandidaten j,
w_i = Wichtigkeit des Individuums/Segments i für den Anbieter,
f_j = fixe Markteinführungskosten für Produktkandidaten j und
R = maximaler Umfang der Produktlinie (ohne Status-quo-Produkt).

Des Weiteren seien zwei binäre Variablen wie folgt definiert:

$$y_j = \begin{cases} 1, \text{ falls Produktkandidat } j \text{ in die Produktlinie aufgenommen wird} \\ 0, \text{ sonst} \end{cases}$$

$$x_{ij} = \begin{cases} 1, \text{ falls Individuum/Segment } i \text{ den Produktkandidaten } j \text{ kauft} \\ 0, \text{ sonst} \end{cases}$$

Die Zielsetzung der Bestimmung jener Menge von Produkten, die den Gewinn der Produktlinie als Ganzes maximiert, lässt sich als Optimierungsproblem unter Nebenbedingungen formulieren. Die zu maximierende Zielfunktion lautet

$$ZF = \sum_{i=1}^{I} \sum_{j=1}^{J} w_i x_{ij} \underbrace{(d_{ij} - d_{i0})}_{\tilde{d}_{ij}} - \sum_{j=1}^{J} y_j f_j \quad (4.24)$$

und besteht aus einer Erlöskomponente (erste Summe)[16] und einer Fixkostenkomponente (zweite Summe). Hierbei sind die folgenden Nebenbedingungen zu berücksichtigen:

$$x_{ij} y_j u_{ij} \geq x_{ij'} y_{j'} u_{ij'} \quad \forall\, i, j \neq j' \quad (4.25)$$

$$\sum_{j=0}^{J} y_j \leq R + 1 \quad (4.26)$$

$$x_{ij} \leq y_j \quad \forall\, i, j \quad (4.27)$$

$$y_0 = 1 \quad (4.28)$$

$$x_{ij}, y_j \in \{0, 1\} \quad \forall\, i, j \quad (4.29)$$

Die erste Nebenbedingung gewährleistet, dass nur den Nutzen maximierende Kandidaten j aufgenommen werden. Die zweite begrenzt die Anzahl aufnehmbarer Kandidaten, während die dritte Nebenbedingung dafür sorgt, dass nur jene Kandidaten

---

[15] In der Praxis wird man sich auf die Betrachtung von Nachfragersegmenten beschränken und unterstellen, dass die einem Segment zugeordneten Individuen ein ähnliches Kaufverhalten in Bezug auf die betrachtete Produktkategorie aufweisen.

[16] Der Zugewinn an Stückdeckungsbeitrag bei Aufnahme von Produktkandidat j gegenüber dem Status-quo-Produkt wird mit $\tilde{d}_{ij}$ bezeichnet.

gekauft werden (können), die zuvor auch in die Produktlinie aufgenommen wurden. Mit der vierten Nebenbedingung wird sichergestellt, dass das Status-quo-Produkt Bestandteil der Produktlinie ist.

Zur Veranschaulichung der vorgestellten Methodik betrachten wir abermals den Notebook-Markt. Ausgangspunkt sei die Annahme, dass ein Hersteller von Personalcomputern, der bisher keine Notebooks im Angebot hatte, die Aufnahme von Notebooks in seine Produktlinie plane. Der Einfachheit halber unterstellen wir, dass sich die Präferenzen (und somit auch die Kaufentscheidungen) in Bezug auf Notebooks im Wesentlichen auf drei Eigenschaften (Index $l = 1,\ldots,L = 3$) bzw. deren Ausprägungen (Index $m_l = 1,\ldots,M_l$) zurückführen lassen. Des Weiteren wird von der Existenz von $I = 4$ Käufersegmenten und den in Tabelle 4.12 spezifizierten Eckdaten ausgegangen.

Tabelle 4.12: Eckdaten für eine Produktlinienerweiterung in Richtung Notebooks

i	Segment	l	Eigenschaft	m_l	Ausprägung
1	Studierende	1	Display	1	15 Zoll
2	Haushalte			2	17 Zoll
3	Unternehmen	2	Prozessor	1	Typ A
4	„Gamer"			2	Typ B
				3	Typ C
		3	Farbe des Gehäuses	1	schwarz
				2	weiß
				3	silber

Des Weiteren wird unterstellt, dass im Vorfeld der Optimierung im Rahmen einer Käuferbefragung mittels Conjoint-Analyse[17] die Teilnutzenwerte u_{ilm_l} der einzelnen Eigenschaftsausprägungen in der Wahrnehmung der vier Segmente bestimmt wurden. Als Segmentgewichte w_i werden die Marktpotenziale resp. die maximal möglichen Absatzmengen in den einzelnen Segmenten herangezogen. Die entsprechenden Werte sind in Tabelle 4.13 dargestellt.

Tabelle 4.13: Segmentspezifische Teilnutzenwerte und Segmentgewichte für die Produktliniengestaltung

i	w_i	u_{i11}	u_{i12}	u_{i21}	u_{i22}	u_{i23}	u_{i31}	u_{i32}	u_{i33}
1	1000	0,05	0	0,40	0	0,10	0,30	0,15	0
2	3000	0	0,20	0	0,30	0,20	0,15	0,15	0
3	500	0	0,15	0,40	0,10	0	0,10	0,25	0
4	2000	0	0,10	0	0,15	0,15	0	0,20	0,40

---

[17] Die Conjoint-Analyse ist eine Klasse von Datenerhebungs- und -auswertungsmethoden, mit deren Hilfe sich auf Basis von in der Zielgruppe erhobenen Präferenzen der Nutzenbeitrag einzelner Eigenschaften zum Gesamtnutzen eines Objekts in den Augen der Befragten berechnen lässt. Eine einführende Darstellung dieser Methodenklasse findet sich z. B. in Backhaus, Erichson, Plinke & Weiber (2011).

98   4 Produktpolitik

Derzeit seien auf dem fokussierten Markt bereits fünf verschiedene Notebooks erhältlich, zwei der Marke A und drei der Marke B. Tabelle 4.14 enthält die segmentspezifischen Nutzenwerte u_{ij} auf Produktebene. Die Nutzenwerte der einzelnen Produkte ergeben sich durch Addition der Teilnutzenwerte u_{ilm_l} aus Tabelle 4.13 gemäß des jeweiligen Produktprofils. In der letzten Spalte finden sich die Status-quo-Produkte und ihre Nutzenwerte für die einzelnen Segmente. Der hier betrachteten Methodik liegt die Annahme zugrunde, dass die Konsumenten dasjenige Produkt präferieren, das ihnen den größtmöglichen Nutzen verspricht. Die entsprechenden Varianten sind in der Tabelle fett hervorgehoben. Demzufolge präferieren z. B. die Personen des Segmentes 2 zum gegenwärtigen Zeitpunkt das Notebook-Profil „17/B/weiß" der Marke B mit einem 17-Zoll-Display und einem Prozessor vom Typ B in der Gehäusefarbe weiß. Dieses Produkt spendet den betreffenden Käufern im Mittel einen Gesamtnutzen von 0,65. Die Angaben zu den $2 \times 3 \times 3 = 18$ theoretisch möglichen Produktvarianten in Tabelle 4.15 sind in analoger Weise zu interpretieren.

Tabelle 4.14: Segmentspezifische Nutzenwerte der gegenwärtig angebotenen Notebooks

	Marke A		Marke B			Status-quo	
i	17/A/silber	15/B/schwarz	17/A/schwarz	17/B/weiß	17/A/silber	$j = 0$	u_{i0}
1	0,40	0,35	**0,70**	0,15	0,40	17/A/schwarz	**0,70**
2	0,20	0,45	0,35	**0,65**	0,20	17/B/weiß	**0,65**
3	0,55	0,20	**0,65**	0,50	0,55	17/A/schwarz	**0,65**
4	**0,50**	0,15	0,10	0,45	**0,50**	17/A/silber	**0,50**

Tabelle 4.15: Mögliche Produktprofile und segmentspezifische Nutzenwerte u_{ij}

	15/A/schwarz	15/A/weiß	15/A/silber	17/A/schwarz	17/A/weiß	17/A/silber
i	$j=1$	$j=2$	$j=3$	$j=4$	$j=5$	$j=6$
1	**0,75**	0,60	0,45	0,70	0,55	0,40
2	0,15	0,15	0	0,35	0,35	0,20
3	0,50	0,65	0,40	0,65	**0,80**	0,55
4	0	0,20	0,40	0,10	0,30	0,50

	15/B/schwarz	15/B/weiß	15/B/silber	17/B/schwarz	17/B/weiß	17/B/silber
i	$j=7$	$j=8$	$j=9$	$j=10$	$j=11$	$j=12$
1	0,35	0,20	0,05	0,30	0,15	0
2	0,45	0,45	0,30	**0,65**	**0,65**	0,50
3	0,20	0,35	0,10	0,35	0,50	0,25
4	0,15	0,35	0,55	0,25	0,45	**0,65**

	15/C/schwarz	15/C/weiß	15/C/silber	17/C/schwarz	17/C/weiß	17/C/silber
i	$j=13$	$j=14$	$j=15$	$j=16$	$j=17$	$j=18$
1	0,45	0,30	0,15	0,40	0,25	0,10
2	0,35	0,35	0,20	0,55	0,55	0,40
3	0,10	0,25	0	0,25	0,40	0,15
4	0,15	0,35	0,55	0,25	0,45	**0,65**

Tabelle 4.16 enthält die für alle vier Segmente und alle am Markt agierenden Anbieter als identisch unterstellten Teildeckungsbeiträge d_{ilm_l} der jeweiligen Merkmalsausprägung in € pro Einheit. Die Fixkosten f_j werden im vorliegenden Beispiel aus Gründen der Übersichtlichkeit generell gleich 0 gesetzt und können somit bei den weiteren Betrachtungen außen vor bleiben. Das Notebook „17/B/weiß" würde demzufolge einen Gesamtdeckungsbeitrag von 220 € erwirtschaften.

Tabelle 4.16: Segmentunabhängige Teildeckungsbeiträge [in €] der Merkmalsausprägungen

	Display ($l=1$)		Prozessor ($l=2$)			Preis ($l=3$)		
	15 Zoll	17 Zoll	Typ A	Typ B	Typ C	schwarz	weiß	silber
$d_{ilm_l} \; \forall \, i$	40	85	60	35	40	0	100	300

Mithilfe der sogenannten **Best-In-Heuristik** (Green & Krieger (1985); Decker & Bornemeyer (2007)) kann auf Basis der vorliegenden Daten die Menge $\mathscr{M}_P$ der Erfolg versprechenden (potenziellen) Produktkandidaten aus der Menge aller Produktprofile $\mathscr{M}$ (vgl. Tabelle 4.15) bestimmt werden. Zu Beginn, d. h. vor Betrachtung der einzelnen Segmente i, gilt: $\mathscr{M}_P(0) = \emptyset$. Die formale Darstellung der Best-In-Heuristik sieht wie folgt aus:

Schritt i ($i = 1, \ldots, I$)

$u_{ij^*} = \max\limits_{j \in \mathscr{M}}(u_{ij})$ Der Nutzen u_{ij^*} ist der maximale Wert über alle möglichen Produktprofile aus $\mathscr{M}$ für das Segment i, d. h. das Produkt j^* spendet dem Segment i den höchsten Nutzen.

Wenn   Wenn
$u_{ij^*}(1-\varepsilon) > \max\limits_{j \in \mathscr{M}_P(i-1)}(u_{ij})$,   der maximale Nutzen der Produkte aus der bisherigen Menge $\mathscr{M}_P(i-1)$ der Erfolg versprechenden Kandidaten für Segment i außerhalb einer definierten Nutzenumgebung von j^* liegt,

dann   dann
$\mathscr{M}_P(i) = \mathscr{M}_P(i-1) \cup \{j^*\}$,   wird das Produkt j^* in die Menge der Erfolg versprechenden Kandidaten aufgenommen,

sonst   sonst
$\mathscr{M}_P(i) = \mathscr{M}_P(i-1)$ bleibt die Kandidatenmenge $\mathscr{M}_P$ unverändert.

Der Parameter ε liefert eine Nutzenumgebung[18] $u_{ij^*}(1-\varepsilon)$ für das auf Segmentebene nutzenmaximale Produkt j^*. Der vom Anwender der Best-In-Heuristik festzulegende Wert von ε hat somit unmittelbaren Einfluss auf den Umfang der Menge $\mathscr{M}_P$ der Erfolg versprechenden Produktkandidaten. Im vorliegenden Beispiel wird also

---

[18] Hierdurch wird zum Ausdruck gebracht, dass Produkt j^* einen merklich höheren Nutzen spendet als die bereits in der Kandidatenmenge enthaltenen Produkte.

für jedes Segment i das nutzenmaximale Produktprofil j^* in die Menge $\mathcal{M}_P$ aufgenommen, es sei denn, ein bereits aufgenommenes Produkt stiftet für das betrachtete Segment einen Nutzen, der innerhalb der mittels ε spezifizierten Nutzenumgebung liegt. Setzt man für das Anwendungsbeispiel $\varepsilon = 0,01$, so resultiert die in Tabelle 4.17 dargestellte Konstellation. Die Menge der Erfolg versprechenden und somit für den die Produktlinienerweiterung planenden Anbieter grundsätzlich infrage kommenden Produktkandidaten lautet also $\mathcal{M}_P = \{1, 5, 10, 11, 12, 18\}$.

Tabelle 4.17: Ergebnisse einer Anwendung der Best-In-Heuristik

i	u_{ij^*}		$u_{ij^*}(1-\varepsilon) > \max\limits_{j \in \mathcal{M}_P(i-1)} (u_{ij})$	$\mathcal{M}_P(i)$
1	0,75	$j^* = 1$	$0,7425 > 0$	$\{1\}$
2	0,65	$j^* = 10, 11$	$0,6435 > 0,15 = u_{2,1}$	$\{1, 10, 11\}$
3	0,80	$j^* = 5$	$0,7920 > 0,50 = u_{3,1}$	$\{1, 10, 11, 5\}$
			$0,7920 > 0,35 = u_{3,10}$	
			$0,7920 > 0,50 = u_{3,11}$	
4	0,65	$j^* = 12, 18$	$0,6435 > 0 = u_{4,1}$	$\{1, 10, 11, 5, 12, 18\}$
			$0,6435 > 0,30 = u_{4,5}$	
			$0,6435 > 0,25 = u_{4,10}$	
			$0,6435 > 0,45 = u_{4,11}$	

Die dazugehörigen segmentspezifischen Deckungsbeiträge d_{ij} der ausgewählten Produktprofile ergeben sich durch Addition der Teildeckungsbeiträge d_{ilm_l} der einzelnen Merkmalsausprägungen aus Tabelle 4.16 und sind in Tabelle 4.18 zusammengestellt. Da die Status-quo-Produkte im vorliegenden Fall durchweg Konkurrenzprodukte unseres neu in den Notebook-Markt eintretenden Anbieters sind, gilt: $d_{i0} = 0$ $\forall\, i$ und mithin auch (vgl. Gleichung 4.24) $\tilde{d}_{ij} = d_{ij} - d_{i0} = d_{ij}$.

Tabelle 4.18: Deckungsbeiträge [in €] der Erfolg versprechenden Produktkandidaten

j	Produktprofil	$d_{ij} \; \forall\, i$
1	15 Zoll, Typ A, schwarz	100
5	17 Zoll, Typ A, weiß	245
10	17 Zoll, Typ B, schwarz	120
11	17 Zoll, Typ B, weiß	220
12	17 Zoll, Typ B, silber	420
18	17 Zoll, Typ C, silber	425

Welche der in der Menge $\mathcal{M}_P$ enthaltenen Kandidaten tatsächlich in die Produktlinie aufgenommen werden, hängt davon ab, inwieweit sie zu einer Erhöhung des mit der Produktlinie insgesamt erzielbaren Gewinns beitragen. Zur Lösung dieser Aufgabe schlagen Green & Krieger (1985) die sogenannte **Seller's Greedy-Heuristik** vor. Mit ihrer Hilfe können diejenigen Produktkandidaten bestimmt werden, die den höchsten Gewinnzuwachs versprechen. Die Menge der bis zum s-ten Schritt der Heuristik (mit $s = 0, \ldots, R-1$) neu aufzunehmenden Kandidaten wird mit $\mathcal{M}_{neu}(s)$ bezeichnet. Es gilt $\mathcal{M}_{neu}(0) = \emptyset$. Zur formalen Darstellung der Heuristik bedarf es allerdings noch der Definition einer weiteren Binärvariablen:

$$v_{ij} = \begin{cases} 1, \text{ falls Individuum/Segment } i \text{ das Produkt } j \text{ aus } \mathcal{M}_{neu}(s) \cup \{0,j\} \text{ kaufen} \\ \quad \text{würde} \\ 0, \text{ sonst} \end{cases}$$

Somit ergibt sich als Gewinnzuwachs $GZ(j)$ infolge der Neuaufnahme des Produktkandidaten $j \in \mathcal{M}_P \setminus \mathcal{M}_{neu}(s)$, d. h. eines Kandidaten, der Element der Menge der Erfolg versprechenden Produktkandidaten ist, aber im Iterationsschritt s noch nicht in die Produktlinie aufgenommen wurde, in die Menge $\mathcal{M}_{neu}(s+1)$:

$$GZ(j) = \sum_{i=1}^{I} v_{ij}\left(w_i d_{ij} - \sum_{j' \in \mathcal{M}_{neu}(s) \cup \{0\}} x_{ij'} w_i d_{ij'}\right) - f_j \quad \forall j \quad (4.30)$$

Dabei bezeichnet j' die bislang bereits in die Produktlinie aufgenommenen Produkte. Die Fixkosten f_j ($\forall j$) bleiben außer Acht, werden also gleich 0 gesetzt. Formal gestaltet sich die Seller's Greedy-Heuristik dann wie folgt:

Schritt s ($s = 0, \ldots, R-1$)

$v_{ij} = \begin{cases} 1, \text{ falls } u_{ij} > u_{ij'} \; \forall j' \in \mathcal{M}_{neu}(s) \cup \{0\} \\ 0, \text{ sonst} \end{cases}$ Produkt j wird gekauft, wenn sein Nutzen größer ist als der aller anderen bislang erwogenen Produkte j'.

$j^* = \arg\max\limits_{j \in \mathcal{M}_P \setminus \mathcal{M}_{neu}(s)} (GZ(j))$ j^* ist das Produkt aus $\mathcal{M}_P$ mit dem höchsten potenziellen Gewinnzuwachs, das noch nicht in $\mathcal{M}_{neu}$ aufgenommen wurde.

Falls
$GZ(j^*) \leq 0$,

Falls
der Gewinnzuwachs von j^* nicht positiv ist,

dann STOPP,
sonst: $\mathcal{M}_{neu}(s+1) = \mathcal{M}_{neu}(s) \cup \{j^*\}$

dann STOPP,
sonst wird der Kandidat j^* in die Menge $\mathcal{M}_{neu}$ aufgenommen

und

$x_{ij} = \begin{cases} 1, \text{ falls } j = j^* \text{ und } v_{ij^*} = 1, \\ 0, \text{ falls } j \neq j^* \text{ und } v_{ij^*} = 1, \\ x_{ij}, \text{ falls } v_{ij^*} = 0 \end{cases}$

und

x_{ij} wird aktualisiert.

Bevor diese Heuristik auf das Notebook-Beispiel angewandt wird, sollten wir uns anhand von Tabelle 4.19 noch einmal die vorhandenen Daten zu den Erfolg versprechenden Produktkandidaten des Anbieters in Erinnerung rufen. Die betreffenden Produktnutzenwerte u_{ij} und die Gewinnerwartungen $w_i d_{ij}$ (d. h. das Produkt aus Segmentgewichten resp. Marktpotenzialen gemäß Tabelle 4.13 und segmentspezifischen Stückdeckungsbeiträgen) der Produktkandidaten sowie der segmentspezifischen Status-quo-Produkte lassen bei diesem einfachen Beispiel die optimale Produktlinienstruktur schon bei direkter Inaugenscheinnahme erkennen.

Tabelle 4.19: Produktnutzenwerte und Gewinnerwartungen [in €] im Notebook-Beispiel

	i	$j=0$	$j=1$	$j=5$	$j=10$	$j=11$	$j=12$	$j=18$
u_{ij}	1	0,70	**0,75**	0,55	0,30	0,15	0	0,10
	2	0,65	0,15	0,35	**0,65**	**0,65**	0,50	0,40
	3	0,65	0,50	**0,80**	0,35	0,50	0,25	0,15
	4	0,50	0	0,30	0,25	0,45	**0,65**	**0,65**
$w_i d_{ij}$	1	0	**100000**	245000	120000	220000	420000	425000
	2	0	300000	735000	**360000**	**660000**	1260000	1275000
	3	0	50000	**122500**	60000	110000	210000	212500
	4	0	200000	490000	240000	440000	**840000**	**850000**

Die Bestimmung der optimalen Produktlinie mittels Seller's Greedy-Heuristik ist in Tabelle 4.21 (siehe Seite 103) beispielhaft für den ersten Schritt, d. h. $s = 0$, dargestellt. Zuvor ist die Produktlinie des Anbieters noch nicht existent und ihr Gewinn folglich gleich 0.

Der maximale Gewinnzuwachs wird demzufolge bei Aufnahme von Produktkandidat $j^* = 18$ mit $GZ(18) = 850000$ € erreicht. Die durch Tabelle 4.21 veranschaulichte Vorgehensweise wird nun so lange fortgeführt, bis kein Gewinnzuwachs infolge der Aufnahme eines Kandidaten in die Produktlinie mehr zu erzielen ist. Im vorliegenden Beispiel führt die Seller's Greedy-Heuristik schließlich zu der in Tabelle 4.20 dargestellten optimalen Produktlinie des Anbieters.

Tabelle 4.20: Optimale Produktlinienstruktur

i	Segment	j	Produktprofil	u_{ij}	Gewinn [in €]
1	Studierende	1	15 Zoll / Typ A / schwarz	0,75	100000
2	Haushalte	11	17 Zoll / Typ B / weiß	0,65	330000
3	Unternehmen	5	17 Zoll / Typ A / weiß	0,80	122500
4	„Gamer"	18	17 Zoll / Typ C / silber	0,65	850000

Wäre der Anbieter also in der Lage, die Notebooks mit den Profilen $j = 1, 5, 11$ und 18 im Umfang der pro Segment bestehenden Marktpotenziale anzubieten, und hätte das Angebot der neuen Produktlinie keinen Einfluss auf die in den einzelnen Segmenten bestehenden Präferenzstrukturen, so wäre ein Gesamtgewinn von 1402500 € realisierbar. Lediglich im Segment 2 würde gemäß obiger Annahme die Hälfte des realisierbaren Gewinns auf das bisherige Status-quo-Produkt entfallen.

Tabelle 4.21: Ergebnisse des ersten Schritts der Seller's Greedy-Heuristik

j	Nutzenvergleich	Gewinnzuwachs
1	$u_{1,1} = 0,75 > 0,70 = u_{1,0}$ $u_{2,1} = 0,15 < 0,65 = u_{2,0}$ $u_{3,1} = 0,50 < 0,65 = u_{3,0}$ $u_{4,1} = 0,00 < 0,50 = u_{4,0}$	$GZ(1) = 100000 + 0 + 0 + 0 = 100000$
	Segment 1 würde also vom Status-quo-Produkt zu Produkt 1 wechseln, da ihm dieses einen höheren Nutzen stiften würde. Die Segmente 2 bis 4 hingegen würden aufgrund des geringeren Nutzens beim Status-quo-Produkt verbleiben.	Der Wechsel von Segment 1 zu Produkt 1 würde dem Anbieter einen Gewinnzuwachs von 100000 € liefern.
5	$u_{1,5} = 0,55 < 0,70 = u_{1,0}$ $u_{2,5} = 0,35 < 0,65 = u_{2,0}$ $u_{3,5} = 0,80 > 0,65 = u_{3,0}$ $u_{4,5} = 0,30 < 0,50 = u_{4,0}$	$GZ(5) = 0 + 0 + 122500 + 0 = 122500$
10	$u_{1,10} = 0,30 < 0,70 = u_{1,0}$ $u_{2,10} = 0,65 = 0,65 = u_{2,0}$ $u_{3,10} = 0,35 < 0,65 = u_{3,0}$ $u_{4,10} = 0,25 < 0,50 = u_{4,0}$	$GZ(10) = 0 + 360000/2 + 0 + 0$ $= 180000$ [19]
11	$u_{1,11} = 0,15 < 0,70 = u_{1,0}$ $u_{2,11} = 0,65 = 0,65 = u_{2,0}$ $u_{3,11} = 0,50 < 0,65 = u_{3,0}$ $u_{4,11} = 0,45 < 0,50 = u_{4,0}$	$GZ(11) = 660000/2 = 330000$
12	$u_{1,12} = 0,00 < 0,70 = u_{1,0}$ $u_{2,12} = 0,50 < 0,65 = u_{2,0}$ $u_{3,12} = 0,25 < 0,65 = u_{3,0}$ $u_{4,12} = 0,65 > 0,50 = u_{4,0}$	$GZ(12) = 840000$
18	$u_{1,18} = 0,10 < 0,70 = u_{1,0}$ $u_{2,18} = 0,40 < 0,65 = u_{2,0}$ $u_{3,18} = 0,15 < 0,65 = u_{3,0}$ $u_{4,18} = 0,65 > 0,50 = u_{4,0}$	$GZ(18) = \mathbf{850000}$

4.4 Produkteliminierung und Kaufverbundanalyse

Wird ein Produkt vom Markt genommen, weil sich beispielsweise die Kundenwünsche geändert haben, Produktionskapazitäten abgebaut werden müssen, der betreffende Markt zu schrumpfen beginnt oder weil es schlicht veraltet ist, so spricht man von einer **Produkteliminierung**. Entscheidend sind dabei der richtige Zeitpunkt der Eliminierung und die adäquate Berücksichtigung möglicher Verbundeffekte mit anderen Produkten des angebotenen Produktprogramms.

Eine **Verbundbeziehung** liegt vor, wenn bei der Eliminierung eines Produkts nicht nur der betreffende Produktumsatz verloren geht, sondern auch der Ab- oder

---

[19] Da Produktkandidat 10 dem Segment 2 den gleichen Nutzen spenden würde wie das Status-quo-Produkt, wird im vorliegenden Fall davon ausgegangen, dass für den Anbieter gerade die Hälfte des möglichen Gewinns realisierbar ist, man sich also die in diesem Segment vorliegende Nachfrage teilt.

Umsatz anderer im Produktprogramm befindlicher Produkte davon betroffen ist. Hinsichtlich des Timings können als Entscheidungshilfe sowohl Wirtschaftlichkeitsanalysen als auch Absatzprognosen, wie sie bereits im Kontext der Neuprodukteinführung behandelt wurden, herangezogen werden. Die Verbundeffektanalyse bedarf hingegen eines eigenen Instrumentariums.

Im Laufe der Jahre wurden eine ganze Reihe von Ansätzen zur Quantifizierung der zwischen verschiedenen Produkten bestehenden Verbundbeziehungen vorgeschlagen, so z. B. Verfahren der Clusteranalyse, ökonometrische Modelle, Ansätze auf Basis von Assoziationsregeln und neuronale Netze. Im Vordergrund steht dabei die **Kaufverbundanalyse**,[20] bei der es darum geht herauszubekommen, welche Produkte besonders häufig zusammen gekauft werden. Je nach Art und Ausmaß der Verbundbeziehung können sich hieraus unmittelbare Implikationen für das Produktmanagement ergeben. Der häufige gemeinsame Kauf wird dabei als Indiz für eine mögliche Verbundbeziehung betrachtet. Wie diese Aufgabe zu lösen ist, soll exemplarisch anhand des Konzepts der Assoziationsregeln erläutert werden. Die diesbezüglichen Ausführungen sind an Decker & Wagner (2002, S. 308ff.) angelehnt und konzentrieren sich exemplarisch auf die Perspektive des Einzelhandels, wo Produkteliminierungsentscheidungen (man spricht hier auch von Auslistungen) aufgrund der Breite des angebotenen Produktspektrums quasi an der Tagesordnung, also ein fester Bestandteil des sogenannten Category Management sind.

Assoziationsregeln beschreiben, vereinfacht ausgedrückt, Zusammenhänge zwischen Ereignissen, die gemeinsam eintreten. Ein typisches Beispiel ist der gemeinsame Kauf mehrerer Produkte bei einem Einkauf, der im Folgenden in Anlehnung an die einschlägige Literatur als **Transaktion** bezeichnet wird. In verbaler Form könnte eine Assoziationsregel z. B. lauten: In 50 % der Fälle, in denen Waschpulver gekauft wird, befindet sich auch ein Weichspüler im Warenkorb, wobei beide Produkte in 5 % aller realisierten Transaktionen gemeinsam auftreten. Der Wert 50 % charakterisiert als die **Konfidenz** dieser Regel die „Sicherheit" der Verbundbeziehung zwischen den beiden Produkten. Der Wert 5 % entspricht der relativen Häufigkeit des gemeinsamen Kaufs der beiden Produkte und wird als **Support** der Regel bezeichnet. Gesucht sind jene Assoziationsregeln, die sowohl eine vorgegebene Mindestkonfidenz als auch einen vorgegebenen Mindestsupport aufweisen und damit Entscheidungsrelevanz besitzen, z. B. in Bezug auf eine Produkteliminierungsfrage. Wie dies zu leisten ist, wird nachfolgend erläutert.

Ausgangspunkt der Betrachtung sei eine Menge $\mathscr{I} = \{i_1, \ldots, i_j, \ldots, i_I\}$ von Produkten („Items"),[21] die auf mögliche Verbundbeziehungen hin untersucht werden sollen. Weiterhin sei $\mathscr{Q} = \{\mathscr{T}_1, \ldots, \mathscr{T}_k, \ldots, \mathscr{T}_K\}$ die Menge der betrachteten Trans-

---

[20] Hin und wieder findet man hierfür auch die Bezeichnung „Cross-Selling"-Analyse.
[21] Zu Veranschaulichungszwecken gehen wir hier von Konsumgütern des täglichen Bedarfs aus. Die Methodik ist aber auch auf andere Güterarten übertragbar.

aktionen[22] $\mathcal{T}_k \subseteq \mathcal{I}$ $(k = 1, \ldots, K)$. Die Menge $\mathcal{I}$ enthält all jene Produkte, die in mindestens einer der auszuwertenden Transaktionen zusammen mit mindestens einem weiteren Produkt gekauft wurden. Produkte, die in keiner Transaktion oder ausschließlich alleine auftreten, sind somit von der Betrachtung ausgeschlossen.

Mit diesen Bezeichnern kann nun z. B. die Assoziationsregel $\mathcal{A} \Rightarrow \mathcal{B}$ formuliert werden. Hierbei stellt die Menge $\mathcal{A}$ den Rumpf (die Prämisse) und die Menge $\mathcal{B}$ den Kopf (die Konklusion) der Regel dar. $\mathcal{A}$ und $\mathcal{B}$ werden als **Itemmengen** bezeichnet. Die Verwendung der Begriffe Item (in unserem Fall als Synonym für „Produkt") und Itemmenge ist in der Assoziationsanalyse weitverbreitet, weshalb auch hier dieser Konvention gefolgt werden soll, um dem Leser den Einstieg in die weiterführende Literatur zu erleichtern. Für die Elemente $\mathcal{A}$ und $\mathcal{B}$ einer Assoziationsregel gilt: $\mathcal{A} \subset \mathcal{I}$, $\mathcal{B} \subset \mathcal{I}$ und $\mathcal{A} \cap \mathcal{B} = \emptyset$. Man beachte, dass Regelrumpf und Regelkopf auch mehr als ein Item (Produkt) enthalten können. Ausgehend von diesem Begriffsverständnis lassen sich nun der Support und die Konfidenz einer Regel genauer spezifizieren.

Der **Support** (SUP) einer Regel $\mathcal{A} \Rightarrow \mathcal{B}$ entspricht dem Anteil der Transaktionen an allen betrachteten Transaktionen, der die beiden Itemmengen $\mathcal{A}$ und $\mathcal{B}$ enthält:[23]

$$SUP(\mathcal{A} \Rightarrow \mathcal{B}) = \frac{|\{\mathcal{T} \in \mathcal{Q} \mid (\mathcal{A} \cup \mathcal{B}) \subseteq \mathcal{T}\}|}{|\mathcal{Q}|} \quad (4.31)$$

Da im Verbundkontext nur jene Regeln von Interesse sind, die durch viele Transaktionen gestützt werden, wird zweckmäßigerweise ein Minimalwert SUP^{min} für den Support festgelegt. Das Überschreiten desselben deutet auf eine bestehende Verbundbeziehung hin. Die **Konfidenz** ($CONF$) einer Regel $\mathcal{A} \Rightarrow \mathcal{B}$ ist definiert als der Anteil der Transaktionen, der beide Itemmengen $\mathcal{A}$ und $\mathcal{B}$ enthält, an all jenen Transaktionen aus der Menge $\mathcal{Q}$, die zumindest den Regelrumpf $\mathcal{A}$ beinhalten:

$$CONF(\mathcal{A} \Rightarrow \mathcal{B}) = \frac{|\{\mathcal{T} \in \mathcal{Q} \mid (\mathcal{A} \cup \mathcal{B}) \subseteq \mathcal{T}\}|}{|\{\mathcal{T} \in \mathcal{Q} \mid \mathcal{A} \subseteq \mathcal{T}\}|} \quad (4.32)$$

Auch hier gilt es wieder, einen geeigneten Minimalwert $CONF^{min}$ festzulegen.

Wegen $|\{\mathcal{T} \in \mathcal{Q} \mid \mathcal{A} \subseteq \mathcal{T}\}| \leq |\mathcal{Q}|$ gilt auch $CONF(\mathcal{A} \Rightarrow \mathcal{B}) \geq SUP(\mathcal{A} \Rightarrow \mathcal{B})$. Und weil $|\{\mathcal{T} \in \mathcal{Q} \mid (\mathcal{A} \cup \mathcal{B}) \subseteq \mathcal{T}\}| = |\{\mathcal{T} \in \mathcal{Q} \mid (\mathcal{B} \cup \mathcal{A}) \subseteq \mathcal{T}\}|$ gilt, ist $SUP(\mathcal{A} \Rightarrow \mathcal{B}) = SUP(\mathcal{B} \Rightarrow \mathcal{A})$. Der Support ist folglich ein symmetrisches, die Konfidenz hingegen ein asymmetrisches Verbundmaß, da sich $CONF(\mathcal{A} \Rightarrow \mathcal{B})$ und $CONF(\mathcal{B} \Rightarrow \mathcal{A})$ unterscheiden, wenn $|\{\mathcal{T} \in \mathcal{Q} \mid \mathcal{A} \subseteq \mathcal{T}\}| \neq |\{\mathcal{T} \in \mathcal{Q} \mid \mathcal{B} \subseteq \mathcal{T}\}|$ gilt.

---

[22] Im Konsumgüterbereich könnten dies z. B. die in einem Supermarkt mithilfe der elektronischen Kassensysteme erfassten Warenkörbe eines Tages sein. Hierbei entspricht ein „Warenkorb" gerade dem von einem Kunden bei einem Besuch des Supermarktes getätigten Einkauf. Das formale Pendant eines solchen Warenkorbs sind die Aufzeichnungen auf dem betreffenden Kassenbon.

[23] Der Support $SUP(\mathcal{A})$ einer Itemmenge $\mathcal{A}$ entspricht analog jenem Anteil der Transaktionen, der die Itemmenge $\mathcal{A}$ enthält. Der Übersichtlichkeit halber wird bei den einführenden Darstellungen auf eine Indizierung der Transaktionen $\mathcal{T}$ verzichtet.

Support und Konfidenz sind somit Maße für die Bedeutung einer Assoziationsregel. Je größer der Support und insbesondere die Konfidenz einer Regel sind, desto stärker ist die Verbundbeziehung zwischen den beiden Itemmengen $\mathscr{A}$ und $\mathscr{B}$. Aus diesem Grund ist es nicht Ziel, alle möglichen Assoziationsregeln in einer Datenbasis aufzudecken, sondern nur diejenigen, die einen vorgegebenen minimalen Support SUP^{min} und eine vorgegebene minimale Konfidenz $CONF^{min}$ aufweisen.

Das Auffinden relevanter Assoziationsregeln kann in zwei Teilaufgaben zerlegt werden (vgl. hierzu auch Hettich & Hippner (2001)):

1. Die vorliegenden Transaktionen werden auf Itemmengen hin untersucht, deren Support mindestens so groß ist wie der minimale Support. Diese Itemmengen heißen **häufige Itemmengen** ($\mathscr{C}$).
2. Aus den häufigen Itemmengen $\mathscr{C}$, die zwei oder mehr Items enthalten, werden die Assoziationsregeln $\mathscr{A} \Rightarrow \mathscr{C} \setminus \mathscr{A}$ generiert, deren Konfidenz mindestens so groß ist wie die minimale Konfidenz.

Zur effizienten Lösung[24] der ersten Teilaufgabe finden sich in der Literatur zahlreiche Algorithmen. Der bekannteste Vertreter ist der mittlerweile in verschiedenen Varianten vorliegende Apriori-Algorithmus. Für eine formale Beschreibung desselben sei an dieser Stelle auf Agrawal, Imielinski & Swami (1993) und Hettich & Hippner (2001) bzw. die dort zitierten Quellen verwiesen. Ein häufig genutztes Anwendungsfeld der Assoziationsregeln ist die Warenkorbanalyse. Ein ausführliches Beispiel findet man bei Reutterer, Hahsler & Hornik (2007). Für das nachfolgende einfache Anwendungsbeispiel ist die Skizzierung der Grundidee des Algorithmus ausreichend.

Zu Beginn wird die Menge $\tilde{\mathscr{C}}_1$ der 1-elementigen häufigen Itemmengen $\mathscr{C}_1 = \{i_j\}$ bestimmt, indem aus der Menge $\mathscr{I}$ diejenigen Items in $\tilde{\mathscr{C}}_1$ aufgenommen werden, deren Support mindestens so groß wie der minimale Support ist. Um die Menge $\tilde{\mathscr{C}}_n$ ($n \geq 2$) der n-elementigen häufigen Itemmengen zu ermitteln, wird eine Schleife durchlaufen, in der zunächst durch Anwendung einer Funktion *apriori-gen* auf die Menge $\tilde{\mathscr{C}}_{n-1}$ der $(n-1)$-elementigen häufigen Itemmengen $\mathscr{C}_{n-1}$ die Kandidatenmenge $\tilde{\mathscr{D}}_n$ bestimmt wird. Dann wird der Support aller häufigen Itemmengen $\mathscr{D}_n \in \tilde{\mathscr{D}}_n$ berechnet. Die Menge $\tilde{\mathscr{C}}_n$ setzt sich aus denjenigen n-elementigen Itemmengen $\mathscr{D}_n \in \tilde{\mathscr{D}}_n$ zusammen, deren Support größer oder gleich dem vorgegebenen minimalen Support ist. Ist die Kandidatenmenge $\tilde{\mathscr{C}}_n$ nicht leer, so wird die Schleife von neuem mit einem um 1 erhöhten Index n durchlaufen.

Die Funktion *apriori-gen* umfasst ihrerseits zwei Schritte, den Join-Schritt und den Prune-Schritt (Agrawal & Srikant (1994)):

Join-Schritt: Die Menge $\tilde{\mathscr{C}}_{n-1}$ wird auf Paare von $(n-1)$-elementigen Itemmengen hin untersucht, deren erste $(n-2)$-Items gleich sind. Die Vereinigung aus den

---

[24] Der Effizienzaspekt gewinnt insbesondere dann zentrale Bedeutung, wenn man sich vor Augen führt, dass bei Kaufverbundanalysen im Einzelhandel schon bei der Betrachtung nur weniger Wochen mehrere tausend, auf der Ebene ganzer Einzelhandelsketten mitunter sogar Millionen von Warenkörben auszuwerten sind.

4.4 Produkteliminierung und Kaufverbundanalyse   107

$(n-2)$-gleichen und den zwei unterschiedlichen Items eines Paars führt zu einer n-elementigen Itemmenge, die zur Kandidatenmenge $\tilde{\mathcal{D}}_n$ hinzugefügt wird. Dabei reicht es aus, Obermengen häufiger Itemmengen zu bilden, da es keine Obermengen nicht häufiger Itemmengen gibt, die häufig sind.

Prune-Schritt: Da alle Teilmengen einer häufigen Itemmenge ebenfalls häufig sind, können diejenigen Itemmengen $\mathcal{D}_n \in \tilde{\mathcal{D}}_n$, von denen nicht alle $(n-1)$-elementigen Teilmengen in $\mathcal{C}_{n-1}$ enthalten sind (d. h. die häufig sind), wieder aus $\tilde{\mathcal{D}}_n$ entfernt werden.

Zur Veranschaulichung dieser Funktion diene das folgende Beispiel (Agrawal & Srikant (1994)):

Es seien $n = 4$ und $\tilde{\mathcal{C}}_3 = \{\{i_1,i_2,i_3\}, \{i_1,i_2,i_4\}, \{i_1,i_3,i_4\}, \{i_1,i_3,i_5\}, \{i_2,i_3,i_4\}\}$. Dann ist nach dem Join-Schritt $\tilde{\mathcal{D}}_4 = \{\{i_1,i_2,i_3,i_4\}, \{i_1,i_3,i_4,i_5\}\}$. Im Prune-Schritt wird die Itemmenge $\{i_1,i_3,i_4,i_5\}$ aus $\tilde{\mathcal{D}}_4$ gestrichen, da ihre 3-elementigen Teilmengen $\{i_1,i_4,i_5\}$ und $\{i_3,i_4,i_5\}$ nicht in $\tilde{\mathcal{C}}_3$ enthalten, d. h. nicht häufig sind. Es resultiert $\mathcal{D}_4 = \{\{i_1,i_2,i_3,i_4\}\}$.

Die prinzipielle Vorgehensweise bei einer verbundorientierten Assoziationsanalyse soll nun wieder anhand eines kleinen Datenbeispiels veranschaulicht werden. Tabelle 4.22 zeigt die bei sechs Einkäufen realisierten Transaktionen. Des Weiteren gehen wir von den Minimalwerten $SUP^{min} = CONF^{min} = \frac{2}{6} \approx 33\,\%$ aus.

Tabelle 4.22: Datenbasis für eine Assoziationsanalyse zur Kaufverbundanalyse

Transaktionen (Warenkörbe)	Enthaltene Items (Produkte)
$\mathcal{T}_1$	$\{i_1,i_3,i_4\}$
$\mathcal{T}_2$	$\{i_2,i_3\}$
$\mathcal{T}_3$	$\{i_1,i_3\}$
$\mathcal{T}_4$	$\{i_2,i_3,i_4\}$
$\mathcal{T}_5$	$\{i_1,i_4\}$
$\mathcal{T}_6$	$\{i_2,i_3\}$

Zur schnelleren Berechnung von Support und Konfidenz enthält Tabelle 4.23 eine Zuordnung der Transaktionen zu den betrachteten Items.

Tabelle 4.23: Zuordnung der Transaktionen zu den einzelnen Items

Item	Betroffene Transaktionen
i_1	$\mathcal{T}_1, \mathcal{T}_3, \mathcal{T}_5$
i_2	$\mathcal{T}_2, \mathcal{T}_4, \mathcal{T}_6$
i_3	$\mathcal{T}_1, \mathcal{T}_2, \mathcal{T}_3, \mathcal{T}_4, \mathcal{T}_6$
i_4	$\mathcal{T}_1, \mathcal{T}_4, \mathcal{T}_5$

Tabelle 4.24 enthält alle aus dem Datenbeispiel generierbaren Regeln und die dazugehörigen Support- und Konfidenzwerte. Wie man sieht, wird der Minimalwert 33 % für Support und Konfidenz nur bei einigen 2-elementigen Regeln erreicht. Alle 3-elementigen Regeln weisen zumindest bei einer der beiden Kenngrößen einen zu

geringen Wert auf. Der Support für die Regel $\{i_2\} \Rightarrow \{i_3\}$ beispielsweise berechnet sich wie folgt:

$$SUP(\{i_2\} \Rightarrow \{i_3\}) = \frac{|\{\mathcal{T}_2, \mathcal{T}_4, \mathcal{T}_6\}|}{|\{\mathcal{T}_1, \mathcal{T}_2, \mathcal{T}_3, \mathcal{T}_4, \mathcal{T}_5, \mathcal{T}_6\}|} = 50,00\,\% \qquad (4.33)$$

Für die Konfidenz dieser Regel ergibt sich entsprechend:

$$CONF(\{i_2\} \Rightarrow \{i_3\}) = \frac{|\{\mathcal{T}_2, \mathcal{T}_4, \mathcal{T}_6\}|}{|\{\mathcal{T}_2, \mathcal{T}_4, \mathcal{T}_6\}|} = 100,00\,\% \qquad (4.34)$$

Tabelle 4.24: Mögliche Assoziationsregeln und deren Bewertung (gerundete Werte)

Regel	Erfüllende Transaktionen	Support [in %]	Konfidenz [in %]
$\{i_1\} \Rightarrow \{i_2\}$	–	0,00	0,00
$\{i_1\} \Rightarrow \{i_3\}$	$\mathcal{T}_1, \mathcal{T}_3$	33,33	66,67
$\{i_1\} \Rightarrow \{i_4\}$	$\mathcal{T}_1, \mathcal{T}_5$	33,33	66,67
$\{i_2\} \Rightarrow \{i_3\}$	$\mathcal{T}_2, \mathcal{T}_4, \mathcal{T}_6$	**50,00**	**100,00**
$\{i_2\} \Rightarrow \{i_4\}$	$\mathcal{T}_4$	16,67	33,33
$\{i_3\} \Rightarrow \{i_4\}$	$\mathcal{T}_1, \mathcal{T}_4$	33,33	40,00
$\{i_4\} \Rightarrow \{i_3\}$	$\mathcal{T}_1, \mathcal{T}_4$	33,33	66,67
$\{i_4\} \Rightarrow \{i_2\}$	$\mathcal{T}_4$	16,67	33,33
$\{i_3\} \Rightarrow \{i_2\}$	$\mathcal{T}_2, \mathcal{T}_4, \mathcal{T}_6$	**50,00**	**60,00**
$\{i_4\} \Rightarrow \{i_1\}$	$\mathcal{T}_1, \mathcal{T}_5$	33,33	66,67
$\{i_3\} \Rightarrow \{i_1\}$	$\mathcal{T}_1, \mathcal{T}_3$	33,33	40,00
$\{i_2\} \Rightarrow \{i_1\}$	–	0,00	0,00
$\{i_1\} \Rightarrow \{i_3, i_4\}$	$\mathcal{T}_1$	16,67	33,33
$\{i_3\} \Rightarrow \{i_1, i_4\}$	$\mathcal{T}_1$	16,67	20,00
$\{i_4\} \Rightarrow \{i_1, i_3\}$	$\mathcal{T}_1$	16,67	33,33
$\{i_2\} \Rightarrow \{i_3, i_4\}$	$\mathcal{T}_4$	16,67	33,33
$\{i_3\} \Rightarrow \{i_2, i_4\}$	$\mathcal{T}_4$	16,67	20,00
$\{i_4\} \Rightarrow \{i_2, i_3\}$	$\mathcal{T}_4$	16,67	33,33
$\{i_3, i_4\} \Rightarrow \{i_1\}$	$\mathcal{T}_1$	16,67	50,00
$\{i_1, i_4\} \Rightarrow \{i_3\}$	$\mathcal{T}_1$	16,67	50,00
$\{i_1, i_3\} \Rightarrow \{i_4\}$	$\mathcal{T}_1$	16,67	50,00
$\{i_3, i_4\} \Rightarrow \{i_2\}$	$\mathcal{T}_4$	16,67	50,00
$\{i_2, i_4\} \Rightarrow \{i_3\}$	$\mathcal{T}_4$	16,67	100,00
$\{i_2, i_3\} \Rightarrow \{i_4\}$	$\mathcal{T}_4$	16,67	33,33

Die stärkste Verbundbeziehung mit einem Support von 50 % und einer Konfidenz von 100 bzw. 60 % besteht im vorliegenden Beispiel zwischen den Items (Produkten) i_2 und i_3. Die Unterschiede in der Konfidenz der beiden betreffenden Regeln können so interpretiert werden, dass es eher so ist, dass ein Kauf des Produktes i_2 einen Kauf des Produktes i_3 nach sich zieht, als umgekehrt. Es liegt hier also eine asymmetrische Verbundbeziehung vor. Die Verbundbeziehung zwischen den Produkten i_1 und i_4 kann hingegen analog als symmetrisch angesehen werden, ist aber insgesamt schwächer ausgeprägt als die zwischen i_2 und i_3.

4.4 Produkteliminierung und Kaufverbundanalyse

Die Anwendung des oben skizzierten Apriori-Algorithmus auf das Datenbeispiel in Tabelle 4.22 ergibt (bei einem Minimal-Support von 33 %):

1. $\tilde{\mathcal{C}}_1 = \{\{i_1\},\{i_2\},\{i_3\},\{i_4\}\}$

2. $n = 2$

3. $\tilde{\mathcal{C}}_1 \neq \emptyset$

   3.1 $\tilde{\mathcal{D}}_2 = apriori\text{-}gen\,(\tilde{\mathcal{C}}_1)$
   Join-Schritt:
   $\tilde{\mathcal{D}}_2 = \{\{i_1,i_2\},\{i_1,i_3\},\{i_1,i_4\},\{i_2,i_3\},\{i_2,i_4\},\{i_3,i_4\}\}$

   Prune-Schritt:
   $\tilde{\mathcal{D}}_2 = \{\{i_1,i_2\},\{i_1,i_3\},\{i_1,i_4\},\{i_2,i_3\},\{i_2,i_4\},\{i_3,i_4\}\}$

   3.2 $SUP(\{i_1,i_2\}) = \frac{0}{6}$ $SUP(\{i_1,i_3\}) = \frac{2}{6}$ $SUP(\{i_1,i_4\}) = \frac{2}{6}$
   $SUP(\{i_2,i_3\}) = \frac{3}{6}$ $SUP(\{i_2,i_4\}) = \frac{1}{6}$ $SUP(\{i_3,i_4\}) = \frac{2}{6}$

   3.3 $\tilde{\mathcal{C}}_2 = \{\{i_1,i_3\},\{i_1,i_4\},\{i_2,i_3\},\{i_3,i_4\}\}$

   3.4 $n = 2+1$ und erneuter Schleifendurchlauf

3. $\tilde{\mathcal{C}}_2 \neq \emptyset$

   3.1 $\tilde{\mathcal{D}}_3 = apriori\text{-}gen\,(\tilde{\mathcal{C}}_2)$
   Join-Step:
   $\tilde{\mathcal{D}}_3 = \{\{i_1,i_3,i_4\}\}$

   Prune-Step:
   $\tilde{\mathcal{D}}_3 = \{\{i_1,i_3,i_4\}\}$

   3.2 $SUP(\{i_1,i_3,i_4\}) = \frac{1}{6}$

   3.3 $\tilde{\mathcal{C}}_3 = \emptyset$

   3.4 $n = 3+1$ und STOPP

Wie erwartet liefert der Algorithmus keine 3-elementigen häufigen Itemmengen, sondern nur 1- und 2-elementige. Dies sind die Mengen $\{i_1\}$, $\{i_2\}$, $\{i_3\}$ und $\{i_4\}$ bzw. $\{i_1,i_3\}$, $\{i_1,i_4\}$, $\{i_2,i_3\}$ und $\{i_3,i_4\}$. Auf die Angabe der zugehörigen Assoziationsregeln kann mit Verweis auf Tabelle 4.24 an dieser Stelle verzichtet werden.

Im vorliegenden Beispiel wurde die Annahme getroffen, dass zwischen zwei (oder auch mehr) Produkten eine Verbundbeziehung besteht, wenn die jeweiligen Support- und Konfidenzwerte mindestens so groß wie die vorgegebenen Mindestwerte (d. h. 33 %) sind. Faktisch bedeutet dies, dass die Eliminierung eines jeden der vier Produkte einen Effekt auf mindestens eines der anderen Produkte hätte. Würde man den Verbundschwellenwert hingegen z. B. auf 0,4 anheben, so wäre nur für das Paar $\{i_2,i_3\}$ von einem bestehenden Kaufverbund mit entsprechenden Konsequenzen für eine zu treffende Produkteliminierungsentscheidung auszugehen. Dies

4.5 Entscheidungen im Rahmen der Markenpolitik

Neben dem Produktkern und der Produktfunktion stellt die **Markierung** ein zentrales produktpolitisches Gestaltungsmerkmal dar. Die *American Marketing Association* definiert eine **Marke** als „a name, term, sign, symbol, or design, or a combination of them, intended to identify the goods or services of one seller or group of sellers and to differentiate them from those of competitors". Markierte Produkte weisen demnach ein schutzfähiges Zeichen resp. eine Markierung auf, die sie von anderen Produkten unterscheidbar machen. Eine Marke impliziert immer auch ein Qualitätsversprechen und ermöglicht die Schaffung eines Zusatznutzens (etwa in Form der sozialen Anerkennung aufgrund des Besitzes einer bestimmten Automarke). Die Markierung eines Produkts ermöglicht den Aufbau von Markteintrittsbarrieren für Konkurrenzprodukte und kann ein emotionales Konsumerlebnis vermitteln (z. B. beim Kauf individuell präferierter Markenkleidung). Des Weiteren stellt eine etablierte Marke einen Wert an sich dar. Das Management einer Marke impliziert dann u. U. Entscheidungen von beträchtlicher ökonomischer Tragweite. Darüber hinaus kann ein ausgeprägt positives Markenimage die Einführung neuer Produkte erleichtern, wenn es gelingt, das Image der etablierten Marke resp. des markierten Produktes auf das neue Produkt zu übertragen.[25]

Bei der Markierung von Produkten können verschiedene Vorgehensweisen verfolgt werden. Tabelle 4.25 gibt in Anlehnung an Esch (2014, S. 397ff.) einen Überblick über mögliche Erscheinungsformen von Marken. Selbstverständlich sind auch Kombinationen verschiedener Formen denk- und beobachtbar.

Tabelle 4.25: Realisationen der Markenpolitik

Typus	Beschreibung	Beispiele
Einzelmarke	Jedes Produkt wird unter einem eigenen Markennamen vertrieben.	*Nutella* der Firma *Ferrero* oder *Pringles* von *Procter & Gamble*
Familienmarke	Mehrere verwandte Produkte werden unter einer Marke angeboten.	Hautpflegeserie von *Nivea*
Dachmarke	Alle Produkte eines Unternehmens tragen denselben Markennamen.	Produkte von *Siemens* und *Porsche*
Handelsmarke	Unter der Marke eines Handelsunternehmens vertriebene Produkte.	*Gut&Günstig* von *Edeka* oder *Westbury* von *C&A*

---

[25] Ein Beispiel für den erfolgreichen Transfer eines etablierten Markennamens und des damit verbundenen Images auf andere Produktkategorien ist die Marke *Porsche*, die heute nicht mehr nur für Sportwagen, sondern auch für verschiedene Accessoires wie z. B. Brillen und Taschen steht.

Zu den wichtigsten Entscheidungen im Zusammenhang mit der Markierung eines Produkts zählen (Decker & Wagner (2006, S. 180)):

- Namensfindung (Soll ein realer Name, wie z. B. der Familienname bei *Dr. Oetker*, oder ein fiktiver Name, wie z. B. bei der Limonadenmarke *Bionade*, verwendet werden?)
- Labeling (Soll mittels entsprechender Zusätze, wie z. B. „Made in Germany", auf die Herkunft der Marke hingewiesen werden?)
- Gesetzlicher Schutz (Wie lässt sich die Marke bzw. der Markenname vor Missbrauch, z. B. im Internet, schützen?)
- Lizenzierung (Soll die Nutzung des Markennamens auch anderen Unternehmen gegen ein entsprechendes Entgelt ermöglicht werden?)
- Imagetransfer (Soll bzw. kann der Markterfolg eines neuen Produkts durch den gezielten Imagetransfer von einer bereits etablierten Marke erhöht werden?)

Neben der üblicherweise solitären Präsenz einer Marke auf den für sie relevanten Märkten kommt es hin und wieder aber auch zu gemeinsamen Auftritten („Allianzen") verschiedener Marken. Eine **Markenallianz** bezeichnet die gleichzeitige, käuferfokussierte Präsentation von zwei oder mehr Marken. Ziel einer solchen Allianz ist zumeist die Erhöhung des Absatzpotenzials der beteiligten Partner unter Ausnutzung der individuellen Markenbekanntheit und des jeweiligen Markenwertes.

Die Form und Intensität der Zusammenarbeit der Allianzpartner und die von den Kunden wahrgenommene Neuartigkeit des Allianzgegenstandes sind Aspekte, anhand derer sich verschiedene Formen von Markenallianzen unterscheiden lassen. Wichtige Ausprägungsformen sind die horizontale Werbeallianz, bei der zwei oder mehr Marken gemeinsame Werbung machen (z. B. *Philips* (Bügeleisen) und *Downy* (Textilpflege)), und das sogenannte Co-Branding, bei dem ein Produkt unter Verwendung der Markennamen einzelner Komponentenhersteller vermarktet wird (z. B. *Dell* (Notebooks) und *Intel* (Prozessoren)). Letzteres bezeichnet man auch als „Ingredient Branding" (vgl. hierzu auch das Markensignal „*Intel Inside*"). Eine frühe, ausführliche Diskussion von Markenallianzen als strategischem Instrument zur erfolgreichen Marktbearbeitung und entsprechender Erfolgsfaktoren auf Produkt- und Organisationsebene erfolgt in Decker & Schlifter (2001).

4.5.1 Der Markenwert als Element markenpolitischer Entscheidungen

Spätestens bei der Planung einer Markenallianz stellt sich die Frage nach dem Marktwert einer Marke („Brand Equity"). Erweist sich eine Allianz nämlich als Flop, dann kann sich dies auch negativ auf den Marktwert der Markenpartner auswirken. Eine zuverlässige Einschätzung des Wertes der eigenen Marke ist aber nicht nur im Kontext von Markenallianzen von zentraler Bedeutung, sondern z. B. auch dann, wenn es um den Verkauf oder die Fusion von Unternehmen mit eigenen Marken geht.

Je stärker eine Marke ist, desto höhere Preise können die betreffenden Produkte auf dem Markt erzielen. Dies gilt für Automobile ebenso wie für Kleidung und Lebensmittel. Laut einer Studie des Marktforschungsunternehmens *MillwardBrown* betrug der Wert der Marken *Apple*, *Google* und *Coca-Cola* im Jahr 2015 ca. 247, 174 und 84 Mrd. US-$.

Wie aber bestimmt man den Wert einer Marke? Eine eindeutige Antwort auf diese Frage gibt es bislang nicht. Insbesondere existieren noch keine allgemein anerkannten Berechnungsstandards. Dies dürfte auch einer der Gründe für die teilweise deutlich divergierenden Einschätzungen sein. So lag z. B. laut einer Studie der amerikanischen Beratungsgesellschaft *Interbrand* der Wert der Marken *Apple*, *Google* und *Coca-Cola* im Jahr 2014 bei „nur" 119, 107 und 82 Mrd. US-$. Bei *Apple* divergieren die Bewertungen offensichtlich erheblich.

Aufgrund der fehlenden Standardisierung wenden viele der sich mit der Bewertung von Marken beschäftigenden Unternehmen eigene Bewertungsmodelle an. Viele dieser Modelle kombinieren monetäre und nicht-monetäre Wertbestandteile zu einem monetären Gesamtwert. Als monetäre Bestandteile können z. B. aktuelle oder zukünftig erwartete Einzahlungsüberschüsse herangezogen werden. Zu den nicht-monetären Wertbestandteilen zählen z. B. die Bekanntheit einer Marke sowie ihre Fähigkeit zur Erzeugung einer nachhaltigen Käuferbindung (Markentreue). Einen Überblick zum Stand der Entwicklungen auf diesem Gebiet geben z. B. Farsky & Sattler (2007). Die Autoren kommen am Ende ihres Beitrags zu dem Fazit, dass sich „für die meisten praktisch relevanten Verwendungszwecke einer Markenwertbestimmung eine Messung in Form eines Kapitalwerts abgezinster zukünftiger markenspezifischer Einzahlungsüberschüsse" anbietet.

Eine erste Vorstellung von einer möglichen Vorgehensweise und den damit verbundenen Problemen vermittelt der nachfolgend exemplarisch betrachtete und aus dem Bereich der Unternehmensbewertung stammende **DCF-Ansatz** (DCF steht für „Discounted Cash Flow"). Hierbei wird unterstellt, dass der Unternehmens- bzw. in unserem Fall der Markenwert allein von den zukünftigen Zahlungen abhängt. Verhaltensorientierte und mithin alle qualitativen Aspekte, wie etwa das Image der Marke, bleiben außer Acht, was die erforderlichen Berechnungen – zumindest in rein technischer Hinsicht – erleichtert.

Einem Vorschlag von Leone, Rao, Keller, Luo, McAlister & Srivastava (2006) folgend kann der Markenwert zum gegenwärtigen Zeitpunkt $t = 0$ als die Summe der diskontierten freien Cash Flows in den Betrachtungsperioden $t = 1, \ldots, T$ plus dem diskontierten „ewigen" freien Cash Flow in Periode $T + 1$ berechnet werden. Dieser Sichtweise liegt die vereinfachende Annahme zugrunde, dass das Unternehmen genau eine Marke besitzt und alle Mittelzu- und -abflüsse im Zusammenhang mit der Marke stehen. Unternehmen und Marke werden quasi gleichgesetzt. Für den sich so ergebenden Barwert MW_0 der zukünftigen freien Cash Flows gilt:

$$MW_0 = \sum_{t=1}^{T} \frac{\text{Freier Cash-Flow in } t}{(1+\text{Kapitalkosten})^t} + \frac{\text{„Ewiger" freier Cash-Flow ab } T+1}{\text{Kapitalkosten} \cdot (1+\text{Kapitalkosten})^T}$$

$$= \sum_{t=1}^{T} \frac{FCF_t}{(1+KK)^t} + \underbrace{\frac{FCF_{T+1}}{KK \cdot (1+KK)^T}}_{\text{abgezinste „ewige" Rente}} \qquad (4.35)$$

Die Berechnung des Markenwerts ist damit ähnlich, jedoch nicht identisch zur Berechnung des Discounted Cash Flow gemäß der Gleichung 3.2 auf Seite 46, da hier die Anfangsinvestitionen nicht berücksichtigt werden und zudem ein für alle zukünftigen Perioden identischer Zinssatz im Sinne der Kapitalkosten unterstellt wird. Werden im Zeitverlauf variierende Kapitalkosten erwartet, ist die Berechnung analog zur Gleichung 3.2 zu modifizieren.

Das in Tabelle 4.26 dargestellte Beispiel zeigt, wie die für die Berechnung des Markenwertes gemäß DCF-Ansatz erforderlichen Inputgrößen (FCF_t) bestimmt werden können. Der Kapitalkostensatz KK ist hierbei definiert als der gewichtete Durchschnitt aus der geforderten Eigen- und Fremdkapitalverzinsung unter Berücksichtigung der steuerlichen Abzugsfähigkeit der Fremdkapitalzinsen und wird im vorliegenden Beispiel mit 10 % angenommen. Der Betrachtungshorizont umfasse insgesamt sechs Perioden und den Zeitraum der „ewigen" Rente ($T = 7+$). Bei den übrigen Angaben handelt es sich um Mio. €. Der Markenwert beträgt hiernach 176,24 Mio. €.

Tabelle 4.26: Rechenbeispiel zum DCF-Ansatz (gerundete Werte)

Periode t	0	1	2	3	4	5	6	7+
Bruttogewinn (EBIT)		52	36	44	52	60	64	60
− Steuer (25 %)		13	9	11	13	15	16	15
+ Abschreibungen		40	45	34	42	50	37	45
Operativer Cash-Flow		79	72	67	81	95	85	90
− Investitionen in Anlage- und Umlaufvermögen		52	43	44	66	70	65	77
Freier Cash-Flow (FCF_t)		27	29	23	15	25	20	13
Diskontierter FCF_t		24,55	23,97	17,28	10,25	15,52	11,29	73,38
Barwert zukünftiger freier Cash-Flows (MW_0)	176,24							

Das Beispiel unterstellt, dass mit dem Beginn der Periode $T = 7$ keine Änderungen des freien Cash-Flow zu erwarten sind. Der Barwert der „ewigen" Rente zum Beginn der Periode 7 ist $\frac{13}{0,1} = 130$ Mio. €, die über 6 Jahre abzuzinsen sind.

Formalisierungen des Markenbewertungsproblems mithilfe von Ansätzen wie dem oben vorgestellten können aufgrund der mit der Datenbeschaffung verbundenen Subjektivität (z. B. die Prognose der periodenspezifischen Bruttogewinne (EBIT) betreffend) sicherlich keine absolut präzisen Werte liefern, wohl aber eine erste Orientierung. Die resultierende Wertprognose sollte idealerweise den Ergebnissen alternativer Bewertungsansätze, die z. B. auch den qualitativen Dimensionen einer Marke Rechnung tragen, gegenübergestellt werden. Entsprechende Vorschläge finden sich z. B. bei Trommsdorff (2004). Aufgrund des bereits betonten Fehlens allgemein anerkannter Standards soll dieser Aspekt aber nicht weiter vertieft werden.

4.5.2 Steuerung von Marken im Wettbewerb

Eine der zentralen Aufgaben des Marketingmanagements ist die Sicherung und der Ausbau der Stärke der eigenen Marke im Wettbewerbsumfeld. Die relative Stärke kann auf unterschiedliche Art zum Ausdruck kommen. Ein wichtiges, vielleicht sogar das wichtigste Maß für die Stärke einer Marke ist deren **Marktanteil** bzw. die Wahrscheinlichkeit ihres Erwerbs im Falle eines Produktkaufes.

Die prinzipielle Idee der aus diesem Grund im vorliegenden Abschnitt betrachteten **Markenwahl-** bzw. **Marktanteilsmodelle** besteht darin, die einer Marke m ($m = 1, \ldots, M$) zugesprochene und durch die relevanten Eigenschaften (z. B. den Preis und die für ihre Vermarktung getätigten Werbeaufwendungen) spezifizierte Wertschätzung zur Summe der Wertschätzungen aller M zur Auswahl stehenden Marken ins Verhältnis zu setzen, um diesen Quotienten dann als Schätzer für den Marktanteil der Marke m zu verwenden. Diese in der anglo-amerikanischen Literatur auch durch die plakative „$\frac{us}{us+them}$-Formel" beschriebene Beziehung sichert die logische Konsistenz der Modelle. Logische Konsistenz bedeutet hierbei, dass die Marktanteile der M Marken jeweils zwischen 0 und 1 liegen und sich zu 1 summieren.

Bevor wir uns eingehender mit der Markenwahl- bzw. Marktanteilsmodellierung und deren Relevanz für die Entscheidungsfindung auseinandersetzen, bedarf es allerdings noch einiger kurzer Vorbemerkungen:

Für welche Marke $m \in \mathcal{M}$ sich ein Konsument entscheidet, hängt von seinen individuellen Präferenzen ab. Je ausgeprägter die Präferenz in Bezug auf eine Marke ausfällt, umso wahrscheinlicher ist ihre Wahl.

Die funktionale Zuordnung $U_m = U(\mathbf{x}_m)$ gibt dementsprechend an, wie sich der Nutzen $U(\mathbf{x}_m)$ aus den L Eigenschaften bzw. Attributen der Marke m ergibt. Wird einem Eigenschafts- bzw. Attributbündel $\mathbf{x}_m$ bei wiederholter Bewertung jeweils der gleiche Nutzenwert U_m zugeordnet, so liegt eine **deterministische Präferenzstruktur** vor. Ist dies nicht der Fall, d. h. verhalten sich die Käufer insoweit „zufällig", als die Konfrontation mit denselben Marken und damit auch denselben Attributbündeln zu unterschiedlichen Auswahlentscheidungen führen kann,[26] so spricht man von einer **stochastischen Präferenzstruktur**. Der Nutzen U_{km}, der einem Konsumenten k aus der Wahl der Marke m entsteht, setzt sich dann additiv aus einer deterministischen Komponente u_m und einer stochastischen Komponente ϕ_{km} zusammen. Es gilt also:

$$U_{km} = u_m + \phi_{km} \qquad \forall\, k, m \qquad (4.36)$$

Die deterministische Komponente u_m kann als der mittlere Nutzen der Marke m in der betrachteten Käuferschaft interpretiert werden, während ϕ_{km} die nicht näher spezifizierte Abweichung der individuellen Präferenzen des Konsumenten k von diesem „Durchschnittsnutzen" zum Ausdruck bringt und üblicherweise als stochastische Störgröße bezeichnet wird. Die Störgröße dient somit der Erfassung der nicht

---

[26] Dies ist z. B. dann der Fall, wenn mehrere potenzielle Käufer mit den zur Auswahl stehenden Marken konfrontiert werden.

näher spezifizierbaren Unterschiedlichkeit des Markenwahlverhaltens in der betrachteten Käuferschaft.

Um nun von den individuellen Nutzenbewertungen U_{km} zu einer Erklärung konkreter Markenwahlentscheidungen zu gelangen, bedarf es der Anwendung einer geeigneten Entscheidungsregel. Eine naheliegende Regel lautet: Wähle aus den zur Verfügung stehenden Marken jene mit dem höchsten Nutzenwert U_m („First Choice"-Regel).

Das vorgestellte Nutzenkonzept ermöglicht eine einfache formale Erklärung der Wirkung der sich in der Ausgestaltung des Eigenschaftsbündels $\mathbf{x}_m$ manifestierenden Marketingentscheidungen auf die eingangs erwähnte Stärke der Marke. Darüber hinaus kann es aber insbesondere dazu verwendet werden, konkrete Markenwahlwahrscheinlichkeiten zu berechnen, die ihrerseits wiederum z. B. Prognosen der zukünftigen Marktanteile der betrachteten Marken ermöglichen. Ausgangspunkt hierfür ist die einfache Prämisse:

$$U_{km} > U_{kj} \quad \Leftrightarrow \quad P_k(\mathbf{x}_m) > P_k(\mathbf{x}_j) \qquad \forall\, m, j \qquad (4.37)$$

Hierbei bezeichnet $P_k(\mathbf{x}_m)$ die Wahrscheinlichkeit, dass Konsument k die durch das Attributbündel $\mathbf{x}_m$ charakterisierte Marke $m \in \mathcal{M}$ wählt. Von zwei zur Auswahl stehenden Marken besitzt also jene die größere Wahrscheinlichkeit, gewählt zu werden, die in der Wahrnehmung des Konsumenten k den größeren Nutzen verspricht. Eine elegante Möglichkeit der Konkretisierung des Zusammenhangs zwischen Produktnutzen und Produktkaufwahrscheinlichkeit bietet das im Marketing populäre multinomiale Logit-Modell.

Multinomiales Logit-Modell

Das **multinomiale Logit-Modell**, kurz **MNL-Modell**, zählt zu den am häufigsten eingesetzten ökonometrischen Markenwahlmodellen. Es basiert auf dem oben beschriebenen Nutzenkonzept und geht auf den Nobelpreisträger für Wirtschaftswissenschaften des Jahres 2000, Daniel L. McFadden, zurück (McFadden (1974)).

Ausgangspunkt ist die mit Gleichung 4.36 gegebene Nutzendefinition. Die Wahrscheinlichkeit $P(Y_k = m)$, dass sich ein Konsument k bei M zur Auswahl stehenden Marken gerade für die Marke m entscheidet, kann dann wie folgt spezifiziert werden:

$$\begin{aligned} P(Y_k = m) &= P(U_{km} \geq U_{kj}\ \forall\, j \neq m) \\ &= P(u_m + \phi_{km} \geq u_j + \phi_{kj}\ \forall\, j \neq m) \qquad \forall\, k, m \end{aligned} \qquad (4.38)$$

Die Zufallsvariable Y_k beschreibt hierbei den Ausgang der Markenwahlentscheidung des Konsumenten k. Durch die damit verbundene stochastische Perspektive bringt man zum Ausdruck, dass die Markenwahlentscheidung eines Konsumenten für einen außenstehenden Beobachter, etwa einen Marktforscher, in dem Sinne „zufällig" ist, dass sie nicht sicher vorhersehbar ist.

Unterstellt man weiterhin, dass der Wert der Störgröße ϕ_{km} für alle Marken $m = 1, \ldots, M$ gemäß einer Extremwertverteilung (Train (2009), S. 34ff.)) mit

$$P(\phi_{km} \leq \phi_m) = \exp\bigl(-\exp(-\phi_m)\bigr) \quad \forall\, m \quad (4.39)$$

über die den Zielmarkt repräsentierenden Konsumenten streut, so gilt für die Wahrscheinlichkeit $P(Y = m)$, dass ein beliebig aus dieser Grundgesamtheit herausgegriffener Konsument die Marke m wählt (für Details zur Herleitung siehe McFadden (1974), Decker & Wagner (2002, S. 351ff.) und Train (2009)):

$$P(Y = m) = \frac{\exp(u_m)}{\sum_{j=1}^{M} \exp(u_j)} \quad \forall\, m \quad (4.40)$$

Obige Gleichung besagt im Kern, dass sich die Wahrscheinlichkeit der Entscheidung zugunsten von Marke m, bei M zur Auswahl stehenden Marken, aus dem Verhältnis des Nutzens der Marke m zur Summe der Nutzen aller zur Auswahl stehenden Marken ergibt. Der Einfachheit halber bedienen wir uns im Folgenden der verkürzten Schreibweise $p_m = P(Y = m)$. Da nur die zur Auswahl stehenden Marken gewählt werden können, gilt: $\sum_{m=1}^{M} p_m = 1$. Aus diesem Blickwinkel heraus muss es im Interesse des Marketingmanagements liegen, den die Markenwahlwahrscheinlichkeit bestimmenden Nutzen u_m zum Wohle der eigenen Marke (m) zu beeinflussen.

In der Marketingpraxis ist man deshalb weniger am abstrakten Nutzenwert u_m interessiert, als vielmehr daran, welchen Einfluss die einzelnen Produktattribute x_{ml} (über den Nutzen u_m) auf die Markenwahlwahrscheinlichkeit p_m haben. Um dieser Frage nachgehen zu können, bietet sich eine lineare Zerlegung des Nutzenterms an. Es sei:

$$u_m = u(\mathbf{x}_m) = \alpha_m + \beta_1 x_{m1} + \cdots + \beta_L x_{mL} \quad \forall\, m \quad (4.41)$$

Durch die Parameter $\beta_1, \ldots, \beta_L$ kommt hierbei die Stärke und die Richtung des Einflusses der betrachteten Attribute auf den deterministischen Nutzen u_m der Marke m zum Ausdruck. Der Parameter α_m hingegen repräsentiert eine Art markenspezifischen Grundnutzen. Die zunächst einmal unbekannten Modellparameter können z. B. auf Basis der von verschiedenen kommerziellen Marktforschungsinstituten im Rahmen von Verbraucherpanels (siehe hierzu etwa Decker & Wagner (2002)) auf Konsumentenebene erhobenen Kaufverhaltensdaten geschätzt werden.

Ist davon auszugehen, dass der Einfluss der im Modell berücksichtigten Attribute von Marke zu Marke unterschiedlich ausfällt, z. B. im Sinne einer markenabhängigen Preissensibilität der Konsumenten, so kann Gleichung 4.41 wie folgt verfeinert werden:

$$u_m = \alpha_m + \sum_{l=1}^{L} \beta_{ml} x_{ml} \quad \forall\, m \quad (4.42)$$

Der Parameter β_{ml} gibt nun die Stärke und die Richtung des spezifischen Einflusses von Attribut l auf den Nutzen u_m der Marke m wieder. Eingesetzt in Gleichung 4.40 liefert uns dies die „Differential-Effects"-Variante des MNL-Modells (Cooper & Nakanishi (1988)):

4.5 Entscheidungen im Rahmen der Markenpolitik

$$p_m = \frac{\exp\left(\alpha_m + \sum_{l=1}^{L} \beta_{ml} x_{ml}\right)}{\sum_{j=1}^{M} \exp\left(\alpha_j + \sum_{l=1}^{L} \beta_{jl} x_{jl}\right)} \quad \forall\, m \qquad (4.43)$$

Die mit Nutzengleichung 4.41 zu erhaltende Variante wird analog als „Simple-Effects"-MNL-Modell bezeichnet (Hanssens, Parsons & Schultz (2001, S. 124)).

Die Schätzung der Modellparameter $\alpha_1, \ldots, \alpha_M$ und $\beta_{11}, \ldots, \beta_{ml}, \ldots, \beta_{ML}$ bzw. $\beta_1, \ldots, \beta_l, \ldots, \beta_L$ kann auf unterschiedliche Weise erfolgen, so z. B. mit der Maximum-Likelihood-Methode oder der bereits in Kapitel 1 auf S. 9 eingesetzten Methode der Kleinsten Quadrate. Die grundsätzliche Vorgehensweise bei der zuerst genannten Methode wird nachfolgend anhand des Simple-Effects-MNL-Modells erläutert.

Bei der **Maximum-Likelihood-Methode** werden für die unbekannten Parameter jene Werte als Schätzer verwendet, für die die Wahrscheinlichkeit maximal wird, genau die Stichprobe zu realisieren, auf deren Basis die Schätzung der Parameter erfolgt (Hackl (2005)). Im vorliegenden Kontext geht dies mit der Annahme einher, dass die Daten aus einer Stichprobe von Konsumenten stammen, die aus einer Menge $\mathscr{M}$ von Marken jeweils genau eine Marke auszuwählen hatten. Dementsprechend bezeichnet n_m die Anzahl der Konsumenten, die sich hierbei für die Marken m entschieden haben, und $n = \sum_{m=1}^{M} n_m$ die Gesamtzahl der getroffenen Markenwahlentscheidungen. Die Häufigkeiten $n_1, \ldots, n_M$ sind somit das Ergebnis eines multinomialen Auswahlprozesses. Bei Verwendung des Simple-Effects-MNL-Modells gilt für die Wahrscheinlichkeit der Realisation genau der Häufigkeiten $n_1, \ldots, n_M$:

$$L(\alpha_1, \ldots, \alpha_M, \beta_1, \ldots, \beta_L) = \prod_{m=1}^{M} (p_m)^{n_m} = \prod_{m=1}^{M} \left(\frac{\exp\left(\alpha_m + \sum_{l=1}^{L} \beta_l x_{ml}\right)}{\sum_{j=1}^{M} \exp\left(\alpha_j + \sum_{l=1}^{L} \beta_l x_{jl}\right)} \right)^{n_m}$$
(4.44)

Diese als Likelihood-Funktion bezeichnete Gleichung gilt es nun durch eine geeignete Wahl der Modellparameter zu maximieren. Hierbei können verschiedene in der Literatur zur Ökonometrie diskutierte Lösungsverfahren zum Einsatz kommen.

Um die Parameterschätzung anhand eines von Hand nachrechenbaren Beispiels zu veranschaulichen, wollen wir die Annahme treffen, dass sich die oben beschriebene Auswahlsituation auf zwei Marken $m = 1$ und $m = 2$ beschränkt. Dabei könnte Marke 2 als „Restmarke" interpretiert werden, die alle anderen Marken umfasst. Die Konsumenten entscheiden sich bei ihrer Markenwahl also entweder für die von uns angebotene Marke 1 oder für eine der anderen unter der Restmarke subsumierten Alternativen.[27] Des Weiteren beschränken wir uns auf die Berücksichtigung des

---

[27] Das Attributbündel der Marke 2 könnte in diesem Fall z. B. aus der Mittelung der Attributwertausprägungen der in 2 zusammengefassten Marken resultieren.

Einflusses von zwei Attributen, etwa des Produktpreises ($l = 1$) in € und der Garantielaufzeit ($l = 2$) in Monaten. Damit reduziert sich die Likelihood-Funktion des Simple-Effects-MNL-Modells auf die einfache Form:

$$L(\alpha_1, \alpha_2, \beta_1, \beta_2) = \prod_{m=1}^{2} \left(\frac{\exp(\alpha_m + \beta_1 x_{m1} + \beta_2 x_{m2})}{\sum_{j=1}^{2} \exp(\alpha_j + \beta_1 x_{j1} + \beta_2 x_{j2})} \right)^{n_m} \quad (4.45)$$

Zur Bestimmung der gesuchten vier Schätzer $\hat{\alpha}_1$, $\hat{\alpha}_2$, $\hat{\beta}_1$ und $\hat{\beta}_2$ bilden wir die ersten partiellen Ableitungen der Likelihood-Funktion und setzen diese gleich Null. Zuvor logarithmieren wir die Likelihood-Funktion allerdings noch. Da es sich hierbei um eine monotone Transformation handelt, hat dies keinen Einfluss auf die gesuchten Nullstellen der Ableitung, erleichtert aber bei gleichzeitiger Konkavität der Funktion die weiteren Berechnungen. Mit

$$\ln L(\alpha_1, \alpha_2, \beta_1, \beta_2) = \sum_{m=1}^{2} n_m \left[\alpha_m + \sum_{l=1}^{2} \beta_l x_{ml} - \ln \left(\sum_{j=1}^{2} \exp \left(\alpha_j + \sum_{l=1}^{2} \beta_l x_{jl} \right) \right) \right]$$
(4.46)

erhalten wir auf diese Weise die gleich Null gesetzten Ableitungen:

$$\frac{\partial \ln L(.)}{\partial \alpha_1} = n_1 - p_1(n_1 + n_2) \stackrel{!}{=} 0 \quad (4.47)$$

$$\frac{\partial \ln L(.)}{\partial \alpha_2} = n_2 - p_2(n_1 + n_2) \stackrel{!}{=} 0 \quad (4.48)$$

$$\frac{\partial \ln L(.)}{\partial \beta_1} = n_1 x_{11}(1 - p_1) + n_2 x_{21}(1 - p_2) - n_1 x_{21} p_2 - n_2 x_{11} p_1 \stackrel{!}{=} 0 \quad (4.49)$$

$$\frac{\partial \ln L(.)}{\partial \beta_2} = n_1 x_{12}(1 - p_1) + n_2 x_{22}(1 - p_2) - n_1 x_{22} p_2 - n_2 x_{12} p_1 \stackrel{!}{=} 0 \quad (4.50)$$

Die Lösung dieses aus vier Gleichungen bestehenden und vier Unbekannte (α_1, α_2, β_1 und β_2) enthaltenden Gleichungssystems ist aufgrund der nichtlinearen Struktur des MNL-Modells (resp. den durch p_1 und p_2 repräsentierten Formeln) nicht auf analytischem Wege möglich. Um die gesuchten Parameter zu bestimmen, kann man sich allerdings geeigneter Näherungsverfahren bedienen, z. B. des Newton-Verfahrens (siehe z. B. Stoer (2006)). Aus formaler Sicht wesentlich einfacher, dafür u. U. aber auch deutlich zeitaufwendiger ist die Gittersuche („Grid Search"). Hierbei erzeugt man sukzessive Tupel von möglichen Werten für die gesuchten Parameter (z. B. $\hat{\alpha}_1 = 0,8$, $\hat{\alpha}_2 = 1,2$, $\hat{\beta}_1 = -0,5$ und $\hat{\beta}_2 = 0,5$) und setzt diese in die obigen Ableitungen ein. Die Suche stoppt, wenn ein (nicht triviales) Tupel von Parametern gefunden wurde, für die alle vier Ableitungen zumindest näherungsweise gleich Null sind. Wir wollen dieses Vorgehen anhand eines kleinen Beispiels demonstrieren.

Ausgangspunkt der Modellierung seien die in Tabelle 4.27 dargestellten Markenwahlentscheidungen von $K = 20$ Konsumenten in Bezug auf ein alltägliches Gebrauchsgut, z. B. einen USB-Speicherstick. Weiterhin wollen wir annehmen, dass

4.5 Entscheidungen im Rahmen der Markenpolitik 119

diese Markenwahlentscheidungen vor dem Hintergrund getroffen wurden, dass die Marke 1 zum Preis von $x_{11} = 15$ € bei einer Garantielaufzeit von $x_{12} = 24$ Monaten und die Marke 2 zum Preis von $x_{21} = 18$ € bei einer Garantielaufzeit von $x_{22} = 36$ Monaten angeboten wurden. Wie müssen dann die Parameter α_1, α_2, β_1 und β_2 des Simple-Effects-MNL-Modells gewählt werden, damit sie die beobachteten und in Tabelle 4.27 wiedergegebenen Markenwahlentscheidungen bestmöglich wiedergeben?

Tabelle 4.27: Markenwahlentscheidungen im Zweimarkenfall

Konsument (k)	1	2	3	4	5	6	7	8	9	10	11	12	13	14	15	16	17	18	19	20
Gewählte Marke (m)	1	2	2	2	1	2	1	1	1	2	1	1	1	2	1	1	2	1	1	2

Um diese Frage beantworten zu können, berechnen wir zunächst einmal die in die Maximum-Likelihood-Funktion (Gleichung 4.45) eingehenden Markenwahlhäufigkeiten. Aus Tabelle 4.27 folgt $n_1 = 12$ und $n_2 = 8$. Mit den vorliegenden Daten kann nun die Gittersuche gestartet werden. Die sich hierbei für fünf „zufällig" gewählte Parameterkonstellationen ergebenden Werte der oben dargestellten partiellen Ableitungen sind in Tabelle 4.28 zusammengestellt.[28]

Tabelle 4.28: Ergebnisse der fünf Suchläufe zur Parameterbestimmung (gerundete Werte)

Suchlauf	$\hat{\alpha}_1$	$\hat{\alpha}_2$	$\hat{\beta}_1$	$\hat{\beta}_2$	$\frac{\partial \ln L(.)}{\partial \alpha_1}$	$\frac{\partial \ln L(.)}{\partial \alpha_2}$	$\frac{\partial \ln L(.)}{\partial \beta_1}$	$\frac{\partial \ln L(.)}{\partial \beta_1}$	$L(.)$
1	0,8	1,2	−0,5	0,5	11,8522	−11,8522	−35,5565	−142,2260	$2,506 \cdot 10^{-26}$
2	1,0	1,0	−1,0	0,0	−7,0515	7,0515	21,1544	84,6178	$1,429 \cdot 10^{-11}$
3	0,9	1,1	−1,0	0,1	−4,6404	4,6404	13,9211	55,6844	$6,977 \cdot 10^{-8}$
4	0,9	1,1	−1,0	0,2	0,0262	−0,0262	−0,0787	−0,3150	$1,426 \cdot 10^{-6}$
5	0,905	1,0995	−1,0	0,2	−0,0002	0,0002	0,0005	0,0020	$1,427 \cdot 10^{-6}$

Setzt man die Parameter des letzten Suchlaufs in die Gleichung 4.40 ein (mit $M = L = 2$ und unter Verwendung einer Nutzenspezifikation gemäß Gleichung 4.41), so liefert dies für Marke 1 eine geschätzte Markenwahlwahrscheinlichkeit von $\hat{p}_1 = 0,60001$ und für Marke 2 den Wert $\hat{p}_2 = 0,39999$. Die Werte entsprechen nahezu genau den beobachteten Markenwahlwahrscheinlichkeiten $p_1^{beob} = \frac{n_1}{n_1+n_2} = 0,6$ und $p_2^{beob} = \frac{n_2}{n_1+n_2} = 0,4$. Das Modell bildet die beobachteten Markenwahlwahrscheinlichkeiten mit der gefundenen Parameterkonstellation offensichtlich sehr gut ab. Die vorliegenden Parameterschätzer $\hat{\beta}_1 = -1,0$ und $\hat{\beta}_2 = 0,2$ deuten darauf hin, dass der Preis (abgebildet durch Variable $x_{.1}$) einen negativen Einfluss auf die Markenwahl hat, während von der Garantielaufzeit (abgebildet durch Variable $x_{.2}$) ein positiver Effekt ausgeht.

Falls davon ausgegangen werden kann, dass die zur Schätzung der Modellparameter herangezogenen Konsumenten(daten) für den betrachteten Markt repräsenta-

---

[28] Iterative Parameterschätzungen der im Beispiel veranschaulichten Art (Gittersuche) lassen sich in den verschiedensten Tabellenkalkulationsprogrammen ohne größeren Aufwand implementieren.

tiv sind, was im Folgenden der Fall sein soll, dann kann p_m (bzw. hier p_1 und p_2) als Marktanteil der Marke m (bzw. hier der Marken 1 und 2) interpretiert werden. Welche Möglichkeiten dies für die Entscheidungsunterstützung im Marketing bietet, wird im Anschluss dargelegt.

Die Parameterschätzung beim Differential-Effects-MNL-Modell verläuft analog, wobei allerdings darauf hinzuweisen ist, dass mit zunehmender Anzahl an Marken und Attributen nicht nur die Aussagekraft des Modells zunimmt, sondern aufgrund der damit einhergehend wachsenden Anzahl an Parametern auch der Leistungsfähigkeit des zum Einsatz kommenden Näherungsverfahrens eine immer größere Bedeutung zukommt. Der Einsatz spezieller Datenanalysesoftware wie etwa das Open-Source-Programm *R* (www.r-project.org) oder kommerzieller Programmpakete, etwa *SAS*® oder *SPSS*®, ist dann kaum mehr zu umgehen. Einen Überblick über die in verschiedenen Softwareprogrammen vorliegenden Schätzalgorithmen geben Albers, Klapper, Konradt, Walter & Wolf (2009).

Wichtige Gründe für eine Anwendung des MNL-Modells oder ähnlicher Ansätze im Marketing sind, wie bereits eingangs erwähnt, die Erklärung des beobachteten und/oder die Vorhersage des zukünftigen Markenwahlverhaltens und der daraus resultierenden Marktanteile der konkurrierenden Marken. Als Grundlage hierfür kann die Reaktionselastizität der Markenwahlwahrscheinlichkeiten p_m ($m = 1, ..., M$) in Bezug auf Änderungen der Attribute l ($l = 1, ..., L$) der Marken j dienen.

Die **Reaktionselastizität** $\varepsilon_{p_m, x_{jl}}$ der Markenwahlwahrscheinlichkeit resp. des Marktanteils p_m in Bezug auf die erklärende Variable x_{jl} ist ein einfaches Maß für die Sensibilität der Reaktionsgröße p_m auf Änderungen des eigenen Marketinginstrumentariums oder jenem der Konkurrenz. Im ersten Fall, d. h. für $m = j$, spricht man von **direkter Reaktionselastizität**, im zweiten Fall, d. h. für $m \neq j$, von **Kreuzreaktionselastizität** (vgl. Abschnitt 1.3 auf Seite 6). Die allgemeine Formel für den Markenwahlkontext lautet:

$$\varepsilon_{p_m, x_{jl}} = \frac{\partial p_m}{\partial x_{jl}} \cdot \frac{x_{jl}}{p_m} \qquad \forall\, m, j, l \tag{4.51}$$

Für die beiden hier betrachteten Varianten des MNL-Modells (Simple-Effects: SE und Differential-Effects: DE) erhalten wir folgende Beziehungen:

$$\varepsilon_{p_m, x_{jl}}^{SE} = \begin{cases} \beta_l x_{ml}(1 - p_m) & \text{für } m = j \\ -\beta_l x_{jl} p_j & \text{für } m \neq j \end{cases} \qquad \forall\, m, j, l \tag{4.52}$$

bzw.

$$\varepsilon_{p_m, x_{jl}}^{DE} = \begin{cases} \beta_{ml} x_{ml}(1 - p_m) & \text{für } m = j \\ -\beta_{jl} x_{jl} p_j & \text{für } m \neq j \end{cases} \qquad \forall\, m, j, l \tag{4.53}$$

Die Formeln für $\varepsilon_{p_m, x_{jl}}^{SE}$ und $\varepsilon_{p_m, x_{jl}}^{DE}$ sind erwartungsgemäß sehr ähnlich und können deshalb zunächst einmal gemeinsam interpretiert werden. Offensichtlich sinkt, wie man der direkten Reaktionselastizität entnehmen kann, die Sensibilität der Markenwahlwahrscheinlichkeit bzw. des Marktanteils p_m in Bezug auf Änderungen der eigenen Produktattribute mit zunehmenden Werten für p_m und umgekehrt. Faktisch bedeutet dies, dass dominante Marken, d. h. solche, die oft gewählt werden und entsprechend große Wahlwahrscheinlichkeiten bzw. einen großen Marktanteil aufweisen, weniger empfindlich auf Änderungen der sie charakterisierenden Attribute reagieren als Kleinmarken (hier kommt also explizit die eingangs angesprochene Markenstärke zum Tragen). Zumindest für Güter des täglichen Bedarfs ist dies in den meisten Fällen auch unmittelbar nachvollziehbar. Analoges gilt für den absoluten Wert der Attribute x_{ml}. Je höher z. B. der eigene Preis ist, umso sensibler reagieren die Konsumenten auf diesbezügliche Änderungen. Cooper & Nakanishi (1988) bemerken in diesem Zusammenhang aber auch, dass der Verlauf der Elastizität in Abhängigkeit von einem betrachteten Attributwert am ehesten für die Marketinginstrumente aus dem Bereich der Kommunikationspolitik zu motivieren sei, da sie (bei gegebener Markenwahlwahrscheinlichkeit) gegen 0 strebt, wenn der betreffende Attributwert gegen 0 geht. Beim Preis kann sich hingegen u. U. ein anderer Verlauf ergeben. Hochpreisige Luxusgüter etwa reagieren in aller Regel weniger stark auf Preisänderungen als Niedrigpreisprodukte. Umgekehrt kann das Unterschreiten eines vom Markt mit einer geforderten Mindestqualität assoziierten Produktpreises mit einer zunehmenden Sensibilität der Konsumenten in Bezug auf weitere Senkungen einhergehen. Aus den genannten Gründen sollten Elastizitätsbetrachtungen zu entscheidungsunterstützenden Zwecken auf Basis des MNL-Modells immer auf Attributkonstellationen beschränkt bleiben, die sich in einem marktüblichen Rahmen bewegen.

Eine genauere Betrachtung der Teilformeln für die Kreuzelastizitäten führt eine weitere Besonderheit des MNL-Modells vor Augen. Die Markenwahlwahrscheinlichkeiten bzw. Marktanteile p_m aller Alternativen m, mit $m \neq j$, reagieren hiernach in gleicher Weise auf Attributwertänderungen bei Alternative j. Preissenkungen bei Marke j würden demzufolge bei allen Konkurrenzmarken $m = 1, \ldots, m = j-1, m = j+1, \ldots, M$ zu den gleichen proportionalen Änderungen in den Markenwahlwahrscheinlichkeiten bzw. Marktanteilen führen.

Um eine konkretere Vorstellung von den skizzierten Zusammenhängen zu erhalten, können wir noch einmal unser Anwendungsbeispiel heranziehen. Setzt man die oben bestimmten Parameterschätzer $\hat{\alpha}_1 = 0{,}905$, $\hat{\alpha}_2 = 1{,}0995$, $\hat{\beta}_1 = -1{,}0$ und $\hat{\beta}_2 = 0{,}2$ in Gleichung 4.52 ein, so liefert dies die folgenden Spezifikationen der Elastizitätsformel für das Simple-Effects-MNL-Modell:

$$\varepsilon^{SE}_{\hat{p}_m, x_{j1}} = \begin{cases} -x_{m1}(1-\hat{p}_m) & \text{für } m = j \\ x_{j1}\hat{p}_j & \text{für } m \neq j \end{cases} \quad \text{(für den Preis, d. h. } l = 1\text{)} \quad (4.54)$$

bzw.

$$\varepsilon^{SE}_{\hat{p}_m, x_{j2}} = \begin{cases} 0{,}2 x_{m2}(1-\hat{p}_m) & \text{für } m = j \\ -0{,}2 x_{j2}\hat{p}_j & \text{für } m \neq j \end{cases} \quad \text{(für die Garantielaufzeit, d. h. } l = 2\text{)}$$
$$(4.55)$$

Die Formel für den Preis weist bei der direkten Preiselastizität ($m = j$) ein negatives Vorzeichen auf. Erhöhungen des eigenen Preises wirken sich somit negativ auf die eigene Markenwahlwahrscheinlichkeit bzw. den eigenen Marktanteil aus. Für Güter des täglichen Bedarfs entspricht dies auch den Erwartungen. Analog bedeutet das positive Vorzeichen bei der Kreuzpreiselastizität ($m \neq j$), dass sich Preiserhöhungen bei der Konkurrenzmarke j ($\neq m$) positiv auf die eigene Markenwahlwahrscheinlichkeit auswirken. Die damit implizit verbundene Ersetzbarkeit des einen durch das andere Produkt, man spricht hier auch von **Substitutionalität**, setzt natürlich eine gewisse Homogenität der betrachteten Produktkategorie voraus. Die heute bei vielen Gütern des täglichen Bedarfs zu beobachtende Austauschbarkeit der angebotenen Marken aufgrund der sich immer stärker annähernden Produktqualitäten und Darbietungsformen lässt eine Modellierung mittels MNL-Ansatz in diesen Fällen durchaus gerechtfertigt erscheinen. Die Interpretation der Elastizitätenformel für die Garantielaufzeit verläuft analog. Allerdings bedeutet hier das positive Vorzeichen bei der direkten Reaktionselastizität ($m = j$), dass sich z. B. Verlängerungen der eigenen Garantielaufzeiten ceteris paribus (d. h. bei Konstanz der übrigen Eckdaten) positiv auf die Wahlwahrscheinlichkeit in Bezug auf die eigene Marke auswirken. Die Tatsache, dass der Garantielaufzeit-Parameter mit 0,2 absolut gesehen deutlich kleiner als 1 (dem Parameterwert des Preises) ist, bedeutet, dass die Markenwahlwahrscheinlichkeit bzw. der Marktanteil nur unterproportional stark auf Änderungen des betreffenden Produktattributs reagiert. Der betragsmäßige Wert von 1 beim Preisparameter markiert hingegen eine proportionale Reaktion. Ein Parameterwert, der betragsmäßig größer als 1 ist, würde demzufolge auf eine überproportionale Reaktion der Markenwahlwahrscheinlichkeit bzw. des Marktanteils auf Änderungen des betreffenden Produktattributs hindeuten.

Bei solchen Interpretationen ist allerdings zu berücksichtigen, dass im Falle des Nichtvorliegens einer ausreichenden Homogenität der Produktkategorie zumindest die hier vorgestellten Grundformen des MNL-Modells nur bedingt zu plausiblen Resultaten führen.[29] Im Zweifel muss auf andere, teilweise aber deutlich aufwendigere Markenwahlmodelle, etwa das genistete MNL-Modell (siehe hierzu etwa Ben-Akiva & Lerman (2004)) ausgewichen werden. Tabelle 4.29 zeigt am Beispiel der Marke 1, wie sich unterschiedliche Werte für das Attribut Preis (oberer Tabellenblock) und das Attribut Garantielaufzeit (unterer Tabellenblock) – jeweils ceteris paribus – auf die Markenwahlwahrscheinlichkeit und die damit korrespondierende Reaktionselastizität auswirken.

Tabelle 4.29: Einfluss von Preis- und Garantielaufzeitänderungen auf das Markenwahlverhalten (gerundete Werte)

x_{11}	13,75	14,0	14,25	14,5	14,75	**15,0**	15,25	15,5	15,75	16,0	16,25
$\hat{p}_1$	0,840	0,803	0,761	0,712	0,658	**0,6**	0,539	0,476	0,415	0,356	0,301
$\varepsilon_{\hat{p}_1,x_{11}}$	-2,21	-2,76	-3,41	-4,17	-5,04	**-6,0**	-7,03	-8,12	-9,22	-10,31	-11,37
x_{12}	19	20	21	22	23	**24**	25	26	27	28	29
$\hat{p}_1$	0,356	0,403	0,452	0,501	0,551	**0,6**	0,647	0,691	0,732	0,77	0,803
$\varepsilon_{\hat{p}_1,x_{12}}$	2,45	2,39	2,30	2,19	2,06	**1,92**	1,77	1,61	1,45	1,29	1,14

---

[29] Für die unserem Anwendungsbeispiel gedanklich zugrunde gelegte Produktkategorie der USB-Speichersticks ist die Homogenitätsprämisse sicherlich in einem hohen Maße gegeben, vorausgesetzt natürlich, wir beschränken unsere Betrachtungen auf Sticks gleicher Speicherkapazität.

4.5 Entscheidungen im Rahmen der Markenpolitik 123

Man erkennt, wie die Sensibilität in Bezug auf Preissteigerungen (Variable x_{11}) mit zunehmender Höhe des Preises betragsmäßig wächst, während die Reaktionselastizität für die Garantielaufzeit (Variable x_{12}) mit steigender Monatsanzahl sinkt. Faktisch bedeutet dies, dass sich Preisänderungen umso stärker auf die Markenwahl der Konsumenten bzw. den Marktanteil der Marke auswirken, je höher der aktuelle Preis ist. Analog wirken sich Erhöhungen der Garantielaufzeit umso weniger auf die Markenwahlwahrscheinlichkeit bzw. den Marktanteil aus, je höher das Ausgangsniveau bei dieser Marketingmaßnahme ist.[30] Beide Konstellationen erscheinen für ein alltägliches Gebrauchsgut, wie es für das vorliegende Beispiel unterstellt wurde, durchaus realistisch.

Elastizitätsbetrachtungen der obigen Art können den Ausgangspunkt für modellbasierte Simulationsrechnungen bilden, deren Ziel darin besteht, herauszufinden, wie sich verschiedene Änderungen der aktuellen Ausgangssituation („Status quo") auf das Markenwahlverhalten resp. den Marktanteil auswirken würden. Es geht also um die Prognose von Markenwahlwahrscheinlichkeiten in Abhängigkeit vom betrachteten Marketinginstrumentarium. Tabelle 4.30 beschreibt in den rechten vier Spalten vier verschiedene Szenarien, wie sie vom Marketingmanagement des USB-Speicherstick-Herstellers mit Blick auf die zukünftige Marktbearbeitung diskutiert werden könnten.

Tabelle 4.30: Alternative Marketingszenarien und deren Auswirkungen auf das Markenwahlverhalten (Werte gerundet)

	Status quo	Änderung gegenüber Status quo			
Preis Marke 1 [in €]	15	+10 %	+10 %	+10 %	+10 %
Garantielaufzeit Marke 1 [in Mon.]	24	0	+25 %	0	+25 %
Preis Marke 2 [in €]	18	0	0	+10 %	+10 %
Garantielaufzeit Marke 2 [in Mon.]	36	0	0	0	+25 %
Wahlwahrscheinlichkeit für Marke 1	0,60	−58,2 %	−12,3 %	+11,6 %	−12,3 %
Wahlwahrscheinlichkeit für Marke 2	0,40	+87,3 %	+18,4 %	−17,4 %	+18,4 %

Das erste Szenarium resultiert aus dem Status quo durch die Erhöhung des Preises der Marke 1 um 10 % von 15 € auf 16,50 € (Szenarium 1). Dies würde, wie den letzten beiden Zeilen der Tabelle zu entnehmen ist, zu einer deutlichen Verschiebung der Markenwahlwahrscheinlichkeit resp. des Marktanteils zugunsten von Restmarke 2 führen. Eine gleichzeitige Verlängerung der Garantielaufzeit um 25 % (Szenarium 2) könnte den negativen Effekt der Preiserhöhung zumindest teilweise kompensieren. Allerdings wirkt sich hier die größere Sensibilität des Marktes in Bezug auf Preisänderungen gegenüber Änderungen der Garantielaufzeit aus. Die Betrachtung der Szenarien 2 und 4 wirft die interessante Frage auf, warum sich in beiden Fällen die gleichen Änderungen bei den Markenwahlwahrscheinlichkeiten ergeben. Der Grund hierfür ist, dass sich die gewählten prozentualen Änderungen der Attributwerte im

---

[30] Im Falle unserer USB-Speichersticks sind schon allein aufgrund der großen Technologiedynamik im IT-Bereich Produktverwendungszeiten seitens der Käufer zu vermuten, die extrem lange Garantielaufzeiten kaum noch entscheidungsrelevant erscheinen lassen.

Falle von Marke 2 in ihrer Wirkung gerade gegenseitig kompensieren. Die angegebene Verschiebung der Markenwahlwahrscheinlichkeiten ist somit lediglich das Resultat der Attributwertänderungen bei Marke 1 und nicht etwa modelltechnischer Natur.

Obige Beispielbetrachtungen sollten deutlich gemacht haben, welches beträchtliche Potenzial zur Entscheidungsunterstützung in ökonometrischen Markenwahlmodellen steckt, etwa im Hinblick auf prognoseorientierte Simulationsrechnungen. Gleichzeitig ist aber auch zu erkennen, dass die Aussagekraft solcher Modelle in einem nicht unerheblichen Maße von äußeren Faktoren abhängt, z. B. der Qualität der in das Modell eingehenden Daten, der Güte der Parameterschätzung und der Adäquanz des Modells für den jeweils betrachteten Produktmarkt. Auch kann der ungeübte Umgang mit solchen Modellen schnell zu Fehlinterpretationen der Ergebnisse und mithin zu Fehlentscheidungen in der praktischen Umsetzung führen.

5

Preispolitik

Unter Mitarbeit von Dipl.-Kffr. Janine Brase

Die Preispolitik und der Preis als Entscheidungskriterium haben in den letzten Jahren zunehmend an Bedeutung gewonnen und sich als „eine der schärfsten Marketingwaffen" (Diller (2008, S. 21)) durchgesetzt, denn kein anderes marketingpolitisches Instrument, zumindest was die kurzfristige Marketingplanung angeht, wirkt schneller auf Absatz, Umsatz und Gewinn. Dies wird oftmals darauf zurückgeführt, dass die qualitativen Unterschiede konkurrierender Produkte in vielen Bereichen immer geringer werden und die Globalisierung des Wettbewerbs einen verstärkten Preisdruck zur Folge hat. Schon geringe Preisunterschiede können einen substanziellen Einfluss auf das von einem hohen Preisbewusstsein geprägte Kaufverhalten haben. Um die Produkte und Preise konkurrierender Anbieter besser vergleichen zu können, greifen die Konsumenten verstärkt auf Informationen aus dem Internet zurück. Auch seitens der Anbieter kann ein Streben nach immer besseren Verfahren zur Preisfindung beobachtet werden. Erfolgte die Preisfindung früher primär intuitiv, imitativ und/oder impulsiv, unterliegt sie heute verstärkt einem analytischen, an Präferenz- und Marktmodellen orientierten Vorgehen, das sich auf empirische Daten aus der Marktforschung stützt und auf diese Weise einer Optimierung zugänglich gemacht wird.

Das Ziel dieses Kapitels besteht deshalb darin, den Leser mit ausgewählten Methoden der quantitativen Preispolitik vertraut zu machen. Dazu werden zunächst Verfahren der Preisbestimmung vorgestellt (Abschnitt 5.1). Dabei wird der Frage nachgegangen, welche grundlegenden Formen von Preis-Absatz-Funktionen existieren und was unter dem Konzept der Preiselastizität zu verstehen ist. Anschließend wird erläutert, wie man den optimalen Einheitspreis im vollkommenen Monopol findet (Abschnitt 5.2), wie sich der Preis über die Nachfrage differenzieren lässt und inwieweit es sinnvoll ist, verschiedene Produkte zu bündeln, um diese zu einem Preis am Markt anzubieten (Abschnitt 5.3). Im Anschluss wird thematisiert, welche Bedeutung der Spieltheorie zur Analyse der Oligopol- und Auktionstheorie zukommt (Abschnitt 5.4 und Abschnitt 5.5).

5.1 Grundlagen der Preispolitik

Der Preis ist im traditionellen Sinne definiert als „von einem Nachfrager zu einem bestimmten Zeitpunkt für eine bestimmte Menge eines spezifischen Wirtschaftsguts an den Anbieter zu zahlender Geldbetrag" (Pechtl (2014, S. 1)). Die **Preispolitik** umfasst entsprechend alle absatzpolitischen Maßnahmen zur Bestimmung und Durchsetzung der monetären Gegenleistungen der Käufer für die angebotenen Produkte. Die Analyse, Planung, Umsetzung und Kontrolle der Preispolitik wird auch als **Preismanagement** bezeichnet (Pechtl (2014, S. 24)). Ferner gilt die Preispolitik als Bestandteil der **Kontrahierungspolitik**, die sämtliche Transaktionsbedingungen umfasst, die neben der Bestimmung des zu entrichtenden Preises festgelegt werden müssen. Zu den Transaktionsbedingungen zählen v. a. Lieferungs- und Haftungsbedingungen (z. B. Lieferzeitpunkte und Zahlungsbedingungen). Da sich diese ebenfalls im Verkaufspreis abbilden lassen, kann die Preispolitik als zentrales Element der Kontrahierungspolitik aufgefasst werden (Pechtl (2005, S. 13)). Als Teil des **Marketing-Mix** sollte die Preispolitik immer im Verbund mit den anderen Instrumenten betrachtet werden, denn nur in diesem Verbund ist eine adäquate Ausgestaltung von Preisstrategien sinnvoll möglich.

Die Preispolitik ist durch einige wesentliche Besonderheiten gekennzeichnet (Homburg & Krohmer (2009, S. 642)). Neben der unmittelbaren Wirkung auf den Gewinn lassen sich preispolitische Maßnahmen relativ schnell umsetzen. Der Preis ist das einzige Marketinginstrument, bei dem nicht im Vorhinein (große) Investitionen getätigt werden müssen. Die Konkurrenz reagiert meist nicht nur schneller, sondern auch intensiver auf Preismaßnahmen als beispielsweise auf Werbemaßnahmen (Wagner (2001)). Eine Fehleinschätzung der Kunden- oder Konkurrenzreaktionen auf Preisänderungen kann daher zu schwerwiegenden Fehlentscheidungen führen.

In der Literatur zur Preispolitik existieren mittlerweile eine Vielzahl theoretischer Ansätze. Hierbei kann zwischen zwei grundlegenden Perspektiven unterschieden werden (Olbrich & Battenfeld (2014, S. 6ff.)). Zum einen hat sich der **entscheidungstheoretische Ansatz** etabliert, der seine Wurzeln in der Mikroökonomie hat und sich auf direkt beobachtbare, ökonomische Variablen konzentriert. Zur Bestimmung gewinnmaximaler Preise werden formale Modelle herangezogen, die das zu bearbeitende Entscheidungsproblem einer mathematischen Behandlung zugänglich machen. Um eine Preissetzung durch exakte Verfahren zu ermöglichen, wird versucht, aus einer Vielzahl von Determinanten, die den Absatz eines Produktes beeinflussen, jene mit dem stärksten Einfluss zu identifizieren. Dabei sollten alle erforderlichen Kontext-Informationen bekannt oder zumindest mittels einer Wahrscheinlichkeitsverteilung beschreibbar sein.

Im Rahmen des **verhaltenswissenschaftlichen Ansatzes** werden auch hypothetische Konstrukte, also nicht direkt beobachtbare Größen, berücksichtigt. Im Kern wird versucht, empirische Beobachtungen über das Verhalten von Nachfragern für Preisentscheidungen nutzbar zu machen. Diller (2008, S. 94ff.) unterscheidet drei Verhaltensbereiche: aktivierende Prozesse (Preisemotionen, Preisinteressen), kognitive Prozesse (Preiswahrnehmung, Preiskenntnis, Preisbeurteilung) sowie Preisintentionen (Preisbereitschaft, Preispräferenzen, Preiszufriedenheit und Preisvertrauen). Allerdings gibt es kein in sich geschlossenes Erklärungsmodell, sondern es existieren eine Vielzahl von Theorien, Konzepte und empirische Ergebnisse zu Einzelaspekten. Bekannte Resultate verhaltenswissenschaftlicher Untersuchungen sind z. B. die preisorientierte Qualitätsbeurteilung oder die psychologischen Preisschwellen. Für viele Kunden stellen ganzzahlige Preise, z. B. 100 €, Preisschwellen dar, die bei Erreichen oder Überschreiten zur Abkehr von dem betreffenden Produkt und damit zum Einbruch des Produktabsatzes führen können. Aus diesem Grund werden Preise überwiegend knapp unterhalb dieser Preisschwellen, z. B. 99,99 €, gewählt, was im Bewusstsein der Nachfrager zur Verortung im 90 €-Bereich und nicht im 100 €-Bereich führen soll („Left-Digit"-Effekt). Hinsichtlich einer preisorientierten Qualitätsbeurteilung versprechen hohe Preise Exklusivität und Sozialprestige und können dann sogar eine Absatzsteigerung bewirken. Die höheren Preise mit einer „00"-Endung werden in diesem Fall als Qualitätsindikator interpretiert (Wagner & Beinke (2006)). Preisbewertungen erfolgen somit nicht isoliert, sondern zumeist in Relation zu sogenannten **Referenzpreisen**. Ein in diesem Zusammenhang häufig angewandter Ansatz ist die **Adaptionsniveau-Theorie** (Helson (1964)). Dieser Theorie zufolge werden alle relevant erscheinenden Preisstimuli (z. B. die Preise eines Produkts in der Vergangenheit oder die Preise der bei einer Kaufentscheidung berücksichtigten Produkte) zu einer Gesamtgröße, dem Adaptionsniveau, zusammengefasst und bilden den Referenzpreis. Das Adaptionsniveau kann auch als mittleres Preisempfinden bezeichnet werden, da es durch das Mittel (üblich sind hier Operationalisierungen über das arithmetische oder das geometrische Mittel) aller relevanten Preisstimuli operationalisiert werden kann (Diller (2008, S. 122ff.)). Die Bewertung erfolgt dann anhand der Differenz des Referenzpreises zum Stimuluspreis[1]. Jede Abweichung des Stimuluspreises vom Referenzpreis führt zu einer Veränderung der Bewertung. Die **Assimilations-Kontrast-Theorie** (Sherif, Taub & Hovland (1958)) geht hingegen davon aus, dass, wenn der Preisstimulus nur wenig vom Referenzpreis abweicht, der Preisstimulus als „gleichwertig" zum Referenzpreis angesehen und angepasst wird (Assimilationseffekt). Weicht der Stimuluspreis hingegen stark vom Referenzpreis ab, dann wird die Differenz zwischen Stimulus- und Referenzpreis übersteigert wahrgenommen (Kontrasteffekt) und der Stimuluspreis wird einer anderen Preisklasse zugeordnet. Hieraus folgt, dass Preisreduzierungen nach Möglichkeit in größeren Betragsschritten erfolgen sollten, da sie sonst u. U. nicht als verhaltensrelevante Abweichung von den Referenzpreisen wahrgenommen werden. Preiserhöhungen sollten hingegen mittels kleinerer Betragsschritte realisiert werden, da so die höheren Preise assimiliert werden (Boztug (2002, S. 12); Pechtl (2014, S. 46f.)). Eine weitere populäre Theorie im Rahmen der Preisbewertung ist die **Prospect-Theorie**, die in Unterabschnitt 2.2.3 auf Seite 33 ausführlich beschrieben wird.

Da in diesem Kapitel ausschließlich quantitative Konzepte der Preistheorie behandelt werden, sei zur weiteren Vertiefung des verhaltenswissenschaftlichen Ansatzes auf die im Text zitierte Literatur verwiesen. Auch verzichten wir auf deskriptive

---

[1] Mit Stimuluspreis ist der Preis des gerade betrachteten Produktes gemeint.

Ansätze, wie z. B. das in der Praxis populäre Price Sensitive Meter auf Basis der Van-Westendorp-Methode (vergleiche hierzu van Westendorp (1976)).

5.1.1 Ansatzpunkte zur Preisbestimmung

Mit der kostenorientierten, der marktorientierten und der marginalanalytischen Preisbestimmung lassen sich drei Verfahrensweisen zur Bestimmung des Marktpreises eines Produktes unterscheiden (Diller (2008, S. 309ff.)). Je nach Ausgangssituation kommen Vor- und Nachteile dieser Vorgehensweisen zum Tragen, weshalb keines als generell optimal oder generell ungeeignet angesehen werden kann.

Die **kostenorientierten Verfahren** (progressive Kalkulationsverfahren) bauen auf der traditionellen Kostenträgerrechnung auf und sind in Industrie- und Handelsbetrieben am meisten verbreitet. Es wird zwischen der Voll- und der Teilkostenkalkulation unterschieden (Pechtl (2014, S. 120f.)). Bei der **Vollkostenkalkulation** werden die im Rahmen der Kostenträgerrechnung ermittelten gesamten Stückkosten $k_g = K/x$ (mit K = Gesamtkosten, x = Absatzmenge) herangezogen. Der Nettopreis p für ein Produkt i ergibt sich entsprechend durch die sogenannte **Kosten-Plus-Regel** („Cost-Plus-Pricing"):

$$p_i = k_g \cdot (1 + \gamma) \tag{5.1}$$

Dabei bezeichnet $\gamma > 0$ den prozentualen Gewinnzuschlag, um den der Sockelbetrag, der aus den gesamten Stückkosten k_g besteht, erhöht wird. Die Höhe des Aufschlagssatzes ist i. d. R. branchenüblich, firmenüblich oder gewohnheitsmäßig begründet. Gibt der Anbieter einen Gewinn G, den er erzielen möchten, vor, so kann er mittels des **Target-Return-Pricing**, den entsprechenden Preis bestimmen (Pechtl (2014, S. 121f.)):

$$p_i = k_g + \frac{G}{x} \tag{5.2}$$

Wesentliche Vorteile dieser Formen der Preisbestimmung sind die einfache Handhabung sowie die einfache Legitimation der Vorgehensweise. Nachteilig sind hingegen die Schwierigkeiten im Rahmen der Kostenbestimmung sowie die Vernachlässigung der Wirkung des Preises auf den Absatz (vgl. Unterabschnitt 5.1.3). Ferner birgt eine Preiskalkulation auf Basis der gesamten Stückkosten die Gefahr, dass sich, falls aufgrund von Nachfrageschwächen geringere Absatz- und damit auch Produktionszahlen realisiert werden, die Fixkosten auf eine geringere Anzahl an hergestellten Mengeneinheiten (ME) verteilen. Damit steigen die Vollkosten pro ME und folglich, im Zuge erneuter Kalkulation, auch der Verkaufspreis. Eine Preiserhöhung hätte in diesem Fall wiederum eine sinkende Nachfrage zur Folge, die ihrerseits in einer erneuten Preiserhöhung resultieren würde usw.

Aufgrund der beschriebenen Problematik dienen bei der **Teilkostenkalkulation** nicht die gesamten Stückkosten k_g, sondern die variablen Stückkosten k_v als Aufschlagsbasis. Hierbei wird eine Kostenaufspaltung in fixe und variable Kosten vorgenommen, wobei die Fixkosten unberücksichtigt bleiben. Die Berechnung der Preisforderung für das Produkt i lautet entsprechend (Pechtl (2014, S. 122f.)):

$$p_i = k_{vi} \cdot (1 + \gamma') \tag{5.3}$$

Der prozentuale Gewinnzuschlag γ' muss allerdings höher als der Gewinnzuschlag γ der Vollkostenkalkulation sein, da er zusätzlich einen Beitrag zur Deckung der Fixkosten des Produktes zu leisten hat.

Im Unterschied zu den kostenorientierten Verfahren stützen sich **marktorientierte Verfahren** (retrograde Kalkulationen) nicht ausschließlich auf Kosten, sondern v. a. auf die Reaktionen der Marktteilnehmer. Um ein analytisches Preisoptimum bestimmen zu können, bedarf es marginalanalytischer Methoden, wie sie im Folgenden zur Anwendung kommen. Die Marginalanalyse setzt funktionale Zusammenhänge zwischen der Preishöhe und preispolitischen Zielgrößen wie Absatzmenge, Gewinn und Umsatz sowie die Kenntnis alternativer Funktionsverläufe voraus, darunter z. B. die lineare Preis-Absatz-Funktion (vgl. Unterabschnitt 5.1.2). Die Funktionen sind bei beliebig teilbaren Mengen- und Preiseinheiten Kalkülen der Differenzialrechnung zugänglich, v. a. in Bezug auf die Bestimmung einer gewinnmaximalen Preis-Mengen-Kombination.

Für eine weiterführende Betrachtung erfolgt eine Einteilung nach der Anzahl der Marktteilnehmer auf der Angebots- und der Nachfragerseite. Betrachtet werden jeweils alle Kombinationen aus einem, wenigen und vielen Marktteilnehmern. Das sich daraus ergebende morphologische Marktformenschema ist in Tabelle 5.1 dargestellt.

Tabelle 5.1: Marktformen nach Maßgabe der Anzahl der Anbieter und Nachfrager (Olbrich & Battenfeld (2014, S. 19))

Anbieter	Nachfrager		
	Einer	Wenige	Viele
Einer	Bilaterales Monopol	Beschränktes Monopol	Monopol
Wenige	Beschränktes Monopson	Bilaterales Oligopol	Oligopol
Viele	Monopson	Oligopson	Polypol

Im **Monopol** existieren für den Anbieter keine Konkurrenten. Ein Monopolist muss lediglich die Reaktion der Nachfrager berücksichtigen. Die Unterscheidung zwischen wenigen und vielen Marktteilnehmern wird relevant, wenn einer der Marktteilnehmer durch seine Aktionen Gegenreaktionen auslöst. So wird eine Preissenkung eines Anbieters im **Oligopol** (z. B. Telekommunikationsunternehmen oder Discounter) von seinen Konkurrenten wahrgenommen, die dann u. U. ebenfalls die Preise senken. In einem **Polypol** (z. B. Gastronomie oder Handwerk) ist die Anzahl der Marktteilnehmer hingegen so groß, dass eine Preisveränderung von den meisten Konkurrenten nicht bemerkt wird und daher eine spürbare Gegenreaktion ausbleibt.

Neben der Anzahl der Marktteilnehmer, kann ein Markt auch hinsichtlich der **Marktvollkommenheit** unterschieden werden (Diller (2008, S. 73)). Ein vollkommener (homogener) Markt ist durch folgende Bedingungen gekennzeichnet: Es werden homogene (gleichartige) Güter gehandelt, die sich in der Wahrnehmung und im Urteil der Nachfrager weder in der Qualität noch in der Aufmachung unterscheiden; alle Marktteilnehmer handeln nach dem Maximumprinzip, d. h. bei gegebenen Mitteln wird ein möglichst großer Nutzen angestrebt; es herrscht vollkommene Markttransparenz, d. h. alle Marktbedingungen, insbesondere die Produktqualität, Preise etc. müssen jedem Marktteilnehmer ohne Aufwendung von Informationskosten bekannt sein; es bestehen unendlich hohe Reaktionsgeschwindigkeiten und keinerlei Produktpräferenzen. Ferner gilt auf vollkommenen Märkten das „Gesetz eines Preises", d. h. es gibt keine Preisunterschiede zwischen den Anbietern, da sonst alle Nachfrager zum preisgünstigsten Anbieter abwandern würden, woraufhin die übrigen Anbieter ihren Preis ebenfalls sofort anpassen würden, sodass es gar nicht erst zu Käuferfluktuationen kommen würde. Ist eine dieser Voraussetzungen nicht erfüllt, so handelt es sich um einen unvollkommenen (heterogenen) Markt. Obwohl in der Realität faktisch nur unvollkommene Märkte existieren, ist das Modell des vollkommenen Marktes als Maßstab für einen Markt mit optimalem Marktergebnis von großem Interesse.[2] Häufig dient er als Grundlage zur Preisoptimierung auf realen Märkten.

In den weiteren Ausführungen beschränken wir uns auf das Monopol auf vollkommenen Märkten (vgl. Abschnitt 5.2) und jenes auf unvollkommenen Märkten (vgl. Abschnitt 5.3) sowie auf das Oligopol. Für Letzteres ist insbesondere von Interesse, anhand ausgewählter Modelle die Situation oligopolistischer Interdependenzen zu analysieren. Aus Vereinfachungsgründen werden im Weiteren für den Fall des Oligopols nur zwei Anbieter betrachtet. Es wird dann von einem **Duopol** gesprochen (vgl. Abschnitt 5.4).

5.1.2 Formen von Preis-Absatz-Funktionen

Eine **Preis-Absatz-Funktion** (**PAF**) beschreibt den funktionalen Zusammenhang zwischen dem Preis und der am Markt abgesetzten Menge und bildet in der klassischen Preispolitik das grundlegende Konzept zur Behandlung preispolitischer Entscheidungen. Mittels der Preis-Absatz-Funktion erfolgt die Bestimmung der Absatzmenge x (Erwartungsparameter), die bei einem gegebenen Preis p (Entscheidungsparameter) realisiert werden kann, formal gilt also $x = x(p)$. Bei der anderen Variante, die v. a. in volkswirtschaftlichen Ansätzen unterstellt wird, legt der Anbieter als Entscheidungsparameter die Menge fest und erhält entsprechend einen Preis, der zur Markträumung führt, d. h. es gilt $p = p(x)$. Die marketingbezogene Sicht der Preispolitik entspricht allerdings stärker der ersten Variante (Pechtl (2014, S. 101)).

Für die in der Realität besonders häufig anzutreffenden Marktsituationen lassen sich vier typische Funktionsformen unterscheiden, wobei das lineare und das multiplikative Modell (s. u.) für eine monopolistische Marktsituation dargestellt werden, während die beiden im Anschluss behandelten Funktionsformen zusätzlich Konkurrenzeinflüsse in die Modellstruktur mit einbeziehen (Pechtl (2014, S. 101ff.); Simon & Fassnacht (2009, S. 95f.); Decker & Wagner (2006)).

Die **lineare Preis-Absatz-Funktion** ist wie folgt konkretisierbar (vgl. hierzu auch Kapitel 1):

$$x(p) = a - bp \quad \text{mit } a, b > 0 \tag{5.4}$$

---

[2] Dem Ideal eines vollkommenen Marktes kommt noch am ehesten die Wertpapierbörse nahe.

Sie ist grafisch in Abbildung 5.1 dargestellt. Dabei sind a und b Parameter, die es in geeigneter Weise zu bestimmen gilt. Der Parameter b beschreibt Stärke und Richtung der Reaktion des Absatzes auf Preisänderungen. Genauer formuliert stellt b den Grenzabsatz dar, d. h. bei z. B. einer Preissenkung um 1 € steigt der Absatz um b ME. Die Sättigungsmenge $x_{[Sätt]} = a$ wird erreicht, wenn der Anbieter sein Produkt zu einem Preis von $p = 0$ € „verkauft" und somit die größtmögliche Absatzmenge realisiert. Beim Maximalpreis (Prohibitivpreis) ist kein Nachfrager mehr bereit, das Produkt nachzufragen. Für den Prohibitivpreis gilt somit: $p_{[Prohib]} = a/b$ (mit $x = 0$ ME). Weiterhin ist in Abbildung 5.1 bereits die betragsmäßige Preiselastizität ε eingezeichnet, die in Unterabschnitt 5.1.3 näher erläutert wird.

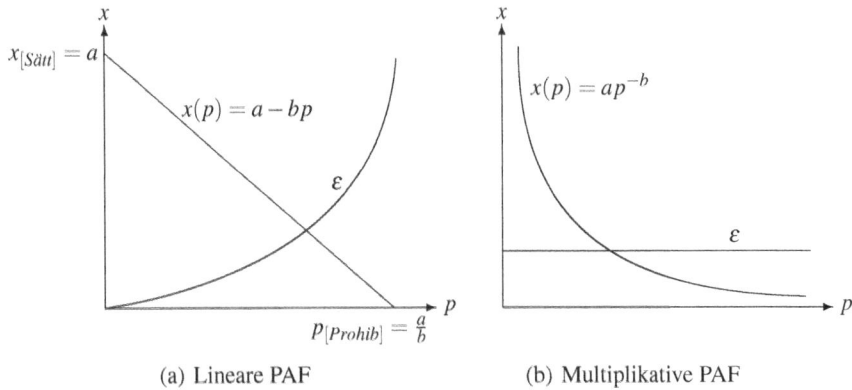

Abb. 5.1: Lineare und multiplikative Preis-Absatz-Funktion (PAF)

Die **multiplikative Preis-Absatz-Funktion** (vom Cobb-Douglas-Typ) hat die Form

$$x(p) = ap^{-b} \quad \text{mit } a > 0,\ b > 1 \tag{5.5}$$

und ist im rechten Teil von Abbildung 5.1 dargestellt. Hierbei stellt der Parameter a eine Niveaukonstante und der Parameter $-b$ die Preiselastizität (vgl. Unterabschnitt 5.1.3) dar. Eine Besonderheit dieses Modells besteht darin, dass es weder eine Sättigungsmenge ($x_{[Sätt]} = \infty\ ME$) noch einen Prohibitivpreis ($p_{[Prohib]} = \infty$ €) gibt. Letzteres bedeutet, dass der Preis theoretisch beliebig erhöht werden kann, ohne dass die Nachfrage gänzlich zum Erliegen kommt (Pechtl (2014, S. 103)).

Eine weitere, wichtige Funktionsform ist die **Gutenberg-Preis-Absatz-Funktion**. Grundlegende Idee dieses Modells ist, dass es dem Anbieter z. B. durch Markenimage, Qualitäts- oder Standortvorteile gelungen ist, zumindest bei einem Teil der Nachfrager Präferenzen für sein Produkt zu schaffen und damit ein akquisitorisches Potenzial aufzubauen. Dabei ist dieses akquisitorische Potenzial umso größer, je stärker die Bindung der Käufer an das betreffende Unternehmen ist, und umso kleiner, je substituierbarer die Güter sind und je höher die Markttransparenz ist. Die Gutenberg-Preis-Absatz-Funktion ist durch die Unterteilung des Funktionsverlaufes in drei Abschnitte charakterisiert. Im monopolistischen Bereich kann sich der Anbieter preispolitisch weitgehend autonom verhalten, da Preisveränderungen aufgrund des akquisitorischen Potenzials zu keinen wesentlichen Nachfrageveränderungen führen bzw. die Kunden anderer Anbieter keinen Anreiz zum Wechseln verspüren. Gegenteiliges ist in den polypolistischen Bereichen zu beobachten. Ein geringes Preisniveau (unterer polypolistischer Bereich) erhöht das akquisitorische Potenzial des Produktes gegenüber den Kunden anderer Produkte, sodass es zu Zuwanderungen von den Konkurrenzprodukten kommt und somit eine höhere Absatzmenge erreicht werden kann. Dagegen existieren im hohen Preisbereich (oberer polypolistischer Bereich) nur noch wenige bis keine Kunden mehr für das Produkt, da das akquisitorische Potenzial des Produktes nicht groß genug ist, um die Wirkung des hohen Preises auszugleichen, weshalb die ehemalige Kundschaft des betrachteten Anbieters zunehmend zur Konkurrenz wechselt.

In formaler Hinsicht lässt sich das Gutenberg-Modell in zwei Varianten realisieren (Pechtl (2014, S. 105f.)). Bei der abschnittsweise linearen **doppelt-geknickten Preis-Absatz-Funktion** (PAF) definieren die Preise p' und p'' den scharfen Übergang vom monopolistischen Bereich in den jeweiligen polypolistischen Bereich (vgl. Abbildung 5.2):

$$x(p) = \begin{cases} a_1 - b_1 p & 0 \leq p < p' \quad \text{(unterer polypolistischer Bereich)} \\ a_2 - b_2 p & p' \leq p \leq p'' \quad \text{(monopolistischer Bereich)} \\ a_3 - b_3 p & p'' < p \leq p_{[Prohib]} \quad \text{(oberer polypolistischer Bereich)} \end{cases} \quad (5.6)$$

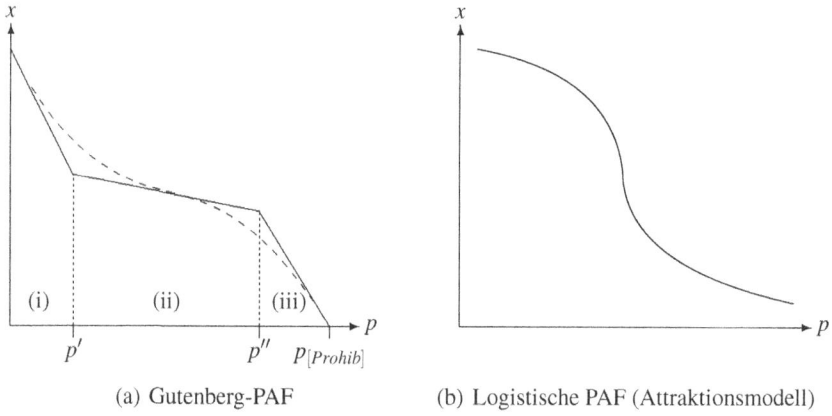

(a) Gutenberg-PAF (b) Logistische PAF (Attraktionsmodell)

Abb. 5.2: Gutenberg'sche PAF (doppelt-geknickte und kontinuierliche Form) und logistische PAF

Beispielhaft erfolgt an dieser Stelle die analytische Bestimmung einer gewinnmaximalen Preis-/Mengenkombination. Die Kostenfunktion lautet hierfür $K(x) = 10 + 2x$ und die Preis-Absatz-Funktion weise folgenden Verlauf auf:

5.1 Grundlagen der Preispolitik   133

$$x(p) = \begin{cases} 420 - 25p & 0 < p \leq 12 \\ 144 - 2p & 12 \leq p \leq 14 \\ 928 - 58p & 14 \leq p < 16 \end{cases} \quad (5.7)$$

Für die drei Teilabschnitte der Preis-Absatz-Funktion ist jeweils der gewinnmaximale Preis zu bestimmen, wobei die Definitionsbereiche der Teilabschnitte zu beachten sind. Es existiert für jeden Teilabschnitt eine Lösung, deren korrespondierender Gewinn (G) zu berechnen ist. Diejenige Lösung mit dem höchsten Gewinn stellt dann die gewinnmaximale Preis-/Mengenkombination dar.

(i) Unterer polypol. Abschnitt: $G(p) = 420p - 25p^2 - 10 - 2(420 - 25p) \to \max$.

$$\frac{dG(p)}{dp} = -50p + 470 \stackrel{!}{=} 0 \quad \Leftrightarrow \quad p = 9,4 \text{ €} \quad (5.8)$$

Diese Lösung liegt innerhalb des Definitionsbereichs dieses Teilabschnitts der Preis-Absatz-Funktion und der entsprechende Gewinn beträgt $G(9,4) = 1359$ €.

(ii) Monopolistischer Abschnitt: $G(p) = 144p - 2p^2 - 10 - 2(144 - 2p) \to \max$.

$$\frac{dG(p)}{dp} = -4p + 148 \stackrel{!}{=} 0 \quad \Leftrightarrow \quad p = 37,0 \text{ €} \quad (5.9)$$

Dieser Preis liegt nicht im Interval [12;14], weshalb für diesen Teil der Preis-Absatz-Funktion die Gewinne an den Rändern betrachtet werden müssen. Hierfür resultiert $G(12) = 1190$ € bzw. $G(14) = 1382$ €.

(iii) Oberer polypol. Abschnitt: $G(p) = 928p - 58p^2 - 10 - 2(928 - 58p) \to \max$.

$$\frac{dG(p)}{dp} = -116p + 1044 \stackrel{!}{=} 0 \quad \Leftrightarrow \quad p = 9,0 \text{ €} \quad (5.10)$$

Da auch dieser Preis nicht im relevanten Intervall [14;16] liegt, betrachten wir auch hier wieder die Ränder der Gewinnfunktion und erhalten $G(14) = 1382$ € bzw. $G(16) = -10$ € < 0 €.

Vergleicht man die für die einzelnen Teilabschnitte der Preis-Absatz-Funktion berechneten Gewinne miteinander, so folgt hieraus ein optimaler Preis von $p = 14$ €, der mit einem maximalen Gewinn von 1382 € einhergeht.

Die zweite von Albach (1973) vorgeschlagene Variante der Gutenberg'schen Preis-Absatz-Funktion ist die **doppelt-gekrümmte Preis-Absatz-Funktion**. Diese lässt sich formal mithilfe einer Sinus-Hyperbolicus-Funktion ($sinh[\ ]$) spezifizieren, z. B. in der Form:

$$x(p, \bar{p}) = a - bp + c_1 \cdot \sinh[c_2(\bar{p} - p)] \quad (5.11)$$

$$\text{mit} \quad a, b, c_1, c_2 > 0 \quad \text{und} \quad \sinh[y] = \frac{1}{2}(e^y - e^{-y})$$

Die Funktion setzt sich aus der linearen Preis-Absatz-Funktion sowie einem Funktionsterm, dessen Höhe von der Diskrepanz zwischen p und dem durchschnittlichen

134   5 Preispolitik

Konkurrenzpreis $\bar{p}$ abhängt, zusammen. Je größer die Differenz zwischen dem Anbieterpreis p und dem durchschnittlichen Konkurrenzpreis $\bar{p}$ ist, desto stärker finden Kundenbewegungen in Form von Mengenreaktionen statt. Das Ausmaß der Kundenbewegungen wird durch den Parameter c_1 repräsentiert. Bei einem Wert von $c_1 = 0$ gibt es keine solche Kundenbewegungen. Ein möglicher Verlauf der doppeltgekrümmten Preis-Absatz-Funktion ist als gestrichelte, kontinuierliche Kurve in Abbildung 5.2 dargestellt.

Die Gutenberg'sche Preis-Absatz-Funktion ist sowohl für das heterogene Oligopol als auch für das Polypol theoretisch und empirisch mehrfach bestätigt worden (Diller (2008, S. 79)). Im Falle eines heterogenen Polypols verteilen sich die Veränderungen in der Laufkundschaft auf eine Vielzahl von Konkurrenten und sind für den Einzelnen nicht spürbar. Eine unmittelbare Preisreaktion eines Anbieters auf etwaige Preisaktionen eines Konkurrenten bleibt somit aus. Erst die Summe der Preisaktionen vieler oder sogar aller Konkurrenten, die sich in einer Veränderung des durchschnittlichen Konkurrenzpreises $\bar{p}$ in Bedingung 5.11 widerspiegelt, führt zu einer entsprechenden Wahrnehmung.

Die **logistische Preis-Absatz-Funktion** (vgl. Abbildung 5.2) weist einen Funktionsverlauf auf, der dem Gutenberg-Modell diametral entgegengesetzt ist, d. h. die Preis-Absatz-Kurve verläuft im mittleren Bereich steil und in den Randbereichen eher flach. Insbesondere binäre und multinomiale Markenwahlmodelle weisen solch einen Verlauf auf. Der Markenanteil einer Marke ergibt sich dabei aus dem Verhältnis der Attraktion der eigenen Marke zur Gesamtattraktion aller Marken. Die Attraktion ist dabei eine Funktion des Preises und, ggf., weiterer Attribute des betreffenden Produktes. Daher wird diese Preis-Absatz-Funktion auch als **Attraktionsmodell** bezeichnet (Simon & Fassnacht (2009, S. 100f.)).

Die hier dargestellten Preis-Absatz-Funktionen beschreiben lediglich die grundlegenden Funktionsverläufe. Weitere Funktionsverläufe sind z. B. in Hruschka (1996, S. 126-145) dargestellt.

5.1.3 Preiselastizität der Nachfrage

Die bereits auf Seite 8 eingeführte und erläuterte **Preiselastizität** des Absatzes bzw. der Nachfrage gibt die Reaktionen der Nachfrage (gemessen in Absatzmengen) auf Änderungen des Preises wieder, wobei die relative Mengenänderung $\Delta x(p)/x(p)$ der relativen Preisänderung $\Delta p/p$ gegenübergestellt wird. Die Preiselastizität gibt z. B. eine Antwort auf die Frage: „Wenn der Preis um 1 Prozent steigt, um wie viel Prozent sinkt dann die nachgefragte Menge?" Die Preiselastizität der Nachfrage ist allgemein wie folgt definiert:

$$\varepsilon_{x(p),p} = \frac{\frac{\Delta x(p)}{x(p)}}{\frac{\Delta p}{p}} = \frac{\Delta x(p)}{\Delta p} \cdot \frac{p}{x(p)} \qquad (5.12)$$

Gleichung 5.12 wird auch als **Bogenelastizität** des Preises bezeichnet und beschreibt die (durchschnittliche) Preiselastizität in einem bestimmten Bereich der

5.1 Grundlagen der Preispolitik

Preis-Absatz-Funktion (Pechtl (2014, S. 108)). Bei modelltheoretischen Betrachtungen wird hingegen häufig mit unendlich kleinen Änderungen gearbeitet. Man erhält dann die **Punktelastizität** des Preises, die sich aus der Bogenelastizität ergibt, wenn die absolute Preisänderung infinitesimal klein wird:

$$\varepsilon_{x(p),p} = \lim_{\Delta p \to 0} \frac{\frac{\Delta x(p)}{x(p)}}{\frac{\Delta p}{p}} = \frac{dx(p)}{dp} \cdot \frac{p}{x(p)} \quad (5.13)$$

Der Term $dx(p)/dp$ entspricht dabei der Ableitung der Preis-Absatz-Funktion nach dem Preis.

Die Preiselastizität $\varepsilon_{x(p),p}$ wird üblicherweise als < 0 definiert, da normalerweise eine Preiserhöhung von einem Absatzrückgang begleitet wird ($dx(p)/dp < 0$). Ist die relative Mengenänderung kleiner als die relative Preisänderung, gilt also $|\varepsilon_{x(p),p}| < 1$, so spricht man von unelastischer, im Fall $|\varepsilon_{x(p),p}| > 1$ von elastischer Nachfrage. Bei $|\varepsilon_{x(p),p}| = 1$ verhält sich die relative Mengenänderung proportional zur relativen Preisänderung. Für den Monopolfall mit linearer Preis-Absatz-Funktion gemäß Gleichung 5.4 ergibt sich dann folgende Punktelastizität (Pechtl (2014, S. 107f.)):

$$\varepsilon_{x(p),p} = \frac{-bp}{a - bp} \quad (5.14)$$

Mit $a = 600$ und $b = 10$ resultiert hieraus z. B. $\varepsilon_{x(p),p} = -\frac{p}{60-p}$. Aus Gleichung 5.14 wird deutlich, dass eine lineare Preis-Absatz-Funktion in jedem Punkt der Geraden eine andere Preiselastizität hat (vgl. Abbildung 5.1 auf S. 131).

Da die Preiselastizität $\varepsilon_{x(p),p}$ eine Funktion von p ist, bedeutet dies, dass die durch Gleichung 5.4 beschriebene lineare Preis-Absatz-Funktion, in Abhängigkeit vom Ausgangspreis, in unterschiedlichem Maße auf relative Änderungen des Preises reagiert. Die Erhöhung eines Preises von 30 € um 25 % hätte z. B. einen Absatzrückgang von 300 auf 225 ME, d. h. um ebenfalls 25 % zur Folge. Der zugehörige Elastizitätswert beträgt $\varepsilon_{x(30),30} = -1$. Analog ergibt sich bei einem Ausgangspreis von 40 € eine Elastizität von $\varepsilon_{x(40),40} = -2$.

Zusammenfassend kann festgehalten werden, dass die Nachfrage umso sensibler reagiert, je höher der Ausgangspreis ist, bzw. dass die Preiselastizität umso größer wird, je weiter man sich dem Maximalpreis nähert ($\varepsilon_{x(p),p\to 60} \to -\infty$). Des Weiteren deutet der Nenner in Gleichung 5.14 darauf hin, dass die Reaktion des Absatzes auf eine Preiserhöhung umso schwächer ausfällt, je höher das realisierte Absatzvolumen ist. Somit eignet sich die lineare Spezifikation der Preis-Absatz-Funktion zur Beschreibung von Situationen, in denen ein hohes Absatzvolumen mit einer entsprechenden Marktmacht einhergeht und diese wiederum die Durchsetzbarkeit von Preisen fördert.

Analog lassen sich die Preiselastizitäten der nicht-linearen Preis-Absatz-Funktionen berechnen. Erwähnenswert ist die konstante Preiselastizität von $\varepsilon_{x(p),p} = -b$ bei der multiplikativen Preis-Absatz-Funktion gemäß Gleichung 5.5. Die Preiselastizität ist hier also in jedem Punkt der Kurve gleich (vgl. Abbildung 5.1). Ein Sonderfall ist die doppelt-geknickte Preis-Absatz-Funktion vom Gutenberg-Typ, da sie an den

Knickstellen nicht differenzierbar ist. Je nach Richtung der Preisänderung um diese Knickstelle herum lassen sich über Grenzwertbetrachtungen jeweils zwei verschiedene Elastizitäten berechnen. Ein Zahlenbeispiel hierzu findet sich in Homburg & Krohmer (2009, S. 658ff.).

Anders stellt sich die Situation im Konkurrenzfall dar, denn hier hängt der Absatz eines Produktes i nicht nur vom eigenen Preis (p_i), sondern auch von den Preisen p_j der Konkurrenzprodukte (mit $j = 1,\ldots,J$ und $i \neq j$) ab. Die Stärke dieser Abhängigkeit wird durch die **Kreuzpreiselastizität** (siehe auch Kapitel 1) zum Ausdruck gebracht und ist folgendermaßen definiert (Bogenelastizität):

$$\varepsilon_{x_i(p_i,p_j),p_j} = \frac{\Delta x_i(p_i,p_j)}{\Delta p_j} \cdot \frac{p_j}{x_i(p_i,p_j)} \tag{5.15}$$

Bei infinitesimaler Betrachtung (Punktelastizität) gilt analog:

$$\varepsilon_{x_i(p_i,p_j),p_j} = \frac{dx_i(p_i,p_j)}{dp_j} \cdot \frac{p_j}{x_i(p_i,p_j)} \tag{5.16}$$

Die Kreuzpreiselastizität gibt an, um wie viel Prozent sich der Absatz des Produktes i verändert, wenn der Preis des Produktes j um 1 Prozent variiert wird. Sie ist ein Indikator für das Ausmaß an Substitutionalität bzw. Komplementarität zweier Produkte (vgl. hierzu Unterabschnitt 5.2.1). Für substitutive (konkurrierende) Güter nimmt die Kreuzpreiselastizität positive und für komplementäre Güter negative Werte an (Diller (2008, S. 76)).

Bislang wurden nur die formalen Grundlagen von Preis-Absatz-Funktionen behandelt. Eine zentrale Herausforderung stellt jedoch vor allem die empirische Ermittlung von Preis-Absatz-Funktionen und die von Preiselastizitäten im Rahmen der systematischen Preisfindung dar (Schmalen (1995, S. 32f.)). Grundsätzlich kann zwischen Methoden der Beobachtung und Methoden der Befragung unterschieden werden. Beobachtungen können in einem experimentellen Rahmen, z. B. in Form von Preisexperimenten, oder aber durch die Analyse von Marktdaten erfolgen. Befragungen können einerseits auf Experten und andererseits auf Kunden ausgerichtet sein. Insbesondere bei Kundenbefragungen kommt der Conjoint-Analyse eine immer größere Bedeutung zu. Die Datenerhebung im Rahmen einer Conjoint-Analyse erfolgt derart, dass Versuchspersonen wie bei einer realen Kaufentscheidung verschiedene Produktprofile, die unterschiedliche Preise aufweisen, im direkten Vergleich bewerten. Durch eine spezielle Form der Datenauswertung ist es möglich, hieraus sogenannte Teilnutzenwerte abzuleiten. Aus diesen können dann in einem Aggregationsschritt die interessierenden Preis-Absatz-Funktionen und Preiselastizitäten ermittelt werden (Pechtl (2014, S. 109ff.)).

5.2 Preisbildung auf Monopolmärkten

Monopole sind in der Praxis zwar eher selten zu beobachten, dennoch gibt es Faktoren, die eine Monopolstellung verursachen oder zumindest begünstigen können.

Dies ist z. B. dann der Fall, wenn ein Unternehmen über Patente verfügt (etwa im Pharmabereich), durch die es anderen Unternehmen verwehren kann, das gleiche Produkt herzustellen (wie z. B. im populären Falle von *Viagra* des Pharmaunternehmens *Pfizer* in den ersten Jahren nach der Einführung im Jahr 1998) oder das gleiche Produktionsverfahren anzuwenden. Die Ausführungen zur Preisbildung im Monopol helfen darüber hinaus, die Preisbildung auf oligopolistischen Märkten besser zu verstehen. Die nachfolgenden Betrachtungen zur Preisbildung im Monopol erfolgen unter der Prämisse vollkommener Märkte.

5.2.1 Statische Preispolitik

Der Ein-Produkt-Fall

Zur Bestimmung des **statisch-gewinnmaximalen Preises**, bei dessen Ermittlung auf Interdependenzen zwischen verschiedenen Planungsperioden verzichtet wird, kann als Planungsziel die Maximierung des Gewinns angenommen werden. Die Preis-Absatz-Funktion $x = x(p)$ des Monopolisten entspricht der Marktnachfragefunktion. Der Gewinn $G(p)$ lässt sich dann gemäß der folgenden Gleichung darstellen:

$$G(p) = U(p) - K(x(p)) = p \cdot x(p) - K(x(p)) \tag{5.17}$$

Hierbei bezeichnet U den preisabhängigen Umsatz und K die mengen- und damit auch preisabhängigen Kosten. Gleichung 5.17 soll nun maximiert werden, wozu wir die Ableitung nach dem Preis p bilden und gleich Null setzen:

$$\frac{dG(p)}{dp} = x(p) + p \cdot \overbrace{\frac{dx(p)}{dp}}^{Grenzumsatz} - \overbrace{\frac{dK(x(p))}{dx(p)} \cdot \frac{dx(p)}{dp}}^{Grenzkosten} \stackrel{!}{=} 0 \tag{5.18}$$

Der optimale Preis ergibt sich demzufolge, wenn Grenzumsatz = Grenzkosten gilt. Preissetzungen jenseits dieses Optimums hätten zwangsläufig eine Gewinneinbuße zur Folge, da die Kosten stärker steigen als der Umsatz oder der Umsatz stärker sinkt als die Kosten. Durch multiplikatives Erweitern der Gleichung 5.18 mit $p/x(p)$, Berücksichtigung der Elastizität ε (siehe Gleichung 5.13) und durch Auflösen nach dem Preis erhält man den gewinnoptimalen Preis p^{stat} in Form der sogenannten **Amoroso-Robinson-Relation** (Olbrich & Battenfeld (2014, S. 29f.); Decker & Wagner (2006)):

$$p^{stat} = \frac{\varepsilon}{1+\varepsilon} K' \tag{5.19}$$

Demnach ergibt sich der optimale Preis durch einen elastizitätsabhängigen Aufschlag auf die Grenzkosten $K' = dK(x(p))/dx = k_v$ und liegt somit stets über den Grenzkosten, die im Folgenden auch als variable Stückkosten k_v bezeichnet werden. Da sowohl ε als auch K' eine Funktion des Preises sind und ε zumeist negative Werte aufweist, ist p^{stat} bei gegebenen Grenzkosten umso niedriger, je absolut größer die Preiselastizität ist. Ferner zeigt Gleichung 5.19, dass der gewinnmaximale Preis umso höher ausfällt, je höher die Grenzkosten sind.

Neben dieser allgemeinen Aussage über den gewinnoptimalen Preis können spezifischere Aussagen getroffen werden, wenn man spezielle Funktionsverläufe betrachtet. Ist die Preis-Absatz-Funktion linear, gilt also

$$x(p) = a - bp, \tag{5.20}$$

und hat auch die Kostenfunktion die lineare Form

$$K(x(p)) = K_{fix} + k_v \cdot x(p) = K_{fix} + k_v(a - bp), \tag{5.21}$$

mit k_v als den variablen Kosten und K_{fix} als den mengenunabhängigen fixen Kosten der Produkterstellung, so ergibt sich als Gewinnfunktion:

$$G(p) = (a - bp)p - (K_{fix} + k_v(a - bp)) \tag{5.22}$$

Wird der preisinduzierte Grenzumsatz $(a - 2bp)$ den preisbedingten Grenzkosten $(-k_v b)$ gleichgesetzt, so erhält man durch Umformung den statisch-gewinnmaximalen Preis p^{stat}, der auch als **Cournot-Preis** bezeichnet wird:

$$p^{stat} = \frac{1}{2}\left(\frac{a}{b} + k_v\right) \tag{5.23}$$

Aus Gleichung 5.23 ist ersichtlich, dass der gewinnoptimale Preis genau in der Mitte zwischen den variablen Stückkosten und dem Prohibitivpreis liegt, d. h. eine Änderung der variablen Stückkosten k_v schlägt sich nur zur Hälfte im gewinnoptimalen Preis nieder. Ein Monopolist gibt zweckmäßigerweise eine Erhöhung der variablen Kosten (z. B. aufgrund gestiegener Beschaffungspreise) ebenso wie eine Kostensenkung jeweils nur zu 50 % weiter (Simon & Fassnacht (2009, S. 209f.)). Durch Einsetzen von Gleichung 5.23 in Gleichung 5.20 ergibt sich die zugehörige **Cournot-Menge** als:

$$x^{stat} = \frac{1}{2}(a - bk_v) \tag{5.24}$$

Die beschriebenen Zusammenhänge und die Ableitung des gewinnmaximalen Preises sowie der gewinnmaximalen Absatzmenge bei linearem Funktionsverlauf sind in Abbildung 5.3 dargestellt. Die Kostenkurve ist als Funktion des Preises negativ geneigt. Das Gewinnmaximum befindet sich dort, wo der Abstand zwischen Umsatz- und Kostenkurve maximal ist, die parallel verschobene Kostenfunktion (grob gestrichelte Linie) also die Umsatzfunktion tangiert. Im Gewinnmaximum haben somit beide Kurven die gleiche Steigung. Der Punkt C in Abbildung 5.3 wird als **Cournot-Punkt** bezeichnet und stellt den gewinnmaximalen Punkt der Preis-Absatz-Funktion dar.

Anstelle der Gewinnmaximierung kann ein monopolistischer Anbieter auch die **Rentabilitätsmaximierung** anstreben. Hierbei setzt der Anbieter den zu erzielenden Gewinn G in Relation zur hierfür notwendigen Investition I (resp. den erforderlichen Kapitaleinsatz). Im Folgenden sei – anders als bisher – aus darstellungstechnischen Gründen eine Preis-Absatz-Funktion der Form $p(x) = a - bx$ unterstellt. Da jetzt die Menge als Entscheidungsparameter gewählt wird, besitzt die Gesamtkostenfunktion

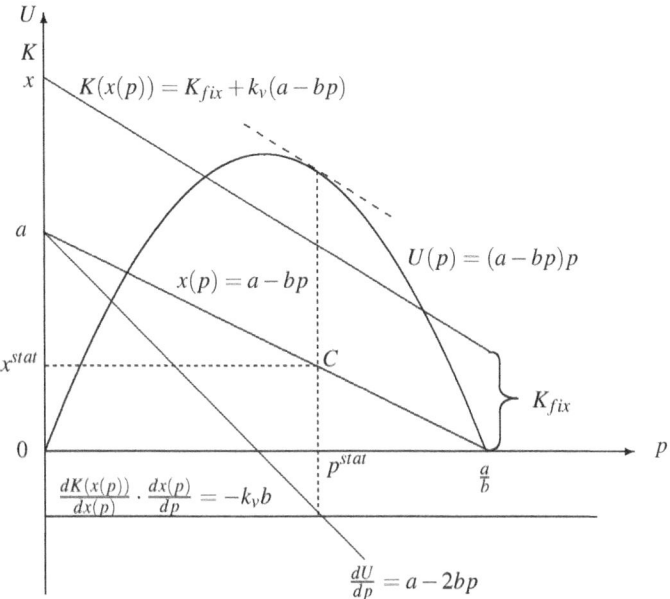

Abb. 5.3: Gewinnmaximierung bei linearer Preis-Absatz- und Kostenfunktion für $x = x(p)$

einen anderen Verlauf als in Abbildung 5.3. Die Rentabilität R in Abhängigkeit von der Absatzmenge x ist definiert als (Schmalen (1995, S. 65ff.)):

$$R(x) = \frac{G(x)}{I(x)} \quad (5.25)$$

Die zur Bestimmung der die Rentabilität maximierenden Menge zu erfüllende Bedingung lautet entsprechend (nach Anwendung der Quotientenregel):

$$\frac{dR(x)}{dx} = \frac{\frac{dG(x)}{dx} \cdot I(x) - G(x) \cdot \frac{dI(x)}{dx}}{(I(x))^2} \stackrel{!}{=} 0 \quad \Leftrightarrow \quad \frac{dG(x)}{dI(x)} = \frac{G(x)}{I(x)} \quad (5.26)$$

Die **Grenzrentabilität** $dG(x)/dI(x)$ gibt die Gewinnänderung an, die mit einer marginalen Ausweitung des Kapitaleinsatzes verbunden ist, während der Term $G(x)/I(x)$ der **Durchschnittsrentabilität** entspricht. Im Rentabilitätsmaximum sind folglich Grenz- und Durchschnittsrentabilität identisch. Abbildung 5.4 kann in diesem Sinne wie folgt interpretiert werden: Mittels der Umsatzfunktion $U(x)$ und der Kostenfunktion $K(x)$ kann die Gewinnfunktion $G(x)$ hergeleitet (Quadrant I) und über die Kapitaleinsatzfunktion $I(x)$ (Quadrant II) sowie eine 45°-Linie (Quadrant III) in die Gewinnfunktion $G(I(x))$ (Quadrant IV) überführt werden (Schmalen (1995, S. 65f.)).

140   5 Preispolitik

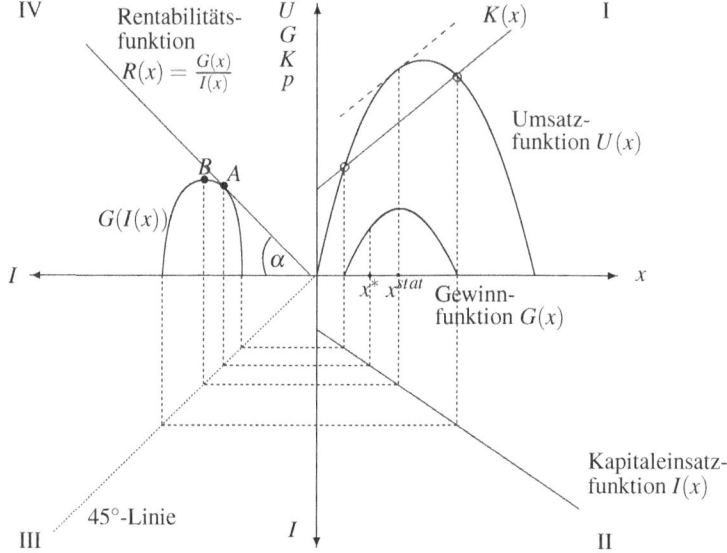

Abb. 5.4: Rentabilitäts- vs. Gewinnmaximum für $p = p(x)$

Im Punkt A wird der Fahrstrahl an $G(I(x))$ zur Tangente dieser Funktion abgetragen. Es gilt:

$$\tan \alpha = \frac{G(x)}{I(x)} = \frac{dG(x)}{dI(x)} \quad (5.27)$$

Die sich aus Gleichung 5.26 ergebende maximale Rentabilität (Punkt A) erfordert somit einen geringeren Kapitaleinsatz I als der maximale Gewinn (Punkt B). Ferner fällt der rentabilitätsmaximierende Absatz (x^*) geringer aus als der gewinnmaximierende Absatz (x^{stat}).

Dieser Sachverhalt sei anhand des nachfolgenden Beispiels veranschaulicht. Gegeben seien hierzu die Preis-Absatz-Funktion $p(x) = 50 - \frac{1}{10}x$, die Kostenfunktion $K(x) = 200 + 3x$ sowie die Kapitaleinsatzfunktion $I(x) = 200 + x$. Unter der Zielsetzung der Maximierung der Rentabilität wird zur Bestimmung der optimalen Preise zuerst die Rentabilitätsfunktion aufgestellt:

$$R(x) = \frac{G(x)}{I(x)} = \frac{47x - \frac{1}{10}x^2 - 200}{200 + x} \quad (5.28)$$

Nach Bildung der ersten Ableitung lautet die notwendige Bedingung für ein Rentabilitätsmaximum (in Abhängigkeit von der Absatzmenge):

$$\frac{dR(x)}{dx} = \frac{\left(47 - \frac{1}{5}x\right) \cdot (200 + x) - \left(47x - \frac{1}{10}x^2 - 200\right) \cdot (1)}{(200 + x)^2} \stackrel{!}{=} 0 \Leftrightarrow$$

$$x^2 + 400x - 96000 = 0 \quad \Leftrightarrow \quad x_{1,2} = -200 \pm \sqrt{200^2 + 96000} \quad (5.29)$$

$$\Rightarrow \quad x_1 = 168,78 \quad \text{und} \quad x_2 = -568,78$$

Hieraus ergibt sich die rentabilitätsmaximierende Preis-Mengen-Kombination $x^* = 168,78$ ME und $p^* = 33,12$ €. Zum Vergleich wird auch die gewinnmaximierende Preis-Mengen-Kombination ermittelt. Da im Kontext der Rentabilitätsmaximierung die Menge als Entscheidungsparameter gewählt wurde (es gilt also: $p = p(x)$), ergibt sich der gewinnmaximale Preis im Unterschied zu Bedingung 5.23 durch (Schmalen (1995, S. 60ff.)):

$$p^{stat} = \frac{1}{2}(a + k_v) \quad \text{mit} \quad x^{stat} = \frac{1}{2}\left(\frac{a - k_v}{b}\right) \tag{5.30}$$

Für den statisch-gewinnmaximalen Preis ergibt sich damit $p^{stat} = 26,5$ € und als korrespondierende optimale Absatzmenge erhalten wir $x^{stat} = 235$ ME.

Der Mehr-Produkt-Fall

Bislang wurde stets davon ausgegangen, dass ein Anbieter nur ein Produkt am Markt verkauft. Das Produktprogramm eines Anbieters besteht jedoch zumeist aus mehreren unterschiedlichen Produkten. Aus Sicht eines Mehrproduktanbieters besteht ein interessantes Problem in der Bestimmung einer optimalen Preispolitik für die gesamte Produktlinie. Hierbei geht es insbesondere um die Optimierung der Preisstellung von Produkten unter Berücksichtigung von Verbundeffekten. Werden die verschiedenen Produkte hingegen unabhängig voneinander produziert und verkauft, erübrigt sich eine Betrachtung des Mehr-Produkt-Falls. Die Preise werden dann wie im Ein-Produkt-Fall bestimmt.

Im Folgenden wird also der Frage nachgegangen, wo die gewinnmaximalen Preise von N Produkten liegen, die in einem substitutiven oder komplementären Absatzverbund stehen. Dabei stehen Produkte, die das gleiche oder ein ähnliches Bedürfnis befriedigen (z. B. Grappa und Whiskey), in einer substitutiven Beziehung und Produkte, die zusammen verwendet werden (z. B. Spaghetti und Tomatensauce), in einem komplementären Verhältnis. Im Mehr-Produkt-Fall gibt es für jedes Produkt eine individuelle Preis-Absatz-Funktion. Man spricht in diesem Fall von einem sogenannten **preisbedingten Sortimentsverbund**, da angenommen wird, dass sich die Preissetzung für ein Produkt nicht nur auf den Absatz dieses Produkts, sondern auch auf den Absatz der anderen im Produktprogramm befindlichen $N - 1$ Produkte auswirken kann (Pechtl (2014, S. 239)). Formal bedeutet dies, dass nicht nur der Preis p_i für das Produkt i zur Bestimmung des Absatzes x_i berücksichtigt wird, sondern auch die Preise p_j der anderen Produkte j ($j = 1, ..., N$, mit $j \neq i$), sodass folgendes gilt:

$$x_i = x_i(p_1, p_2, ..., p_i, ..., p_N) \quad \text{bzw.} \quad x_j = x_j(p_1, p_2, ..., p_j, ..., p_N) \tag{5.31}$$

Die Absatzreaktion eines Produktes kann wieder mittels der Preiselastizität beschrieben werden. Auch im Mehr-Produkt-Fall kann zwischen der Preiselastizität (**Eigenpreiselastizität**) und der **Kreuzpreiselastizität** unterschieden werden. Äquivalent zum Ein-Produkt-Fall ist die Eigenpreiselastizität (ε_{x_i, p_i}) definiert durch:

$$\varepsilon_{x_i,p_i} = \frac{dx_i(p_1,...,p_N)}{dp_i} \cdot \frac{p_i}{x_i(p_1,...,p_N)} \qquad (5.32)$$

Die Auswirkung einer Preisreduzierung auf den eigenen Absatz wird als **Primäreffekt** (Pechtl (2014, S. 239)) bezeichnet. Führt eine Preisreduzierung zu einer Absatzsteigerung, so liegt z. B. eine mögliche Ursache darin, dass Kunden, die ansonsten das Produkt j erwerben, nun zum Produkt i wechseln. Weiterhin können Kunden ihren Konsum erhöhen oder Neukunden, die auf die Preisreduzierung aufmerksam geworden sind, das Produkt i kaufen.

Im Gegensatz hierzu werden Absatzwirkungen, die eine Preissetzung für Produkt i bei anderen Produkten im Produktprogramm auslöst, **Sekundäreffekte** genannt. Ein Maß für die Absatzverbundenheit zweier Produkte j und i ist die Kreuzpreiselastizität ε_{x_j,p_i} (vgl. Gleichung 5.15). Bei substitutiven (komplementären) Verbundbeziehungen gilt $\varepsilon_{x_j,p_i} > 0$ ($\varepsilon_{x_j,p_i} < 0$), d. h. eine Preissenkung für Produkt i mindert (erhöht) den Absatz von Produkt j. Eine substitutive Beziehung lässt sich damit begründen, dass aufgrund der Preisreduzierung bei Produkt i Käufer des Produkts j zum Produkt i wechseln. Um einen komplementären Kaufverbund zu erklären, sind mehrere Faktoren zu berücksichtigen. Es wird zwischen einem nachfrageimmanenten Verbund, einem Frequenzeffekt und einem „Spill-Over"-Effekt differenziert, die ausführlich bei Pechtl (2014, S. 240f.) erläutert werden.

Bei Kenntnis der Kreuzpreiselastizitäten lässt sich das Mehr-Produkt-Preis-Problem formal nach dem gleichen Muster wie im Ein-Produkt-Fall lösen. Liegen N Preis-Absatz-Funktionen und unverbundene Kostenfunktionen vor, lautet die durch geeignete Wahl der Preise $p_1, ..., p_N$ zu maximierende Gewinnfunktion für das Gesamtproduktprogramm (Pechtl (2014, S. 240f.)):

$$G = \sum_{i=1}^{N} x_i(p_1,...,p_N) \cdot p_i - K(x_i(p_1,...,p_N)) \qquad (5.33)$$

Die erste Ableitung von Gleichung 5.33 nach dem Preis für Produkt i führt zu:[3]

$$\frac{\partial G}{\partial p_i} = \frac{\partial x_i}{\partial p_i} \cdot p_i + x_i - \frac{\partial K(x_i)}{\partial x_i} \cdot \frac{\partial x_i}{\partial p_i} + \sum_{\substack{j=1 \\ j \neq i}}^{N} \frac{\partial x_j}{\partial p_i} \cdot p_j - \frac{\partial K(x_i)}{\partial x_j} \cdot \frac{\partial x_j}{\partial p_i} \overset{!}{=} 0 \quad (5.34)$$

Wird Gleichung 5.34 mit p_i/x_i erweitert, so erhält man:

$$\frac{\partial x_i}{\partial p_i} \cdot \frac{p_i}{x_i} \cdot p_i + x_i \cdot \frac{p_i}{x_i} - \frac{\partial K(x_i)}{\partial x_i} \cdot \frac{\partial x_i}{\partial p_i} \cdot \frac{p_i}{x_i} + \sum_{\substack{j=1 \\ j \neq i}}^{N} \left(p_j - \frac{\partial K(x_i)}{\partial x_j}\right) \cdot \frac{\partial x_j}{\partial p_i} \cdot \frac{p_i}{x_i} \overset{!}{=} 0 \quad (5.35)$$

Unter Berücksichtigung der Eigenpreiselastizitäten (vgl. Gleichung 5.32) und der Kreuzpreiselastizitäten (vgl. Gleichung 5.15) ergibt sich:

---

[3] Der Übersichtlichkeit halber verzichten wir auf die Angabe des Arguments von x_i.

5.2 Preisbildung auf Monopolmärkten

$$\varepsilon_{x_i,p_i} \cdot p_i + p_i = \frac{\partial K(x_i)}{\partial x_i} \cdot \varepsilon_{x_i,p_i} - \sum_{\substack{j=1 \\ j \neq i}}^{N} \left(p_j - \frac{\partial K(x_i)}{\partial x_j} \right) \cdot \varepsilon_{x_j,p_i} \cdot \frac{x_j}{x_i} \quad (5.36)$$

Für den gewinnoptimalen Preis p_i^* eines Produktes i ergibt sich somit:

$$p_i^* = \tilde{p}_i - \frac{1}{1 + \varepsilon_{x_i,p_i}} \cdot \sum_{\substack{j=1 \\ j \neq i}}^{N} \left(p_j - \frac{\partial K(x_i)}{\partial x_j} \right) \cdot \varepsilon_{x_j,p_i} \cdot \frac{x_j}{x_i} \quad (5.37)$$

$$\text{mit} \quad \tilde{p}_i = \frac{\varepsilon_{x_i,p_i}}{1 + \varepsilon_{x_i,p_i}} \cdot \frac{\partial K(x_i)}{\partial x_i}$$

Gleichung 5.37 wird als **Niehans-Bedingung** bezeichnet, bei deren Interpretation unterstellt wird, dass die Preise p_j aller anderen Produkte j im Produktprogramm bereits gewinnmaximal sind, also nur der optimale Preis für Produkt i fehlt. Dabei ergibt sich der produktprogrammbezogene gewinnmaximale Preis p_i^* aus dem isoliert-optimalen Preis $\tilde{p}_i$ sowie einem Korrekturterm, der den Wert der Produktlinienbeziehung erfasst. Der mit $\tilde{p}_i$ bezeichnete Term entspricht der Preisstellung gemäß der Amoroso-Robinson-Relation und beschreibt den gewinnmaximalen Preis des Produktes i unter der Annahme, dass kein Verbund vorliegt, dass also $\varepsilon_{x_j,p_i} = 0$ gilt.

Die Differenz zwischen p_i^* und $\tilde{p}_i$ ist dabei ceteris paribus umso größer, je bedeutsamer (mengenmäßig) Produkt j gegenüber Produkt i (x_j/x_i) ist, je größer die betragsmäßigen Kreuzpreiselastizitäten ($|\varepsilon_{x_j,p_i}|$) sind und je größer die Deckungsbeitrag von Produkt j ($p_j - \partial K(x_i)/\partial x_j$) ist.

Für den Fall durchgängiger Substituierbarkeit ($p_i^* > \tilde{p}_i$) wird versucht, die Käufer an das – im Sinne des Deckungsbeitrags – attraktivere Produkt j zu binden. Hingegen sollen bei durchgängiger Komplementarität ($p_i^* < \tilde{p}_i$) Käufer zum Kauf des attraktiveren Produkts j bewegt werden. In diesem Fall wird der Gewinnverzicht bei Produkt i durch eine erhöhte Verkaufsmenge des Produkts j kompensiert. Dieses Prinzip ist als **kalkulatorischer Ausgleich** bekannt (Pechtl (2014, S. 244)). Ein typisches Beispiel hierfür sind Sonderangebote. Hierbei wird bewusst ein niedriger oder, soweit in dem gültigen Rechtsrahmen erlaubt, sogar negativer[4] Stückdeckungsbeitrag beim Sonderangebotsartikel akzeptiert, um Kunden in der Hoffnung in den Laden zu locken, dass diese noch weitere, profitable Produkte kaufen. Allerdings verbietet §20 Abs. 4 Ziff. 2 des Gesetzes gegen Wettbewerbsbeschränkungen unter bestimmten Bedingungen den Verkauf von Ware unter dem Einstandspreis.

Im Folgenden wird exemplarisch ein Produktprogramm aus zwei Produkten i und j betrachtet. Die lineare Preis-Absatz-Funktion für ein Produkt i hat allgemein die folgende Form:

$$x_i(p_i, p_j) = a_i - b_i p_i + b_{ij} p_j \quad (5.38)$$

---

[4] In Deutschland regelt der §20 des Gesetzes gegen Wettbewerbsbeschränkungen das Verbot von Preissetzungen unter den Einstandspreis (Preis der Beschaffung/Erstellung zuzüglich Kosten der Aufbereitung/Lagerhaltung etc.) und die Ausnahmen von diesem Verbot.

Hierbei ist b_{ij} der Kreuzpreiswirkungsparameter, der bei substitutiver (komplementärer) Beziehung positiv (negativ) ist. Beispielhaft laute für Produkt i die Preis-Absatz-Funktion $x_i(p_i, p_j) = 1500 - 50p_i + 30p_j$. Für Produkt j laute sie $x_j(p_i, p_j) = 1500 - 50p_j + 15p_i$. Die Beziehung zwischen den beiden Produkten ist substitutiv, da eine Preissenkung für Produkt i (j) den Absatz von j (i) reduziert. Die Kostenfunktion des Monopolisten für die Produktion der beiden Produkte sei $K(x_i, x_j) = 10x_i + 10x_j$.

Zunächst wird der Gesamtgewinn bestimmt und nach p_i und p_j abgeleitet:

$$G(p_i, p_j) = (1500 - 50p_i + 30p_j)p_i + (1500 - 50p_j + 15p_i)p_j - \\ 10(1500 - 50p_i + 30p_j) - 10(1500 - 50p_j + 15p_i) \to \max. \quad (5.39)$$

$$\frac{\partial G(p_i, p_j)}{\partial p_i} = 1850 - 100p_i + 45p_j \stackrel{!}{=} 0 \quad \Leftrightarrow \quad p_i = 18,5 + 0,45p_j \quad (5.40)$$

$$\frac{\partial G(p_i, p_j)}{\partial p_j} = 1700 - 100p_j + 45p_i \stackrel{!}{=} 0 \quad \Leftrightarrow \quad p_j = 17 + 0,45p_i \quad (5.41)$$

Durch Einsetzen der Gleichung 5.40 in Gleichung 5.41 erhält man die gewinnmaximalen Preis-Mengen-Kombinationen $p_i^* = 32,79$ € und $p_j^* = 31,76$ € mit $x_i^* = 813,17$ ME und $x_j^* = 404,08$ ME.

Zum Vergleich werden gemäß folgender Bedingung der isoliertoptimale Preis

$$\tilde{p}_i = \frac{1}{2}\left(\frac{a_i + b_{ij}p_j}{b_i} + K_i'\right) \quad (5.42)$$

für Produkt i bzw. analog $\tilde{p}_j$ für Produkt j berechnet. Für Produkt i ergibt sich in diesem Fall ein Preis von $\tilde{p}_i = 29,53$ € und für Produkt j ein Preis von $\tilde{p}_j = 24,92$ €. Damit liegt der produktprogrammbezogene gewinnmaximale Preis für Produkt i um 11,04 % und für Produkt j sogar um 27,45 % über dem jeweiligen isoliertoptimalen Preis. Die größere Differenz bei Produkt j gegenüber Produkt i resultiert aus den entsprechenden Unterschieden bei den Kreuzpreiswirkungskoeffizienten (30 bei Produkt i gegenüber 15 bei Produkt j).

5.2.2 Dynamische Preispolitik

Die bisherigen Formen der Preisfestlegung basieren auf statischen Überlegungen resp. Einperiodenbetrachtungen. Preispolitische Entscheidungen können sich aber auch auf mehrere aufeinander folgende Perioden beziehen. Man spricht folglich von dynamischer Preispolitik, wenn die Zeitdimension explizit berücksichtigt wird, also Preise aus verschiedenen Perioden in die Betrachtung eingehen. Dadurch werden zwar einerseits die Komplexität erhöht und die praktische Umsetzung erschwert, es ermöglicht aber andererseits eine größere Realitätsnähe (Monroe (2003, S. 360ff.)). Den Kern des **dynamischen Preismanagements** bildet der „Trade-Off" zwischen kurz- und langfristigen Erträgen, der dadurch entsteht, dass bei einer Abweichung des dynamisch(strategisch)-optimalen Preises vom statisch-optimalen Preis auf kurzfristig erzielbaren Gewinn zugunsten höherer langfristiger Gewinne verzichtet wird.

Dynamische Effekte

Nachfolgend werden einige ausgewählte dynamische Effekte, die zu Abweichungen des dynamisch-optimalen Preises vom statisch-optimalen Preis führen können, beschrieben (Olbrich & Battenfeld (2014, S. 75ff.)).

Als erstes sei die **Preisänderungsresponse** erwähnt. Hierunter versteht man die periodenübergreifende Reaktion der Nachfrager auf Preisänderungen. Wird z. B. eine lineare Wirkung der Preisänderung im Vergleich zur Vorperiode ($\Delta p_t = p_t - p_{t-1}$) angenommen, so ergibt sich im einfachsten Fall die Preis-Absatz-Funktion:

$$x_t = a - c(p_t - p_{t-1}) \quad \text{mit } a, c > 0 \tag{5.43}$$

Dabei bezeichnen x_t bzw. p_t die Absatzmenge bzw. den Preis in Periode t. Für $c > 0$ wirkt sich eine Preissenkung positiv und eine Preiserhöhung negativ auf den Absatz in t aus. Verwendet man statt der absoluten die prozentuale Preisänderung, so gilt:

$$x_t = a - c\frac{p_t - p_{t-1}}{p_{t-1}} \quad \text{mit } a, c > 0 \tag{5.44}$$

Beide Formulierungen unterstellen eine proportionale Absatzwirkung der Preisänderung. Im Folgenden werden der Carryover-Effekt und die Obsoleszenzrate beschrieben. Beide dienen der modellgestützten Erklärung dynamischer Marktreaktionsmuster.

Der **Carryover-Effekt** bezeichnet, wie durch Abbildung 5.5 veranschaulicht, alle Einflüsse des Absatzes in der zurückliegenden Periode auf den Absatz in der aktuellen Periode und kommt in der Preis-Absatz-Funktion

$$x_t = a - bp_t + \lambda x_{t-1} \quad \text{mit } a, b, \lambda > 0 \tag{5.45}$$

zum Ausdruck. Je größer die Absatzmenge in der Vorperiode ist, desto stärker ändert sich durch den Term λx_{t-1} der Absatz in der aktuellen Periode. Je größer λ ausfällt, umso ausgeprägter ist dieser Carryover-Effekt. Dabei sind die Ursachen von Carryover-Effekten vielfältig. Generell kann zwischen intrapersonellen Carryover-Effekten, die insbesondere bei Verbrauchsgütern ein wichtige Rolle spielen, und interpersonellen Carryover-Effekten unterschieden werden. Ein intrapersoneller Carryover-Effekt entsteht z. B. durch den Wiederkauf eines Produkts. Wenn der Kunde in einer Periode mit dem Produkt zufrieden ist, dann wirkt sich dies positiv auf die Kaufbereitschaft in den nachfolgenden Perioden aus. Umso mehr Produkte somit in einer Periode abgesetzt werden, umso mehr werden – bei konstanter Qualität – auch in den nachfolgenden Perioden gekauft. In diesem Fall spricht man von einem positiven Carryover-Effekt. Ist die Mehrheit der Kunden jedoch unzufrieden, dann wirkt sich ein negativer Carryover-Effekt analog absatzmindernd auf die nachfolgenden Perioden aus. Bei Gebrauchsgütern liegen interpersonelle Carryover-Effekte vor. Zum einen verbreiten sich Gebrauchsgüter durch Erfahrungsweitergabe von anderen Personen („Word-of-Mouth"), zum anderen durch Imitation. Hohe Absätze innerhalb einer Periode können aber auch dazu führen, dass in späteren Perioden nur eine verringerte Nachfrage zustande kommt (z. B. aufgrund entsprechender Sättigungseffekte in dem betrachteten Markt). Die Analyse des Carryover-Effekts liefert somit Erkenntnisse darüber, wie sich ein Produkt bei einem gegebenen Nachfragepotenzial verbreitet. Eine weitergehende Darstellung möglicher Verlaufsformen des Carryover-Effekts und deren Auswirkungen auf den Absatz erfolgt in Pechtl (2014, S. 306ff.).

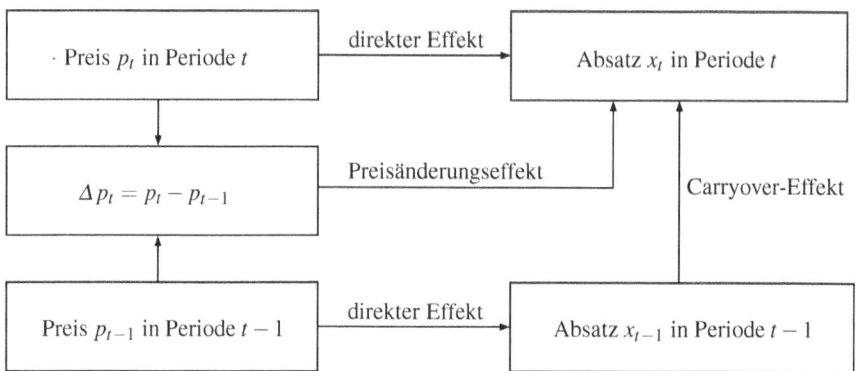

Abb. 5.5: Carryover- und Preisänderungseffekt im dynamischen Preis-Absatz-Modell

Die **Obsoleszenzrate** beschreibt die Entwicklung des Nachfragepotenzials im Zeitablauf. Eine hohe Obsoleszenzrate spiegelt eine schnelle Alterung des Produkts (z. B. in der Modeindustrie) wider. Das Nachfragepotenzial wird demnach immer kleiner, je länger das betreffende Produkt auf dem Markt ist. Die Obsoleszenz kann mittels nachfolgender Preis-Absatz-Funktion modelliert werden:

$$x_t = (a - bp_t) \cdot r^t \text{ mit } a, b > 0 \text{ und } 0 < r < 1 \qquad (5.46)$$

Der Faktor r^t wird dabei im Zeitablauf, d. h. mit wachsendem t, immer kleiner. Wird ein konstanter Verkaufspreis angenommen, dann gilt: Je kleiner r ist, desto stärker fällt der Absatz im Zeitablauf und desto größer ist folglich die Obsoleszenzrate. In praktischen Anwendungen muss r entweder aus historischen Absatzdaten geschätzt oder vom Marketingmanagement auf Basis entsprechender Erfahrungswerte vorgegeben werden.

Bestimmung dynamisch-optimaler Preise bei allgemeiner dynamischer Preis-Absatz-Funktion

Wir wollen nun der Frage nachgehen, wie bei einer sich über mehrere Perioden hinweg erstreckenden Preispolitik die insgesamt betrachtet optimale Preisfolge aussehen muss.

Die **dynamische Preis-Absatz-Funktion** kann in allgemeiner Form wie folgt dargestellt werden als (Simon & Fassnacht (2009, S. 336ff.)):

$$x_t = x_t(p_t, p_{t-1}, p_{t-2}, ..., p_{t-T}) \text{ bzw. } x_{t+1} = x_{t+1}(p_{t+1}, p_t, p_{t-1}, ..., p_{t-T+1}) \qquad (5.47)$$

5.2 Preisbildung auf Monopolmärkten

Der Absatz x_t in Periode t wird dabei als Funktion der Preissetzung in T vorausgegangenen Perioden gesehen. Hierbei wird nicht nach der Ursache der periodenübergreifenden Preiswirkungen unterschieden. Die Funktion umfasst sowohl die Preisänderungsresponse als auch Carryover-Effekte.

Beeinflusst der Preis für ein Produkt in der Periode t nicht nur den Absatz in dieser Periode, sondern wirkt er sich – wie im vorliegenden Fall – auch auf den Absatz zukünftiger Perioden $t+\tau$ mit $\tau = 1, ..., T$ aus, so kommt dies in einer **Preiselastizität** der Nachfrage zum Ausdruck. Es gilt (Pechtl (2014, S. 310)):

$$\varepsilon_{x_{t+\tau},p_t} = \frac{dx_{t+\tau}(p_t)}{dp_t} \cdot \frac{p_t}{x_{t+\tau}(p_t)} \neq 0 \quad \text{für } \tau = 1, ..., T \tag{5.48}$$

Bei $\varepsilon_{x_{t+\tau},p_t} > 0$ führt eine Preissenkung (Preiserhöhung) in t zu einer Reduktion (Steigerung) des Absatzes in der Periode $t+\tau$. Dies ist z. B. dann der Fall, wenn einzelne Perioden um Absatzmengen „konkurrieren" und Mehrabsatz in der aktuellen Periode nur auf Kosten des Absatzes in der Zukunft erzielt werden kann. Ist $\varepsilon_{x_{t+\tau},p_t} < 0$, so führt eine Preissenkung (Preiserhöhung) in t analog zu einem Absatzzuwachs (Absatzverlust) in zukünftigen Perioden. Diese Beziehung ist bei allen Arten von positiven Carryover-Effekten gegeben.

Für die aktuelle Periode gelte im Folgenden $\tau = 0$. Die Preise für insgesamt T zukünftige Perioden können dann mittels einer Zielfunktion für die langfristige Gewinnmaximierung, die auch als **Kapitalwertfunktion** bezeichnet wird, und unter Zugrundelegung der dynamischen Preis-Absatz-Funktion sowie eines Kalkulationszinssatzes i bestimmt werden. Es gelte (Pechtl (2014, S. 311)):

$$G = \sum_{\tau=0}^{T} (x_{t+\tau}(p_{t+\tau}, p_{t+\tau-1}, ...) \cdot p_{t+\tau}$$
$$- K(x_{t+\tau}(p_{t+\tau}, p_{t+\tau-1}, ...))) \cdot (1+i)^{-\tau} \to \max! \tag{5.49}$$

Der über alle betrachteten Perioden hinweg zu erzielende Gesamtgewinn eines Unternehmens entspricht somit dem Umsatz abzüglich aller Kosten innerhalb der einzelnen Perioden, wobei zukünftige Gewinne auf die aktuelle Periode $\tau = 0$ zu diskontieren sind. Die Diskontierung (Abzinsung) macht die Resultate in den einzelnen Perioden miteinander vergleichbar, indem sie die in der Zukunft liegenden Gewinne auf die Gegenwart abzinst, und zwar umso stärker, je weiter sie in der Zukunft liegen. Die Preiselastizität der Nachfrage in der Periode t lautet:

$$\varepsilon_{x_t,p_t} = \frac{dx_t(\cdot)}{dp_t} \cdot \frac{p_t}{x_t(\cdot)} < 0 \tag{5.50}$$

Nach Ableitung obiger Gewinn- bzw. Kapitalwertfunktion nach dem Preis p_t in Periode t und durch geeignetes Umformen, das analog zur Niehans-Bedingung (vgl. Gleichung 5.37) erfolgt, erhält man den **dynamisch-optimalen Preis** p_t^{dyn}:

$$p_t^{dyn} = \frac{\varepsilon_{x_t,p_t}}{1+\varepsilon_{x_t,p_t}} \frac{\partial K(x_t(\cdot))}{\partial x_t(\cdot)} - \frac{\varepsilon_{x_t,p_t}}{1+\varepsilon_{x_t,p_t}} m_t = \frac{\varepsilon_{x_t,p_t}}{1+\varepsilon_{x_t,p_t}} \left(\frac{\partial K(x_t(\cdot))}{\partial x_t(\cdot)} - m_t \right) \tag{5.51}$$

148   5 Preispolitik

$$\text{mit} \quad m_t = \sum_{\tau=1}^{T} \frac{\varepsilon_{x_{t+\tau},p_t}}{\varepsilon_{x_t,p_t}} \left(p_{t+\tau} - \frac{\partial K(x_{t+\tau}(\cdot))}{\partial x_{t+\tau}(\cdot)} \right) \frac{x_{t+\tau}(\cdot)}{x_t(\cdot)} (1+i)^{-\tau}$$

$$\text{und} \quad \varepsilon_{x_{t+\tau},p_t} = \frac{\partial x_{t+\tau}(\cdot)}{\partial p_t} \cdot \frac{p_t}{x_{t+\tau,p_t}(\cdot)}$$

Der erste Term $\left(\frac{\varepsilon_{x_t,p_t}}{1+\varepsilon_{x_t,p_t}} \frac{\partial K(x_t(\cdot))}{\partial x_t(\cdot)} \right)$ der Gleichung 5.51 entspricht der **Amoroso-Robinson-Relation** (vgl. Gleichung 5.19) des statischen Falls (p_t^{stat}), während m_t die Ausstrahlungswirkungen des Preises p_t widerspiegelt. Die Beziehung zwischen dynamisch- (p_t^{dyn}) und statisch-optimalem (p_t^{stat}) Preis wird durch das Vorzeichen und die Größenordnung von m_t determiniert. Wird von positiven Deckungsbeiträgen ausgegangen, so sind alle Vorzeichen der Faktoren in der Summe, mit Ausnahme derjenigen der dynamischen Preiselastizitäten $\varepsilon_{x_{t+\tau},p_t}$, eindeutig bestimmt. Die Vorzeichen von $\varepsilon_{x_{t+\tau},p_t}$ entscheiden folglich, ob m_t positiv oder negativ und damit der dynamisch-optimale Preis p_t^{dyn} kleiner oder größer als der statisch-optimale Preis p_t^{stat} der gleichen Periode ist. Sind alle T Vorzeichen von $\varepsilon_{x_{t+\tau},p_t}$ einheitlich, so lassen sich eindeutige Aussagen über diese Relation aufstellen. Falls der Term m_t positiv ist, was genau dann der Fall ist, wenn alle Preiselastizitäten negativ sind, dann ist der dynamisch optimale Preis p_t^{dyn} niedriger als der statisch-optimale Preis p_t^{stat}. Ändert sich dagegen das Vorzeichen von $\varepsilon_{x_{t+\tau},p_t}$ im Zeitablauf, dann kann keine eindeutige Aussage über die Größenrelation von p_t^{stat} und p_t^{dyn} getroffen werden.

Gleichung 5.51 gestattet nicht nur eine Aussage über das Vorzeichen der Abweichung zwischen p_t^{dyn} und p_t^{stat}, sondern liefert auch Anhaltspunkte über die Stärke dieser Abweichung. Werden einheitliche Vorzeichen von $\varepsilon_{x_{t+\tau},p_t}$ unterstellt, dann ist die Differenz zwischen beiden Preisen umso größer, je absolut größer das Verhältnis von $\varepsilon_{x_{t+\tau},p_t}$ zu ε_{x_t,p_t} ist, je höher der Deckungsbeitrag des Produkts in der Zukunft $(p_{t+\tau} - \partial K(x_{t+\tau}(\cdot))/\partial x_{t+\tau}(\cdot))$ ist, je größer die zukünftigen Absatzmengen $(x_{t+\tau}(\cdot))$ im Vergleich zum heutigen Absatz $x_t(\cdot)$ sind, je niedriger der Kalkulationszinssatz i und je länger der Planungshorizont T ist (Simon & Fassnacht (2009, S. 337f.)).

Dynamisch-optimale Preise bei Preisänderungsresponse

Einem Unternehmen sei für ein Produkt, das zwei Perioden $t = 1, 2$ angeboten und dann vom Markt genommen wird, die folgenden Preis-Absatz-Funktionen bekannt:

$$x_1 = 200 - 0{,}5p_1 \quad \text{und} \quad x_2 = 250 - 0{,}5p_2 - 0{,}1p_1 \tag{5.52}$$

Die Absatzmengen in der jeweiligen Periode sind mit x_1 bzw. x_2 (in Mengeneinheiten ME) und die Verkaufspreise mit p_1 bzw. p_2 (in €) beschrieben. Während in der ersten Preis-Absatz-Funktion dynamische Effekte vernachlässigt werden (statischer Charakter), beinhaltet die Preis-Absatz-Funktion für die zweite Periode eine **Preisänderungsresponse**. Die variablen Stückkosten betragen in beiden Perioden $k_v = 100$ €. Die Fixkosten bleiben der Einfachheit halber unberücksichtigt. Der Kalkulationszinssatz i betrage 5 %.

In $t = 1$ ergibt sich der **statisch-gewinnmaximale Preis** durch Gleichung 5.23. Hieraus folgt:

$$p_1^{stat} = \frac{1}{2}\left(\frac{200}{0,5} + 100\right) = 250 \text{ €} \tag{5.53}$$

mit $x_1^{stat} = 75$ ME und $G_1^{stat} = 11250$ €. Setzt man den statisch-gewinnmaximalen Preis p_1^{stat} in die Preis-Absatz-Funktion x_2 (Gleichung 5.52) ein, erhält man für $t = 2$ die Preis-Absatz-Funktion $x_2 = 225 - 0,5p_2$.

Es ist zu beachten, dass bei statischer Betrachtung die Gewinne der nachfolgenden Perioden nicht auf die aktuelle Periode abgezinst werden. Bei der Bestimmung des statisch-gewinnmaximalen Preises bleibt der Kalkulationszinssatz somit unberücksichtigt. Um ihn aber mit der dynamischen Lösung vergleichen zu können, wird nachfolgend der „wahre" Gewinn im Falle der statischen Lösung bestimmt. Bei diesem wird der Gewinn in Periode $t = 2$ auf die aktuelle Periode $t = 1$ abgezinst.

Analog zu $t = 1$ erhält man für die zweite Periode $p_2^{stat} = 275$ €, $x_2^{stat} = 87,5$ ME und $G_2^{stat} = 15312,50$ €. Als Gesamtgewinn für beide Perioden resultiert:

$$G^{stat} = G_1^{stat} + \frac{1}{1+i}G_2^{stat} = 25833,33 \text{ €} \tag{5.54}$$

Addiert man die Gewinne beider Perioden direkt und in der Weise, dass der Gewinn aus $t = 2$ abgezinst wird, dann erhalten wir die Zielfunktion (Kapitalwertfunktion) zur simultanen Ermittlung der **dynamisch-gewinnmaximalen Preise**:

$$\begin{aligned}G^{dyn}(p_1, p_2) &= (p_1 - 100)x_1 + \frac{1}{1,05}(p_2 - 100)x_2 \\ &= -0,5p_1^2 - 0,0952p_1p_2 + 259,524p_1 - 0,476p_2^2 \\ &\quad + 285,714p_2 - 43809,5\end{aligned} \tag{5.55}$$

Die partiellen Ableitungen lauten:

$$\frac{\partial G^{dyn}(p_1, p_2)}{\partial p_1} = -p_1 - 0,0952p_2 + 259,524 \stackrel{!}{=} 0 \tag{5.56}$$

$$\frac{\partial G^{dyn}(p_1, p_2)}{\partial p_2} = -0,0952p_1 - 0,952p_2 + 285,714 \stackrel{!}{=} 0 \tag{5.57}$$

Wird Gleichung 5.57 nach p_2 aufgelöst und in Gleichung 5.56 eingesetzt, ergeben sich die dynamisch-optimalen Preise $p_1^{dyn} = 233,17$ € und $p_2^{dyn} = 276,68$ € mit $x_1^{dyn} = 83,41$ ME und $x_2^{dyn} = 88,34$ ME. Die Gewinne betragen $G_1^{dyn} = 11108,38$ € und $G_2^{dyn} = 15608,44$ €. Der Kapitalwert beträgt:

$$G^{dyn}(p_1, p_2) = G_1^{dyn} + \frac{1}{1,05}G_2^{dyn} = 25973,56 \text{ €} \tag{5.58}$$

Der dynamisch-gewinnmaximale Preis in $t = 1$ ($p_1^{dyn} = 233,17$ €) liegt unter dem statisch-gewinnmaximalen Preis in $t = 1$ ($p_1^{stat} = 250$ €). Dadurch verzichtet das

Unternehmen in $t = 1$ auf einen Gewinn in Höhe von 141,62 €. Dieser kurzfristige Gewinnverzicht kann als Investition interpretiert werden, die zugunsten höherer zukünftiger Gewinne erfolgt. Dieser Marketinginvestition steht dafür im Ergebnis ein um 140,23 € höherer Kapitalwert gegenüber.

Eine Preissetzung, bei welcher der aktuelle dynamisch-optimale Preis deutlich unter dem statisch-optimalen Preis gesetzt wird, bezeichnet man als **Penetration-Pricing**. Dieses impliziert allerdings keine allgemeingültigen Aussagen über spätere Preisentwicklungen. Es kommen letztlich alle denkbaren Möglichkeiten, resp. Preissenkungen, konstante Preise oder Preiserhöhungen in Betracht. In dem hier vorgestellten Beispiel ist der Preis in $t = 2$ gegenüber jenem in $t = 1$ um 18,66 % erhöht worden. Das Gegenteil hierzu ist das **Skimming-Pricing**. Dabei wird der aktuelle dynamisch-optimale Preis deutlich über dem statisch-optimalen Preis festgelegt und dann – erforderlichenfalls – sukzessive gesenkt. Für eine ausführliche Behandlung der Einsatzvoraussetzungen sowie der Vor- und Nachteile dieser Preissetzungen wird auf Monroe (2003, S. 381ff.) verwiesen.

5.3 Monopolistische Preisdifferenzierung

Bislang wurde immer von einem vollkommenen Markt ausgegangen, sodass der Monopolist lediglich einen für alle Konsumenten geltenden Preis festlegen musste bzw. konnte. Setzt man hingegen einen unvollkommenen Markt voraus, ergibt sich für den Monopolisten die Möglichkeit der Preisdifferenzierung, d. h. der Festsetzung unterschiedlicher Preise für unterschiedliche Konsumenten(gruppen).

5.3.1 Grundprinzip der Preisdifferenzierung

Eine **Preisdifferenzierung** liegt vor, wenn ein Anbieter identische oder zumindest sehr ähnliche Leistungen verschiedenen Marktsegmenten zu unterschiedlichen Preisen anbietet (Simon & Fassnacht (2009, S. 263ff.)). Zurückgehend auf Pigou (1960, S. 279), wird zwischen drei Graden der Preisdifferenzierung unterschieden. Bei der **Preisdifferenzierung ersten Grades** (perfekte Preisdifferenzierung) wird von jedem Kunden der individuelle Maximalpreis verlangt. Dadurch kann der Monopolist mit den individuellen Preisbereitschaften der Konsumenten die Konsumentenrente vollständig abschöpfen. Da sich diese Vorgehensweise in der Praxis als schwierig erweist, kommt ihr in erster Linie eine theoretische Bedeutung zu. In der Realität kommen Auktionen und Preisverhandlungen dem Grundprinzip der Preisdifferenzierungen ersten Grades noch am nächsten.

Von einer **Preisdifferenzierung zweiten Grades** (deglomerative Preisdifferenzierung) wird gesprochen, wenn die Kunden zu Segmenten zusammengefasst werden, für die jeweils unterschiedliche Preise festgelegt werden. Wesentlich ist hierbei, dass die Nachfrager ihre Segmentzugehörigkeit frei wählen können, man spricht deshalb auch von Selbstselektion. Zur Implementierung der Preisdifferenzierung zweiten Grades lassen sich verschiedene Ansätze anwenden. So steht die **leistungsbezogene Preisdifferenzierung**, mitunter auch als qualitative Preisdifferenzierung bezeichnet, in enger Beziehung zur Produktlinienpolitik. Sie liegt vor, wenn ein Anbieter einander ähnliche Produktvarianten zu verschiedenen Preisen anbietet. Dabei unterscheiden sich die angebotenen Varianten insbesondere hinsichtlich des Leistungsumfangs, der Leistungsfähigkeit und/oder der Zusatzleistungen. Beispielhaft sei die Differenzierung zwischen Economy, Business und First Class bei Fluggesellschaften genannt. Bei der **mengenbezogenen Preisdifferenzierung** hängt der zu zahlende Preis von der von einem Kunden abgenommenen Menge ab.

Die **Preisdifferenzierung dritten Grades** basiert auf einer Segmentierung anhand beobachtbarer Kriterien. Im Gegensatz zur Preisdifferenzierung zweiten Grades kann der Kunde hier seine Segmentzugehörigkeit nicht frei wählen. Es können vier Implementierungsformen unterschieden werden. Bei **personenbezogener Preisdifferenzierung** setzt der Anbieter den Preis nach jeweiliger Gruppenzugehörigkeit der Nachfrager. Diese Gruppenzugehörigkeit beruht auf ausgewählten soziodemografischen Merkmalen, wie z. B. dem Alter (Jugend- oder Seniorentarife) oder dem Beruf (Studierendentarife). Die **zeitliche Preisdifferenzierung** drückt aus, dass die Preishöhe z. B. mit der Tageszeit, dem Wochentag oder der Saison korrespondiert. Beispielsweise bieten Kinos an bestimmten Wochentagen einen niedrigeren Eintrittspreis als an anderen Tagen. Bei der **räumlichen Preisdifferenzierung** erfolgt eine Abstufung der Preise nach geografisch getrennten Gebieten. Ein Spezialfall ist die Preisdifferenzierung zwischen Ländern, die in vielen Produktkategorien (z. B. im Pharmabereich) stark ausgeprägt ist. Durch die heutige Mobilität der Kunden bzw. bedingt durch die Möglichkeit des Online-Einkaufs können räumliche Hürden oftmals überwunden werden, weshalb die räumliche Preisdifferenzierung nicht ausschließlich der Preisdifferenzierung dritten Grades, sondern auch der Preisdifferenzierung zweiten Grades zugeordnet werden kann. Die **Mehr-Personen-Preisbildung** bezeichnet den Verkauf von Produkten an Gruppen zu reduzierten Einzel- oder Gruppenpreisen, die mit der Anzahl der Personen variieren. Sie stellt somit eine auf die Personenzahl bezogene Rabattierung dar.

Das zentrale Ziel der Preisdifferenzierung besteht in der Gewinnsteigerung durch Abschöpfung der Konsumentenrenten. Die **Konsumentenrente** entspricht der Differenz zwischen dem Maximalpreis, den der Kunde zu zahlen bereit ist, und dem tatsächlich geforderten Preis des Anbieters. Wie ein Teil dieser Konsumentenrente abgeschöpft wird, zeigt Abbildung 5.6 (Fassnacht (2003, S. 488ff.)). Dabei werden eine Monopolsituation, konstante Grenzkosten K', die Vernachlässigbarkeit von Fixkosten, keine Kosten der Anwendung der Preisdifferenzierung sowie eine lineare (aggregierte) Preis-Absatz-Funktion $x(p)$ unterstellt. Wenn der Monopolist keine Preisdifferenzierung durchführt, wird für alle Kunden ein Einheitspreis (p_{EP}) verlangt. Der erzielte Gewinn wird durch die schraffierte Fläche des Rechtecks $FDBA$ grafisch dargestellt. Die von den Kunden realisierte Konsumentenrente entspricht der Fläche des Dreiecks DEB. Bei perfekter Preisdifferenzierung (Preisdifferenzierung ersten Grades) bildet das gesamte Dreieck FEC das Gewinnpotenzial, wodurch die gesamte Konsumentenrente abgeschöpft wird. Zwischen diesen Lösungen sind eine Reihe von Zwischenlösungen möglich. In Abbildung 5.6 ist beispielsweise eine Preisdifferenzierung mit den drei Preisen p_1, $p_2 = p_{EP}$ und p_3 dargestellt. Dabei wird angenommen, dass die (drei) Segmente getrennt angesprochen werden können und Arbitrage, also das Ausnutzen von Preisunterschieden für gleiche Waren auf verschiedenen Märkten, nicht möglich ist. Zusätzlich wird unterstellt, dass sich die lineare (aggregierte) Preis-Absatz-Funktion durch die Anwendung der Preisdifferenzierung nicht verändert. Die schwarzen Flächen stellen hierbei den zusätzlichen Gewinn durch Preisdifferenzierung dar. Folglich gilt: Je mehr Preissegmente gebildet werden können, desto besser wird die gesamte Zahlungsbereitschaft ausgenutzt.

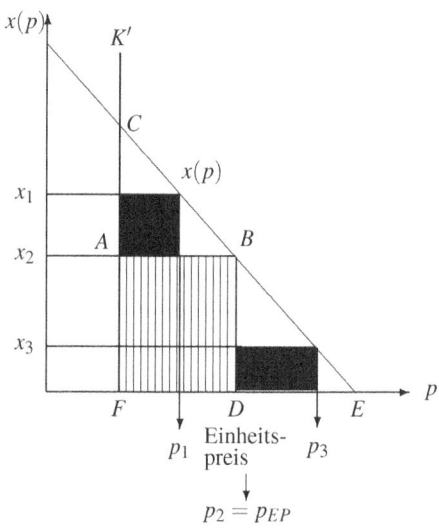

Abb. 5.6: Abschöpfung der Konsumentenrenten durch Preisdifferenzierung (in Anlehnung an Fassnacht (2003, S. 488ff.))

Optimierungsansatz zur Preisdifferenzierung

Die Möglichkeit der Gewinnsteigerung durch eine gezielte Preisdifferenzierung in den fokussierten Marktsegmenten wird nachfolgend anhand eines einfachen Optimierungsproblems veranschaulicht. Hierzu seien beispielhaft zwei voneinander getrennte Segmente $i = 1, 2$ mit individuellen Preis-Absatz-Funktionen und einer gemeinsamen linearen Kostenfunktion gegeben:

$$x_1(p_1) = 400 - 4p_1, \qquad x_2(p_2) = 800 - 10p_2 \quad \text{und} \quad K(x_1, x_2) = 1500 + 3(x_1 + x_2) \tag{5.59}$$

Für den Fall der **Preisdifferenzierung** (PD) erhält man für jedes Marktsegment den optimalen Preis durch Anwendung der segmentspezifischen Amoroso-Robinson-Relation (vgl. Gleichung 5.23). Somit gilt:

$$p^*_{1PD} = \frac{1}{2}\left(\frac{400}{4} + 3\right) = 51,5 \,\text{€} \quad \text{und} \quad p^*_{2PD} = \frac{1}{2}\left(\frac{800}{10} + 3\right) = 41,5 \,\text{€} \tag{5.60}$$

Durch Einsetzen der optimalen Preise in die jeweiligen Preis-Absatz-Funktionen ergeben sich die beiden Absatzmengen $x^*_{1PD} = 194$ ME und $x^*_{2PD} = 385$ ME. Die Umsätze betragen $U_{1PD} = 9991$ € und $U_{2PD} = 15977,50$ € und der korrespondierende Gewinn ist $G_{PD} = 25968,50 - 1500 - 3(194+385) = 22731,50$ €.

Wie hoch ist demgegenüber der maximale Gewinn, wenn der Anbieter einen **Einheitspreis** (EP) für beide Segmente setzt? Die über beide Segmente aggregierte Preis-Absatz-Funktion lautet: $x(p) = 1200 - 14p$.[5] Analog ergeben sich folgende Ergebnisse: $p^*_{EP} = 44,36$ €, $x^*_{1EP} = 222,56$ ME, $x^*_{2EP} = 356,40$ ME, $U_{EP} = 25682,67$ € und $G_{EP} = 22445,79$ €.

Da sich die segmentspezifischen Preise besser den jeweiligen (durch die segmentspezifischen Preis-Absatz-Funktionen zum Ausdruck kommenden) Marktgegebenheiten anpassen, führt die Preisdifferenzierung somit zu einer Gewinnsteigerung ($G_{PD} = 22731,50$ € $> G_{EP} = 22445,79$ €). Das Argument des stärkeren Abschöpfens der Konsumentenrente gilt für beide Segmente. Vergleicht man die segmentspezifischen Umsätze bei Preisdifferenzierung mit jenen bei Einheitspreisstellung in beiden Segmenten, so resultiert: $U_{1PD} = 9991$ € $> U_{1EP} = 9872,76$ € und $U_{2PD} = 15977,50$ € $> U_{2EP} = 15809,90$ €. In beiden Segmenten ist der Umsatz bei Preisdifferenzierung höher als bei Einheitspreisstellung, d. h. es gelingt eine höhere Abschöpfung der Konsumentenrente. Ursache hierfür ist, dass die gewinnoptimalen Preise bei Preisdifferenzierung mit den korrespondierenden Mengen $x^*_{1PD} = 194$ ME und $x^*_{2PD} = 385$ ME eine geringere Differenz zum Umsatzmaximum (umsatzmaximale Mengen: $x_1 = 200$ ME und $x_2 = 400$ ME) aufweisen als der Einheitspreis (mit $x^*_{1EP} = 222,56$ ME und $x^*_{2EP} = 356,40$ ME). Bei einer symmetrischen Umsatzfunktion, wie dies für eine lineare Preis-Absatz-Funktion der Fall ist, erzielt diejenige Preis-/Mengenkombination einen höheren Umsatz, die eine geringere Preis- bzw. Mengendifferenz zur umsatzmaximalen Preis-/Mengenkombination aufweist. Folglich wird in beiden Segmenten durch Preisdifferenzierung die Konsumentenrente stärker abgeschöpft als bei der Einheitspreisstellung.

Ist die Annahme der vollständigen Trennung der Segmente verletzt, besteht die Notwendigkeit, die Nachfragebeweglichkeit zwischen den Segmenten in die Preisbildung mit einzubeziehen. Je höher diese, gemessen als Kreuzpreiselastizität, ist, desto höher liegen die optimalen Preise im Vergleich zu jenen bei vollständiger Trennung der Segmente (Simon & Fassnacht (2009, S. 261)).

5.3.2 Preisbündelung als Form der Preisdifferenzierung

Werden verschiedene Produkte zu einem Bündel kombiniert und zu einem Gesamtpreis angeboten, so wird dies als **Preisbündelung** bezeichnet (Wübker (1998, S. 12)). Als eine Form der Preisdifferenzierung ist die Preisbündelung dem Gebiet des Preismanagements für Mehrproduktunternehmen zuzuordnen. Anzutreffen ist diese Form der Preisdifferenzierung beispielsweise im Dienstleistungssektor, z. B. bei Pauschalreisen (Flug und Hotel) oder Versicherungen (Sach- und Haftpflichtversicherung). Identisch zur Einzelpreisstellung, in der der Anbieter seine Produkte

---

[5] Hierbei wird unterstellt, dass die Nachfragen $x_1(p_1)$ und $x_2(p_2)$ der beiden Segmente zu $x(p)$ zusammengefasst werden können.

ungebündelt zu Einzelpreisen verkauft, ist die **Entbündelung**. Hierbei werden zuvor gebündelt verkaufte Produkte nun separat und zu Einzelpreisen verkauft (z. B. die Musik-CD gegenüber der Möglichkeit, Lieder einzeln im Internet zu erwerben). Bei der **reinen Preisbündelung** ist ein Kauf der einzelnen Produkte nicht möglich, da sie ausschließlich als Bündel zu einem Gesamtpreis angeboten werden. Daher kann der Konsument nur zwischen Kauf und Nichtkauf des Bündels wählen. Bei der **gemischten Preisbündelung** kann der Konsument neben dem Bündel, das zu einem Gesamtpreis verkauft wird, auch die einzelnen Produkte zu Einzelpreisen erwerben. Hierbei ist jedoch meistens der Gesamtpreis des Bündels niedriger als die Summe der Einzelpreise (Simon & Fassnacht (2009, S. 301)). Zwischen diesen Alternativen die optimale Entscheidung zu treffen, stellt sich für viele Branchen als zunehmend bedeutsam heraus.

Um dieses Problem lösen zu können, wird im Folgenden das zur Entscheidungsunterstützung einsetzbare **enumerative Modell** herangezogen, welches in ähnlicher Form in vielen Beiträgen zur Preisbündelung, so z. B. auch bei Wübker (1998) oder auch Olderog & Skiera (2000), zugrunde gelegt wird. Bei dieser Methode können die optimalen Einzel- und Bündelpreise durch vollständige Enumeration aller Preiskombinationen ermittelt werden. Ein einfaches Beispiel soll das methodische Vorgehen veranschaulichen und die Strategien der Preisbündelung hinsichtlich der Abschöpfung der Konsumentenrente und ihrer Gewinnwirkung illustrieren (Pechtl (2014, S. 223ff.)).

Betrachtet werden zwei Produkte A und B auf einem Markt mit vier Nachfragern $i = 1, ..., 4$. Die maximalen Zahlungsbereitschaften der Nachfrager für die Produkte A und B sowie für das Leistungsbündel $A + B$ sind in Tabelle 5.2 zusammengefasst.

Tabelle 5.2: Maximale Zahlungsbereitschaft für die Einzelprodukte und das Produktbündel

Nachfrager i	Maximale Zahlungsbereitschaft (in €)		
	Produkt A	Produkt B	Bündel $A+B$
1	70	10	80
2	60	30	90
3	50	40	90
4	20	50	70

Es werden die Annahmen getroffen, dass die variablen Kosten der beiden Produkte mit $k_A = k_B = 10$ € konstant sind, die Kosten des Bündels sich aus der Summe der Kosten der beiden Produkte ergeben, die Konsumenten nur eine Mengeneinheit eines jeden Produkts wünschen und die Zahlungsbereitschaft für das Bündel gleich der Summe der Zahlungsbereitschaften der beiden im Bündel zusammengefassten Produkte ist.

Zur Bestimmung der optimalen Einzelpreise im Rahmen der **Einzelpreisstellung** ist für die alternative Preisstellung der maximale Gewinn zu bestimmen. Ein Nachfrager erwirbt ein Produkt, wenn der Verkaufspreis nicht über seiner maximalen Zahlungsbereitschaft liegt. Für Produkt A sind beispielsweise die Preise (in €) $p_A = 70, 60, 50$ und 20 relevant. So kaufen bei $p_A = 60$ € die Nachfrager $i = 1, 2$

Produkt A, woraus sich der Gewinn $G_A = (60 - 10) \cdot 2 = 100$ € ergibt. Anhand eines Gewinnvergleichs für die alternativen Preisstellungen ergeben sich für die optimalen Einzelpreise $p_A^* = 50$ € und $p_B^* = 40$ €. Die Gewinne betragen dann $G_A = (50 - 10) \cdot 3 = 120$ € und $G_B = (40 - 10) \cdot 2 = 60$ €. Der Gesamtgewinn bei Einzelpreisstellung ist somit $G_A + G_B = 180$ €. Die optimalen Preise für beide Produkte sowie die Beträge der maximalen Zahlungsbereitschaft aller Nachfrager sind in Abbildung 5.7 (a) eingezeichnet. Dabei können die vier Quadranten als Segmente interpretiert werden. Die Nachfrager $i = 1, 2$ kaufen Produkt A, $i = 3$ kauft beide Produkte und $i = 4$ kauft Produkt B. Es gibt keinen Nachfrager, der keines der beiden Produkte erwirbt.

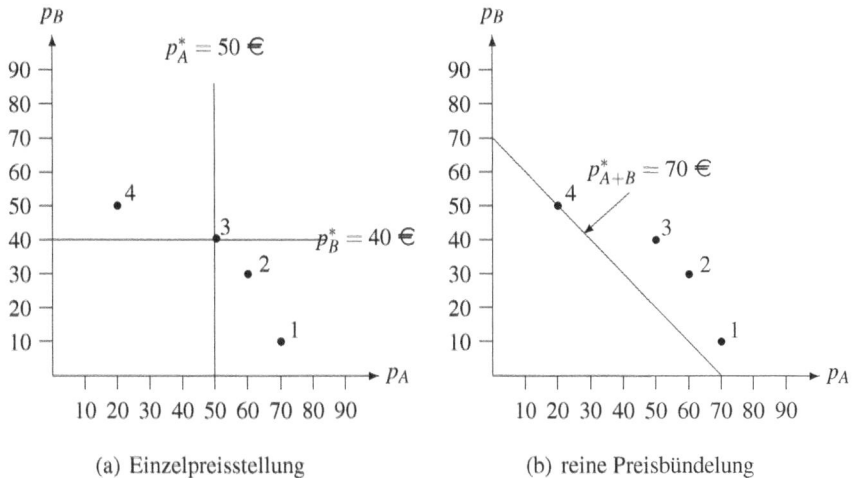

(a) Einzelpreisstellung (b) reine Preisbündelung

Abb. 5.7: Einzelpreisstellung vs. reine Preisbündelung (in Anlehnung an Simon & Fassnacht (2009, S. 300))

Die analoge Überlegung gilt auch hinsichtlich der Bestimmung des Bündelpreises bei **reiner Preisbündelung**. Hierbei gilt der optimale Bündelpreis $p_{A+B}^* = 70$ €. Der maximale Gewinn ist $G_{A+B} = (70 - 20) \cdot 4 = 200$ €. Im Vergleich zur Einzelpreisstellung konnte mittels der reinen Preisbündelung ein höherer Gewinn erwirtschaftet werden, der durch einen höheren Absatz bedingt ist. Während in der Einzelpreisstellung von Produkt A drei und von Produkt B zwei Mengeneinheiten abgesetzt werden, sind dies bei der reinen Bündelung jeweils vier Mengeneinheiten. So kann der Umsatz von 230 € (Einzelpreisstellung) auf 280 € (reine Preisbündelung) erhöht werden. Da die Kostensteigerung durch die höheren Absatz- bzw. Produktionsmengen nur 30 € beträgt ($K_A = 30$ €, $K_B = 20$ € und $K_{A+B} = 80$ €), resultiert durch die Preisbündelung eine Gewinnsteigerung um 20 € gegenüber der Einzelpreisstellung. Der optimale Bündelpreis ist in Abbildung 5.7 (b) ebenfalls durch eine Gerade dargestellt. Es ist zu erkennen, dass im Gegensatz zur Einzelpreisstellung die Nachfrager nun in zwei Segmente unterteilt werden können, nämlich Käufer und Nichtkäufer des Bündels. Im vorliegenden Beispiel sind alle Nachfrager Käufer des Bündels, da sich alle auf bzw. oberhalb der Trenngerade befinden.

Bei der **gemischten Preisbündelung** sind sowohl der optimale Bündelpreis als auch die optimalen Einzelpreise zu ermitteln. Hierbei wird ein subadditives Bündel unterstellt, d. h. der Bündelpreis soll kleiner als die Summe der Einzelpreise sein (d. h. $p_{A+B} < p_A + p_B$). Jedoch werden in der Literatur auch Ausnahmen vorgestellt, bei denen der Bündelpreis unter bestimmten Annahmen über den Einzelpreisen liegt, z. B. im Fall von Kunstsammlungen, bei denen die Werke von großen Künstlern gebündelt einen größeren Wert haben als die einzelnen Werke.

Im vorliegenden Beispiel ist es optimal, das Bündel zu einem Preis von $p^*_{A+B} = 90$ € zu offerieren, was die Nachfrager $i = 2, 3$ zum Kauf bewegt und einen Gewinn von $G_{A+B} = 140$ € impliziert. Die Nachfrager $i = 1, 4$ verbleiben somit für die Einzelpreisstellung. Der optimale Einzelpreis für Produkt A ist $p^*_A = 70$ €, zu dem Nachfrager $i = 1$ dieses Produkt kauft mit $G_A = 60$ €. Das subadditive Bündel erfordert dann, dass der Einzelpreis für $p_B > 90 - 70 = 20$ € ist. Der optimale Einzelpreis für Produkt B lautet somit $p^*_B = 50$ € ($i = 4$ kauft hier mit $G_B = 40$ €). Insgesamt ergibt die gemischte Preisbündelung einen maximalen Gesamtgewinn von $G_{A+B,A,B} = 240$ €, der gegenüber der reinen Bündelung um 40 € gestiegen ist. Abbildung 5.8 stellt die beschriebene Preiskonstellation dar. Generell werden zusätzlich zu den Bündelkäufern die Nachfrager in Dreieck A zu Käufern des Produktes A und diejenigen in Dreieck B zu Käufern des Produktes B. Die gemischte Bündelung bedeutet damit eine noch weitergehende Verfeinerung der Marktsegmentierung und der Abschöpfung der Konsumentenrente. Eine wesentliche Schwierigkeit in Bezug auf die gemischte Bündelung liegt allerdings darin, dass der skizzierte Enumerationsansatz nur bei kleinen Optimierungsproblemen in Betracht kommt, da bei einer größeren Anzahl von Produkten eine hohe Anzahl an möglichen Bündelkonfigurationen erreicht wird und somit eine partielle Enumeration möglicherweise zu suboptimalen Resultaten (bei gleichzeitig unklarer Güte der Lösung) führt. Dies wirft die Frage auf, wie in der Praxis, z. B. bei 20 oder 30 Produkten, eine optimale Entscheidung getroffen werden kann. Hanson & Martin (1990) haben für diesen Zweck einen gemischt-ganzzahligen, linearen Optimierungsalgorithmus entwickelt, welcher nicht nur den Preis, sondern auch die Zusammensetzung des Bündels optimiert.

Liegt eine asymmetrische Verteilung bzw. negative Korrelation der Zahlungsbereitschaften der Nachfrager für die einzelnen Produkte vor, führt eine Preisbündelung (unabhängig davon, ob gemischt oder rein) zu höheren Gewinnen als die Einzelpreisstellung bzw. Entbündelung (Stremersch & Tellis (2002)). Dies ist im vorliegenden Beispiel der Fall. So hat Nachfrager $i = 1$ für Produkt A eine höhere Zahlungsbereitschaft als die Nachfrager $i = 2, 3, 4$ und umgekehrt hat Nachfrager $i = 1$ für Produkt B eine niedrigere Zahlungsbereitschaft als die Nachfrager $i = 2, 3, 4$. Sind darüber hinaus die Zahlungsbereitschaften für das Bündel zwischen den Nachfragern ausreichend verschieden, ist die gemischte Bündelung gegenüber der reinen Bündelung vorzuziehen. Bei Erfüllung der beiden geschilderten Bedingungen ist die gemischte Bündelung die für den Anbieter gewinnmaximale Strategie.

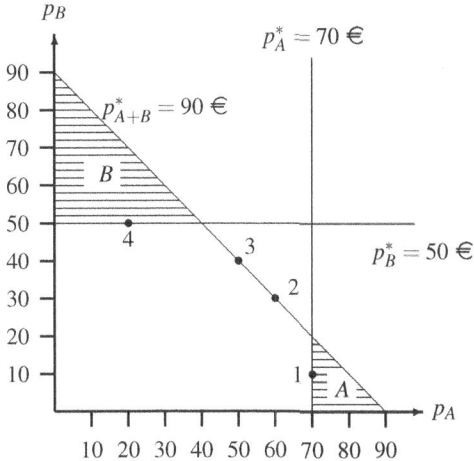

Abb. 5.8: Gemischte Preisbündelung (in Anlehnung an Simon & Fassnacht (2009, S. 302))

5.3.3 Nicht-lineare Preisbildung als Form der Preisdifferenzierung

Eine **mengenbezogene Preisdifferenzierung** liegt dann vor, wenn der Preis, den eine Person für ein Produkt zu entrichten hat, von der Anzahl der insgesamt durch diese Person abgenommenen Mengeneinheiten abhängt. Der zu zahlende Preis nimmt dabei im Regelfall mit steigender Menge ab. Stehen Preis und Menge in einem nichtlinearen Verhältnis, so spricht man von einer nicht-linearen Preisbildung (Simon & Fassnacht (2009, S. 267)). Ausgangspunkt ist das **Erste Gossen'sche Gesetz**, wonach jede weitere Mengeneinheit eines Produktes dem Konsumenten einen geringeren Nutzenzuwachs bringt, somit der Grenznutzen mit zunehmender Menge sinkt und damit auch die maximale Zahlungsbereitschaft. Der mengenbezogene Preis wird so gesetzt, dass dieser der Kurve des sinkenden Grenznutzens folgt. Anders als bei der segmentspezifischen Preisdifferenzierung werden bei der nicht-linearen Preisbildung für alternative Abnahmemengen unterschiedliche Preise angeboten. Es existieren daher verschiedene Preis-/Mengenkombinationen am Markt, wobei sich die Nachfrager entscheiden, welches Angebot sie wählen (Selbstselektion). Anwendung findet diese Form der Preisdifferenzierung z. B. in Form von Mengenrabatten, Bonusprogrammen und Blocktarifen. Eine Darstellung dieser Preisstrukturen findet sich in Simon & Fassnacht (2009, S. 267ff.).

Der Frage, ob es für einen Anbieter sinnvoller ist, einen von der gekauften Menge unabhängigen Einheitspreis (EP) zu setzen oder den Preis in Abhängigkeit von der Menge (PD) zu variieren, wird anhand eines einfachen Beispiels nachgegangen. Tabelle 5.3 zeigt die Preisbereitschaft der Nachfrager $i = 1, 2, 3$ für die alternativen Mengen $j = 1, 2, 3, 4, 5$.

Beispielsweise ist Nachfrager $i = 2$ bereit, für die vierte Mengeneinheit ($j = 4$) maximal einen Preis von $p_{24} = 4$ € zu bezahlen, also genauso viel wie Nachfrager 3 für die fünfte Mengeneinheit. Analog zum Beispiel der Preisbündelung basieren die in der Tabelle angegebenen umsatzoptimalen Preise auf einer vollständigen Enume-

Tabelle 5.3: Beispiel zur nicht-linearen Preisbildung (in Anlehnung an Simon & Fassnacht (2009, S. 269)

Menge j	Maximalpreis (in €) der j-ten ME			Preisstruktur		
	$i=1$	$i=2$	$i=3$	p^*_{jPD} (in €)	x_{jPD} (in ME)	U_{jPD} (in €)
1	9	10	12	9	3	27
2	6	7	10	6	3	18
3	5	5	8	5	3	15
4	3	4	6	3	3	9
5	1	2	4	4	1	4
Summe	-	-	-	-	13	73

ration. Zur Bestimmung des optimalen Einheitspreises werden für jeden alternativen Preis p_{ij} (z. B. $p_{11} = 9$ €), der in Tabelle 5.3 mit einem Wert der maximalen Preisbereitschaft eines Nachfragers korrespondiert, die abgesetzten Mengen und der betreffende Umsatz bestimmt. So ergibt sich für einen angenommenen Preis von 9 € eine Absatzmenge von $1 + 1 + 2 = 4$ ME, da Nachfrager $i = 1$ und Nachfrager $i = 2$ zu diesem Preis jeweils eine und Nachfrager $i = 3$ zwei Mengeneinheiten abnehmen. Für den Umsatz gilt entsprechend: $9 \cdot 4 = 36$ €. Führt man diese Berechnungen für alle p_{ij} durch, lautet die optimale Preis-/Mengenkombination $p^*_{EP} = 5$ € und $x^*_{EP} = 10$ ME mit $U^*_{EP} = 50$ €.

Um die optimale nicht-lineare Preisstruktur ermitteln zu können, ist für jede alternative Mengenkonstellation der optimale Preis (p^*_{jPD}) zu bestimmen. So gilt für $j = 1$, dass bei einem Preis von $p^*_{1PD} = 9$ € der Umsatz in dieser Mengenkategorie am größten ist ($U_{1PD} = 27$ €). Bei $p_{1PD} = 10$ € würden nur die Nachfrager $i = 2$ und $i = 3$ kaufen, der Umsatz wäre $U_{1PD} = 20$ € und bei $p_{1PD} = 12$ € kauft nur der Nachfrager $i = 3$, sodass $U_{1PD} = 12$ € wäre. Mit diesen Überlegungen erhält man für alle Abnahmeeinheiten die in der Tabelle 5.3 angegebene nicht-lineare Preisstruktur. Es werden insgesamt 13 ME abgesetzt. Der Gesamtumsatz von $U^*_{PD} = 73$ € liegt somit deutlich über dem bei der Einheitspreisbildung. Ursache hierfür ist zum einen die höhere Abschöpfung der Konsumentenrente bei Preisdifferenzierung. Behalten die Nachfrager bei der Einheitspreisstellung $p^*_{EP} = 5$ € für die erste Mengeneinheit noch insgesamt $4 + 5 + 7 = 16$ € an Konsumentenrente, sind dies bei $p^*_{1PD} = 9$ € nur noch $0 + 1 + 2 = 3$ €. Zum anderen nehmen auch Nachfrager unterhalb des Einheitspreises noch Mengeneinheiten ab.

5.4 Preisbildung auf oligopolistischen Märkten

Erweitert man die monopolistische Sichtweise um einige weitere Anbieter, so erhält man ein Oligopol. Im Oligopol hängt der wirtschaftliche Erfolg eines Anbieters von den Reaktionen seiner Konkurrenten ab. Daher existieren in der Oligopoltheorie eine Vielzahl von Modellen, die sich anhand unterschiedlicher Verhaltensweisen der Anbieter differenzieren lassen. Zur Analyse von Oligopolen hat sich als wichtiges Instrument die **Spieltheorie** durchgesetzt, mit der strategische Interaktionen zwischen

Anbietern analysiert und erklärt werden können. Jeder Anbieter (bzw. Spieler) versucht seine Zielfunktion zu optimieren, wobei er weiß, dass der eigene Erfolg auch von den Erwartungen und Handlungen der übrigen Anbieter abhängt. Die Gleichgewichtskonzepte der Spieltheorie können dabei helfen, Aussagen über die Rationalität der möglichen Lösungen zu treffen und nachfolgende (Marketing-)Entscheidungen in ihren grundsätzlichen Strukturen vorzubereiten. Einen umfassenden Überblick über verschiedene Modelle liefern Tirole (1989) und Wied-Nebbeling (2009). Der Wettbewerb wird dabei entweder über die von einem Anbieter angebotene Menge (Mengenwettbewerb) oder über den festgelegten Preis (Preiswettbewerb) erklärt.

5.4.1 Mengenwettbewerb im Oligopol

Grundlagen

Für den Fall, dass die Entscheidung bzw. Strategie eines jeden Anbieters in der Wahl der Angebotsmenge besteht, existieren mit den Modellen von Cournot und Stackelberg zwei klassische Beschreibungsansätze für Oligopolmärkte. Im Folgenden wird der Einfachheit halber ein Duopol betrachtet, in dem jeder der beiden Anbieter $i = 1, 2$ ein (weitgehend) homogenes Produkt (Güter dieser Art sind z. B. Butter, Zement oder Streusalz) herstellt. Weiterhin werden identische und konstante Grenzkosten $K' = 20$ € angenommen sowie eine lineare Preis-Absatz-Funktion (inverse Nachfragefunktion) $p(x) = 140 - x$ unterstellt, wobei $x = x_1 + x_2$ die gesamte Absatzmenge beider Anbieter bezeichnet. Der Preis wird hier also als Funktion der produzierten bzw. abgesetzten Menge betrachtet, die hier Entscheidungsgegenstand ist.

Das Cournot-Modell

Beim Cournot-Modell werden die oben genannten Bedingungen als gegeben unterstellt. Zusätzlich wird angenommen, dass sich die Anbieter nicht-kooperativ verhalten, die Produktionsmengen[6] simultan (statischer Ansatz) festgelegt werden, d. h. dass die Anbieter bei ihrer Entscheidung nicht sehen können, welche Menge die Konkurrenz auf den Markt bringt, und die Anbieter von einer festen Produktionsmenge der Konkurrenz ausgehen. Somit werden beide Anbieter erwarten, dass auf eine eigene Veränderung der angebotenen Menge keine Mengenänderung des anderen Anbieters erfolgt. Diese Erwartung wird als **Cournot-Annahme** bezeichnet. Jeder Anbieter maximiert seinen Gewinn über die Wahl der optimalen Angebotsmenge, wobei die Strategie des anderen Anbieters antizipiert und als gegeben betrachtet wird. Das Gewinnmaximierungskalkül für Anbieter 1 lautet dann:

$$\max_{x_1} \ G_1(x_1, x_2) = p(x_1 + x_2) x_1 - K(x_1) = (140 - x_1 - x_2) x_1 - 20 x_1, \quad (5.61)$$

---

[6] Es wird davon ausgegangen, dass die gesamte Produktionsmenge auch abgesetzt wird. Produktions-, Angebots- und Absatzmenge sind somit im Folgenden numerisch identische Größen.

woraus sich die folgende Optimalitätsbedingung erster Ordnung ergibt:

$$\frac{\partial G_1(x_1, x_2)}{\partial x_1} = 120 - 2x_1 - x_2 = 0 \quad \Leftrightarrow \quad x_1 = R_1(x_2) = 60 - \frac{1}{2}x_2 \quad (5.62)$$

Hierbei wird $R_1(x_2)$ (Bedingung 5.62) als Reaktionsfunktion des 1. Anbieters bezeichnet. Diese gibt an, welche Absatzmenge x_1 den Gewinn von Anbieter 1 maximiert, wenn der Absatz von Anbieter 2 gerade x_2 beträgt. Da hier ein symmetrisches Duopol vorliegt, gilt bei gleichen Kosten analog für Anbieter 2:

$$x_2 = R_2(x_1) = 60 - \frac{1}{2}x_1 \quad (5.63)$$

Wird nun x_2 (Bedingung 5.63) in x_1 (Bedingung 5.62) eingesetzt (bzw. umgekehrt), erhält man die optimale **Cournot-Menge** x_1^C von Anbieter 1:

$$x_1 = R_1(x_2) = 60 - \frac{60 - \frac{1}{2}x_1}{2} \quad \Rightarrow \quad x_1^C = 40 \text{ ME} \quad (5.64)$$

Für Anbieter 2 ergibt sich analog die Cournot-Menge $x_2^C = 40$ ME. Nur wenn Anbieter 1 die Menge $x_1^C = 40$ ME und Anbieter 2 die Menge $x_2^C = 40$ ME wählt, stellen die Mengen jeweils gewinnmaximale Reaktionen auf die Menge des anderen dar. Beide Anbieter haben also keinen Anreiz, eine andere Absatzmenge zu wählen. Eine Strategiekombination (hier die jeweiligen Absatzmengen), in der keiner der Spieler (Anbieter) einen Anreiz hat, als Einziger von der Gleichgewichtskombination abzuweichen, nennt man **Nash-Gleichgewicht**. Das obige Gleichgewicht wird daher als **Cournot-Nash-Gleichgewicht** bezeichnet. Im Cournot-Nash-Gleichgewicht gilt ein Preis von $p^C = 140 - (40 + 40) = 60$ € und ein Gewinn von $G_1^C = G_2^C = 1600$ € wird realisiert.

In Abbildung 5.9 ist die Lösung grafisch als Schnittpunkt der beiden Reaktionsfunktionen 5.62 und 5.63 dargestellt, wobei das Cournot-Nash-Gleichgewicht mit *CN* gekennzeichnet ist. Die Reaktionskurven sind bei der Mengenstrategie negativ geneigt, d. h. dehnt einer der Anbieter die Produktionsmenge aus, schränkt der andere (bei konstanter Gesamtnachfrage des Marktes) seine Produktionsmenge ein. Die Mengen im Cournot-Modell werden daher auch als strategische Substitute bezeichnet. Beide Anbieter haben damit im Cournot-Nash-Gleichgewicht eine Mengenkombination erreicht, bei der ein Anbieter nicht auf die Mengenänderung des anderen Anbieters reagiert und somit lediglich im Cournot-Nash-Gleichgewicht ein stabiler Zustand herrscht.

Das Cournot-Nash-Gleichgewicht ist zwar eine stabile Gleichgewichtslösung, aber keine optimale, denn durch eine Kooperation könnten sich beide Anbieter besser stellen als sie es mit der Cournot-Lösung tun. Wir vergleichen dazu die Cournot-Lösung mit der kooperativen Lösung. Die gemeinsame Gewinnfunktion lautet:

$$G(x) = p(x) \cdot x - K(x) = (140 - x)x - 20x \quad (5.65)$$

Nach Aufstellung der Optimalitätsbedingung erster Ordnung ergeben sich bei Kooperation die optimalen Mengen $x_1^K = x_2^K = 30$ ME mit $p^K = 140 - (30 - 30) = 80$ €

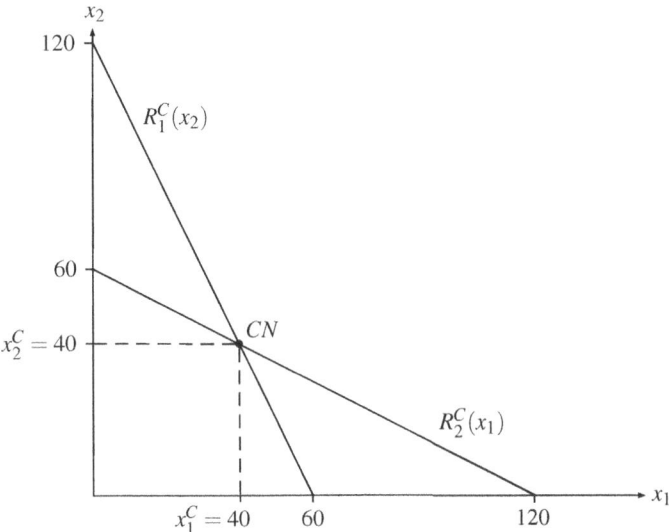

Abb. 5.9: Reaktionsfunktionen und Cournot-Nash-Gleichgewicht im Duopol (in Anlehnung an Wied-Nebbeling (2009, S. 134))

und $G_1^K = G_2^K = 1800$ €. Beide Anbieter stellen sich also bei Kooperation besser, als wenn sie ihre Cournot-Mengen ($x_1^C = x_2^C = 40$ ME) anbieten.

Um der Frage nachzugehen, ob das nicht-kooperative Vorgehen dennoch eine rationale Strategie ist, wird ein **einperiodiges Simultanspiel** betrachtet (Wied-Nebbeling (2009, S. 134ff.)). Konkurrenzreaktionen werden somit nicht berücksichtigt. Beide Anbieter legen gleichzeitig und ohne zu wissen, wie sich der Konkurrent entscheidet, ihre eigene Menge fest. Die zentrale Frage hierbei ist, ob sich ein Anbieter für die Cournot-Menge oder für die kooperative gewinnmaximale Menge entscheiden sollte. Denn selbst wenn sich die Anbieter irgendwie auf eine Kooperation verständigen würden, würde sich der Anbieter, der die Kooperation nicht einhält, besser stellen können. Da beide Anbieter daher davon ausgehen müssen, dass sich der jeweils andere nicht an die Abmachung hält und sie somit schlechter gestellt sind als mit der Cournot-Menge, wird keiner der Anbieter eine Kooperation in Betracht ziehen. Eine solche Spielstruktur wird als **Gefangenendilemma** bezeichnet und beschreibt eine spezielle Spielsituation in der Spieltheorie, bei der das rationale Verhalten von zwei Personen zu einem insgesamt (d. h. kollektiv betrachtet) schlechteren Ergebnis führt. Dies kann anhand der Auszahlungsmatrix in Tabelle 5.4 gezeigt werden. In dieser stehen jeweils links vom Komma die Gewinne von Anbieter 1, rechts davon die Gewinne des Anbieters 2. Als Strategien stehen die Cournot-Menge $x^C = 40$ ME und die Kollusionsmenge (Menge bei Kooperation) $x^K = 30$ ME zur Wahl. Aus Sicht des Anbieters 1 stellt sich die Entscheidungssituation wie folgt dar: Sollte Anbieter 2 die Cournot-Strategie wählen (also nicht kooperativ sein), stellt

Tabelle 5.4: Gewinnkonstellation im Gefangenendilemma (Auszahlungen in €)

	Anbieter 2	
Anbieter 1	$x^C = 40$	$x^K = 30$
$x^C = 40$	1600, 1600	2000, 1500
$x^K = 30$	1500, 2000	1800, 1800

sich Anbieter 1 mit der Cournot-Strategie besser, da 1600 € > 1500 € gilt.[7] Wählt Anbieter 2 hingegen die kooperative Strategie, stellt sich Anbieter 1 wiederum mit der Cournot-Strategie besser, da 2000 € > 1800 € gilt. Die Cournot-Strategie ist somit strikt dominant, da bei jeder Strategie des Konkurrenten diese stets zur höchsten erreichbaren Auszahlung führt. Anbieter 2 wird analoge Überlegungen anstellen. Anstelle der Kollusionsmenge wählen beide Anbieter daher die Cournot-Menge. Das Cournot-Nash-Gleichgewicht gilt somit auch hier.

Wenn nun jedoch unterstellt wird, dass die Anbieter interagieren können, dann lässt sich das Gefangenendilemma überwinden. Die Grundidee hierfür besteht darin, dass in der Realität Mengen und Preise nicht permanent neu festgelegt werden, sondern die diesbezüglichen Strategien periodenweise formuliert werden. Somit kann ein Anbieter das Verhalten seiner Konkurrenten in der Vergangenheit beobachten und daraus „lernen". Voraussetzung ist die Annahme eines wiederholten Spiels (**mehrperiodiges Simultanspiel**). Mitspieler, die in der Vorperiode von der kooperativen Strategie (Kollusionsmenge) abweichen, können in den Folgeperioden dadurch „sanktioniert" werden, dass man selbst ebenfalls zur Cournot-Menge wechselt. Bei wiederholten Spielen kann das Ende des Spiels entweder zeitlich fixiert sein oder nicht. Im ersten Fall spricht man von endlich wiederholten Spielen, im zweiten von unendlich wiederholten Spielen („Superspielen"), wobei Letztere die Realität besser abbilden, da normalerweise nicht abzusehen ist, wie lange eine Konkurrenzsituation unter den gegebenen Marktbedingungen bestehen bleibt (Wied-Nebbeling (2009)).

Es existieren verschiedene Strategien für wiederholte Spiele, wobei eine der erfolgreichsten und bekanntesten die sogenannte „**Tit-for-Tat**"-Strategie („Wie du mir, so ich dir"-Strategie) ist. Hierbei wird so lange kooperiert[8], bis sich der Mitspieler nicht-kooperativ verhält, dann wird zu nicht-kooperativem Verhalten gewechselt, bis er sich wieder kooperativ verhält.

Wird das mit dem Gefangenendilemma beschriebene Spiel unendlich oft wiederholt, so stellt „Tit-for-Tat" eine Gleichgewichtsstrategie des wiederholten Spiels dar. Dies bedeutet, dass, wenn in dem hier vorgestellten Beispiel z.B. Anbieter 2

---

[7] Der Gewinn von 1500 € des Anbieters 1 bei Realisation der Kollusionsmenge kommt wie folgt zustande:

$$G_1(x_1^K, x_2^C) = G_1(30, 40) = (140 - 30 - 40) \cdot 30 - 20 \cdot 30 = 2100 - 600 = 1500.$$

[8] Im preispolitischen Kontext können Kooperationen durch kartellrechtliche Rahmenbedingungen Beschränkungen unterliegen, auf die an dieser Stelle nur der Vollständigkeit halber hingewiesen wird.

„Tit-for-Tat" spielt, es dann für Anbieter 1 ebenfalls optimal ist, „Tit-for-Tat" zu spielen. Nehmen wir einmal an, dass sich Anbieter 2 in einer beliebigen Periode nicht-kooperativ verhält. Da sich Anbieter 1 als „Tit-for-Tat"-Spieler in dieser Periode kooperativ verhält, kann Anbieter 2 einen kurzfristigen Vorteil erzielen (im Beispiel 2000 € − 1800 € = 200 €). In der folgenden Periode wird Anbieter 1 dann auch zum nicht-kooperativen Verhalten wechseln. Anbieter 2 hat nun die Wahl, sich entweder weiterhin nicht-kooperativ zu verhalten (damit ergibt sich gegenüber der Situation, bei der er nie von einem kooperativen Verhalten abgewichen wäre, in jeder Periode ein Verlust in Höhe von 1800 € − 1600 € = 200 €), oder er verhält sich wieder kooperativ (da Anbieter 2 von Anbieter 1 in dieser Periode bestraft wird, verliert er gegenüber der Ausgangssituation 1800 € − 1500 € = 300 €). Der durch Anbieter 2 realisierte Gesamtverlust aus der Abweichung vom kooperativen Verhalten beträgt damit mindestens 300 € − 200 € = 100 €. Daher ist es in unendlich oft wiederholten Spielen nicht vorteilhaft, die Cournot-Menge zu wählen.

Im Gegensatz dazu liefert die „Tit-for-Tat"-Strategie bei endlich oft wiederholten Spielen kein Gleichgewicht. In diesem Fall impliziert die Strategie, in jeder Periode die Cournot-Menge zu produzieren, das einzige Gleichgewicht. Dies lässt sich mithilfe der **Rückwärtsinduktion** zeigen (Morrow (1994)). Hierbei kann, von der letzten Periode (für die angenommen wird, dass alle Anbieter die Cournot-Strategie wählen) ausgehend, rückwirkend bis zur ersten Periode gezeigt werden, dass nur die Wahl der Cournot-Menge eine dominante Strategie darstellt.

Das Stackelberg-Modell

Entscheiden die Anbieter im Cournot-Modell simultan und unabhängig über ihre Angebotsmenge, so treffen die Anbieter im **Stackelberg-Modell** ihre Entscheidungen sequenziell (dynamischer Ansatz). Hierunter ist zu verstehen, dass zunächst der (marktführende) Anbieter 1 (Stackelberg-Führer) seine Absatzmenge bestimmt. Dabei integriert er die Reaktionsfunktion seines Konkurrenten in seine eigene Gewinnmaximierungsbedingung. Somit kann der Anbieter das Verhalten des Konkurrenten bei seiner Gewinnmaximierung berücksichtigen und er ist zudem unabhängig vom Verhalten seines Konkurrenten. Anbieter 1 ermittelt folglich den maximalen Gewinn unter Berücksichtigung der Produktionsmenge von Anbieter 2. Anbieter 2 (Stackelberg-Folger) nimmt hingegen die von Anbieter 1 vorgegebene Menge als gegeben hin, sodass für ihn auch die Cournot-Annahme gilt. Anbieter 2 befindet sich daher in einer Abhängigkeitsposition zu Anbieter 1 (Pechtl (2014, S. 189f.)). Das Stackelberg-Modell kann deshalb dazu verwendet werden, um Branchen zu beschreiben, in denen es ein dominierendes Unternehmen gibt.

Im Folgenden wird ein sequenzielles Spiel mit $t = 1, 2$ Perioden betrachtet. In $t = 1$ tritt Anbieter 1 als Stackelberg-Führer auf und bestimmt seine gewinnmaximale Menge, die in $t = 2$ Anbieter 2 als Stackelberg-Folger als gegeben hinnimmt. Da zunächst die gewinnmaximale Menge des Stackelberg-Folgers bekannt sein muss, bevor das Optimum für den Stackelberg-Führer bestimmt werden kann, gilt es, das sequenzielle Modell rückwärts zu entwickeln. Die Lösung in $t = 2$ ist bereits aus dem Cournot-Modell bekannt (Bedingung 5.63), da dort die Reaktionsfunktion als

Gewinnmaximierungsbedingung erster Ordnung für den Fall ermittelt wurde, dass ein Konkurrent die Menge des anderen als gegeben hinnimmt. Die Reaktionsfunktion für Anbieter 2 lautet:

$$x_2 = R_2(x_1) = 60 - \frac{1}{2}x_1 \qquad (5.66)$$

Der Stackelberg-Führer antizipiert dieses in $t = 1$ und maximiert seinen Gewinn, indem er Bedingung 5.66 in die zu maximierende Gewinnfunktion einsetzt:

$$\max_{x_1} G_1(x_1, x_2) = \left(140 - x_1 - \frac{120 - x_1}{2}\right) x_1 - 20 x_1 \qquad (5.67)$$

Als Gewinnmaximierungsbedingung erster Ordnung erhält man:

$$\frac{\partial G_1(x_1, x_2)}{\partial x_1} = 60 - x_1 = 0 \quad \Leftrightarrow \quad x_1^S = 60 \text{ ME} \qquad (5.68)$$

Eingesetzt in Bedingung 5.66 ergibt sich die Menge $x_2^S = 30$ ME, mit der Anbieter 2 in $t = 2$ in den Markt eintritt. Beide Mengen befinden sich im **Stackelberg-Gleichgewicht**. Der Preis der Stackelberg-Lösung errechnet sich als $p^S = 140 - 60 - 30 = 50$ € und als Gewinn resultiert $G_1^S = 50 \cdot 60 - 20 \cdot 60 = 1800$ € bzw. $G_2^S = 900$ €. Im Ergebnis zeigt sich, dass Anbieter 1 durch die Möglichkeit, sich vor Anbieter 2 zu entscheiden und somit zu agieren anstatt zu reagieren, einen wesentlich höheren Gewinn (hier doppelt so hoch aufgrund linearer Nachfrage und konstanter Grenzkosten) realisiert. Man nennt dies **First-Mover-Advantage**.

Beim Vergleich mit der Cournot-Lösung erkennt man, dass 60 ME $= x_1^S > x_1^C = 40$ ME und 30 ME $= x_2^S < x_2^C = 40$ ME sowie 1800 € $= G_1^S > G_1^C = 1600$ € und 900 € $= G_2^S < G_2^C = 1600$ € gilt. Erhöht der Stackelberg-Führer seine Produktionsmenge, kann er davon ausgehen, dass der Stackelberg-Folger sein Angebot einschränkt. Aus Sicht des Stackelberg-Führers handelt es sich hierbei um einen positiven strategischen Effekt, da die Reaktion des Konkurrenzangebots seine eigene Nachfrage erhöht. Dies hat zur Folge, dass der Stackelberg-Führer im Stackelberg-Gleichgewicht eine höhere Menge produziert und einen höheren Gewinn erzielt als im Cournot-Gleichgewicht. Durch das Verhalten des Stackelberg-Führers reduziert sich die Angebotsmenge und der Gewinn von Anbieter 2 (Stackelberg-Folger), der eine geringere Menge als im Cournot-Gleichgewicht produziert. Weiterhin ist 90 ME $= x^S > x^C = 80$ ME und damit 50 € $= p^S < p^C = 60$ €.

Das Stackelberg-Gleichgewicht (S) ist in der Abbildung 5.10 grafisch dargestellt. Da die Cournot-Annahme, die hinter der Reaktionsfunktion steckt, nur auf Anbieter 2 zutrifft, liegt das Stackelberg-Gleichgewicht auch nur auf der Reaktionsfunktion des Anbieters 2. Ausgehend von der Mengenkombination der Stackelberg-Lösung hat Anbieter 1 keinen Anreiz, seine Menge zu senken, sobald x_2^S gesetzt ist, da eine Reduzierung der Menge von Anbieter 1 eine Erhöhung der Menge von Anbieter 2 nach sich ziehen würde. Dies würde bis zur Cournot-Lösung fortgeführt werden, in der der Vorteil des Anbieters 1 schließlich eliminiert wäre. Anbieter 1 profitiert also davon, dass er seine Menge im Nachhinein nicht ändert bzw. laut Modellannahmen nicht ändern kann. Ohne die dauerhafte Festlegung hätte Anbieter 1 keinen Vorteil und somit wäre das Stackelberg-Gleichgewicht nicht erreichbar.

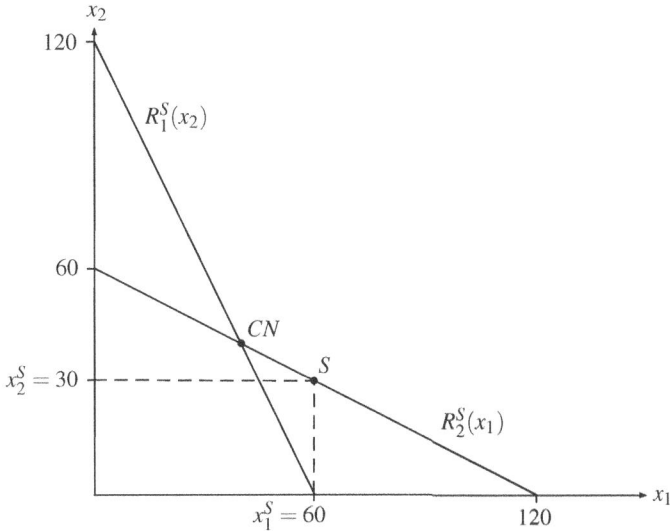

Abb. 5.10: Reaktionsfunktionen und Stackelberg-Gleichgewicht im Duopol

Ein praxisnahes Beispiel für das Stackelberg-Modell lässt sich z. B. in der Computerindustrie finden. Dort wurde das Unternehmen *IBM* in der Vergangenheit häufig als das dominierende Unternehmen dieser Branche gesehen. Historische Beobachtungen zeigen, dass die kleineren Unternehmen der Computerindustrie erst auf Ankündigungen neuer Produkte durch *IBM* warteten, bevor sie ihre Produktentscheidungen entsprechend anpassten. *IBM* konnte zu dieser Zeit als eine Art „Stackelberg-Führer" der Computerindustrie gesehen werden, während sich die kleineren Unternehmen in der Rolle des „Stackelberg-Folgers" befanden. Eine ähnliche Rolle, wenn auch nicht mehr in diesem ausgeprägten Maße, kommt heute dem Unternehmen *Apple* zu.

5.4.2 Preiswettbewerb im Oligopol

Im Gegensatz zu den Überlegungen im vorherigen Unterabschnitt können die Anbieter natürlich auch die Preise festlegen bzw. über den Preis konkurrieren und die zu einem bestimmten Preis absetzbare Menge der Marktnachfrage überlassen. Stellvertretend für diesen Fall wird im Folgenden das **Bertrand-Modell** diskutiert, welches zum einen für den Preiswettbewerb bei homogenen Produkten und zum anderen für heterogene Produkte dargestellt wird.

Das Bertrand-Modell im homogenen Duopol

Für das im Folgenden betrachtete Bertrand-Modell werden erneut die Bedingungen aus Unterabschnitt 5.4.1 unterstellt und es wird weitgehend von den gleichen Annahmen wie im Cournot-Modell ausgegangen. Die **Bertrand-Annahme** sieht nun vor, dass anstelle der Absatzmengen die Preise simultan festgelegt werden und die Anbieter von gegebenen Konkurrenzpreisen ausgehen. Des Weiteren wird angenommen, dass jeder Anbieter imstande ist, den gesamten Markt zu bedienen, d. h. es existieren keine anbieterseitigen Kapazitätsgrenzen. Da die Produkte der Anbieter aus Sicht der Nachfrager aufgrund der Homogenitätsprämisse vollkommene Substitute sind, werden die Konsumenten das Produkt von dem Anbieter beziehen, der es zum niedrigsten Preis anbietet. Dieser erhält die gesamte Marktnachfrage, während der verbleibende Anbieter keinen Absatz generiert. Es wird unterstellt, dass, wenn beide Anbieter den selben Preis festlegen, sich die Nachfrage gleichmäßig auf beide Anbieter aufteilt. Damit sieht sich Anbieter 1 (und analog Anbieter 2) mit folgender Nachfragesituation konfrontiert (Wied-Nebbeling (2009, S. 150ff.)):

$$x_1(p_1,p_2) = \begin{cases} 140 - p_1 & \text{falls } p_1 < p_2 \\ \frac{140-p_1}{2} & \text{falls } p_1 = p_2 \\ 0 & \text{falls } p_1 > p_2 \end{cases} \quad (5.69)$$

Aus obiger Nachfragefunktion resultiert, dass der Gewinn von Anbieter 1 nicht nur vom eigenen Preis, sondern auch vom Preis der Konkurrenz (resp. Anbieter 2) abhängt:

$$G_1(p_1,p_2) = (p_1 - K') \cdot x_1(p_1,p_2) \quad (5.70)$$

Unter diesen Annahmen resultiert das eindeutige **Bertrand-Nash-Gleichgewicht**, wenn die Preise gleich den Grenzkosten $K'(=20)$ gesetzt werden. Somit gilt:

$$p^B = K' \quad (5.71)$$

$$p_1^B = p_2^B \stackrel{!}{=} 20 \text{ €} \quad (5.72)$$

Es ergeben sich die dazugehörigen Mengen $x_1^B = x_2^B = 60$ ME und die Gewinne $G_1^B = G_2^B = 0$ €.

Für das Gleichgewicht gilt, dass der Gleichgewichtspreis gleich den Grenzkosten ist, da erst hier für keinen Anbieter mehr ein Anreiz besteht, seinen eigenen Preis weiter zu senken. Dies lässt sich wie folgt veranschaulichen: Zum einen stellt $p_1 = p_2 > 20$ € kein Gleichgewicht dar, weil in diesem Fall z. B. Anbieter 1 seinen Gewinn erhöhen könnte, indem er den Preis des Konkurrenten marginal unterbietet. Bei $p_1 = p_2 = 22$ € erwirtschaftet jeder Anbieter einen Gewinn von 118 €. Nehmen wir an, dass Anbieter 2 seinen Preis $p_2 = 22$ € beibehält, während Anbieter 1 seinen Preis um $\eta = 0,01$ € auf $p_1 = p_2 - \eta = 21,99$ € senkt. Dann kann Anbieter 1 gemäß Bedingung 5.69 die gesamte Nachfrage auf sich vereinigen und dadurch seinen Gewinn von 118 € auf $G_1 = (p_2 - \eta - K') \cdot (140 - (p_2 - \eta)) = 234,84$ € steigern. Der Gewinn des zweiten Anbieters ist in diesem Fall gleich Null. Anbieter 1 wird zum Alleinanbieter, wobei er seine Monopolstellung nicht ausnutzen kann, solange Anbieter 2 in der Lage ist, jederzeit in den Markt einzutreten. Auch der Fall $p_1 > p_2 \geq 20$ € beschreibt kein Gleichgewicht, da für $p_2 = 20$ € eine kleine Erhöhung des Preises durch Anbieter 2 zu einem positiven Gewinn führen würde, wobei $p_2 > 20$ € dann wieder für Anbieter 1, der zunächst keinen Gewinn realisiert, einen Anreiz schaffen würde, den Preis p_2 zu unterbieten, um auf diese Weise einen Gewinn zu realisieren.

Demzufolge stellt Bedingung 5.71 das eindeutige Gleichgewicht dar. Der Preiswettbewerb bei vollkommen homogenen Produkten impliziert folglich bereits bei zwei Anbietern einen Preis in Höhe der Grenzkosten, was dem effizienten Ergebnis des vollkommenen Wettbewerbs entspricht, jedoch zur Erklärung realer Beobachtungen nur wenig beiträgt, da es ein zu aggressives Verhalten der Oligopolisten unterstellt. Dies wird auch als **Bertrand-Paradoxon** bezeichnet (Siems (2009, S. 152f.)) und resultiert aus der unendlich großen Preiselastizität der Nachfrage auf diesem Markt. Im Gegensatz zum Mengenwettbewerb gilt für den Preiswettbewerb im Bertrand-Modell für den als erstes agierenden Anbieter ein **First-Mover-Disadvantage**.

Um ein Modell mit größerer Wirklichkeitsnähe zu erhalten, kann das Bertrand-Paradoxon durch Variation einzelner Modellannahmen aufgelöst werden, z. B. durch die Einführung von Kapazitätsgrenzen, durch wiederholte Interaktion (dynamischer Ansatz) und/oder die Produktion heterogener Produkte[9].

Das Bertrand-Modell im heterogenen Duopol

Im Preiswettbewerb mit heterogenen Produkten (resp. **Launhardt-Hotelling-Wettbewerb**) führt eine marginale Preiserhöhung bzw. Preissenkung bei konstanten Grenzkosten nicht zwangsläufig zu einem Verlust bzw. Gewinn der gesamten Nachfrage, wie es im homogenen Oligopol der Fall war. Dies liegt daran, dass in einem heterogenen Oligopol seitens der Nachfrager Präferenzen bzgl. bestimmter Produkte vorliegen. Dadurch entsteht für die einzelnen Anbieter ein größerer Preissetzungsspielraum. Dies kommt der Realität näher, da sich Produkte verschiedener Unternehmen z. B. in Design und Qualität unterscheiden und verschiedene Marken auch ein unterschiedliches Image haben können (z. B. *Jaguar* vs. *VW* vs. *Dacia*).

Die unterschiedlichen Präferenzen spiegeln sich im Modell in individuellen Nachfragefunktionen wider, die für zwei Anbieter i und j folgendermaßen lauten (Wied-Nebbeling (2009, S. 157ff.)):[10]

$$x_i(p_i, p_j) = a_i - b_i p_i + d(p_j - p_i) \quad \text{für} \quad i,j = 1,2 \quad \text{und} \quad i \neq j \quad (5.73)$$

Hierbei stellt a_i die Sättigungsmenge des Anbieters i dar, die realisiert wird, wenn die Preise von Anbieter i und Anbieter j gleich Null sind. Der Koeffizient b_i repräsentiert den Faktor, um den die Nachfrage bei einer Preiserhöhung zurückgeht bzw. um den sie bei einer Preissenkung steigt. Mittels des Koeffizienten d wird die Kundenwanderung abgebildet, die durch Preisunterschiede zwischen den beiden Anbietern ausgelöst wird. Werden die Ausdrücke mit p_i zusammengefasst, lässt sich Gleichung 5.73 schreiben als:

$$x_i(p_i, p_j) = a_i - (b_i + d) p_i + d p_j \quad \text{für} \quad i,j = 1,2 \quad \text{und} \quad i \neq j \quad (5.74)$$

---

[9] Produktheterogenität kann auch dadurch erzielt werden, dass physikalisch weitgehend homogene Produkte (z. B. Zigaretten und Butter) durch über die Werbung vermittelte emotionale Erlebniswerte quasi künstlich heterogen gemacht werden.

[10] Durch die unterschiedlichen Nachfragefunktionen kommen die oben erwähnten Präferenzen zum Ausdruck.

Zur Veranschaulichung wird erneut obiges Beispiel mit den identischen Grenzkosten $K' = 20$ €, jetzt allerdings mit der Marktnachfrage $x(p_1, p_2) = 140 - 0,5p_1 - 0,5p_2$, unterstellt, wobei bei Preisgleichheit wieder $x(p) = 140 - p$ gilt. Aufgrund der Symmetrie entfällt bei gleichen Preisen der Anbieter auf jeden die Hälfte der Gesamtnachfrage, woraus folgt, dass $a_i = 70$ und $b_i = 0,5$ ist. Für d wird der Einfachheit halber ebenfalls der Wert $0,5$ unterstellt. Damit lauten die Nachfragefunktionen der beiden Anbieter $i = 1, 2$:

$$x_1(p_1, p_2) = 70 - p_1 + 0,5p_2 \quad \text{und} \quad x_2(p_1, p_2) = 70 - p_2 + 0,5p_1 \qquad (5.75)$$

Auf dieser Grundlage lassen sich in Analogie zum Cournot-Modell wiederum die Reaktionsfunktionen bestimmen, die sich nun aber, statt auf die Mengen, auf die Preise beziehen. Die zu maximierende Gewinnfunktion für Anbieter 1 lautet dementsprechend $G_1 = (p_1 - 20) \cdot (70 - p_1 + 0,5p_2)$. Für die Reaktionsfunktionen ergibt sich:

$$p_1 = R_1(p_2) = 45 + \frac{1}{4}p_2 \quad \text{und} \quad p_2 = R_2(p_1) = 45 + \frac{1}{4}p_1 \qquad (5.76)$$

Aufgrund der Symmetrieannahme ergeben sich für beide Anbieter im Gleichgewicht die gleichen gewinnmaximalen Preise mit $p_1^L = p_2^L = 60$ €, wobei dieser Punkt wiederum den Schnittpunkt der beiden Reaktionsfunktionen bildet und als **Bertrand-Nash-Gleichgewicht** (im Launhardt-Hotelling-Wettbewerb) bezeichnet wird. Jeder Anbieter produziert $x_1^L = x_2^L = 40$ ME und erzielt einen Gewinn von $G_1^L = G_2^L = 1600$ €. Im Unterschied zur Bertrand-Lösung im homogenen Duopol liegt hier der Gleichgewichtspreis deutlich über den Grenzkosten. Die Anbieter profitieren also davon, dass ihre Produkte nicht als vollkommene Substitute angesehen werden. Im Gegensatz zu den negativ geneigten Reaktionsfunktionen im Cournot-Mengenwettbewerb (Abbildung 5.9 auf S. 161) haben die Reaktionsfunktionen im Preiswettbewerb einen steigenden Verlauf. Der Grund besteht darin, dass Anbieter 1 bei einer Preissenkung von Anbieter 2 ebenfalls den Preis senken muss. Umgekehrt ist es daher vorteilhaft, einen umso höheren Preis zu verlangen, desto höher der Preis von Anbieter 2 ist. Da die Preisbewegungen gleichgerichtet sind, werden die Preise in diesem Modell strategische Komplemente genannt (Wied-Nebbeling (2009, S. 160)).

5.5 Auktionen als spezielle Form der Preisbildung

Ähnlich wie die Oligopoltheorie sind auch Auktionen einer spieltheoretischen Analyse zugänglich, da es sich um eine Situation mit strategischer Interaktion zwischen dem Auktionator (bzw. Verkäufer) und den Bietern (bzw. Käufern) handelt. Allgemein werden **Auktionen** (lat.: augere ≙ steigern) als marktliche Institutionen verstanden, die der Festlegung von Preisen und der Allokation von Gütern dienen (McAfee & McMillan (1987, S. 701ff.)), wobei auch die Interaktion verschiedener Bieter untereinander strategische Elemente beinhalten kann. Ein entscheidendes Merkmal von Auktionen besteht darin, dass der Auktionator die (Produkt-)Bewertungen und damit die Zahlungsbereitschaften der potenziellen Käufer nicht kennt. Während der Verkäufer die Erzielung eines möglichst hohen Zuschlagspreises anstrebt, versucht der Käufer jenen zu minimieren. Würde der Verkäufer alle Bewertungen kennen, so könnte er das Produkt dem Käufer mit der höchsten Zahlungsbereitschaft zu genau diesem Preis anbieten. Im Sinne der Spieltheorie sind Auktionen somit nichts anderes als Spiele mit unvollständigen Informationen. Die Interdependenz zwischen dem Verhalten der an einer Auktion beteiligten Akteure kommt darin zum Ausdruck, dass der Erfolg eines Gebots eines Bieters vom Verhalten der Mitbieter abhängig ist, da auf konkurrierende Gebote reagiert werden kann. Es lassen sich dynamische und statische Spiele unterscheiden, je nachdem, ob ein Bieter über mehrere Runden mitsteigert oder nur ein einziges Gebot abgibt.

5.5.1 Klassifikation von Auktionen

Die asymmetrische Verteilung von Informationen und die daraus resultierende Unsicherheit sind zentraler Bestandteil der Auktionstheorie. Je nach Situation und Gut ergeben sich unterschiedliche Produktbewertungen, die die Zahlungsbereitschaft des Bieters determinieren.

Das Modell der **Präferenzunsicherheit**, das in der englischsprachigen Literatur unter dem Begriff „Independent Private Value Model" zu finden ist, zeichnet sich dadurch aus, dass jeder Bieter eine eigene (private) Wertschätzung des Objektes besitzt, die kein anderer kennt und die von den Wertschätzungen anderer unabhängig ist. Informationen, die ein Bieter möglicherweise im Laufe einer Auktion erhält, beeinflussen seine Wertschätzung nicht. Ein Beispiel für das Zustandekommen privater Wertschätzungen sind nicht-dauerhafte Konsumgüter, die ausschließlich für den eigenen Konsum und nicht zum Weiterverkauf bestimmt sind. Im Gegensatz dazu unterstellt das Modell der **Qualitätsunsicherheit**, welches auch als „Common Value Model" bezeichnet wird, dass der Verkaufsgegenstand für alle Bieter gleich viel wert ist, jedoch keiner diesen Wert genau kennt. Ein Bieter verfügt in diesem Fall lediglich über eine Schätzung des Objektwertes, die mit Unsicherheit behaftet ist. Ein Beispiel hierfür ist die Versteigerung eines Glases mit Euromünzen. Die Gefahr in diesem Modell besteht darin, dass der Höchstbietende das Objekt überschätzt und einen (viel) zu hohen Preis zahlt. Dieses Phänomen ist auch als „Fluch des Gewinners" („Winner's Curse") bekannt und wird in zahlreichen Studien (vgl. z. B. bei Bazerman & Samuelson (1983) oder Bajari & Hortacsu (2003)) diskutiert. Um dem „Fluch des Gewinners" zu entgehen, sollte der Bieter bei der Bestimmung seiner Zahlungsbereitschaft immer einen Sicherheitsabschlag vornehmen, dessen Höhe sich an der vorherrschenden Unsicherheit orientiert. Aus Verkäufersicht sollte daher immer möglichst große Transparenz vorliegen, um die Unsicherheit, und somit mögliche Sicherheitsabschläge, zu minimieren.

Welche Regeln einer Auktion zugrunde liegen, hängt von der gewählten Auktionsform ab. Grundsätzlich lassen sich vier Auktionsformen spezifizieren. Es kann zum einen zwischen offenen und verdeckten Auktionen und zum anderen zwischen Erst- und Zweitpreisauktionen unterschieden werden (vgl. Tabelle 5.5; Krishna (2010, S. 2f.)). Offen heißt, dass eingehende Gebote fortlaufend bekanntgegeben werden, sodass jeder Bieter sofort auf rivalisierende Gebote reagieren kann, z. B. auf Auktionsplattformen der *eBay AG*. Verdeckt bedeutet, dass jeder Bieter einmalig ein Gebot abgibt, ohne andere Gebote zu kennen. Alternativ kann eine offene Auktion auch als dynamisch und eine verdeckte Auktion als statisch angesehen werden. Bei Erstpreisauktionen zahlt der Höchstbieter das von ihm tatsächlich abgegebene Höchstgebot. Zweitpreisauktionen sehen hingegen vor, dass der Höchstbieter lediglich den Betrag des zweithöchsten Bietgebots zu entrichten hat. Die bekanntesten Formen mit offenen Geboten sind die Englische und die Holländische Auktion. Bei der **Englischen Auktion** holt der Auktionator Gebote und Gegengebote ein, bis nicht mehr überboten wird. Der Höchstbieter zahlt dann den zweithöchsten Preis (Zweitpreisauktion). Die Umkehrung hierzu ist die **Holländische Auktion**, die ihren Namen der Blumenversteigerung in Holland (Niederlande) verdankt. Ein zunächst hohes Startgebot wird durch einen Auktionator schrittweise verringert, bis schließlich ein Teilnehmer seine Bereitschaft zum Kauf zum gegebenen Bietpreis anzeigt (Erstpreisauktion). Die beiden wichtigsten Auktionen mit verdeckten Geboten sind die **Höchstpreis-** und die **Vickrey-Auktion**, bei denen der Bieter mit dem höchsten Gebot den Zuschlag erhält. Der einzige Unterschied besteht in der Zahlungsregel. Bei der Höchstpreis-Auktion, die z. B. bei Immobilien benutzt wird, zahlt der Gewinner sein eigenes, also das höchste Gebot. Dagegen zahlt der Gewinner bei der Vickrey-Auktion, die vom Prinzip her z. B. von *Google AdWords* verwendet wird, nur das zweithöchste Gebot aller Bieter. Im Fall der Vickrey-Auktion spricht man daher auch von einer Zweitpreisauktion, während die Höchstpreisauktion eine Erstpreisauktion ist.

Tabelle 5.5: Darstellung der unterschiedlichen Auktionsformen

	Erstpreisauktion	Zweitpreisauktion
Verdeckte Auktion	Höchstpreisauktion	Vickrey-Auktion
Offene Auktion	Holländische Auktion	Englische Auktion

5.5.2 Strategische Anreize der verschiedenen Auktionstypen

Prämissen und Terminologie

Um genauer beleuchten zu können, welche Bietstrategien in den einzelnen Auktionsformen gewählt werden, müssen einige Annahmen getroffen werden: Es bieten n Bieter in der Auktion um ein einzelnes, unteilbares Gut. Jeder Bieter $i, j = 1, \ldots, n$ hat eine private Wertschätzung („Value") v_i, die seine maximale Zahlungsbereitschaft für das Gut angibt. Die Wertschätzung ist unabhängig von den Wertschätzungen der anderen Bieter (Modell der Präferenzunsicherheit). Weder der Verkäufer noch die anderen Bieter kennen diese. Weiterhin haben alle Bieter gemeinsame Informationen über die Wertschätzung eines Bieters i in Form einer Wahrscheinlichkeitsverteilung F_i mit der zugehörigen Dichtefunktion f_i. $V_i = \left[\underline{v_i}, \overline{v_i}\right]$ ist das Intervall, in dem die Wertschätzung von Bieter i liegt. Die minimale bzw. maximale Wertschätzung aller Bieter wird mit $\underline{v} = \min_i\{\underline{v_i}\}$ bzw. $\bar{v} = \max_i\{\overline{v_i}\}$ bezeichnet. Der Nutzen („Utility") u_i eines Bieters ergibt sich aus seiner Wertschätzung v_i für das Gut, wenn er die Auktion gewinnt, abzüglich des an den Verkäufer zu zahlenden Gebots. Jeder Bieter sei risikoneutral und maximiere in der Auktion seinen erwarteten Nutzen. Die Auszahlung des Verkäufers ist abhängig von den Geboten („Bids") der Bieter b_i und dem jeweiligen Auktionsmechanismus. Eine Auktion lässt sich nun als Spiel mit unvollständigen Informationen (Bayes'sches Spiel) modellieren. In der ersten Stufe wird für jeden Bieter i dessen Wertschätzung v_i aus der Wahrscheinlichkeitsverteilung F_i bestimmt. In der zweiten Stufe geben die Bieter, unter Berücksichtigung der Regeln der jeweiligen Auktionsform, ihre Gebote ab.

Zweitpreisauktionen: Vickrey- und Englische Auktion

Die optimale Bietstrategie in der **Vickrey-Auktion** ist unabhängig von den Wertschätzungen und Strategien der anderen Bieter. Für jeden Bieter existiert die schwach dominante Strategie[11], sein verdecktes Gebot in Höhe der eigenen Wertschätzung ($b_i = v_i$) abzugeben. Es ergibt sich ein Gleichgewicht in schwach dominanten Strategien.

Der Nutzen u_i eines Bieters i ist folgendermaßen definiert (Krishna (2010, S. 11ff.)), wobei $j \neq i$ gilt:

$$u_i = \begin{cases} v_i - b_j^{\max} & \text{falls} \quad b_i > b_j^{\max} \\ 0 & \text{falls} \quad b_i < b_j^{\max} \end{cases} \quad \forall i \quad (5.77)$$

In Gleichung 5.77 ist $b_j^{\max} = \max\{b_j | j \neq i\}$ das höchste Gebot aller anderen Bieter (ohne i). Für den Fall, dass Bieter i sein Gebot in Höhe seiner vollen Wertschätzung ($v_i = b_i$) setzt, gewinnt er, wenn $v_i > b_j^{\max}$ gilt, und verliert er, wenn $v_i < b_j^{\max}$ gilt. Setzt der Bieter auf einen Preis unterhalb seiner tatsächlichen Wertschätzung, wenn also gilt $b_i < v_i$, dann gewinnt er für den Fall, dass $b_j^{\max} < b_i < v_i$ gilt. Sein Nutzen ist jedoch nicht größer, als wenn er seine Wertschätzung v_i geboten hätte, denn der zu entrichtende Preis ist in beiden Fällen $b_j^{\max}$ und sein Nutzen somit $v_i - b_j^{\max}$. Wenn jedoch $b_i < b_j^{\max} < v_i$ gilt, erhält Bieter i keinen Zuschlag und er hat einen Nutzen von Null, obwohl seine Wertschätzung über dem Höchstgebot eines Mitbieters liegt. Die letzte Ausgangssituation $b_i < v_i < b_j^{\max}$ ist dadurch charakterisiert, dass Bieter i die Auktion verliert, aber auch bei einem Gebot von v_i den Zuschlag nicht erhalten hätte. Es wird deutlich, dass das Bieten eines geringeren Preises als die wahre Wertschätzung ($b_i < v_i$) keinen zusätzlichen Nutzen generiert, jedoch u. U. zu einem Nutzenverlust führen kann. Daher ist es nicht profitabel, einen anderen Preis als jenen zu bieten, der der eigenen Wertschätzung entspricht.

Die **Englische Auktion** hat viele Varianten, die sich in den Details der Preisregel und der Offenlegung der Gebote unterscheiden. Zur Vereinfachung wird hier der

---

[11] Im Gegensatz zu strikt dominanten Strategien (vgl. Seite 162) sind schwach dominante Strategien nicht eindeutig.

Fall betrachtet, dass der Höchstbietende den beim Ausscheiden des letzten Rivalen angezeigten Preis bezahlt, der gleich der (geäußerten) Wertschätzung des Bieters mit dem zweithöchsten Gebot ist. Genau wie bei der Vickrey-Auktion ist der Nutzen für den Gewinner die Differenz zwischen seiner Wertschätzung und der Wertschätzung aller anderen Bieter und jeder Bieter hat eine optimale Strategie, unabhängig von seinen Vermutungen über die Bewertung und das Verhalten seiner Konkurrenten. Ein Bieter wird daher so lange mitbieten, bis die eigene Wertschätzung erreicht ist, und danach aus dem Bietprozess aussteigen. Hierbei handelt es sich wie bei der Vickrey-Auktion um eine schwach dominante Strategie.

Beide Auktionen sind äquivalent, jedoch nur solange das Modell der Präferenzunsicherheit unterstellt wird resp. angemessen ist. Das Ergebnis beider Auktionen ist effizient, da das Gut an den Höchstbietenden vergeben wird, und ist zudem unabhängig von den Verteilungsfunktionen der einzelnen Bieter.

Erstpreisauktionen: Höchstpreis- und Holländische Auktion

Die Gleichgewichtsstrategien in der Höchstpreis-Auktion unterscheiden sich von den Strategien in der Vickrey- und in der Englischen Auktion, da nicht das zweithöchste Gebot unter den Bietern bezahlt wird, sondern das höchste Gebot (Erstpreisauktionen).

Der Nutzen u_i eines Bieters i ist wie folgt definiert, wobei wiederum $j \neq i$ gilt:

$$u_i = \begin{cases} v_i - b_i & \text{falls} \quad b_i > b_j^{\max} \\ 0 & \text{falls} \quad b_i < b_j^{\max} \end{cases} \quad \forall i \qquad (5.78)$$

Hierbei würde ein Gebot $b_i \geq v_i$ zu keinem oder gar einem negativen Nutzen führen. Ein Bieter wird daher nicht seinen wahren Wert v_i bieten, sondern verfolgt aus diesem Grund die Strategie des **Bid Shading**, und wird $b_i < v_i$ wählen, damit im Falle des Gewinns der Auktion ein Nutzengewinn von $u_i > 0$ gewährleistet ist. Die Frage ist jedoch, um wie viel er sein Gebot senken soll. Je stärker er sein Gebot senkt, desto höher ist sein Nutzen, falls er die Auktion gewinnt. Gleichzeitig steigt damit aber auch die Wahrscheinlichkeit, nicht mehr das höchste Gebot zu haben und somit den Zuschlag zu verlieren. Es besteht somit ein „Trade-off" zwischen diesen beiden Effekten. Dies führt dazu, dass sein Gebot von der eigenen Einschätzung der Gebote der anderen Bieter abhängt. Die konkrete Bestimmung von Gleichgewichtsstrategien ist wesentlich schwieriger als in der Vickrey- oder in der Englischen Auktion. Um dennoch ein sogenanntes Bayes-Nash-Gleichgewicht[12] berechnen zu können, werden die Modellannahmen eingeschränkt, indem angenommen wird, dass die Bieter in ihrem Bietverhalten homogen (symmetrisch) sind, d. h., dass für alle i, j $F(v_i) = F(v_j)$ gilt. Mit dieser Annahme ergibt sich in der Höchstpreis-Auktion als **Bayes-Nash-Gleichgewichtsstrategie** folgende Bietfunktion (McAfee & McMillan (1987, S. 709)):

---

[12] Die Strategien verschiedener Bieter, die auf unvollständigen Informationen beruhen, befinden sich in einem Bayes-Nash-Gleichgewicht, wenn kein Bieter seinen erwarteten Nutzen erhöhen kann, indem er alleine eine andere Strategie wählt.

5.5 Auktionen als spezielle Form der Preisbildung

$$b(v_i) = v_i - \frac{\int_{v}^{v_i} F(t)^{n-1} dt}{F(v_i)^{n-1}} \quad \forall i \qquad (5.79)$$

Die Bietfunktion ist steigend in der individuellen Wertschätzung v_i. Die rechte Seite der Gleichung 5.79 gibt an, um wie viel ein Bieter sein Gebot unter seine wahre Wertschätzung senkt. Dieses ist abhängig von seiner individuellen Wertschätzung v, der Verteilungsfunktion F aller Wertschätzungen sowie der Zahl der Bieter n.

Zur Verdeutlichung der Bietstrategien wird nachfolgend die Bietfunktion bei einer Gleichverteilung der Wertschätzungen im Intervall $[0,1]$ berechnet. In diesem Fall ist der Wert der Verteilungsfunktion $F(v) = v$. Als Bietfunktion ergibt sich dann allgemein formuliert:

$$b(v) = v - \frac{\int_{0}^{v} t^{n-1} dt}{v^{n-1}} = v - \frac{\frac{1}{n} v^n}{v^{n-1}} = v - \frac{1}{n} v = \frac{n-1}{n} v \qquad (5.80)$$

Gleichung 5.80 ist zu entnehmen, dass ein einzelner Bieter sein Gebot umso weniger gegenüber seiner eigenen Wertschätzung absenkt, je höher die Zahl der Bieter in der Auktion ist.

Für allgemeine Verteilungsfunktionen kann gezeigt werden, dass das Gebot eines Bieters $b(v)$ genau der erwarteten zweithöchsten Wertschätzung entspricht, unter der Bedingung, dass v die höchste Wertschätzung ist (McAfee & McMillan (1987, S. 710)). Die Gleichgewichtsstrategien in der Holländischen Auktion stimmen mit den Bietstrategien in der Höchstpreis-Auktion überein, da beide Auktionsmechanismen für die Bieter strategisch äquivalent sind. Diese Äquivalenz gilt auch, wenn die Käufer risikoavers sind und korrelierte Bewertungen vorliegen.

Unter der Annahme von Risikoneutralität und homogenen Bietern ergibt sich für die Erstpreisauktionen (Höchstpreis- und Holländische Auktion) daher im Erwartungswert für Verkäufer und Bieter der gleiche Nutzen wie für Zweitpreisauktionen (Vickrey- und Englische Auktion). Diese Aussage wird im Erlös-Äquivalenz-Theorem unter bestimmten Annahmen an die Verteilungsfunktion für allgemeine Auktionsmechanismen bewiesen (Wolfstetter (1999, S. 187)). Die Wahl des Auktionstypen hat somit keinen Einfluss auf das Ergebnis einer Auktion (McAfee & McMillan (1987, S. 707)).

6
Kommunikationspolitik

Während die Produkt- und die Preispolitik auf die Leistungserstellung gerichtet sind, befasst sich die Kommunikationspolitik mit der Leistungsdarstellung gegenüber den relevanten Zielgruppen eines Unternehmens. Die Kommunikationspolitik hat die Gesamtheit der Kommunikationsinstrumente und -maßnahmen zum Gegenstand. Der Einsatz dieser Instrumente erfolgt mit dem Ziel, das Unternehmen und seine Leistungen den relevanten Zielgruppen bewusst zu machen und die Einstellung der Abnehmer sowie deren Beurteilung der Angebote zugunsten des Werbenden zu beeinflussen. Die zu diesem Zweck vom Unternehmen übermittelten Informationen können sich z. B. auf Qualitätsmerkmale der angebotenen Produkte, deren Preise und/oder auf die Verkaufsstellen beziehen, in denen die betreffenden Produkte erhältlich sind.

Die besondere Bedeutung der Kommunikationspolitik resultiert vor allem daraus, dass in entwickelten Märkten eine Vielzahl von Anbietern Sach- oder Dienstleistungen in z. T. sehr ähnlicher Qualität bereitstellen. Die betreffenden Produkte werden in diesem Fall von den Abnehmern als austauschbar resp. als Substitute wahrgenommen. So ist in Märkten mit etablierten Qualitätsstandards, in denen sich die Produkte und Leistungen der konkurrierenden Hersteller hinsichtlich ihrer Funktionalität nicht oder nur wenig unterscheiden, oftmals ein zunehmender Kommunikationswettbewerb zu beobachten (Esch (2005)). Aktuelle Beispiele sind die Automobilproduzenten sowie die Strom- und Mobilkommunikationsanbieter. Es kann daher nicht davon ausgegangen werden, dass die eigenen Leistungen den Nachfragern von vornherein bekannt sind oder dass die Nachfrager der eigenen Leistung den Vorzug geben. Oftmals kann überhaupt erst durch die Kommunikation mit dem Abnehmer erreicht werden, dass die eigenen Produkte bewusst wahrgenommen und in den Entscheidungsprozess mit einbezogen werden.

Ziel dieses Kapitels ist es, ausgewählte quantitative Methoden und Modelle der Kommunikationspolitik vorzustellen und einer praktischen Anwendung zugänglich zu machen. Der Leser kann sich dabei in Abschnitt 6.1 an den Fragen orientieren, welche Ziele die Kommunikationspolitik verfolgt und welche Instrumente zur Erreichung dieser Ziele existieren. Darüber hinaus wird auf Besonderheiten beim Einsatz unterschiedlicher Kommunikationsinstrumente hingewiesen. Des Weiteren wird thematisiert, wie Störungen des Kommunikationsprozesses beschrieben werden können. Abschnitt 6.2 beantwortet die Frage, welche Fachtermini und Maßzahlen in der Mediaplanung von Bedeutung sind. Außerdem werden Modelle zur Berechnung von Kontaktwahrscheinlichkeiten mit Werbemitteln erläutert. Abschnitt 6.3 stellt daran anschließend Werberesponsemodelle vor. Dabei wird auch gezeigt, wie dynamische Werberesponsefunktionen formuliert werden können und wie sich der Aufbau von Goodwill in entsprechenden Modellen erfassen lässt. Darüber hinaus wird auf das Thema der Bestimmung des optimalen Werbebudgets eingegangen.

6.1 Grundlagen der Kommunikationspolitik

Vordringliches Kommunikationsziel von Unternehmen ist es, eine positive Einstellung der Nachfrager in Bezug auf die eigenen Produkte zu erzielen. Eine positive Beeinflussung der Einstellung soll dazu führen, dass die Kaufabsicht und in der Folge auch die Nachfrage nach den Produkten steigt. Ebenso besteht das Ziel, die Loyalität der bestehenden Abnehmer gegenüber den eigenen Produkten zu erhöhen. Die **Unternehmenskommunikation** („Corporate Communication") umfasst eine Reihe von Instrumenten, die durch das Unternehmen eingesetzt werden können, um eine Kommunikation mit den Abnehmern zu initiieren. Die Werbung, die Verkaufsförderung und die Öffentlichkeitsarbeit gehören dabei zu den am weitesten verbreiteten Instrumenten.

6.1.1 Kommunikationsinstrumente

Das prominenteste Instrument der Unternehmenskommunikation ist zweifelsohne die Werbung in klassischen und digitalen Medien. Der Einsatz von Werbung erfolgt insbesondere mit dem Ziel, den Bekanntheitsgrad der eigenen Produkte oder Dienstleistungen zu steigern sowie ein bestimmtes Image (also das Bild, das sich Nachfrager von einem Unternehmen und seinen Produkten machen) aufzubauen oder zu erhalten. In jüngerer Zeit hat insbesondere die Werbung in sozialen Medien, z. B. auf *Facebook*, an Bedeutung gewonnen. Diese Entwicklung spiegelt auch das geänderte Nutzungsverhalten in Bezug auf digitale Medien wider. Ein hoher Stellenwert kommt mittlerweile auch dem Suchmaschinen-Marketing zu, z. B. über *Google AdWords*.

Die **Öffentlichkeitsarbeit** („**Public Relations**") zielt darauf ab, die Beziehungen eines Unternehmens zu verschiedenen Anspruchsgruppen (d. h. Abnehmern, Aktionären, Lieferanten, Institutionen oder dem Staat) positiv zu beeinflussen. Die Öffentlichkeitsarbeit bezweckt somit nicht nur eine Förderung des Absatzes, sondern sie hat darüber hinausgehende Funktionen. Ein Beispiel sind öffentliche Stellungnahmen in Bezug auf politische, gesellschaftliche und ökonomische Rahmenbedingungen, mit denen das Unternehmen konfrontiert ist. Solche Stellungnahmen können etwa durch die Herausgabe von Pressemitteilungen oder einer Kundenzeitschrift erfolgen.

Die **Verkaufsförderung** („**Promotion**") zielt im Gegensatz zur Werbung und zur Öffentlichkeitsarbeit primär darauf ab, den Verkauf eines Produktes kurzfristig zu unterstützen, z. B. in Form von Funktionsdemonstrationen, Produktvorführungen oder der Verköstigung neuer Lebensmittel am Point-of-Sale. Zusätzlich können Displays oder Sonderplatzierungen eines Produktes im Handel vorgenommen werden, um die kommunikative Botschaft bis an den Verkaufsort des Produktes zu tragen. Auf diese Weise sollen die potenziellen Nachfrager insbesondere zu Spontankäufen oder Markenwechseln zugunsten der eigenen Marke veranlasst werden. Die Verkaufsförderung richtet sich aber nicht nur an Konsumenten, sondern auch an den Vertrieb. So sollen der Außendienst des das betreffende Produkt produzierenden Unternehmens und der Handel durch spezielle Verkaufshilfen oder auch Prämien in besonderer Weise zum Verkauf eines Produktes motiviert werden.

Das **Direktmarketing** zielt darauf ab, durch Einzelansprache in einen direkten Kontakt mit dem Nachfrager zu treten. Aufgabe des Direktmarketing ist es somit, diesen individuellen Nachfragerkontakt aufzubauen und dafür zu sorgen, dass die Nachfrager ihrerseits in einen Dialog mit dem Unternehmen eintreten. Beim Kontaktaufbau kommt es darauf an, die Informationen zielgerichtet zu kommunizieren, d. h. diejenigen Rezipienten anzusprechen, auf die die betreffenden Produkte zugeschnitten sind. Während die Werbung und die Verkaufsförderung auf eine kollektive Ansprache der Nachfrager ausgerichtet ist, fokussiert das Direktmarketing auf eine direkte und individuelle Ansprache der Nachfrager. So werden z. B. sogenannte Mail Order Packages (adressierte Werbesendungen) versendet, die aus einem Werbebrief, einem Prospekt, einer Rückantwortkarte und einem Versandkuvert bestehen können. Über den Einsatz solcher Direktmarketinginstrumente können unmittelbare Kaufhandlungen bei den Nachfragern initiiert werden. Darüber hinaus ist gezeigt worden, dass der direkte Nachfragerkontakt auch einen positiven Einfluss auf die Markentreue besitzt (Brexendorf, Mühlmeier, Tomczak & Eisend (2009)).

Die Grundidee des **Sponsoring** besteht darin, dass der Sponsor Geld- oder Sachleistungen einem Empfänger überlässt, der, im Idealfall, durch seine Aktivitäten zu einer größeren Bekanntheit und/oder zu einem positiven Image des Sponsors beiträgt. Ein Beispiel ist die Förderung von Vereinen, wie sie beispielsweise in den Fußballbundesligen sehr verbreitet ist. Des Weiteren kann durch Sponsoring versucht werden, die positiven Assoziationen, die in Bezug auf das Image des Empfängers bestehen (z. B. die Sportlichkeit oder Leistungsbereitschaft eines Fußballvereins), auf den Sponsor zu übertragen. Darüber hinaus kann beispielsweise durch das Sponsoring kultureller Einrichtungen die Motivation der Mitarbeiter des Unternehmens infolge des damit einhergehenden sozialen Engagements gesteigert werden.

Messen und **Ausstellungen** haben insbesondere für den Business-to-Business („B-2-B")-Bereich eine zentrale Bedeutung. Einem Unternehmen bietet sich hierdurch die Möglichkeit, die eigenen Produkte einem interessierten Publikum zu präsentieren und erste Kontakte mit potenziellen Nachfragern zu knüpfen. Kontakte zu Nachfragern in einer frühen Phase des Kaufentscheidungsprozesses können dann in späteren Phasen (Angebotsabgabe, Vertragsverhandlungen) zu Kaufabschlüssen führen. Ebenso lassen sich Informationen über die Marktentwicklung und die Leistungsfähigkeit von Konkurrenzprodukten sammeln. Aber auch im Konsumgüterbereich spielen Messen und Ausstellungen eine wichtige Rolle. So wird z. B. die Berichterstattung in den Medien heute bei einigen Produktkategorien stark durch Messen beeinflusst, etwa im Bereich der Unterhaltungselektronik oder bei Automobilen. Auch spezielle Events können dazu genutzt werden, die mediale Berichterstattung über das Leistungsangebot des Unternehmens zu beeinflussen, z. B. durch die Einladung von Fachjournalisten zu einer Showveranstaltung anlässlich einer Neuprodukteinführung.

In den meisten Unternehmen kommen Kombinationen der dargestellten Kommunikationsinstrumente zum Einsatz. Um dabei kein diffuses oder widersprüchliches Erscheinungsbild entstehen zu lassen, ist es notwendig, die einzelnen Kommunikationsmaßnahmen aufeinander abzustimmen. Dies ist eine der Aufgaben der **internen Kommunikation**. Die Abstimmung erfolgt i. d. R. über ein entsprechendes Planungs- und Kontrollsystem, in dem Kommunikationsziele formuliert und operationalisiert sowie deren Erreichung kontrolliert werden. Diese Ziele müssen allen Mitarbeitern vermittelt werden, die in den Kommunikationsprozess des Unternehmens eingebunden sind. Ein typisches Instrument der internen Kommunikation ist die Herausgabe einer Mitarbeiterzeitschrift.

Die aufgeführten Instrumente der Unternehmenskommunikation werden in der Praxis auch in „Above-the-Line"-Instrumente (ATL) und „Below-the-Line"-Instrumente (BTL) unterschieden.[1] Während erstere die klassischen Marketingmaßnahmen (Werbung, Verkaufsförderung und Direktmarketing) bezeichnen, umfassen Letztere all jene Maßnahmen, in denen die Marketingziele nicht explizit zum Ausdruck kommen, aber dennoch ein Kontakt der Rezipienten mit der Werbebotschaft ermöglichen.

Als eine weitere, zunehmend populärer werdende Form der Kommunikation kann auch noch das „**Product-Placement**" in Fernsehserien und Spielfilmen genannt werden. Ein bekanntes Beispiel ist die prominente Präsentation neuer PKW-Modelle in Actionfilmen.

Um die Wirkung der Kommunikationspolitik zu veranschaulichen wird in der Literatur oft das **AIDA-Modell** herangezogen (vgl. z. B. Homburg & Krohmer (2009)). Es beschreibt die vier Stufen, die nacheinander beim Übermitteln einer Botschaft erreicht werden müssen. Als erstes muss die Aufmerksamkeit („Attention") des Empfängers geweckt werden, bevor das Interesse („Interest") für ein Produkt erregt wird. Das Interesse führt zu einer Auseinandersetzung mit dem Werbeappell, im Zuge derer die Werbebotschaft bewertet und ggf. sogar gelernt wird. Daraufhin sollte sich beim Rezipienten ein Verlangen („Desire") nach dem umworbenen Angebot einstellen. Ist das Verlangen hinreichend stark, so führt es zu einer Kaufhandlung („Action"). Abbildung 6.1 gibt das AIDA-Modell grafisch wieder, wobei die ersten drei

---

[1] Roberts (1980) und Koschnick (2003) führen diese Begriffsbildung auf die Budgetierung zurück: Aufwendungen für die ATL-Instrumente werden von den Budgets, die den Werbeagenturen zur Verfügung gestellt werden, erfasst. Alle weiteren Aufwendungen muss das Unternehmen zusätzlich tragen. Somit kann ein Teil der Aufwendungen, analog zum Bridge-Spiel, als Geldbetrag „über dem Strich" notiert werden. Hierzu ist jedoch anzumerken, dass diese Unterscheidung, trotz ihrer weiten Verbreitung in der Praxis, obsolet ist, da auch für BTL-Maßnahmen spezialisierte Agenturen ihre Leistungen anbieten und zudem die Zurechnung der Instrumente nicht einheitlich gehandhabt wird.

Stufen als potenzialbezogene Zielgrößen (psychische Reaktion) von der letzten Stufe, der eigentlichen Kaufhandlung (physische Reaktion), unterschieden werden.

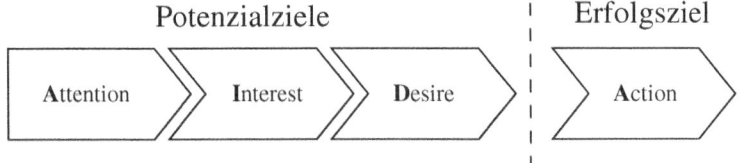

Abb. 6.1: AIDA-Modell (in Anlehnung an Homburg & Krohmer (2009, S. 738))

Das AIDA-Modell unterstellt eine aktive Auseinandersetzung mit der Werbebotschaft. Es ist daher insbesondere zur Strukturierung der Werbewirkung bei Produkten (z. B. PKW) oder Dienstleistungen (z. B. Urlaubsreisen) geeignet, bei denen ein hohes **Involvement** in Bezug auf die Kaufentscheidung unterstellt werden kann. Das Involvement beschreibt das Ausmaß der „Ich-Beteiligung" im Kaufentscheidungsprozess. Ungeeignet ist das AIDA-Modell hingegen zur Strukturierung der Werbewirkung bei habitualisierten Kaufhandlungen (z. B. Benzinkauf) und in Märkten mit abgeleiteter Nachfrage, also im B-2-B-Marketing.

Im Interesse der Übersichtlichkeit und Stringenz der Ausführungen werden wir uns im Folgenden – stellvertretend für die weiteren Instrumente – schwerpunktmäßig auf die Werbung als *der* zentralen Form der Kommunikation beschränken.

6.1.2 Kommunikationsprozess

Kommunikation ist, ganz allgemein betrachtet, der Austausch von Informationen zwischen einem Sender und einem Empfänger und kann als Prozess dargestellt werden. Abbildung 6.2 zeigt eine von Lasswell (1949) vorgeschlagene Systematik der Elemente dieses Prozesses, die sogenannte „**Lasswell-Formel**":

Wer	(Sender)	sagt
Was	(Signal, Information)	zu
Wem	(Empfänger, Rezipient)	auf
Welchem Kanal	(Medium, Werbeträger)	mit
Welcher Wirkung	(Effekt, Response)?	

Abb. 6.2: Lasswell-Formel

Diese einfache Formulierung ist eine gute Grundlage zur Charakterisierung der Massenkommunikation, die zumeist als einseitige Kommunikation ausgelegt ist. Eine Interaktion im Sinne eines Kundendialogs ist anhand der Lasswell-Formel hingegen kaum zu beschreiben. Die Struktur eines **Kommunikationsprozesses** auf der disaggregierten, also individuellen Ebene ist in Abbildung 6.3, in Anlehnung an Kotler, Armstrong, Wong & Saunders (2010), dargestellt.

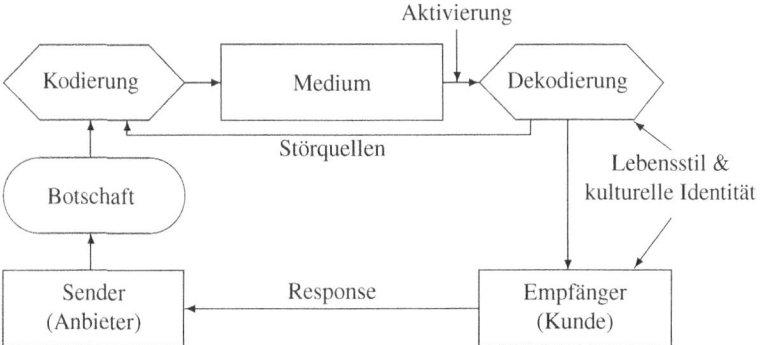

Abb. 6.3: Struktur des Kommunikationsprozesses

Ausgehend vom Sender wird die Information, die übermittelt werden soll, für ein bestimmtes Kommunikationsinstrument (Medium) aufbereitet (kodiert). Die Botschaft sollte so kodiert sein, dass der Empfänger durch diese aktiviert wird. Dieser kann nur dann auf das Kommuniqué, z. B. die Werbung, „anspringen", wenn er diese beispielsweise beim Lesen einer Zeitung nicht überblättert und er die darin dargebotenen Botschaften und Appelle aufnimmt. Wie die Informationen vom Empfänger entschlüsselt und interpretiert werden, ist von dessen Kenntnissen und Erfahrungen abhängig. Daher kommt dem **Lebensstil („Lifestyle")** der Empfänger eine grundsätzliche Bedeutung für die Ausgestaltung der Marketingkommunikation zu. Die Übereinstimmung zwischen Werbeappell und Lebensstil („Fit") ist eine wichtige Voraussetzung für das Erreichen der Potenzialziele „Interest" und „Desire" im AIDA-Modell (Abbildung 6.1 auf S. 179). Der Lebensstil wird u. a. durch den sozialen Status, die Grundeinstellung, das Wertesystem und die Familie des Rezipienten bestimmt. Er formt sich aus der kulturellen Identität des Rezipienten, aus der heraus sich Bedürfnisse und Wünsche, aber auch die Interpretation von Signalen begründen.

Werden Botschaften falsch interpretiert oder aufgefasst, so hat dies häufig seine Ursache im (negativen) Einfluss von externen Störquellen. Die Kodierung des Senders ist dann ungenau oder inadäquat. Wenn das Signal vom Empfänger hingegen richtig verstanden wird und entsprechend seiner kulturellen Identität akzeptiert ist, dann kann dies eine beabsichtigte Reaktion („Response"), z. B. den Kauf, die Anforderung weiterer Informationen oder die Teilnahme an einem Gewinnspiel, auslösen. Das Messen und Überwachen der Reaktionen hilft, vorhandene Störquellen zu erkennen und zu analysieren. Kommt es im Zuge moderner Marketingaktivitäten zu einem mediengestützten Dialog (z. B. über die sozialen Medien), so kodiert der Kunde seine Response und der Anbieter muss u. U. seinerseits wiederum eine Dekodierung durchführen.

6.1.3 Zielgruppenbestimmung

Zu Beginn der Planung einer Kommunikationsmaßnahme werden die damit verfolgten Ziele festgelegt. Anschließend sind die Zielgruppen zu definieren, an die sich eine Kommunikationsmaßnahme richtet. Oftmals besteht der fokussierte Markt aus verschiedenen Typen von Abnehmern, die sich z. B. anhand geografischer, soziodemografischer und/oder psychografischer Merkmale unterscheiden lassen. Die entsprechende Einteilung eines Marktes in Gruppen von Nachfragern bezeichnet man als **Marktsegmentierung**. Für die Planung der Marketingkommunikation kann auf sogenannte Lifestyle-Segmentierungen zurückgegriffen werden. Neben soziodemografischen Merkmalen wie Alter, Geschlecht, Einkommen, Beruf, Haushaltsgröße oder Wohnort fließen in solche Segmentierungen auch psychografische Merkmale wie Einstellungen, Werte und Verhaltensweisen ein. Bei deutschen Unternehmen und Werbeagenturen weitverbreitet sind die „Typologie der Wünsche" des *Burda-Verlags*, die „Euro-Styles" der *GfK* und die „Milieus" des *Sinus Instituts*.

Grundlage der **Sinus-Milieus** ist das Konzept der Lebenswelten (Husserl (2003)). Die Sinus-Milieus repräsentieren Menschen, die sich in ihrer Lebensauffassung und Lebensweise ähneln. Zur Bestimmung der Milieus werden Befragungen zur Einschätzung der eigenen Lebenssituation und zur Wahrnehmung des sozialen Umfeldes durchgeführt (Unger, Durante, Gabrys, Koch & Wailersbacher (2007)). Diese umfassen sowohl die grundlegende Wertorientierung als auch die Alltagseinstellung zu Arbeit, Familie, Freizeit, Geld und Konsum. Die „Kartoffelgrafik" in Abbildung 6.4 veranschaulicht die Position der Sinus-Milieus in der deutschen Gesellschaft in einem zweidimensionalen Raum mit den Dimensionen „Soziale Lage" und „Grundorientierung". Je weiter oben ein Milieu in der Grafik dargestellt ist, desto gehobener sind Bildung, Einkommen und Berufsgruppe. Je weiter links sich ein Milieu in der Abbildung befindet, desto konservativer ist die Grundorientierung.

Da sich die Wertesysteme der Menschen im Laufe der Zeit verändern können und neue Generationen hinzukommen, ändert sich auch die Struktur der Milieus. Sie werden daher in regelmäßigen Abständen aktualisiert. Die Bezeichnungen der Milieus haben dabei vor allem illustrativen Charakter. Ausführliche Beschreibungen können von Werbetreibenden bei *Sinus Sociovision* erworben werden. Für die praktische Nutzung im Rahmen der Kommunikationspolitik ist es oft hilfreich, Einzelmilieus weiter zusammenzufassen, z. B. die tendenziell jüngeren Milieus (vgl. *Sinus* C1, C12, C2 und BC23 in Abbildung 6.4), um so den Aufwand für eine zielgerichtete Ansprache dieser Milieus nicht zu groß werden zu lassen.

Die *Sinus*-Milieus sind für mehrere Länder verfügbar, so z. B. für weitere europäische Staaten und die Volksrepublik China. Ihre Bedeutung für die Praxis begründet sich u. a. darin, dass diese zur Kennzeichnung der Leser-, Seher- bzw. Hörerschaft der Massenkommunikationsmedien durch den *Gesamtverband der Kommunikationsagenturen (GWA e. V.)*[2] genutzt wird. Darüber hinaus werden sie auch in einer Reihe kommerziell verfügbarer Panels (d. h. einer Gruppe von registrierten Personen, die regelmäßig an Befragungen teilnehmen) zur Beschreibung der beteiligten Haushalte herangezogen.

---

[2] Die Definitionen des GWA liegen der Wirkungsmessung der Arbeitsgemeinschaft Mediaanalyse und Allensbacher Werbeträgeranalyse zugrunde (Fuchs & Unger (2007, S. 373ff.)).

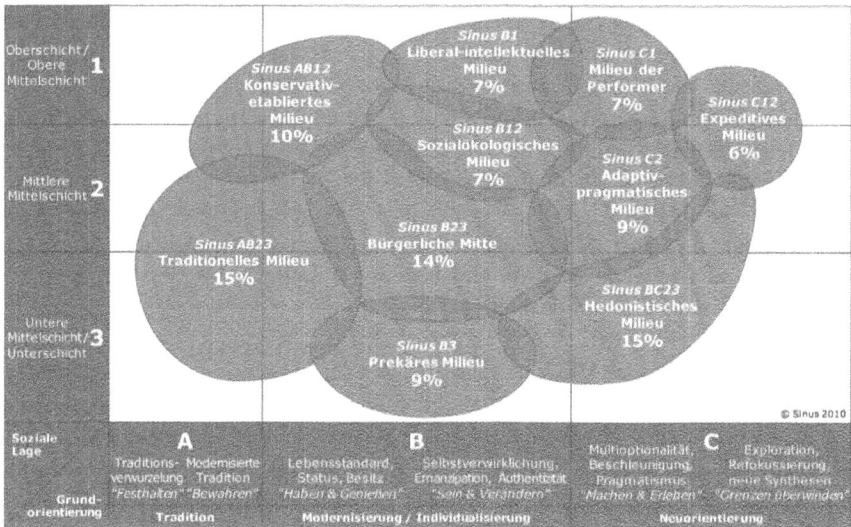

Abb. 6.4: *Sinus*-Milieus in Deutschland im Jahr 2010 (Abbildung mit freundlicher Genehmigung des *Sinus Institut Heidelberg (2010)*)

6.2 Mediaselektion und Werbestreuplanung

Ziel der **Werbestreuplanung** ist es, ein gegebenes Budget so auf die in Betracht kommenden Kommunikationsmedien zu verteilen, dass es eine maximale Wirkung entfaltet. Der Werbestreuplan umfasst daher die Aufteilung der Werbemittel auf die Werbeträger. Dabei bietet sich ein stufenweises Vorgehen an. Im Kern können die folgenden drei Aktionsfelder unterschieden werden:

1. Inter-Mediaselektion: Diese fokussiert auf die Auswahl der Mediengattung (Radio, Zeitung, Fernsehen, Internet etc.).
2. Intra-Mediaselektion: Hier geht es um die Auswahl spezieller Werbeträger (welche Zeitung oder welcher Sender etc.).
3. Timing: Im Mittelpunkt steht hier die Auswahl der Schaltungszeitpunkte in den ausgewählten Werbeträgern.

Die verschiedenen, zur Auswahl stehenden Mediengattungen besitzen spezifische Vor- und Nachteile in Bezug auf die Erreichung der kommunikationspolitischen Ziele. So bietet etwa das Fernsehen gegenüber einer Zeitung den Vorteil, dass bewegte, farbige Bilder und Töne zur Ausgestaltung des Kommuniqués verwendet werden können, während bei einer Zeitung nur nicht-bewegliche Bildelemente und keine Töne genutzt werden können. Demgegenüber besitzt die Zeitung wiederum den Vorteil, dass auch umfangreichere Sachinformationen kommuniziert werden können. Aus diesem Grund ist Werbung im Fernsehen besser zur emotionalen Ansprache geeignet, während Zeitungen besser zur Vermittlung sachlicher Informationen eingesetzt werden. In der Praxis findet die Inter-Mediaselektion zumeist im Vorfeld der

Streuplanung statt. Sind auf dieser Basis die Budgetanteile auf die Mediengattungen aufgeteilt, kann im Anschluss die Auswahl der Werbeträger in den einzelnen Mediengattungen erfolgen.

Der Frage nach dem optimalen Budgetumfang wird dabei zunächst nicht nachgegangen, sondern es wird eine Budgetverteilung gesucht, die den Berührungserfolg der Werbemaßnahme optimiert. Der Berührungserfolg umfasst dabei zwei Komponenten, und zwar die Anzahl der geschaffenen Kontakte zwischen Werbeträger und Rezipienten und die Qualität dieser Kontakte im Hinblick auf das Werbeziel. In Bezug auf Letzteres wird die Wichtigkeit einer zielgruppengerichteten Ansprache deutlich. So wäre die Qualität der Kontakte – insgesamt betrachtet – eher gering, wenn ein Produkt, das primär jüngere Menschen nutzen (sollen), insbesondere auch bei älteren Menschen beworben würde. Die dadurch erzeugten Streuverluste gehen zulasten der Gesamteffizienz der betreffenden Maßnahme. Die im folgenden Unterabschnitt vorgestellten Kontaktmaßzahlen quantifizieren und qualifizieren die Anzahl der Kontakte.

6.2.1 Kontaktmaßzahlen

Kontaktmaßzahlen dienen in erster Linie der Quantifizierung des Werbeerfolgs und bilden den Ausgangspunkt der Mediaselektion. Die einfachste Kontaktmaßzahl, die **Bruttoreichweite** (**Kontaktsumme**), erfasst beispielsweise die Summe aller Kontakte, die durch die Schaltungen im Rahmen eines Streuplans erreicht werden. Nachteilig ist, dass aus dieser Maßzahl nicht zu erkennen ist, ob viele Kontakte mit wenigen Personen oder wenige Kontakte mit vielen Personen erzielt wurden, da sie keine Auskunft darüber gibt, wie viele verschiedene Personen überhaupt erreicht wurden. Deshalb werden in der Kommunikationsplanung weitere Kontaktmaßzahlen berechnet und verwendet.

Bei einer Schaltung in einem Medium (Radio, Zeitung, Fernsehen, Internet etc.) entspricht die Reichweite der Anzahl der Nutzer, die diese Ausgabe des Mediums konsumieren. Dabei erfasst die Reichweite auch die Anzahl der Mitbenutzer eines Mediums (etwa einer Zeitung), die das Medium nicht selbst gekauft haben. Verwendet eine Person ein Medium regelmäßig, so kommt es u. U. zum wiederholten Kontakt mit der Werbebotschaft (man spricht dann von **internen Überschneidungen**). Kommt eine Person hingegen mit der Werbebotschaft in zwei verschiedenen Medien (z. B. Zeitungen) in Kontakt, so spricht man von **externen Überschneidungen**. Die **Bruttoreichweite** beschreibt daher die Anzahl der erreichten Kontakte einschließlich aller Überschneidungen. Möchte man indes erfassen, wie viele unterschiedliche Personen mit einer Werbebotschaft in Kontakt gekommen sind, so muss die Bruttoreichweite um die internen und die externen Überschneidungen bereinigt werden. Die hieraus resultierende **Nettoreichweite** entspricht dann der Anzahl der Personen, die von einem Werbeträger oder einer Werbeträgerkombination mindestens einmal erreicht wurde.

Bei mehreren Schaltungen in einem Medium spielt somit die Regelmäßigkeit der Nutzung des Mediums seitens des Zielpublikums eine Rolle. Gibt es beispielsweise bei einer Zeitung viele Personen, die dieses Medium nur unregelmäßig nutzen, so erreicht jede Ausgabe des Mediums einen sich u. U. stark unterscheidenden Leserkreis. Die Anzahl der internen Überschneidungen ist somit gering und die Nettoreichweite wird sich bei mehreren Schaltungen erhöhen. Man spricht in diesem Fall von einer steigenden kumulierten Reichweite. Gibt es hingegen viele Personen, die die betreffende Zeitung regelmäßig lesen, so ist die Anzahl der internen Überschneidungen u. U. so groß, dass sich die Nettoreichweite auch bei mehreren Schaltungen nur unwesentlich erhöht. Geht man von einem vorgegebenen Streuplan aus, so beschreibt der **Reichweitenzuwachs** die Zunahme der Nettoreichweite bei einer zusätzlichen Schaltung in einem Medium. In der Praxis ergeben sich bei mehrfacher Schaltung in mehreren Medien i. d. R. sowohl externe als auch interne Überschneidungen.

Es lassen sich nun eine Reihe von Kontaktmaßzahlen bestimmen, die im Rahmen der Mediaplanung genutzt werden können:

Leser pro Ausgabe (LpA): Durchschnittliche Anzahl der Leser, die im Erscheinungsintervall (täglich, wöchentlich, 14-täglich oder monatlich) einmal Kontakt (gelesen oder durchgeblättert) mit dem betreffenden Medium gehabt haben.[3]

Leser pro Exemplar (LpE):

$$LpE = \frac{LpA}{\text{verkaufte Auflage}} \quad (6.1)$$

So haben beispielsweise im Jahr 2014 *Der Spiegel* ($LpA =$) 5,83 Mio. und der *Focus* ($LpA =$) 3,85 Mio. Leser erreicht. Bei verkauften Auflagen von 867893 (*Der Spiegel*) und 504419 (*Focus*) ergeben sich $LpE^{Spiegel} = 6,72$ und $LpE^{Focus} = 7,63$.

Kontaktchancen (allgemein: „Opportunity to Contact" (OTC); im TV: „Opportunity to See" (OTS); im Radio: „Opportunity to Hear" (OTH)) ergeben sich aus der Verknüpfung der Brutto- und der Nettoreichweite. Es gilt:

$$OTC = \frac{\text{Bruttoreichweite (Anzahl der Kontakte)}}{\text{Nettoreichweite (Anzahl der erreichten Personen)}} \quad (6.2)$$

Zu beachten ist, dass OTC, aber auch OTS und OTH, aggregierte Größenrelationen darstellen und daher keinen unmittelbaren Rückschluss auf die tatsächlichen Kontakthäufigkeiten einzelner Rezipienten erlauben.

Tausenderkontaktpreis (TKP) beschreibt den bei der Belegung eines Mediums für 1000 Kontakte zu entrichtenden bzw. kalkulierenden Geldbetrag:

$$TKP = \frac{\text{Preis pro Schaltung} \cdot 1000}{\text{Bruttoreichweite (Anzahl der Kontakte)}} \quad (6.3)$$

Gross Rating Points (GRP) quantifizieren den Werbedruck eines Anbieters oder einer Marke. Die GRP ergeben sich als die Bruttoreichweite in Prozent in der zu erreichenden Zielgruppe:

---

[3] Diese und die folgenden Definitionen haben traditionell einen starken Bezug zu Printmedien, sind aber auch (ggf. in entsprechend modifizierter Form) auf elektronische Medien (z. B. Newsletter) anwendbar.

$$GRP = \frac{\text{Bruttoreichweite (Anzahl der Kontakte)} \cdot 100}{\text{Anzahl der Zielpersonen}} \quad (6.4)$$

Bei den vorgestellten Kontaktmaßzahlen wird unterstellt, dass der Nutzer eines Mediums auch mit Sicherheit mit der dort geschalteten Werbebotschaft in Kontakt kommt. Bestehen Zweifel an dieser Annahme, so sind, nach entsprechenden Untersuchungen zur wahrscheinlichen Häufigkeit der Wahrnehmung, die Kontaktmaßzahlen in geeigneter Weise zu korrigieren.

Aus dem vorliegenden Kennzahlen-Set ist auch ersichtlich, dass die Mehrfachnutzung von Medien die Planung erheblich erschwert, andererseits die wirkliche Ausschöpfung des Potenzials einer Zielgruppe u. U. aber erst ermöglicht. Um eine sachgerechte Mediaplanung zu ermöglichen, bietet sich deshalb der Rückgriff auf einfache Modellansätze aus der Statistik an, die in den folgenden Abschnitten vorgestellt und an Beispielen veranschaulicht werden.

6.2.2 Hypergeometrisches Modell der Werbekontakte

Zur Ermittlung der beschriebenen Kontaktmaßzahlen können z. B. Befragungen durchgeführt werden. Hierbei geben die Probanden an, wie oft sie mit welchem Werbemedium Kontakt hatten. Liegen Informationen darüber vor, wie viele Ausgaben von einem Rezipienten gehört, gesehen oder gelesen werden, so können diese Informationen zur Berechnung von Kontaktwahrscheinlichkeiten auf Basis eines **hypergeometrischen Modells** herangezogen werden. Gibt eine Person z. B. an, von einer Zeitung, die sechsmal pro Woche erscheint, drei Ausgaben zu lesen (Leserate = 3/6), dann wird angenommen (Schmalen (1992, S. 129ff.)), dass

- die befragte Person tatsächlich jede Woche drei Ausgaben liest und
- alle Tageskombinationen (Mo/Di/Mi; Mo/Mi/Fr; Mo/Mi/Sa etc.) mit gleicher Wahrscheinlichkeit auftreten.

Beide Annahmen können hinsichtlich ihres Realitätsbezugs zwar kritisiert werden (z. B. wird vermutlich die Samstagsausgabe mit höherer Wahrscheinlichkeit gelesen als die Wochentagsausgaben, weil viele Personen am Wochenende mehr Zeit zum Zeitunglesen haben), dafür ermöglichen sie aber eine Approximation der Realität durch ein vergleichsweise einfach zu handhabendes Modell.

Es gebe nun jemand aus Nutzergruppe i ($i = 1, ..., I$) an, dass er von s Ausgaben eines Mediums r_i Ausgaben liest. Dann kann die Wahrscheinlichkeit, dass diese Person bei m Belegungen dieses Mediums ($m \leq s$) genau k Kontakte ($k \leq m$) mit der Werbebotschaft hat, mithilfe der hypergeometrischen Verteilung bestimmt werden. Es gilt:[4]

$$P(K = k | m, s, r_i) = \frac{\binom{m}{k}\binom{s-m}{r_i-k}}{\binom{s}{r_i}} \quad \forall i \quad (6.5)$$

---

[4] Dabei ist K eine diskrete hypergeometrisch verteilte Zufallsvariable mit geeignet zu spezifizierenden Parametern m, s und r_i.

Hieraus ergibt sich die Wahrscheinlichkeit keines Kontakts (d. h. $k = 0$) als:

$$P(K = 0|m, s, r_i) = \frac{\binom{s-m}{r_i}}{\binom{s}{r_i}} \quad \forall i \quad (6.6)$$

Die Wahrscheinlichkeit für mindestens einen Kontakt beträgt dann:

$$P(K \geq 1|m, s, r_i) = 1 - P(K = 0|m, s, r_i) \quad \forall i \quad (6.7)$$

Wird die an dieser Stelle exemplarisch betrachtete Zeitung also an $m = 2$ von $s = 6$ Erscheinungstagen (Ausgaben) einer Woche mit Werbung belegt, so ergibt sich die Wahrscheinlichkeit dafür, dass unser Leser aus Nutzergruppe i, der genau $r_i = 3$ Ausgaben der Zeitung liest, keinen Kontakt mit dieser Werbung hat, als:

$$P(K = 0|m = 2, s = 6, r_i = 3) = \frac{\binom{6-2}{3}}{\binom{6}{3}} = \frac{4! \cdot 3! \cdot 3!}{3! \cdot 6!} = \frac{24 \cdot 6 \cdot 6}{6 \cdot 720} = 0,2 \quad (6.8)$$

Die Wahrscheinlichkeit für mindestens einen Kontakt ergibt sich somit zu $P(K \geq 1|m = 2, s = 6, r_i = 3) = 1 - 0,2 = 0,8$. Diese setzt sich bei zwei Schaltungen gemäß Gleichung 6.5 wie folgt zusammen:

$$P(K = 1|m = 2, s = 6, r_i = 3) = \frac{\binom{2}{1}\binom{6-2}{3-1}}{\binom{6}{3}} = \frac{12}{20} = 0,6 \quad (6.9)$$

$$P(K = 2|m = 2, s = 6, r_i = 3) = \frac{\binom{2}{2}\binom{6-2}{3-2}}{\binom{6}{3}} = \frac{4}{20} = 0,2 \quad (6.10)$$

Die Anzahl der mindestens einmal erreichten Personen bei m Belegungen eines Mediums lässt sich bei insgesamt I Nutzergruppen und s Ausgaben des betrachteten Mediums (resp. der Zeitung) über die **kumulierte Reichweite**

$$KRW^{hypergeo}(m, s) = \sum_{i=1}^{I} P(K \geq 1|m, s, r_i) \cdot n_i \quad (6.11)$$

bestimmen, wenn n_i Personen ($n_i \geq 0$) in Nutzergruppe i eine Leserate r_i aufweisen. Die n_i Personen in Nutzergruppe i haben aufgrund der gleichen Leserate r_i auch die gleiche Kontaktwahrscheinlichkeit.

Wenn beispielsweise 1000 befragte Personen (in Nutzergruppe 1) angeben, jeweils $r_1 = 2$ Ausgaben zu lesen, und weitere 2000 Befragte (in Nutzergruppe 2) angeben, jeweils $r_2 = 3$ Ausgaben zu lesen (und somit $I = 2$ gilt), so ist die kumulierte Reichweite bei weiterhin $m = 2$ Belegungen in $s = 6$ Ausgaben wie folgt zu berechnen:

$$\begin{aligned}KRW^{hypergeo}(2,6) &= P(K \geq 1 | m = 2, s = 6, r_1 = 2) \cdot 1000 \\ &\quad + P(K \geq 1 | m = 2, s = 6, r_2 = 3) \cdot 2000 \\ &= \left(1 - \frac{\binom{6-2}{2}}{\binom{6}{2}}\right) \cdot 1000 + \left(1 - \frac{\binom{6-2}{3}}{\binom{6}{3}}\right) \cdot 2000 \\ &= (1 - 0,4) \cdot 1000 + (1 - 0,2) \cdot 2000 = 600 + 1600 \\ &= 2200 \end{aligned}$$ (6.12)

Die Berechnung der Reichweite bei nur *ein*maliger Belegung lässt sich noch vereinfachen, da gemäß Gleichung 6.7 gilt:

$$\begin{aligned}P(K \geq 1 | m = 1, s, r_i) &= 1 - P(0 | m = 1, s, r_i) = 1 - \frac{\binom{s-1}{r_i}}{\binom{s}{r_i}} \\ &= 1 - \frac{(s-1)!}{r_i!(s-1-r_i)!} \cdot \frac{r_i!(s-r_i)!}{s!} \\ &= 1 - \left(1 - \frac{r_i}{s}\right) = \frac{r_i}{s} \quad \forall i \end{aligned}$$ (6.13)

Entsprechend ergibt sich dann:

$$KRW^{hypergeo}(1,s) = \sum_{i=1}^{I} \frac{r_i}{s} \cdot n_i$$ (6.14)

Wenn somit im obigen Zeitungsbeispiel statt $m = 2$ Belegungen nur $m = 1$ Belegung bei $s = 6$ Ausgaben vorgenommen werden, dann ergibt sich die kumulierte Reichweite als:

$$KRW^{hypergeo}(1,6) = \frac{2}{6} \cdot 1000 + \frac{3}{6} \cdot 2000 = 333,\overline{3} + 1000 = 1333,\overline{3}$$ (6.15)

Somit sinkt die kumulierte Reichweite bei nur einmaliger Schaltung von 2200 erreichten Personen auf jetzt nur noch 1333 Personen. Analoge Berechnungen für unterschiedliche Parametrisierungen des Modells lassen sich leicht mittels im Internet z. T. kostenlos verfügbaren Verteilungsrechnern (siehe z. B. www.matheguru.com) durchführen.

6.2.3 Binomialmodell der Werbekontakte

Im Fall des hypergeometrischen Modells ist unterstellt worden, dass die Befragten tatsächlich eine bestimmte Anzahl von Ausgaben pro Woche lesen.[5] Diese Annahme erscheint in bestimmten Fällen unrealistisch: Befindet sich eine Person beispielsweise im Urlaub, so wird sie u. U. keine Ausgabe der betrachteten Zeitung lesen (können). Dafür könnte es allerdings sein, dass sie in einer anderen Woche mehr als die festgelegte Anzahl von Ausgaben liest. Dies hat zur Folge, dass der Rezipient auch bei Belegung aller Ausgaben einer Woche nicht mit Sicherheit erreicht wird.

Manchmal reicht es für die Mediaplanung aber bereits aus, Aussagen über die wahrscheinliche Anzahl von Kontakten in einem gegebenen Zeitraum zu treffen. Das Binomialmodell nutzt dazu die Information über die wahrscheinliche Anzahl von Kontakten und unterstellt, dass sich die Angabe der Leserate auf einen mehrperiodigen Durchschnitt bezieht, also nicht mit Sicherheit in jeder Periode eintritt.

Durch die Abschwächung obiger Annahme kommt dem Binomialmodell eine pragmatischere Perspektive zu als dem hypergeometrischen Modell.

Formal lässt sich die Wahrscheinlichkeit, dass eine Person aus Nutzergruppe i bei m Belegungen eines Mediums (hier der Zeitung) genau k Kontakte mit der Werbebotschaft hat, wie folgt mithilfe der Binomialverteilung berechnen:[6]

$$P(K = k | m, p_i) = \binom{m}{k} p_i^k (1 - p_i)^{m-k} \qquad \forall i, \qquad (6.16)$$

wobei p_i die Medienkontaktwahrscheinlichkeit in Nutzergruppe i bezeichnet. Die Wahrscheinlichkeit bei m Belegungen, keinen Kontakt ($k = 0$) zu realisieren, beträgt dann:

$$P(K = 0 | m, p_i) = (1 - p_i)^m \qquad \forall i \qquad (6.17)$$

Die Wahrscheinlichkeit für mindestens einen Kontakt (bei m Belegungen) beträgt analog:

$$P(K \geq 1 | m, p_i) = 1 - P(K = 0 | m, p_i) = 1 - (1 - p_i)^m \qquad \forall i \qquad (6.18)$$

Somit gilt für einen Leser, der im Mittel drei ($r_i = 3$) von sechs ($s = 6$) Ausgaben der Zeitung in einer Woche liest, bei zwei ($m = 2$) Belegungen pro Woche:

$$P\left(K \geq 1 | m = 2, p_i = \frac{3}{6}\right) = 1 - P(K = 0 | m = 2, p_i = 0,5) = 1 - (1 - 0,5)^2 = 0,75$$
(6.19)

Der Leser wird also mit einer Wahrscheinlichkeit von 75 % erreicht.

Wenn nun wiederum n_i Personen in Nutzergruppe i eine Medienkontaktwahrscheinlichkeit von p_i aufweisen, dann gilt für die kumulierte Reichweite

---

[5] Der Einfachheit halber beschränken wir uns auch bei den nachfolgenden Ausführungen auf das Beispiel der Printmedien. Übertragungen auf andere Medien sind bei Bedarf aber ohne größeren Aufwand möglich.

[6] K ist hier eine diskrete, binomialverteilte Zufallsvariable mit geeignet zu spezifizierenden Parametern m und p_i.

$KRW^{binomial}(m)$ der erreichten Personen bei m Belegungen des Mediums und insgesamt I Nutzergruppen:

$$KRW^{binomial}(m) = \sum_{i=1}^{I} P(K \geq 1 | m, p_i) \cdot n_i \qquad (6.20)$$

Analog zum Beispiel aus dem hypergeometrischen Modell ergibt sich mit $r_1 = 2$, $r_2 = 3$ und $s = 6$:

$$\begin{aligned}
KRW^{binomial}(m) &= P\left(K \geq 1 | m = 2, p_1 = \frac{r_1}{s} = \frac{2}{6}\right) \cdot 1000 \\
&+ P\left(K \geq 1 | m = 2, p_2 = \frac{r_2}{s} = \frac{3}{6}\right) \cdot 2000 \\
&= \left(1 - \left(1 - \frac{2}{6}\right)^2\right) \cdot 1000 + \left(1 - \left(1 - \frac{3}{6}\right)^2\right) \cdot 2000 \\
&= 0,\overline{5} \cdot 1000 + 0,75 \cdot 2000 \approx 2056 \qquad (6.21)
\end{aligned}$$

Auch im Binomialmodell kann natürlich der Spezialfall einer nur *ein*maligen Belegung betrachtet werden. In diesem Fall wird aus Gleichung 6.18:

$$\begin{aligned}
P(K \geq 1 | m = 1, p_i) &= 1 - P(K = 0 | m = 1, p_i) = 1 - (1 - p_i) \\
&= 1 - \left(1 - \frac{r_i}{s}\right) = \frac{r_i}{s} \qquad \forall i \qquad (6.22)
\end{aligned}$$

Entsprechend ergibt sich die kumulierte Reichweite gemäß Gleichung 6.20 zu

$$KRW^{binomial}(1) = \sum_{i=1}^{I} \frac{r_i}{s} \cdot n_i \qquad (6.23)$$

Wie man sieht, stimmen die Ergebnisse für die $KRW(1)$ des hypergeometrischen Modells (siehe Gleichung 6.14) und des Binomialmodells für den Spezialfall der nur einmaligen Belegung überein. Dieser Wert entspricht der Kontaktkennzahl Leser pro Ausgabe (LpA).

6.2.4 Nettoreichweite bei kombinierter Schaltung

Werden zwei unterschiedliche Medien belegt, sind auch externe Überschneidungen zu beachten. Seien z. B. m_A und m_B die Belegungen für zwei Medien A und B. Ausgehend von Gleichung 6.6 und entsprechend der Verwendung der Bezeichner für die Anzahlen der Ausgaben (s_A bzw. s_B) sowie für die Leseraten ($r_i(A)$ bzw. $r_i(B)$) ist die Wahrscheinlichkeit für *keinen* Kontakt (Schmalen (1992, S. 137ff.)):[7]

---

[7] Hierbei wird unterstellt, dass die Kontaktwahrscheinlichkeiten in Bezug auf die beiden Medien voneinander unabhängig sind (stochastische Unabhängigkeit), was z. B. bei entsprechenden Belegungen der Medien Tageszeitung und TV weitgehend gegeben sein dürfte.

$$P(K=0|m_A, m_B, s_A, s_B, r_i(A), r_i(B)) =$$
$$P(K=0|m_A, s_A, r_i(A)) \cdot P(K=0|m_B, s_B, r_i(B)) \quad \forall i \qquad (6.24)$$

Die Nettoreichweite ist dann darstellbar als Spezialfall der kombinierten Reichweite bei jeweils nur einmaliger Belegung (d. h. $m_A = 1$ und $m_B = 1$). Es gilt:

$$P(K \geq 1|m_A = 1, m_B = 1, s_A, s_B, r_i(A), r_i(B)) =$$
$$1 - P(K=0|m_A = 1, s_A, r_i(A)) \cdot P(K=0|m_B = 1, s_B, r_i(B)) \quad \forall i \qquad (6.25)$$

Analog zu Gleichung 6.13 ergibt sich im hypergeometrischen Modell:

$$P^{hypergeo}(K \geq 1|m_A = 1, m_B = 1, s_A, s_B, r_i(A), r_i(B)) =$$
$$1 - \left(1 - \frac{r_i(A)}{s_A}\right) \cdot \left(1 - \frac{r_i(B)}{s_B}\right) = \frac{r_i(A)}{s_A} + \frac{r_i(B)}{s_B} - \frac{r_i(A)}{s_A} \cdot \frac{r_i(B)}{s_B} \quad \forall i \qquad (6.26)$$

Im Binomialmodell gilt analog und aufbauend auf Gleichung 6.18:

$$P^{binomial}(K \geq 1|m_A, m_B, p_i(A), p_i(B)) =$$
$$1 - P^{binomial}(K=0|m_A, p_i(A)) \cdot P^{binomial}(K=0|m_B, p_i(B)) \quad \forall i \qquad (6.27)$$

Für den Spezialfall der jeweils *ein*maligen Schaltung ergibt sich hieraus analog zu Gleichung 6.22:

$$P(K \geq 1|m_A = 1, m_B = 1, p_i(A), p_i(B)) =$$
$$1 - ((1 - p_i(A)) \cdot (1 - p_i(B))) = p_i(A) + p_i(B) - p_i(A) \cdot p_i(B) \quad \forall i \qquad (6.28)$$

Die Multiplikation in den Gleichungen 6.24 - 6.28 impliziert, dass die Kontaktwahrscheinlichkeiten für die Medien A und B voneinander unabhängig sind. Diese Annahme sollte vor einer praktischen Anwendung der Modelle in der Mediaplanung kritisch geprüft werden.

Als Beispiel für die Berechnung der Nettoreichweite bei kombinierter Schaltung soll der Fall der jeweils einmaligen Belegung zweier Zeitungen A und B betrachtet werden. Zeitung A erscheine an $s_A = 6$ Tagen und werde an $r_i(A) = 2$ Tagen gelesen (d. h. $p_i(A) = \frac{2}{6}$). Zeitung B hingegen erscheine nur an $s_B = 2$ Tagen und werde an einem Tag gelesen (d. h. $r_i(B) = 1$ und entsprechend $p_i(B) = \frac{1}{2}$). Nach Gleichung 6.26 ergibt sich für das hypergeometrische Modell also eine Nettoreichweite von:

$$P^{hypergeo}(K \geq 1|m_A = 1, m_B = 1, s_A = 6, s_B = 2, r_i(A) = 2, r_i(B) = 1)$$
$$= \frac{2}{6} + \frac{1}{2} - \frac{2}{6} \cdot \frac{1}{2} = 0,\overline{6} \qquad (6.29)$$

Somit wird ein Leser mit einer Wahrscheinlichkeit von 66,67 % erreicht.

Bei der Berechnung der Reichweiten wurde bisher nicht berücksichtigt, dass bei einem einmaligen Kontakt einer Person mit einer Werbebotschaft diese Botschaft u. U. schnell wieder vergessen wird. Für die meisten Produkte ist deshalb davon auszugehen, dass mehrere Kontakte mit einer Werbebotschaft notwendig sind, damit der Rezipient diese in sein passives oder sogar in sein aktives Wissen übernimmt. Werbebotschaften im aktiven Wissen sind vergleichbar mit Vokabeln aus einer fremden

Sprache, die ein Lernender bereits aktiv nutzt, um sich auszudrücken. Im Kontext der Werbung wird das aktive Wissen anhand des **ungestützten Werberecalls** gemessen. Das passive Wissen ist vergleichbar mit den Vokabeln, denen ein Lernender zwar die richtige Bedeutung zuordnen kann, sie also versteht, jedoch nicht aktiv benutzt, um sich auszudrücken. Diese Art des aus Werbung generierten Wissens wird mittels **gestützter Werberecalls** erfasst. Analog zum Erlernen von Vokabeln sind mehrere Wiederholungen, am besten sogar eine intensive Auseinandersetzung mit einer Werbebotschaft erforderlich, um aktives (Produkt-)Wissen aufzubauen. Dies kann beispielsweise durch die Diskussion eines neu auf den Markt gekommenen Produkts im Kreise der Familie, im Freundeskreis oder unter Kollegen erfolgen. Die **Kontaktdosis** beschreibt in diesem Zusammenhang die Zahl der Wiederholungskontakte (resp. den Werbedruck). Ihr wird ein maßgeblicher Einfluss auf den Lernerfolg einer Person im Hinblick auf eine Werbebotschaft beigemessen. Die Kontaktdosis in Nutzergruppe i kann folgendermaßen bestimmt werden:

$$KOD_i(m) = \sum_{k=1}^{m} \binom{m}{k} p_i^k (1-p_i)^{m-k} \cdot k \qquad \forall i, \tag{6.30}$$

wobei m wieder die Zahl der Belegungen, k die Anzahl der Kontakte und p_i die Nutzungswahrscheinlichkeit einer Person aus Nutzergruppe i in Bezug auf ein Medium bezeichnet. Gleichung 6.30 entspricht gerade dem Erwartungswert resp. der im Mittel zu erwartenden Anzahl an Kontakten bei m Belegungen. Im Falle von zwei Nutzergruppen mit Medienkontaktwahrscheinlichkeiten $p_1 = \frac{1}{3}$ und $p_2 = \frac{1}{2}$ (beide Wahrscheinlichkeiten können z. B. als gruppenspezifische Mittelwerte auf Basis realer Beobachtungen interpretiert werden) sowie $m = 2$ Belegungen resultieren die Kontaktdosen $KOD_1(2) = \frac{2}{3}$ und $KOD_2(2) = 1$. Der Werbedruck in Nutzergruppe 2 ist damit um 50 % höher als in Nutzergruppe 1.

6.3 Werberesponsemodellierung und Werbebudgetierung

Im Folgenden soll u. a. der Frage nach dem optimalen Umfang des Werbebudgets für eine Planungsperiode nachgegangen werden. Die hierzu eingehender betrachteten Werberesponsefunktionen erfassen, wie stark der Umsatz auf Veränderung des Werbebudgets reagiert. Ihre Einbeziehung ermöglicht eine Objektivierung der Werbebudgetplanung.

6.3.1 Statische Werberesponsefunktionen

Bemisst man den Werbemitteleinsatz anhand des Werbebudgets w und nutzt dieses als determinierende (d. h. erklärende) Variable für die zu erzielende Absatzmenge x eines Unternehmens, so ergibt sich eine **Werberesponsefunktion** $x = x(w)$, wobei alle anderen absatzpolitischen Instrumente (z. B. der Preis) zunächst einmal vernachlässigt resp. als konstant gehalten angenommen werden. Üblicherweise wird unterstellt, dass der Absatz mit zunehmendem Werbe(budget)einsatz steigt, dass also $\frac{dx(w)}{dw} > 0$ gilt.

In der Literatur verbreitet sind S-förmig oder degressiv steigende Responsefunktionen. Bereits Lilien et al. (1992) haben darauf hingewiesen, dass S-förmige Kurvenverläufe häufiger in der Literatur (und vermutlich auch in entscheidungsunterstützender Software) genutzt werden, vergleichende empirische Analysen der Werberesponse jedoch eher auf einen degressiven Verlauf in den untersuchten Märkten hindeuten. Dies erscheint insbesondere deshalb plausibel, weil es zunehmend schwieriger wird, Abnehmer durch eine Erhöhung des Werbemitteleinsatzes zu überzeugen, wenn diese Vorbehalte gegenüber den Produkten eines Unternehmens haben. Außerdem ist es plausibel, dass bei einem sehr geringen Werbemitteleinsatz der Absatz eines Produktes eher gering ausfällt, da potenzielle Abnehmer u. U. gar nicht um die Existenz des Produktes wissen.

In Abbildung 6.5 sind sowohl ein S-förmiger (gestrichelte Linie) als auch ein degressiv steigender (durchgezogene Linie) Responseverlauf dargestellt. Der Verlauf der Responsefunktionen macht deutlich, wie der Absatz (gemessen in Tsd. Mengeneinheiten [ME]) auf eine Erhöhung des Werbebudgets (gemessen in Mio. €) reagiert. Im vorliegenden Fall sind das sogenannte **ADBUDG-Modell** (Little (1970))

$$x(w) = x_{min} + (x^{max} - x_{min}) \frac{w^{\alpha_0}}{\alpha_1 + w^{\alpha_0}} \quad \text{mit } \alpha_0, \alpha_1 > 0 \quad (6.31)$$

und das **logarithmische Modell** mit

$$x(w) = \beta_0 + \beta_1 \cdot \ln(w) \quad \text{mit } \beta_0, \beta_1 > 0 \quad (6.32)$$

einander gegenübergestellt. Den dabei verwendeten Bezeichnern kommen die folgenden Bedeutungen zu:

- x_{min} = Grundabsatz ohne Werbung
- x^{max} = Absatz bei maximaler (d. h. ein hypothetisches Sättigungsniveau erreichender) Werbung
- α_0, α_1 bzw. β_0, β_1 = geeignet zu schätzende Funktionsparameter

In Abbildung 6.5 sind für das ADBUDG-Modell eine Untergrenze für die Absatzmenge, der **Grundabsatz** von $x_{min} = 60$ Tsd. ME, sowie eine Obergrenze, die **Sättigungsmenge** von $x^{max} = 200$ Tsd. ME, als horizontale Referenzlinien mit abgetragen. Für die Abbildung wurden – exemplarisch – in der Responsefunktion des ADBUDG-Modells $\alpha_0 = 2,5$ und $\alpha_1 = 1,55$ und in der Responsefunktion des logarithmischen Modells $\beta_0 = 60$ und $\beta_1 = 70$ gesetzt. Die betrachteten Modelle weisen einige wesentliche Unterschiede auf. Im ADBUDG-Modell fließen (im Gegensatz zum logarithmischen Modell) x_{min} und x^{max} in Form von Expertenurteilen als externe Information ein. Die Form der Responsefunktion wird durch die Parameter α_0 und α_1 spezifiziert. Diese können (müssen aber nicht, wie gleich noch zu sehen sein wird) anhand entsprechender Datenaufzeichnungen mittels statistischer Verfahren geschätzt werden. Ist $\alpha_0 > 1$, so verläuft die Responsefunktion – wie in Abbildung 6.5 dargestellt – S-förmig, für $0 < \alpha_0 < 1$ ist die Funktion konkav resp. degressiv

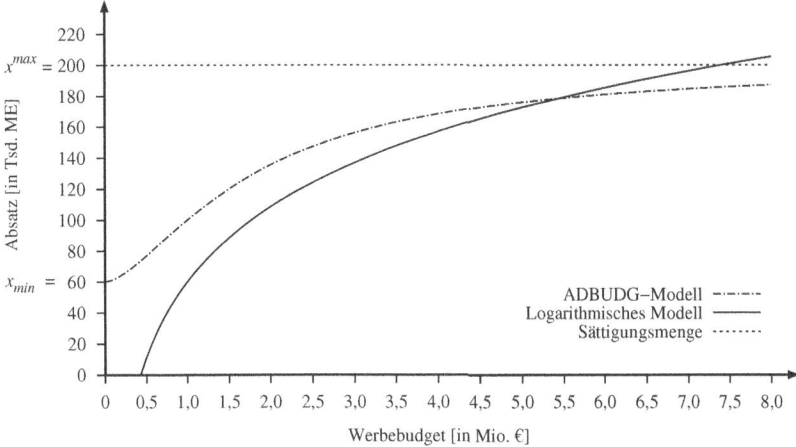

Abb. 6.5: Beispiele statischer Werberesponsefunktionen

steigend. Auch im Rahmen des in der Vertriebspolitik populären Ansatzes CALL-PLAN (siehe hierzu Abschnitt 7.2.2 auf S. 225ff.) findet das ADBUDG-Modell Anwendung.

Die Schätzung der Parameter β_0 und β_1 des logarithmischen Modells erfolgt in der Praxis im Regelfall auf Basis entsprechender Beobachtungsdaten. Dabei ist der Charme des Modells, dass eine Werbewirkung erst dann eintritt, wenn ein Mindestwerbebudget eingesetzt wird. Dies kann für einige Produkte in der Praxis beobachtet werden. In dem in Abbildung 6.5 dargestellten Beispiel wird ein Absatz des Produkts erst ab einem Werbebudget von 424373 € erzielt. In inhaltlicher Hinsicht bedeutet dieser Response-Verlauf, dass ein Mindestmaß an Werbung erforderlich ist, bevor eine nennenswerte Wirkung eintritt.

Die Aufnahme von Expertenurteilen in Werberesponsemodelle folgt dem **Decision Calculus** Ansatz von Little (1970). Damit wird es möglich, die (zunächst) unbekannten Parameter der Responsefunktionen nicht nur, wie bei konventionellen ökonometrischen Werberesponsemodellen üblich, anhand historischer Daten zu ermitteln, sondern auch die Zukunftserwartung über entsprechende Expertenurteile in das Modell zu integrieren. Darüber hinaus kann durch die Einbindung der Marketingmanager in den Modellkalibrierungsprozess die Akzeptanz der betreffenden Modelle erhöht werden. Bei Anwendung des Decision Calculus auf das ADBUDG-Modell müssen die Marketingmanager in ihrer Rolle als Experten für den interessierenden Markt die folgenden Fragen beantworten:

1. Welcher Absatz ist zu erwarten, wenn in der nächsten Planungsperiode ganz auf Werbung verzichtet wird?
2. Welcher Absatz kann erreicht werden, wenn in der nächsten Planungsperiode das maximal mögliche Werbebudget eingesetzt wird?
3. Welcher Absatz ist zu erwarten, wenn das Werbebudget in der nächsten Planungsperiode dem Budget der aktuellen Periode entspricht, also unverändert bleibt?

4. Welcher Absatz ist zu erwarten, wenn das Werbebudget in der nächsten Planungsperiode im Vergleich zum derzeitigen Werbebudget um 50 % gesteigert werden würde?

Die Absatzgrenzen x_{min} und x^{max} ergeben sich unmittelbar aus den Antworten zu den ersten beiden Fragen. Aus den Antworten zu den letzten beiden Fragen können die Parameter α_0 und α_1 abgeleitet werden. Dabei ist zu beachten, dass sich die Fragen auf eine relative Änderung des Werbebudgets beziehen. Wird das aktuelle Werbebudget w z. B. gleich 1 (z. B. gemessen in Mio. €) gesetzt, dann kann wegen $1^{\alpha_0} = 1$ die Gleichung 6.31 wie folgt vereinfacht werden. Es gilt:

$$x(1) = x_{min} + (x^{max} - x_{min}) \frac{1}{\alpha_1 + 1} \tag{6.33}$$

Löst man diese Gleichung nach α_1 auf, so erhält man:

$$\alpha_1 = \frac{x^{max} - x(1)}{x(1) - x_{min}} \tag{6.34}$$

Sei $x(1,5)$ die Response bei einer Steigerung des Budgets um 50 % (d. h. also auf 1,5 Mio. €). Dann folgt aus

$$x(1,5) = x_{min} + (x^{max} - x_{min}) \frac{1,5^{\alpha_0}}{\alpha_1 + 1,5^{\alpha_0}} \tag{6.35}$$

durch Umformen der Schätzer für α_0:

$$\alpha_0 = \log_{1,5}\left(\frac{x(1,5) - x_{min}}{x^{max} - x(1,5)} \alpha_1\right) = \ln\left(\frac{x(1,5) - x_{min}}{x^{max} - x(1,5)} \alpha_1\right) \frac{1}{\ln(1,5)} \tag{6.36}$$

Nehmen wir einmal an, ein Marketingmanager habe auf die obigen vier Fragen angegeben, dass er

1. ohne Werbung vermutlich 60000 ME des interessierenden Produkts,
2. bei maximaler Werbung voraussichtlich 200000 ME,
3. bei unveränderter Werbung 100000 ME und
4. bei einer Steigerung des Werbebudgets um 50 % etwa 120000 ME des Produktes

verkaufen würde. Dann würden wir mit $x_{min} = 0,06$ Mio. ME, $x^{max} = 0,2$ Mio. ME, $x(1) = 0,1$ Mio. ME und $x(1,5) = 0,12$ Mio. ME die Parameter $\alpha_1 = 2,5$ und $\alpha_0 = 1,55$ und somit eine S-förmige Responsefunktion erhalten. Die resultierende ADBUDG-Funktion lautet dann $x(w) = 0,06 + 0,14 \cdot \frac{w^{1,55}}{2,5 + w^{1,55}}$ und kann der Abbildung 6.5 entnommen werden.

Bei der Werberesponsemodellierung werden üblicherweise Modelle mit Sättigungsgrenze von Modellen ohne Sättigungsgrenze unterschieden. Erstere erweisen sich oftmals für Gebrauchsgütermärkte als geeignet. In Märkten für Verbrauchsgüter ist eine Sättigungsgrenze hingegen schwer zu interpretieren und auch schwer zu quantifizieren, da die Nachfrager durch Lagerhaltung den aktuellen Bedarf variieren können. Die Auswahl eines geeigneten Responsemodells ist somit schwierig. Beispielsweise bietet sich das ADBUDG-Modell an, um degressive Verläufe mit Sättigungsmenge zu approximieren, während das logarithmische Modell eher für Absatzentwicklungen ohne Sättigungsmenge geeignet ist.

Neben der Unterscheidung hinsichtlich der Berücksichtigung von Sättigungsmengen implizieren die beiden Modelle unterschiedliche Verläufe der Werbeelastizität $\varepsilon_{x(w),w} = \frac{\partial x(w)}{\partial w} \cdot \frac{w}{x(w)}$. Die Werbeelastizität ist fundamental für die Entscheidung über ein optimales Budget, da gemäß des Theorems von Dorfman & Steiner (1954) das optimale Werbebudget durch das negative Verhältnis von Werbeelastizität und Preiselastizität gekennzeichnet ist.

Die Optimalitätsbedingung kann gezeigt werden, wenn man die zuvor getroffene Annahme eines gegebenen resp. konstant gehaltenen Preises fallen lässt. Der Absatz des Produktes ist dann sowohl vom Preis des Produktes als auch vom Werbemitteleinsatz abhängig. Die Gewinnfunktion eines Anbieters lässt sich in diesem Fall wie folgt formulieren:

$$G(p,w) = p \cdot x(p,w) - K(x(p,w)) - w \quad (6.37)$$

Dabei sollen die beiden Bedingungen $\frac{\partial x(p,w)}{\partial p} \neq 0$ und $\frac{\partial x(p,w)}{\partial w} \neq 0$ für die Preis- und die Werberesponse erfüllt sein. Im vorliegenden Fall wird des Weiteren angenommen, dass die Kostenfunktion $K(x(p,w))$ alle Kosten für die Erstellung und Vermarktung der Leistung mit Ausnahme der Werbeaufwendungen erfasst.

Um die Optimalitätsbedingung zu ermitteln, leitet man die Gewinnfunktion partiell nach dem Preis und dem Werbemitteleinsatz ab. Die Ableitung nach dem Preis ergibt:

$$\frac{\partial G(p,w)}{\partial p} = x(p,w) + \frac{\partial x(p,w)}{\partial p} \cdot p - \frac{\partial K(x(p,w))}{\partial x(p,w)} \cdot \frac{\partial x(p,w)}{\partial p} \overset{!}{=} 0$$

$$\Leftrightarrow \frac{\partial x(p,w)}{\partial p} \cdot p = \frac{\partial K(x(p,w))}{\partial x(p,w)} \cdot \frac{\partial x(p,w)}{\partial p} - x(p,w)$$

$$\Rightarrow p = \frac{\partial K(x(p,w))}{\partial x(p,w)} - x(p,w) \cdot \frac{\partial p}{\partial x(p,w)} \quad (6.38)$$

Für den Werbemitteleinsatz resultiert analog:

$$\frac{\partial G(p,w)}{\partial w} = \frac{\partial x(p,w)}{\partial w} \cdot p - \frac{\partial K(x(p,w))}{\partial x(p,w)} \cdot \frac{\partial x(p,w)}{\partial w} - 1 \stackrel{!}{=} 0$$

$$\Leftrightarrow \frac{\partial x(p,w)}{\partial w} \cdot p = \frac{\partial K(x(p,w))}{\partial x(p,w)} \cdot \frac{\partial x(p,w)}{\partial w} + 1$$

$$\Rightarrow p = \frac{\partial K(x(p,w))}{\partial x(p,w)} + \frac{\partial w}{\partial x(p,w)} \quad (6.39)$$

Durch Gleichsetzen der Gleichungen 6.38 und 6.39 kann nun die Optimalitätsbedingung ermittelt werden:

$$\frac{\partial K(x(p,w))}{\partial x(p,w)} - x(p,w) \cdot \frac{\partial p}{\partial x(p,w)} = \frac{\partial K(x(p,w))}{\partial x(p,w)} + \frac{\partial w}{\partial x(p,w)}$$

$$\Leftrightarrow -x(p,w) \cdot \frac{\partial p}{\partial x(p,w)} = \frac{\partial w}{\partial x(p,w)}$$

$$\Leftrightarrow -x(p,w) \underbrace{\frac{\partial p}{\partial x(p,w)} \cdot \frac{x(p,w)}{p}}_{1/\varepsilon_{x(p,w),p}} \cdot \frac{x(p,w)}{w} = \underbrace{\frac{\partial w}{\partial x(p,w)} \cdot \frac{x(p,w)}{w}}_{1/\varepsilon_{x(p,w),w}} \cdot \frac{x(p,w)}{p}$$

$$\Leftrightarrow -x(p,w) \frac{1}{\varepsilon_{x(p,w),p}} \cdot \frac{x(p,w)}{w} = \frac{1}{\varepsilon_{x(p,w),w}} \cdot \frac{x(p,w)}{p}$$

$$\Leftrightarrow -\frac{\varepsilon_{x(p,w),w}}{\varepsilon_{x(p,w),p}} \cdot \frac{x(p,w)}{w} = \frac{1}{p} \quad (6.40)$$

Hieraus ergibt sich nun unmittelbar die Gleichung für das optimale Werbebudget ($w^\star$) bei gleichzeitiger Optimalität des Preises. Es gilt:

$$w^\star = -\frac{\varepsilon_{x(p,w),w}}{\varepsilon_{x(p,w),p}} x(p,w) p \quad (6.41)$$

Unterstellt man für die Preiselastizität $\varepsilon_{x(p,w),p}$ einen negativen und für die Werbeelastizität $\varepsilon_{x(p,w),w}$ einen positiven Wert, was für die meisten Güter der Fall ist, dann besagt das Theorem von Dorfman & Steiner (1954), dass der Werbemitteleinsatz umso größer sein sollte, je größer die Elastizität $\varepsilon_{x(p,w),w}$ des Werbemitteleinsatzes ist. Das ist plausibel, da bei einer höheren Werbeelastizität der Absatz stärker auf Veränderungen des Werbemitteleinsatzes reagiert. Ist die Nachfrage hingegen sehr preiselastisch, so sollte der Werbemitteleinsatz geringer ausfallen und ggf. stärker über den Preis argumentiert werden. Insgesamt sollte das optimale Werbebudget einen Anteil am Umsatz haben, der sich nach dem Verhältnis von Werbe- zu Preiselastizität richtet.

Ein kleines Beispiel möge diesen Sachverhalt nochmals verdeutlichen. Nehmen wir einmal an, für einen interessierenden Markt gelte die nachfolgende Responsebeziehung:

$$x(p,w) = 100000 \cdot p^{-1,8} \cdot w^{0,27} \quad (6.42)$$

Dann geht diese einher mit der Preiselastizität (bezogen auf die Nachfrage $x(p,w)$)

$$\varepsilon_{x(p,w),p} = -1,8 \cdot 100000 \cdot p^{-2,8} \cdot w^{0,27} \cdot \frac{p}{100000 \cdot p^{-1,8} \cdot w^{0,27}} = -1,8 \quad (6.43)$$

und der Werbeelastizität

$$\varepsilon_{x(p,w),w} = 0,27 \cdot 100000 \cdot p^{-1,8} \cdot w^{-0,73} \cdot \frac{w}{100000 \cdot p^{-1,8} \cdot w^{0,27}} = 0,27 \quad (6.44)$$

Aus der mit Gleichung 6.41 gegebenen Optimalitätsbedingung resultiert dann:

$$w^\star = \underbrace{-\frac{0,27}{-1,8}}_{=0,15} \cdot \underbrace{x(p,w) \cdot p}_{=\text{Umsatz}} \quad (6.45)$$

Im vorliegenden Fall kann also die Empfehlung abgeleitet werden, 15 % des bisherigen Umsatzes in die Werbung in der Planungsperiode zu investieren. Das Dorfman-Steiner-Theorem unterstreicht damit unter den gegebenen Rahmenbedingungen die in der Praxis populäre Prozent-vom-Umsatz-Methode für die Werbebudgetplanung.

In der einschlägigen Literatur werden verschiedene funktionale Spezifikationen der Werberesponse diskutiert, von denen hier eine kleine Auswahl vorgestellt wird (Naert & Leeflang (1978); Johansson (1979); Doyle & Saunders (1990); Hruschka (1996)).

Degressive Responsefunktion ohne Sättigungsmenge (Cobb-Douglas-Typ):[8]

$$x(w) = \alpha_0 \cdot w^{\alpha_1} \quad \text{mit } \alpha_0 > 0 \text{ und } 0 < \alpha_1 < 1 \quad (6.46)$$

mit der Werbeelastizität:

$$\varepsilon_{x(w),w} = \frac{\partial x(w)}{\partial w} \frac{w}{x(w)} = \frac{\alpha_0 \cdot \alpha_1 \cdot w^{\alpha_1 - 1} \cdot w}{\alpha_0 \cdot w^{\alpha_1}} = \alpha_1 \quad (6.47)$$

Degressive Responsefunktion mit Sättigungsmenge α_0:

$$x(w) = \alpha_0 \cdot (1 - e^{-\alpha_1 \cdot w}) \quad \text{mit} \quad \alpha_0, \alpha_1 > 0 \quad (6.48)$$

mit der Werbeelastizität:

$$\varepsilon_{x(w),w} = \frac{\alpha_1 w}{e^{\alpha_1 w} - 1} \quad (6.49)$$

Logistische Responsefunktion mit Sättigungsmenge α_0:

$$x(w) = \frac{\alpha_0}{1 + e^{-\alpha_1 - \alpha_2 \cdot w}} \quad \text{mit} \quad \alpha_0, \alpha_1, \alpha_2 > 0 \quad (6.50)$$

mit der Werbeelastizität:

$$\varepsilon_{x(w),w} = \frac{\alpha_2 w}{1 + e^{\alpha_1 + \alpha_2 w}} \quad (6.51)$$

---

[8] Durch das Hinzufügen einer entsprechend definierten, additiven Größe x^{Grund} kann bei dieser und auch bei den beiden nachfolgenden Responsefunktionen ein vom Werbemitteleinsatz unabhängiger Grundabsatz in die Betrachtung mit einbezogen werden.

Das **ADBUDG-Modell** gemäß der Gleichung 6.31 hat die Ableitung:

$$\frac{\partial x(w)}{\partial w} = (x^{max} - x_{min}) \frac{\alpha_0 \alpha_1 w^{\alpha_0 - 1}}{(\alpha_1 + w^{\alpha_0})^2} \qquad (6.52)$$

Als Werbeelastizität resultiert:

$$\varepsilon_{x(w),w} = \frac{\alpha_0 \alpha_1 w^{\alpha_0}(\alpha^{max} - \alpha_{min})}{(\alpha_1 + w^{\alpha_0})(\alpha^{max} w^{\alpha_0} + \alpha_1 \alpha_{min})} \qquad (6.53)$$

Für das **logarithmische Modell** gemäß Gleichung 6.32 erhalten wir folgende Werbeelastizität:

$$\varepsilon_{x(w),w} = \frac{\beta_1 w}{w(\beta_0 + \beta_1 \ln(w))} = \frac{\beta_1}{x(w)} \qquad (6.54)$$

Für große Umsätze konvergiert die Werbeelastizität des logarithmischen Modells gegen Null. Die Elastizität der degressiven Cobb-Douglas-Spezifikation ist hingegen, wie aus Gleichung 6.47 ersichtlich, von der Höhe der Umsätze unabhängig.

Die vorgestellten Funktionen (vgl. hierzu Danaher (2008)) bieten allerdings nur eingeschränkte Möglichkeiten der Entscheidungsunterstützung, da weder die belegten Medien noch der Konkurrenzeinfluss und die Zeitpunkte der Belegung in der Responsefunktion erfasst sind. Dem zuletzt genannten Kritikpunkt wird durch dynamische Werberesponsefunktionen Rechnung getragen, die im folgenden Abschnitt vorgestellt werden. Durch eine problemfokussierte Weiterentwicklung der oben vorgestellten Basismodelle kann auch den anderen Kritikpunkten begegnet werden. Wir verweisen an dieser Stelle auf die zuvor genannte einschlägige Speziallliteratur.

6.3.2 Dynamische Werberesponsefunktionen

Dynamische Werbewirkungsmodelle erfassen neben der unmittelbaren Werbewirkung auch den **Carryover-Effekt**. Dieser impliziert im Falle von Werbung,

- dass Werbemaßnahmen z. T. nicht sofort, sondern erst zu einem späteren Zeitpunkt zu einer Absatzsteigerung führen und
- dass der Werbeerfolg in Form einer Markenbindung „gespeichert" werden kann, die ihrerseits in der Folge kaufbeeinflussend wirken kann.

Die erste Variante wird als **direkter Goodwill-Transfer** und die zweite als **indirekter Goodwill-Transfer** bezeichnet. Abbildung 6.6 verdeutlicht den Unterschied. Wie aus der Abbildung ersichtlich, kann die Werberesponsefunktion auf unterschiedliche Weise spezifiziert werden, um den jeweiligen Zusammenhang abzubilden. Soll der direkte Goodwill-Transfer erfasst werden, so kann dies in folgender Weise geschehen:

$$x_t = x_t(w_t, w_{t-1}, \ldots, w_{t-\tau}) \quad \forall t, \qquad (6.55)$$

wobei τ die maximale Wirkungsdauer der Werbung beschreibt. Im Falle des indirekten Goodwill-Transfers wirkt die Werbung in Periode t über zwei Wege auf den Kauf in Periode $t+1$:

6.3 Werberesponsemodellierung und Werbebudgetierung 199

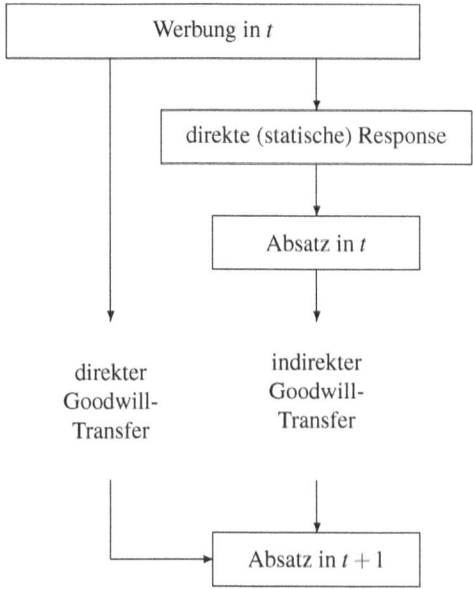

Abb. 6.6: Direkter und indirekter Goodwill-Transfer (in Anlehnung an Simon (1985, S. 46))

- Die indirekte Wirkung erfasst z. B. Imitationskäufe. Dies bedeutet, dass sich potenzielle neue Kunden am Konsumverhalten anderer Personen orientieren und dieses u. U. nachahmen. In diesem Fall beeinflusst der Absatz einer vorausgegangenen Periode den Absatz der nachfolgenden Periode und kann somit als zusätzliche erklärende Variable in die Responsefunktion mit aufgenommen werden, z. B. in der Form:

$$x_t = x_t(w_t, x_{t-1}) \quad \forall t \qquad (6.56)$$

- Die direkte Wirkung erfasst das Lernen der Werbeaussage durch die Rezipienten resp. potenziellen Käufer. Hierunter wird nicht nur das Erlernen eines Slogans oder Produktnamens verstanden, sondern insgesamt die Einstellung, die sich aus der wiederholten Auseinandersetzung der Rezipienten mit der Werbebotschaft ergibt. Die positive Produkteinstellung der Rezipienten in Periode t wird als **Goodwill-Stock** a_t bezeichnet und kann wie folgt operationalisiert werden:

$$a_t = a_t(w_t, w_{t-1}, \ldots, w_{t-\tau}) \quad \forall t \qquad (6.57)$$

Mit $x_t = x_t(a_t)$ gilt dann für eine allgemeine dynamische Werberesponsefunktion:

$$x_t = x_t(w_t, w_{t-1}, \ldots) = \alpha + \sum_{\tau=0}^{\infty} \beta_\tau w_{t-\tau} \quad \forall t \qquad (6.58)$$

Dabei gibt α den Grundabsatz ohne Werbemitteleinsatz an. Die Responseparameter β_τ erfassen, wie stark der Werbemitteleinsatz der aktuellen Periode t und der vorhergehenden Perioden auf den Absatz der aktuellen Periode wirkt. In realen

200 6 Kommunikationspolitik

Anwendungen ist es allerdings unpraktikabel, alle Responseparameter β_τ zu bestimmen. Stattdessen werden Gewichte $z(\tau) = \frac{\beta_\tau}{\beta} \; \forall \tau$ definiert, für die dann geeignete Verteilungsannahmen getroffen werden. Mit $\beta_\tau = \tilde{\beta} z(\tau)$ kann hierauf basierend ein sogenanntes **Distributed-Lag Modell**[9] formuliert werden:

$$x_t = x_t(w_t, w_{t-1}, \ldots) = \alpha + \tilde{\beta} \cdot \sum_{\tau=0}^{\infty} z(\tau) \cdot w_{t-\tau} \quad \forall t \qquad (6.59)$$

mit zu schätzenden Parametern $\alpha, \tilde{\beta} > 0$. Gleichung 6.59 entspricht einer linear-additiven dynamischen Werberesponsefunktion, innerhalb derer $z(0), z(1), \ldots, z(\tau)$ usw. das Gewichtungsschema der verzögerten Werbewirkung („**Lag**"-**Struktur**) beschreibt. Eine mögliche Operationalisierung der Lag-Struktur ist das **Koyck-Modell** (Koyck, 1954) mit einer geometrischen Lag-Verteilung:

$$x_t = x_t(w_t, w_{t-1}, \ldots) = \alpha + \tilde{\beta} \cdot \sum_{\tau=0}^{\infty} \lambda^\tau \cdot w_{t-\tau} \quad \forall t \qquad (6.60)$$

Durch $0 < \lambda < 1$ wird dabei der Rückgang der Werbewirkung von einer Periode $t-1$ zu einer Periode t beschrieben und zwar dergestalt, dass $\beta_2 = \lambda \cdot \beta_1$, $\beta_3 = \lambda \cdot \beta_2$ usw. gilt. D. h. die Werbewirkung aus früheren Perioden wird kontinuierlich um den konstanten Faktor λ abgeschwächt. Es gilt also der Zusammenhang: $\frac{\beta_2}{\beta_1} = \lambda$, $\frac{\beta_3}{\beta_2} = \lambda$, $\frac{\beta_3}{\beta_1} = \lambda^2$ und $\frac{\beta_{\tau+1}}{\beta_1} = \lambda^\tau$.

Damit kann das folgende System von Gleichungen generiert werden:

$$x_t = \alpha + \beta_1 w_t + \beta_1 \lambda w_{t-1} + \beta_1 \lambda^2 w_{t-2} + \ldots + \beta_1 \lambda^\tau w_{t-\tau} + \ldots \qquad (6.61)$$

$$x_{t+1} = \alpha + \beta_1 w_{t+1} + \beta_1 \lambda w_t + \beta_1 \lambda^2 w_{t-1} + \ldots + \beta_1 \lambda^\tau w_{t-\tau+1} + \ldots \qquad (6.62)$$

$$x_{t+2} = \alpha + \beta_1 w_{t+2} + \beta_1 \lambda w_{t+1} + \beta_1 \lambda^2 w_t + \ldots + \beta_1 \lambda^\tau w_{t-\tau+2} + \ldots \qquad (6.63)$$

Mit dem vorliegenden Instrumentarium kann nun die Absatzwirkung eines einmaligen zusätzlichen Werbeimpulses $\partial w_t = 1$ in Periode t für die Lag-Struktur $z(\tau) = \lambda^\tau$ für ein konstantes λ, mit $0 < \lambda < 1$, abgeschätzt werden.

Die korrespondierende, unendliche geometrische Reihe hat die folgende Gestalt:[10]

$$\tilde{x}_\infty(w_t) = \sum_{i=t}^{\infty} \frac{\partial x_i}{\partial w_t} = \beta_1 + \beta_1 \lambda + \beta_1 \lambda^2 + \beta_1 \lambda^3 + \cdots = \frac{\beta_1}{1-\lambda} \qquad (6.64)$$

---

[9] Die Bezeichnung „Distributed-Lag" wird deutlich, wenn $p_\tau = \frac{z_\tau}{\sum_\tau z_\tau} \; \forall \tau$ als diskrete Wahrscheinlichkeit interpretiert wird, für die dann der gewählten Verteilung entsprechend verschiedene Momente bestimmt werden können (Langkamp (1984, S. 161ff.)). Die nachfolgenden Ausführungen unterstellen exemplarisch die Annahme einer geometrischen Lag-Verteilung.

[10] Für $\lambda > 1$ ist die Abschätzung nicht möglich, da die unendliche geometrische Reihe in diesem Fall divergiert.

Hierbei ist zu beachten, dass in Gleichung 6.64 nur die durch den Werbeimpuls in Periode t bedingten Absatzänderungen über die Folgeperioden aufsummiert werden. Wird die unmittelbare Wirkung eines Werbeimpulses isoliert, also $\frac{\partial x_t(w)}{\partial w} = \beta_1 = 1$ gesetzt, so drückt der sogenannte **Marketingmultiplikator**

$$M = \frac{1}{1-\lambda} \qquad (6.65)$$

die Vervielfachung der Wirkung des Werbeimpulses durch den Carryover-Effekt in der langfristigen Betrachtung aus. Ist λ nahe Null, so nimmt die Wirkung im Zeitverlauf schnell ab und der Marketingmultiplikator ist klein. Ist λ nahe 1, so nimmt die Werbewirkung nur langsam ab und der Marketingmultiplikator ist groß. Das Marketingmanagement sollte sich also für eine Werbestrategie entscheiden, die zu einem λ nahe Eins führt, da auf diese Weise z. B. die langfristige Markenbildung unterstützt werden kann.

Um festzustellen, welche Parameter im Koyck-Modell empirisch bestimmt werden müssen, wird in Gleichung 6.61 der Zeitindex um 1 verzögert. Werden anschließend beide Seiten der Gleichung mit λ multipliziert, so resultiert:

$$\lambda x_{t-1} = \lambda \alpha + \beta_1 \lambda w_{t-1} + \beta_1 \lambda^2 w_{t-2} + \beta_1 \lambda^3 w_{t-3} + \ldots + \beta_1 \lambda^{\tau+1} w_{t-\tau-1} + \ldots \qquad (6.66)$$

Die Subtraktion der Gleichung 6.66 von Gleichung 6.61 vervollständigt die Koyck-Transformation und führt zu:

$$x_t - \lambda x_{t-1} = \alpha(1-\lambda) + \beta_1 w_t \qquad \forall t \qquad (6.67)$$

Entsprechend müssen nur noch drei Parameter (α, β_1 und λ) empirisch bestimmt werden.[11] Der Parameter β_1 beschreibt die unmittelbare Werbewirkung und der Parameter λ gibt an, wie viel eines Werbeimpulses in der nächsten Periode noch „nachwirkt". Letzterer kann deshalb auch als Retentionsrate interpretiert werden.

Abschließend wird die Quantifizierung einer dynamischen Werbewirkung anhand einer einfachen, exemplarisch ausgewählten Werberesponsefunktion veranschaulicht. Es gelte:

$$x_t(w_t, w_{t-1}, w_{t-2}) = \alpha + \sum_{\tau=0}^{\tilde{\tau}} z(\tau) \beta \sqrt{w_{t-\tau}} \qquad \forall t > \tilde{\tau} \qquad (6.68)$$

mit $\alpha = 0$, $z(\tau) = \lambda^\tau = 0,5^\tau$, $\beta = 12$ und einer auf drei Perioden (d. h. $\tilde{\tau} = 2$) beschränkten Werbewirkung. Aus Gleichung 6.68 wird damit konkret:

$$x_t(w_t, w_{t-1}, w_{t-2}) = 12\sqrt{w_t} + 6\sqrt{w_{t-1}} + 3\sqrt{w_{t-2}} \qquad \forall t > 2 \qquad (6.69)$$

Die durch Gleichung 6.69 spezifizierte, dynamische Werberesponsefunktion ist vom sogenannten King-Typ und ermöglicht die Veranschaulichung der gesamten Werbewirkung eines einmaligen Werbeimpulses bei $w_t = 25$:

---

[11] Im Ausgangsmodell gemäß Gleichung 6.58 hätten hingegen noch die Parameter $\alpha, \beta_1, \beta_2, \beta_3, \ldots$ geschätzt werden müssen, was sich u. a. aufgrund möglicher Multikollinearitäten als problematisch hätte erweisen können.

für Periode t gilt: $\dfrac{\partial x_t(\cdot)}{\partial w_t} = 12 \cdot \dfrac{1}{2} w_t^{-\frac{1}{2}} = \dfrac{6}{\sqrt{w_t}} = \dfrac{6}{\sqrt{25}} = 1,2\,\text{ME}$ (6.70)

für Periode $t+1$ gilt: $\dfrac{\partial x_{t+1}(\cdot)}{\partial w_t} = \dfrac{3}{\sqrt{w_t}} = \dfrac{3}{\sqrt{25}} = 0,6\,\text{ME}$ (6.71)

für Periode $t+2$ gilt: $\dfrac{\partial x_{t+2}(\cdot)}{\partial w_t} = \dfrac{1,5}{\sqrt{w_t}} = \dfrac{1,5}{\sqrt{25}} = 0,3\,\text{ME}$ (6.72)

Die Gesamtwirkung beträgt damit:

$$1,2 + 0,6 + 0,3 = 2,1\,\text{ME}$$

Tellis (2009) wertete mehrere meta-analytische Studien aus und kam dabei u. a. zu dem Schluss, dass bei einer Betrachtung über Branchen und Hersteller hinweg die Werbeelastizität im Mittel ungefähr 0,1 beträgt. Weitere Meta-Analysen zur Werberesponse liegen u. a. von Assmus, Farley & Lehmann (1984), Lodish, Abraham, Kalmenson, Livelsberger, Lubetkin, Richardson & Stevens (1995a), Lodish, Abraham, Livelsberger, Lubetkin, Richardson & Stevens (1995b), Maurer (1995) und Gijsenberg, van Herde, Dekimpe & Steenkamp (2009) vor. Diese zusammenfassend lässt sich festhalten: Die kurzfristige Werbeelastizität fällt im Vergleich zur langfristigen Werbeelastizität substanziell geringer aus. Auch sind die Marketingmultiplikatoren deutlich größer als 1. Eine detailliertere Auswertung meta-analytischer Untersuchungen zur vorliegenden Thematik kann auch Hruschka (2007) entnommen werden.

Wie bereits durch die vorangegangenen Ausführungen deutlich wurde, sind die Werberesponse und die Werbebudgetierung in einem hohen Maße interdependent und werden aus diesem Grund auch bewusst gemeinsam in einem Abschnitt betrachtet. Bevor wir noch einmal anhand des bereits bekannten Modells von Dorfman & Steiner (1954) auf die Bestimmung eines unter bestimmten Bedingungen optimalen Werbebudgets eingehen, soll die damit verbundene Vorgehensweise noch kurz in einen größeren konzeptionellen Rahmen eingebunden werden.

Üblicherweise unterscheidet man, wie Abbildung 6.7 zu entnehmen ist, **heuristische** bzw. **pragmatische Werbebudgetierungsansätze** und **modell-** bzw. **theoriebasierte Werbebudgetierungsansätze**. Die Vorgehensweise bei den erstgenannten Ansätzen ergibt sich im Großen und Ganzen unmittelbar aus deren jeweiliger Namensgebung und bedarf somit keiner weiteren Erläuterung. Zur Ziele-Aufgaben-Methode sei allerdings angemerkt, dass man diese auf den ersten Blick intuitiv als die „richtige" Vorgehensweise ansehen könnte. Hierbei ist jedoch zu berücksichtigen, dass die wirklich vollständige Erreichung bestehender Kommunikationsziele nicht selten einen umfassenden Katalog an Werbemaßnahme angeraten erscheinen lässt, dessen Umsetzung aber durch zumeist gleichzeitig bestehende Budgetrestriktionen letzten Endes mehr oder weniger enge Grenzen gesetzt sind. Andererseits kann z. B. die Prozent-vom-Umsatz-Methode dazu führen, dass ein Unternehmen bei zurückgehenden Umsätzen, beispielsweise infolge einer insgesamt angespannten Wirtschaftslage, auch das Werbebudget zurückfährt und aufgrund der damit u. U. ebenfalls zurückgehenden, werbebedingten Präsenz im Bewusstsein potenzieller oder bestehender Kunden in einen Abwärtsstrudel gerät, der den Umsatz noch weiter bzw. schneller schrumpfen lässt.

6.3 Werberesponsemodellierung und Werbebudgetierung

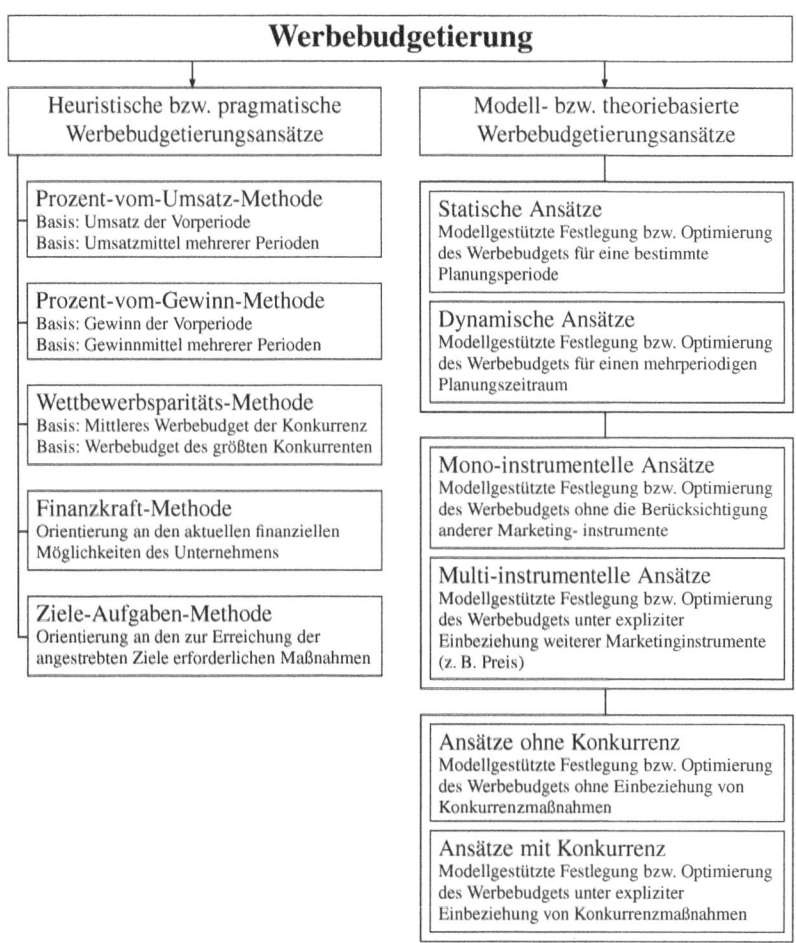

Abb. 6.7: Mögliche Systematisierung von Ansätzen zur Werbebudgetierung

Den Vertretern der Gruppe der modell- bzw. theoriebasierten Werbebudgetierungsansätze ist gemeinsam, dass sie im Kern auf einem mathematischen Modell resp. – im Regelfall – auf einer theoretisch motivierten Werberesponsefunktion basieren, wie sie weiter oben in diesem Kapitel bereits eingehender diskutiert wurden. Genau wie die Dynamisierung einer Werberesponsefunktion unter bestimmten Rahmenbedingungen einen höheren Informationsgehalt in Bezug auf die zu treffende Marketingentscheidung haben kann, so kann auch der Wechsel von einem auf eine bestimmte Periode fokussierenden Budgetierungsmodell zu einem dynamischen Modell, das eine periodenübergreifende Budgetplanung ermöglicht, zu einer besseren (weil eine mittel- bis langfristige Perspektive einnehmenden) Entscheidungsbasis führen. Leider steigen mit dem Wechsel vom statischen zum dynamischen Werbebudgetierungsmodell i. d. R. auch die formale Komplexität und der Datenbedarf. Eine weitere Unterscheidungsmöglichkeit besteht in der Anzahl der im Modell gleichzeitig berücksichtigten Marketinginstrumente. Auch der Wechsel von einem sich alleine auf das Werbebudget beschränkenden Modell zu einem Modell, das z. B. noch zusätzlich den Preis in die Optimierung mit einbezieht, erhöht u. U. die Modellkomplexität und den korrespondierenden Datenbedarf, insbesondere dann, wenn auf empirisch geschätzte Werberesponsefunktionen zurückgegriffen wird. Abschließend ist bei der Spezifikation eines für die Werbebudgetplanung bzw. -optimierung vorgesehenen Modells im Einzelfall zu prüfen, ob und ggf. in welcher Weise die Werbemaßnahmen resp. Werbebudgets der Konkurrenz in die Betrachtungen mit einfließen sollen. In Anlehnung an entsprechende Überlegungen beim Produktpreis kann, analog zu Gleichung 1.15 auf Seite 11, z. B. das eigene Werbebudget w_t in Planungsperiode t zum Durchschnittswerbebudget $\tilde{w}_t$ der Konkurrenz in Bezug gesetzt werden, etwa in der Form

$$x_t = x_t \left(w_t, \frac{w_t - \tilde{w}_t}{\tilde{w}_t} \right) \quad \forall t \qquad (6.73)$$

Aus den in Abbildung 6.7 dargestellten Komponenten (statisch/dynamisch, mono-/multi-instrumentell, ohne/mit Konkurrenz) lassen sich somit baukastenartig neue Werbebudgetierungsansätze entwickeln. Exemplarisch soll nachfolgend die grundsätzliche Vorgehensweise anhand des Modells von Dorfman & Steiner (1954) illustriert werden. Im Sinne des durch Abbildung 6.7 angedeuteten „Baukastens" handelt es sich hierbei um einen statischen, multi-instrumentellen (da der Preis als weiteres Marketinginstrument berücksichtigt wird) Werbebudgetierungsansatz ohne Konkurrenz.

Sei G, analog zu Gleichung 6.37, der bei einperiodiger Betrachtung zu maximierende Gewinn, p der Preis des Produktes in € und w das Werbebudget in Mio. €, während k die Stückkosten bezeichnet. Dann folgt aus

$$G(p,w) = p \cdot x(p,w) - K(x(p,w)) - w = p \cdot x(p,w) - k \cdot x(p,w) - w \qquad (6.74)$$

bei Zugrundelegung der Werbe- und Preisresponsefunktion

$$x(w,p) = 100 p^{-2} w^{0,25} \quad \text{mit } p, w > 0 \qquad (6.75)$$

und der Kostenfunktion (exklusive der Werbeinvestitionen w)[12]

$$K(x(p,w)) = 0,9 x(p,w) \qquad (6.76)$$

die zu maximierende Zielfunktion:

$$G(p,w) = 100 p^{-1} w^{0,25} - 90 p^{-2} w^{0,25} - w \qquad (6.77)$$

---

[12] Fixkosten bleiben hierbei wie bereits an früherer Stelle der Einfachheit halber unberücksichtigt.

Die notwendige Bedingung für den optimalen Preis lautet dann:

$$\frac{\partial G(p,w)}{\partial p} = -100p^{-2}w^{0,25} + 180p^{-3}w^{0,25} \stackrel{!}{=} 0$$

$$\Leftrightarrow 100p^{-2} = 180p^{-3}$$

$$\Leftrightarrow p^* = 1,8 \text{ €} \qquad (6.78)$$

Für das optimale Werbebudget gilt entsprechend

$$\frac{\partial G(p,w)}{\partial w} = 100p^{-1}0,25w^{-0,75} - 90p^{-2}0,25w^{-0,75} - 1 \stackrel{!}{=} 0 \qquad (6.79)$$

und mit $p^* = 1,8$ € resultiert schließlich

$$w^{0,75} = \frac{25}{1,8} - \frac{22,5}{1,8^2}$$

$$\Leftrightarrow w^* = \sqrt[3]{6,94^4} \approx 13,249. \qquad (6.80)$$

In diesem Rechenbeispiel ergibt sich somit ein optimales Werbebudget in Höhe von 13,249 Mio. €.

Das Dorfman-Steiner-Theorem stellt, wie bereits an früherer Stelle gezeigt, die Werbeelastizität zur Preiselastizität in Beziehung. Eine andere Form der Reparametrisierung stellt Wright (2009) vor. Ausgehend von Gleichung 6.37 und dem multiplikativen Responsemodell in Gleichung 6.46 gilt:

$$G(k,p,w) = (p-k)x(w) - w = (p-k)\alpha_0 w^{\alpha_1} - w \quad \text{mit } \alpha_0, \alpha_1 > 0, \qquad (6.81)$$

wobei k wieder die variablen Kosten der Erstellung einer Leistungseinheit bezeichnet und die Fixkosten vernachlässigt werden. Die notwendige Bedingung für ein Gewinnmaximum lautet dann:

$$\frac{\partial G(k,p,w)}{\partial w} = \alpha_1(p-k)\alpha_0 w^{\alpha_1-1} - 1 \stackrel{!}{=} 0$$

(6.82)

Hieraus folgt:

$$w^* = \frac{1}{\sqrt[\alpha_1-1]{\alpha_0\alpha_1(p-k)}}$$

(6.83)

Das optimale Werbebudget hängt hier also nicht nur vom Produktdeckungsbeitrag $(p-k)$ ab, sondern insbesondere auch von der spezifischen Struktur (α_0, α_1) der zugrundegelegten Werberesponsefunktion. Je größer z. B. der Werbewirkungsparameter α_1 ausfällt, desto geringer ist das optimale Werbebudget, d. h. die Absatzziele können dann bereits mit weniger Werbebudget erreicht werden.

Gedenk & Skiera (1994) schlagen darüber hinaus die Optimierung des Preises, des Werbemitteleinsatzes und der Aufwendungen für den Vertrieb auf der Basis des Dorfman-Steiner-Theorems vor. Notwendige Bedingung für die optimale Budgetallokation ist in diesem Fall die Identität des Verhältnisses von Werbebudget zum Verkaufsförderungsbudget mit dem Verhältnis von Werbeelastizität zur Verkaufsförderungselastizität. Darüber hinaus muss das Verhältnis von Werbebudget zum Umsatz gleich dem Verhältnis von Werbeelastizität zum Betrag der Preiselastizität sein.

Abschließend kann gesagt werden, dass die hier vorgestellten marginalanalytischen Modelle trotz ihres grundsätzlichen Potenzials für die Unterstützung von Marketingentscheidungen noch einige Einschränkungen besitzen, die an dieser Stelle nicht unerwähnt bleiben sollen:

- Es wurden nur Ein-Produkt-Unternehmen betrachtet.
- Es wurden deterministische Marktreaktionen unterstellt.
- Konkurrenzeinflüsse (z. B. beim einfachen Dorfmann-Steiner-Theorem) blieben unberücksichtigt.

Dem ersten und dem dritten Einwand ist durch geeignete Erweiterungen der Modelle, die jedoch zumeist einen nicht unerheblichen formalen Aufwand mit sich bringen, zu begegnen. Dem zweiten Einwand kann durch die Formulierung stochastischer Modellansätze Rechnung getragen werden. Ungeachtet dieser Einwände bleibt aber festzuhalten, dass eine effiziente Werbebudgetierung ohne Kenntnis der Werbeelastizität kaum wirklich möglich ist. Daraus ergibt sich die besondere Bedeutung der quantitativen Modellierung für das Marketingmanagement in der Praxis. Die Kombination von Managementerfahrung und qualifizierter Modellierung sollte im Regelfall sicherstellen, dass zumindest eine näherungsweise Bestimmung des optimalen Werbebudgets möglich wird.

7
Vertriebspolitik

Unter Mitarbeit von Dipl.-Kfm. Martin Walter

Das vierte Instrument des Marketing-Mix ist die Vertriebspolitik. Des öfteren findet sich hierfür auch der Begriff Distributionspolitik, der auf die Anfänge des Marketing zurückgeht. Im Laufe der Zeit erfolgte jedoch eine zunehmende Fokussierung auf den akquisitorischen Aspekt innerhalb des Marketing-Mix, sodass mittlerweile überwiegend von Vertriebspolitik gesprochen wird. In den letzten Jahren hat die Vertriebspolitik, stark an Bedeutung gewonnen. Gründe dafür sind die zunehmend gesättigten Absatzmärkte sowie die aus neuen Informations- und Kommunikationstechnologien entstandenen neuen Absatzwege (z. B. Online-Vertrieb). Des Weiteren übersteigen mittlerweile in vielen Unternehmen die Ausgaben für den Vertrieb die Ausgaben für Werbung und andere Marketingaktivitäten deutlich. Eine optimale Ausgestaltung der unternehmenseigenen Vertriebspolitik hat somit einen signifikanten Einfluss auf den wirtschaftlichen Erfolg eines Unternehmens. Das vorliegende Kapitel soll den Leser deshalb insbesondere mit ausgewählten Methoden und Modellen der quantitativen Vertriebspolitik vertraut machen, um auf diese Weise ein tieferes Verständnis zu erhalten, welche Themenfelder und Aktionsbereiche im Vertrieb entscheidungsrelevant sind (Abschnitt 7.1). Dazu werden Möglichkeiten für die Ausgestaltung der Vertriebswege aufgezeigt und die Auswahl der Verkaufsorgane thematisiert. Daran anschließend wird in Abschnitt 7.2 den Fragen nachgegangen, wie optimale Verkaufsgebietseinteilungen realisiert werden können und wie sich für den Vertriebsaußendienst optimale Besuchshäufigkeiten planen lassen. Abschließend wird auf die optimale Ausgestaltung von Vergütungs- und Bonussystemen für den Außendienst sowie die Bestimmung der Außendienstgröße eingegangen.

7.1 Grundlagen der Vertriebspolitik

Homburg (2000, S. 241) definiert die Vertriebspolitik als die Menge „[...] aller Entscheidungen und Aktivitäten, die im Zusammenhang mit dem Weg eines Produkts zum Endabnehmer stehen". Die Vertriebspolitik kann somit grob betrachtet in eine akquisitorische und in eine physische bzw. logistische Komponente untergliedert werden (Specht & Fritz (2005, S. 48f.)).

Unter dem **akquisitorischen Vertrieb** ist die Planung und Gestaltung der Vertriebswege vom Anbieter bis zum Abnehmer zu verstehen. Albers & Krafft (2013, S. 2) fassen den (akquisitorischen) Vertrieb als die Menge aller vertrieblichen Aktivitäten im Zusammenhang mit dem Verkauf von Produkten und Dienstleistungen „durch eigene Mitarbeiter, Dritte oder unpersönliche Kanäle wie Direct Mailings, das Internet oder Telefon" zusammen. Dabei sind u. a. Entscheidungen bzgl. der Auswahl und Struktur der Vertriebswege sowie der Auswahl und Steuerung der Verkaufsorgane zu treffen. Der akquisitorischen Vertrieb beinhaltet die Herstellung von (Neu-)Kundenkontakten, den Verkauf von Produkten und Dienstleistungen, die Förderung der Kundenbindung und die Kundenrückgewinnung. Mit dem akquisitorischen Vertrieb ist eine Steigerung des Nutzens sowohl für den Anbieter als auch für die Abnehmer verbunden.

Der **physische** bzw. **logistische Vertrieb** bezieht sich auf die räumliche und zeitliche Verteilung der Produkte. In diesem Zusammenhang ist die Ausgestaltung von Logistikleistungen, insbesondere Lagerung und Transport, aber auch die Auftragsabwicklung zu regeln. Beim physischen Vertrieb stehen in erster Linie Kostenaspekte im Vordergrund der Entscheidungen.

Im Sinne einer effizienten Vertriebspolitik sollten bei konkreten Vertriebsentscheidungen beide Komponenten gleichermaßen und simultan berücksichtigt werden, da sowohl physische als auch akquisitorische Wirkungen auftreten können. Bei den nachfolgenden Betrachtungen liegt der Schwerpunkt, wegen der besonderen Relevanz für das Marketing, auf dem akquisitorischen Vertrieb.

In Anlehnung an Diller (2001, S. 327f.) und Ahlert (1996, S. 22ff.) kann die Vertriebspolitik in unterschiedliche Aktionsbereiche untergliedert werden. Die Standortpolitik und die Lieferpolitik beziehen sich auf die Verteilung der Produkte und können somit dem physischen Vertrieb zugeordnet werden, während die Vertriebswegepolitik, die Verkaufs- und Außendienstpolitik, die Verkaufsförderung und der Kundendienst/-service auf den Verkauf der Produkte bzw. die Kundenbindung fokussieren und somit Bestandteil des akquisitorischen Vertriebs sind.

Innerhalb der **Standortpolitik** sind in erster Linie Entscheidungen bzgl. der Standortwahl zu treffen. Dazu müssen wesentliche Standortfaktoren wie Infrastruktur, Absatzpotenzial, Konkurrenzsituation etc. analysiert und bewertet werden. Im Kontext des Einzelhandels lässt sich dieses z. B. mittels des Gravitationsmodells von Huff (1964) und entsprechenden Weiterentwicklungen realisieren. Damit lassen sich Wahrscheinlichkeiten berechnen, mit denen Verbraucher aus verschiedenen Wohnorten an unterschiedlichen potenziellen Standorten einkaufen. Die hieraus resultierenden zu erwartenden Umsätze können dann zur Standortbewertung herangezogen werden. Die innerbetriebliche Standortwahl bezieht sich hingegen auf die Platzierung der Produkte im Verkaufsraum des Handels (Regalplatz) und kann vom Hersteller durch Vergünstigungen (z. B. Rabatte, Regalpflege etc.) beeinflusst werden.

Mit der **Lieferpolitik** des Herstellers sind insbesondere Entscheidungen und Maßnahmen zur Überstellung der Produkte an die Abnehmer verbunden (Pfohl (2010, S. 36ff.)). Dabei gibt die Lieferbereitschaft an, in welchem Maße ein Hersteller die Lieferwünsche der Kunden aus seinem Lagerbestand oder durch auftragsspezifische Fertigung (Just-in-Time-Konzept) erfüllen kann. Der Lieferservice ist die

Größe, die die Leistungsfähigkeit des Herstellers hinsichtlich der physischen Distribution beschreibt. Wesentliche Einflussfaktoren für das Niveau des Lieferservices sind die Lieferzeit, die Lieferzuverlässigkeit, die Lieferbeschaffenheit (z. B. bzgl. der Qualität der gelieferten Produkte und der Korrektheit der gelieferten Mengen) und die Lieferflexibilität (z. B. bzgl. der Berücksichtigung von Kundenwünschen). Das von den Kunden subjektiv wahrgenommene Niveau des Lieferservices beeinflusst deren Präferenzen hinsichtlich der von einem Hersteller angebotenen Produkte maßgeblich.

Die **Vertriebswegepolitik** versucht, durch Selektion, Akquisition und Koordination einen direkten oder indirekten Einfluss auf die Verfügbarkeit der Produkte im Absatzmarkt auszuüben (Ahlert (1996, S. 153ff.); Specht & Fritz (2005, S. 249ff.)). Mit dem Selektionskonzept wird die Struktur der Vertriebswege bestimmt. Dabei sind grundsätzlich die vertikale und die horizontale Selektion zu unterscheiden. Bei der vertikalen Selektion wird eine Auswahl zwischen den Absatzstufen getroffen (direkter Vertrieb an die Endabnehmer vs. indirekter Vertrieb über Groß- und Einzelhändler), während bei der horizontalen Selektion die Auswahl innerhalb der Absatzstufen (insbesondere die Selektion der Absatzmittler) im Mittelpunkt des Interesses steht (vgl. Abschnitt 7.1.1). Wurde die Struktur der Absatzwege festgelegt, gilt es, den Rahmen des Akquisitionskonzepts und Kooperationen mit Absatzmittlern zu initiieren und aufrecht zu erhalten. Dies kann mittels einer Push- oder einer Pull-Strategie geschehen. Bei der Push-Strategie werden die Produkte und Dienstleistungen durch intensive Akquisitionsbemühungen vonseiten des Herstellers gegenüber dem Absatzmittler regelrecht in das Sortiment des Absatzmittlers „gedrückt". Im Mittelpunkt der Pull-Strategie steht hingegen der Konsument. Hier richtet der Hersteller alle seine Akquisitionsbemühungen auf den Konsumenten aus mit dem Ziel, dass dieser das Produkt aktiv nachfragt und so das Produkt in das Sortiment des Absatzmittlers „zieht". Nach Ahlert (1996, S. 160) ist oftmals eine Kombination beider Strategien ein sinnvolles Vorgehen. Das Koordinationskonzept steht in einem engen Zusammenhang mit dem Akquisitionskonzept und dient in erster Linie dazu, die Zusammenarbeit zwischen Hersteller und Absatzmittler vertraglich zu regeln. Dadurch möchte der Hersteller einen größeren Einfluss (in Form von Steuerung und Kontrolle) auf das Vertriebswegesystem ausüben und die Absatzmittler auf längere Sicht an sich binden.

Die **Verkaufs-** und **Außendienstpolitik** umfasst die Planung und Steuerung der Verkaufsorgane (vgl. Ahlert (1996, S. 28f.)). Dazu sind Entscheidungen zu treffen, die die organisatorische Strukturierung des Verkaufs- und Außendienstes regeln (Aufteilung nach Gebieten, Kunden, Gruppen etc.). Ein Hersteller hat i. d. R. die Möglichkeit, zwischen unternehmensinternen (Reisende) und unternehmensexternen (Handelsvertreter) Verkaufsorganen zu wählen. Bei der diesbezüglichen Entscheidungsfindung sind Kosten-, Steuerungs- und Motivationsaspekte zu berücksichtigen. Wenn die Auswahl der Verkaufsorgane erst einmal erfolgt ist, müssen diese den Unternehmenszielen entsprechend eingesetzt und gesteuert werden. Wesentliche Gestaltungspunkte sind die Festlegung der Außendienstgröße, die Einteilung von Verkaufsgebieten, die Planung von Besuchshäufigkeiten bei den Kunden sowie ein leistungsgerechtes Vergütungssystem (vgl. Abschnitt 7.2). Da sich die Anforderungen der Kunden an die Verkaufsorgane im Zeitablauf verändern können, ist es unerlässlich, regelmäßige Schulungen, bei denen produkt-, kunden- und unternehmensspezifisches Wissen vermittelt wird, durchzuführen. Ergänzend zu den bereits aufgeführten Aktionsbereichen beinhaltet die Vertriebspolitik außerdem die Bereiche Verkaufsförderung sowie Service und Kundendienst.

Die **Verkaufsförderung** befasst sich einerseits mit Maßnahmen zur indirekten Einflussnahme auf die Verkaufsprozesse von betriebsexternen Vertriebsorganen (Handelsvertreter oder Absatzmittler) mittels Maßnahmen wie Schulungen, Beratungen oder der Bereitstellung von Informationsmaterialien und andererseits zur direkten Einflussnahme auf Endkunden durch Maßnahmen wie z. B. Verkaufsveranstaltungen oder Promotion-Aktionen im stationären Einzelhandel (Ahlert (1996, S. 30)).

Das zentrale Ziel des **Kundenservice** ist das Aufbauen eines Vertrauensverhältnisses zwischen dem Kunden und dem Hersteller, um so eine Kundenbindung zum Hersteller sicherzustellen. In Anlehnung an Specht & Fritz (2005, S. 122) setzt sich der Kundenservice aus dem **Pre-Sales-Service** (Kundendienst in der Vorverkaufsphase), dem Lieferservice (Kundendienst während der Verkaufsphase) und dem **After-Sales-Service** (Kundendienst in der Nachverkaufsphase) zusammen. Hersteller können bereits im Vorfeld eines Produktkaufs durch z. B. (technische) Beratungen, individuelle Problemlösungen oder allgemeine Informationen eine Kundenbindung aufbauen. Nach dem Verkauf eines Produktes kann ein Hersteller den Kontakt zum Kunden durch Angebote wie z. B. Montage, Wartung, Ersatzteileverkauf, Schulungen und/oder Umtauschmöglichkeiten aufrechterhalten und festigen (Specht & Fritz (2005, S. 122)).

7.1.1 Ausgestaltung der Vertriebswege

Die Ausgestaltung der Vertriebswege beinhaltet einige weitreichende Entscheidungen bzgl. deren vertikaler und horizontaler Struktur (vgl. Abbildung 7.1). Bei der Festlegung der vertikalen Struktur stehen für einen Hersteller die grundsätzlichen Optionen des direkten oder des indirekten Vertriebs zur Auswahl.

Der **direkte Vertrieb** ist dadurch gekennzeichnet, dass zwischen Hersteller und Endabnehmer keine unternehmensexternen Absatzmittler eingebunden sind. Eine wichtige Form des Direktvertriebs stellt der Einsatz des eigenen Außendienstes dar, der u. a. persönliche Kundenbesuche durch Vertriebsmitarbeiter des so agierenden Herstellers beinhaltet. Außerdem sind Verkaufsniederlassungen in Form von eigenen Filialnetzen („Flagship Stores", „Shop-in-the-Shop"-Konzepte etc.) oder Fabrikverkäufen („Factory Outlets") denkbar. Darüber hinaus zählen auch Online-Vertrieb, Versandhandel und Teleshopping zu möglichen Formen des Direktvertriebs (Wagner (2013)). Auch Albers & Krafft (2013, S. 38ff.) stellen die durch das Internet entstehenden Möglichkeiten für den direkten Vertrieb heraus. So ist eine zeit-, orts- und geräteunabhängige Kommunikation zwischen dem Hersteller und dem Endabnehmer möglich. Die Produkte können direkt über das Internet angeboten, verkauft und bezahlt werden. Digitalisierbare Produkte wie Eintrittskarten, Fahrkarten, Musik, Filme und Bücher können darüber hinaus zeitnah und kostengünstig ausgeliefert werden. Zeitaufwendige Außendienstmitarbeiterbesuche und unpersönlich wirkende

7.1 Grundlagen der Vertriebspolitik

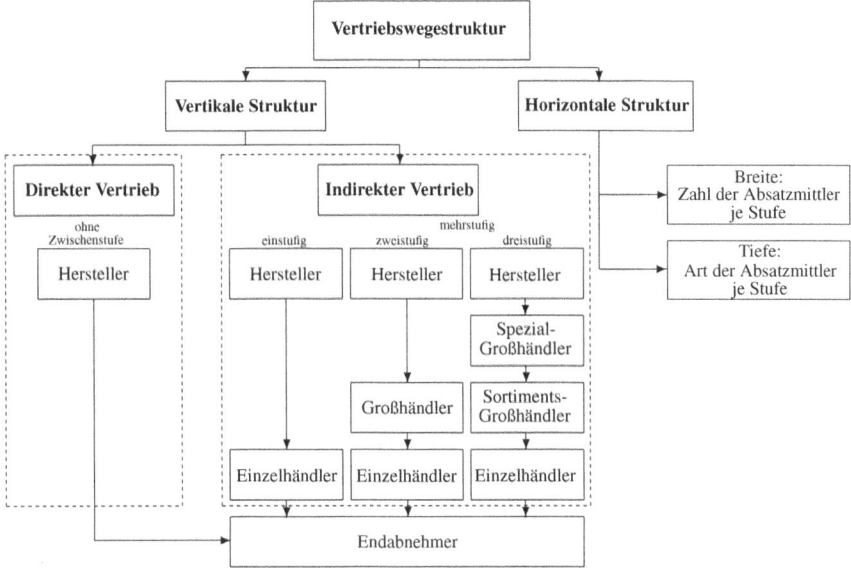

Abb. 7.1: Alternative Vertriebswegestrukturen (in Anlehnung an Bruhn (2014, S. 250))

Telefonate können durch Videokonferenzen und Online-Präsentationen ersetzt werden. Dieses Vorgehen wird bereits sehr erfolgreich in der Pharmabranche angewandt und als **eDetailing** bezeichnet (Albers & Krafft (2013, S. 40)). Der direkte Vertrieb ermöglicht einem Hersteller in vielen Fällen die Erzielung höherer Deckungsbeiträge sowie grundsätzlich eine direkte Steuerung und Kontrolle der beteiligten Vertriebsorgane und damit einhergehend eine unmittelbare Reaktion und Einflussnahme auf die Endabnehmer (z. B. in Form der Erfüllung individueller Kundenwünsche). Demgegenüber stehen ein höherer Kapitalbedarf und eine u. U. geringere Distributionsdichte.

Der **indirekte Vertrieb** ist durch die Einbindung von unternehmensexternen Absatzmittlern charakterisiert, die zwischen Hersteller und Endabnehmer geschaltet sind. Ein Hersteller kann seine Produkte ohne die Einbindung des Großhandels direkt über den Einzelhandel an die Endabnehmer vertreiben (einstufiger indirekter Vertrieb) oder es können eine oder mehrere Großhandelsstufen dazwischengeschaltet sein (mehrstufiger indirekter Vertrieb). Der indirekte Vertrieb über Groß- und Einzelhändler bietet den Herstellern durch vielfältige Betriebsformen (die Spanne reicht hier vom hochspezialisierten Fachgeschäft bis zum vor allem über den Preis verkaufenden Discounter), Sortimentstypen (breit, tief, bedarfsorientiert) und Verkaufsmethoden (Bedienung, Selbstbedienung etc.) individuelle Vertriebsmöglichkeiten (Nieschlag et al. (2002, S. 921)). Der Handel nimmt zudem als Absatzmittler für den Hersteller verschiedene vertriebliche Funktionen wahr. Dazu zählen insbesondere die Lagerung (Qualitäts- und Zeitüberbrückungsfunktion) und der Transport der Produkte in Abnehmernähe (Raumüberbrückungsfunktion), die Aufteilung der Produkte in abnehmergerechte Mengen (Quantitätsfunktion), die bedarfsorientierte Zusammenstellung von Produkten verschiedener Hersteller (Sortimentsfunktion), die

Information potenzieller Abnehmer über einzelne Produktmerkmale (Werbefunktion) und die Kreditvergabe an Lieferanten und Abnehmer (Kreditfunktion).

Der **Großhandel** übernimmt den Verkauf der Produkte unterschiedlicher Hersteller an den Einzelhandel bzw. gewerbliche Abnehmer (Kotler, Keller & Bliemel (2007, S. 931ff.)). Eine der wesentlichen Betriebsformen des Großhandels ist der Spezial-Großhandel, der i. d. R. auf eine Branche spezialisiert ist und deshalb durch ein vergleichsweise enges (d. h. eher wenige Warengruppen umfassendes), dafür aber tiefes (d. h. pro Warengruppe viele verschiedene Produkte bietendes) Sortiment gekennzeichnet ist. Im Gegensatz dazu bietet ein Sortiments-Großhandel ein breiter angelegtes Sortiment an, das jedoch von der Sortimentstiefe her flacher ausfällt. Der Zustell-Großhandel liefert die Produkte auf Bestellung der Einzelhändler (z. B. im Buchhandel) aus, während bei einem Cash-und-Carry-Großhandel die Produkte von den Einzelhändlern abgeholt und direkt bezahlt werden (z. B. bei der *Metro AG*). Rack-Jobber-Großhändler übernehmen bei eigenem Absatzrisiko für bestimmte Teilbereiche (z. B. CDs oder Zeitschriften) die Regalpflege bei den Einzelhändlern.

Der **Einzelhandel** verkauft letztendlich die Produkte der Hersteller an die privaten Endabnehmer. Analog zum Großhandel lassen sich auch im Einzelhandel verschiedene Betriebsformen unterscheiden (Kotler et al. (2007, S. 899ff.)). Die Fachgeschäfte kennzeichnet neben einem ausgeprägten Service- und Beratungsangebot ein tiefes Sortiment von mittlerer bis hoher Qualität (z. B. *Douglas*-Parfümerien oder Apotheken). Spezialgeschäfte bieten im Vergleich zu den Fachgeschäften ein weniger breites, dafür aber evtl. noch tieferes Sortiment an (z. B. Krawattengeschäfte). Warenhäuser charakterisiert eine große, branchenübergreifende Sortimentsbreite (z. B. *Kaufhof*), wohingegen Kaufhäuser ein branchenorientiertes Sortiment führen (z. B. *C&A*). Supermärkte bieten hauptsächlich Lebensmittel, aber auch Non-Food-Artikel an (z. B. *Kaiser's*). Im Vergleich zu Supermärkten sind Verbrauchermärkte tendenziell preisgünstiger und zeichnen sich zumeist durch ein breiteres und tieferes Sortiment aus (z. B. *Edeka*). Fachmärkte verfolgen ein auf bestimmte Produktgruppen spezialisiertes Konzept und weisen ein breites wie auch tiefes Sortiment bei häufig vergleichsweise niedrigen Preisen auf (z. B. *Ikea* oder *MediaMarkt*). Discounter kennzeichnet ein enges Sortiment, verbunden mit einer aggressiven Preis- und Werbepolitik sowie einem eher geringen Angebot an Service- und Dienstleistungen (z. B. *Aldi* oder *Lidl*).

Durch den indirekten Vertrieb kann ein Hersteller in kurzer Zeit eine hohe Distributionsdichte bei vergleichsweise niedriger Kapitalbindung und limitiertem Risiko erreichen. Nachteile des indirekten Vertriebs liegen in den geringen Möglichkeiten der Steuerung bzw. Kontrolle der Absatzmittler und in möglicherweise auftretenden Ziel- bzw. Interessenskonflikten. Zudem kann der Hersteller keine direkte Beziehung zu den Endabnehmern aufbauen. Eine weitere, für viele Hersteller interessante Variante ist daher der **Mehrkanal-** bzw. **Multi-Channel-Vertrieb**, welcher eine Kombination von direkten und indirekten Vertriebswegen darstellt. Allerdings sind mit dieser Vertriebsform neben Stärken, wie z. B. einer höheren Ausschöpfung des Marktpotenzials bedingt durch eine bessere Verfügbarkeit der Produkte und Kostensenkungen, auch einige Gefahren bzw. Herausforderungen verbunden. Die Hersteller müssen die betreffenden Kanäle angemessen integrieren resp. aufeinander abstimmen, da ansonsten der Endabnehmer u. a. mit z. B. unterschiedlichen Preisen oder Werbebotschaften konfrontiert werden könnte. Dies kann bei den Kunden z. B. zu Irritationen hinsichtlich der Angebotsseriosität und letztendlich zum Abwandern zur Konkurrenz führen (Meffert, Burmann & Kirchgeorg (2010, S. 558)). Eine immer wichtiger werdende Form des mehrkanaligen Vertriebs resultiert aus der Kombination von traditionellem (d. h. stationärem) und internetgestütztem Handel (E-Commerce). Letzterer wächst stetig und betrug Berechnungen des *Handelsverbandes Deutschland* zufolge im Jahr 2014 bereits 38,7 Mrd. €. Moderne Online-Vertriebssysteme helfen dem Konsumenten, mit wenigen Klicks das beste Angebot für das vom ihm gewünschte Produkt zu finden. Für den auf persönliche Beratung setzenden stationären Handel bedeutet dies einen zunehmenden Zwang zur Entwicklung neuer online-orientierter Ansätze. Erfolgreicher Handel bzw. Vertrieb wird somit zukünftig nicht mehr ohne die gut abgestimmte Kombination von On- und Offline-Maßnahmen auskommen. Die neuen Formen von E- (für „Electronic") und M- (für „Mobile") Commerce ermöglichen den Konsumenten eine effiziente Anbieter-Nachfrager-Interaktion.

Zur Festlegung der horizontalen Vertriebswegestruktur (vgl. Abbildung 7.1) muss die Breite und Tiefe der Vertriebswege, also die Anzahl und Art der Absatzmittler je Absatzstufe bestimmt werden. Ein Herstellerunternehmen kann dazu grundsätzlich zwischen drei Vertriebsstrategien mit verschiedenen Zielsetzungen auswählen (Kotler et al. (2007, S. 865ff.)). Bei der Strategie des **Universalvertriebs** versucht ein Hersteller, seine Produkte über so viele Händler wie möglich zu vertreiben, sodass diese im Idealfall „überall" erhältlich sind. Vor allem bei Produkten des täglichen Bedarfs (z. B. Lebensmittel) wird dieses Konzept verfolgt. Wählt ein Hersteller den **Selektivvertrieb**, dann wird nur eine beschränkte Anzahl von Händlern beliefert (z. B. bei Haushaltsgeräten). Diese werden nach qualitativen Kriterien wie etwa Geschäftsgröße, Service- und Kundendienstangebot, Preispolitik und Kooperationsbereitschaft ausgesucht. Aufgrund der begrenzten Händlerzahl liegt für den Hersteller ein wesentlicher Vorteil des selektiven Vertriebs in den besseren Steuerungs- und Kontrollmöglichkeiten, während gleichzeitig die Händler unter einem weniger starken Konkurrenzdruck stehen. Der **Exklusivvertrieb** ist dadurch charakterisiert, dass die Absatzmittler neben qualitativen zusätzlich nach quantitativen Aspekten ausgesucht werden. Bei dieser Strategie gewährt ein Hersteller einem Händler für ein bestimmtes Gebiet exklusive Vertriebsrechte. Im Gegenzug erwartet der Hersteller besonders fokussierte und qualifizierte Verkaufsanstrengungen. Der Exklusivvertrieb eignet sich vor allem für Premiumprodukte (z. B. hochwertige Textilien, Schmuck und Sportwagen), da der Hersteller durch die enge Händlerbindung einen starken Einfluss auf die Wahrnehmung der Marke (resp. des Herstellerimages) durch die Endabnehmer ausüben kann.

Nachdem die horizontale und die vertikale Vertriebswegestruktur festgelegt sind (Selektionskonzept), werden, wie eingangs beschrieben, die Absatzmittler ausgewählt (Akquisitionskonzept) und die Zusammenarbeit gestaltet (Koordinationskonzept).

7.1.2 Auswahl der Verkaufsorgane

Fällt im Rahmen des Selektionskonzepts die Entscheidung zugunsten des direkten Vertriebs aus, so kann ein Hersteller grundsätzlich unternehmenseigene (Reisende) oder unternehmensfremde (Handelsvertreter) Verkaufsorgane für den Vertrieb seiner Produkte einsetzen. **Reisende** sind Vertriebsmitarbeiter, die bei einem Hersteller fest angestellt und damit weisungsgebunden sind. Sie erhalten für ihre Verkaufstätigkeiten neben einem umsatzunabhängigen Festgehalt i. d. R. zusätzliche Provisionen oder andere variable Vergütungen (z. B. Prämien in Abhängigkeit von der Erreichung zuvor festgelegter Vertriebsziele). Ihre Aufgabe besteht darin, die Produkte des Herstellers sowohl an Stammkunden als auch an potenzielle Neukunden zu verkaufen, relevante Markt- bzw. Kundeninformationen zu sammeln und die Beziehungen zwischen Hersteller und Kunden zu koordinieren bzw. zu vertiefen. Besonders wichtige Kunden eines Herstellers werden häufig anstelle von Außendienstmitarbeitern durch spezielle Verkaufsorgane, wie z. B. Key-Account-Manager, deren Befugnisse und Aufgaben über die der einfachen Vertriebsmitarbeiter hinausgehen, betreut.

Handelsvertreter agieren im Vergleich zu Reisenden auf eigene Kosten, aber auf fremde Rechnung und verkaufen i. d. R. Produkte von mehreren Herstellern[1]. Ihre Aufgaben entsprechen im Wesentlichen denen des Reisenden. Die Vergütung erfolgt jedoch in erster Linie auf Provisionsbasis, wobei die Provisionssätze, aufgrund des fehlenden Festgehalts, höher als bei einem Reisenden ausfallen.

Die Entscheidung, ob ein Hersteller für den Verkauf seiner Produkte Reisende oder Handelsvertreter einsetzt, kann z. B. durch einen einfachen Kostenvergleich abgesichert werden. Die Kosten K_R für einen angestellten Reisenden setzen sich aus einem Festgehalt bzw. Fixum f_R und einer vom Umsatz U abhängigen Umsatzprovision q_R (in Prozent) zusammen.[2] Die Kosten eines Reisenden betragen somit:

$$K_R = f_R + q_R U \tag{7.1}$$

Analog dazu gilt für die Kosten K_{HV} eines selbstständigen Handelsvertreters:

$$K_{HV} = f_{HV} + q_{HV} U \tag{7.2}$$

Um das kritische Umsatzniveau U_K zu bestimmen, bei dem die Kosten des Reisenden und die des Handelsvertreters gleich hoch sind, d. h. $K_R = K_{HV}$ gilt, setzt man Gleichung 7.1 und Gleichung 7.2 gleich und erhält:

$$U_K = \frac{f_R - f_{HV}}{q_{HV} - q_R} \quad \text{mit (üblicherweise)} \quad f_R > f_{HV} \text{ und } q_{HV} > q_R \tag{7.3}$$

Durch einen Vergleich des geplanten Umsatzes U mit dem kritischen Umsatz U_K kann eine Entscheidung über den Einsatz eines Reisenden oder eines Handelsvertreters getroffen werden. Bei Umsätzen, die unter dem kritischen Umsatzniveau

---

[1] Der Begriff des Herstellers ist hier etwas weiter zu fassen, da er z. B. auch die Anbieter von Versicherungsdienstleistungen mit einschließt, bei denen das Konzept des Handelsvertreters eine hohe Popularität besitzt.

[2] Zusätzliche Prämien seien der Einfachheit halber ausgeklammert, lassen sich aber bei Bedarf in das vorzustellende Konzept integrieren.

U_K liegen ($U < U_K$), ist es unter Kostenaspekten für einen Hersteller vorteilhaft, einen Handelsvertreter einzusetzen, da für den Reisenden hohe Fixkosten anfallen. Der Einsatz eines Reisenden ist hingegen günstiger bei Umsätzen, die höher als U_K sind ($U > U_K$). In diesem Fall wird dessen anfänglicher Nachteil der u. U. hohen Fixkosten durch die geringeren Provisionen kompensiert.

Übertragen auf ein konkretes Beispiel ergibt sich für einen Reisenden mit einem monatlichen Festgehalt in Höhe von $f_R = 3000$ € sowie einer Umsatzprovision von $q_R = 5$ % und einem Handelsvertreter ohne Festgehalt (d. h. $f_{HV} = 0$ €), dafür aber einer Umsatzprovision von $q_{HV} = 15$ %, der kritische Umsatz U_K:

$$U_K = \frac{3000 \text{ €} - 0 \text{ €}}{0,15 - 0,05} = 30000 \text{ €} \tag{7.4}$$

Somit ist bis zu einem geplanten, monatlichen Umsatz von 30000 € der Handelsvertreter kostengünstiger. Bei darüber hinausgehenden Umsätzen ist die Anstellung eines Reisenden vorteilhaft. Ein solcher Kostenvergleich macht allerdings nur dann Sinn, wenn davon ausgegangen werden kann, dass beide Verkaufsorgane gleich hohe Umsätze zu erzielen in der Lage sind.

Vergleicht man Reisende und Handelsvertreter, so liegt ein wichtiger Vorteil des Einsatzes von Reisenden in der aus dem Angestelltenverhältnis resultierenden besseren Steuer- und Kontrollierbarkeit. Außerdem identifiziert sich der Reisende (als direkter Repräsentant des Herstellers) i. d. R. stärker mit den zu vertreibenden Produkten. Dadurch wird im Normalfall einerseits eine qualifizierte Beratung gewährleistet und andererseits werden wichtige Markt- und Kundeninformationen regelmäßig an den Hersteller zurückgespielt. Bei Reisenden kann jedoch, bedingt durch das Festgehalt, die Motivation zur Erzielung von (höherem) Umsatz geringer sein.

Handelsvertreter pflegen durch ihr oftmals breites Sortiment viele Kundenkontakte und haben dadurch ein ausgeprägtes Markt- und Kundenwissen. Durch das fehlende Festgehalt und die rein variable Entlohnung sind zudem keine grundsätzlichen Motivationsverluste zu befürchten. Da ein Handelsvertreter im Normalfall Produkte mehrerer Hersteller verkauft, fällt das produktspezifische Fachwissen i. d. R. geringer aus als beim Reisenden. Der Hersteller hat darüber hinaus nur begrenzte Möglichkeiten zur Einflussnahme und zur Sicherstellung der Informationsweitergabe, sodass relevante Informationen (z. B. Feedbacks der Kunden) verloren gehen können. Wird die Zusammenarbeit zwischen Handelsvertreter und Hersteller beendet, besteht die Gefahr, dass dem Unternehmen Kunden verloren gehen und zusätzliche Kosten durch eventuelle Ausgleichsansprüche des Handelsvertreters entstehen.

Neben der langfristig orientierten Rekrutierung von Reisenden oder Handelsvertretern können kurzfristige Personalengpässe auch z. B. mittels des Außendienst-Leasings kompensiert werden. Spezielle Firmen bieten dazu erfahrene Außendienstmitarbeiter für die benötigte Zeit zum Leasen an (Albers & Krafft (2013, S 66f.)). Solche Engpässe können z. B. bei der Neuprodukteinführung auftreten, wo zu Beginn (mit zunehmender Nachfrage) eine intensive Marktbearbeitung erfolgt. Mit zunehmender Marktsättigung kann es dann wieder zu einer Reduzierung der Außendienstmitarbeiter entsprechend der gesunkenen Nachfrage kommen. Den hierdurch möglicherweise reduzierten Personalkosten stehen bei diesem Konzept u. U. mangelnde Motivation und Produktidentifikationsprobleme gegenüber.

Neben der Gestaltung der Vertriebswege und der Auswahl der Verkaufsorgane bestehen eine Reihe weiterer Entscheidungsprobleme und Aufgaben, die im Rahmen der Vertriebsplanung bewältigt werden müssen. Das Vertriebsmanagement beschäftigt sich u. a. mit der Mitarbeiterrekrutierung, deren Training und Motivation sowie mit der Kontrolle der Vertriebsmitarbeiter (für eine ausführliche Darstellung dieser Aufgaben vgl. z. B. Johnson, Kurtz & Scheuing (1994) oder Albers & Krafft (2013)).

Neben diesen eher organisatorischen Aspekten verbleiben weitere Entscheidungsprobleme, die sich in geeigneter Weise modellgestützt lösen lassen und in den folgenden Abschnitten behandelt werden. Im Fokus dieser Ausführungen steht der Außendienst aufgrund seiner zentralen Bedeutung für den Direktvertrieb und seines Stellenwerts insbesondere im Business-to-Business-Bereich.

7.2 Quantitative Ansätze der Vertriebsplanung

Für viele Unternehmen stellt der Verkauf von Produkten über den Außendienst einen, wenn nicht gar den wichtigsten Erfolgsfaktor dar. Die Aktivitäten des Außendiensts können sich, wie bereits geschildert, entweder auf die Endverbraucher oder aber auf mögliche Absatzmittler richten. In beiden Fällen hat das Vertriebsmanagement die Aufgabe, den kostenintensiven Einsatz der Vertriebs- bzw. Außendienstmitarbeiter (im Folgenden kurz: ADM) effizient zu gestalten. Wesentliche Aufgaben hierbei sind die Vertriebsgebietseinteilung, die Bestimmung der Kundenbesuchshäufigkeiten und Außendienstgröße sowie die Ausarbeitung eines effizienten Vergütungssystems. Zur Lösung dieser Aufgabenstellungen wurden in der Vergangenheit quantitative Methoden und Modelle entwickelt, die im Folgenden näher erläutert werden.

Kunden können einem ADM nach verschiedenen Kriterien zugewiesen werden. So kann z. B. eine Aufteilung der Kunden auf die einzelnen ADM nach Produkten, Kundentyp (z. B. Neu- oder Bestandskunde) oder Region erfolgen. Eine zweckgerichtete Strukturierung der Verkaufsgebiete bildet die Grundlage für eine erfolgreiche Außendienstarbeit. Die Strukturierung hat einen direkten Einfluss auf die Leistung und die Moral der ADM. Zu große und damit nicht angemessen zu betreuende Verkaufsgebiete können ebenso Frustration erzeugen wie zu kleine, bei denen der ADM kaum eine Chance hat, die von ihm angestrebten bzw. vorgegebenen Umsatzziele zu erreichen.

Unter **Verkaufsgebieten** versteht man die exklusive Zuordnung von bestehenden Kunden und Interessenten zu einem ADM (Johnson et al. (1994, S. 110ff.)). Als Interessenten werden mögliche zukünftige Kunden bezeichnet, mit denen derzeit jedoch noch kein Umsatz erzielt wird. Ziel der ADM ist es, die Interessenten während der Besuche von den Produkten zu überzeugen und als Neukunden zu gewinnen.

Durch die Bildung von exklusiven Verkaufsgebieten, für die jeweils nur ein ADM zuständig ist, haben diese die Möglichkeit, langfristige, persönliche Kundenbeziehungen aufzubauen. Darüber hinaus entsteht zwischen den einzelnen ADM kein

Wettbewerb um die Kunden. Aus Unternehmenssicht ist des Weiteren eine höhere Marktdurchdringung sowie ein besserer Kundenservice realisierbar. Für das Vertriebsmanagement vereinfacht sich ferner die Planung (z. B. von Besuchszeiten und Touren), Koordination und Kontrolle der Vertriebsaktivitäten.

Ein geografisches **Verkaufsgebiet** (**VKG**) besteht aus mehreren **kleinsten Gebietseinheiten** (**KGE**), die z. B. über verwaltungstechnische Einheiten (Wahlbezirke, Landkreise etc.), Postleitzahlengebiete oder ähnliche Einteilungen definiert werden können. Die geografischen Standorte der Kunden bestimmen dann deren jeweilige Zugehörigkeit zu einer KGE, wobei zu beachten ist, dass jede KGE nur einem Verkaufsgebiet zugewiesen werden kann. Zudem ist es i. d. R. sinnvoll, zusammenhängende bzw. kompakte Verkaufsgebiete zu erzeugen, um sowohl die Reisezeiten als auch die damit korrespondierenden Reisekosten der ADM zu minimieren. Damit die ADM die KGE schnell erreichen können, ist es sinnvoll (und mit heutiger Planungs- bzw. Navigationssoftware auch realisierbar), bei der Verkaufsgebietseinteilung reale Straßennetze und natürliche Hindernisse wie z. B. Seen oder Berge zu berücksichtigen (Zoltners & Sinha (1983, S. 1242)).

Wurde ein Kriterium (z. B. Postleitzahlengebiete) für die KGE bestimmt, gilt es, das Aggregationsniveau der KGE festzulegen. Im Falle von z. B. Postleitzahlen, können die KGE anhand der ersten drei, vier oder fünf Ziffern gebildet werden. Je höher das Aggregationsniveau (z. B. die ersten drei Ziffern) der KGE ist, also umso weniger KGE resultieren, desto einfacher und kostengünstiger ist die Koordination und Beschaffung von Daten und Informationen für jede KGE. Der wesentliche Nachteil hochaggregierter Strukturen ist eine mangelnde Anpassungsfähigkeit (Albers & Krafft (2013, S. 87)). Anpassungen der aktuellen Gebietsstruktur können z. B. notwendig werden, wenn sich die Marktbedingungen durch Nachfrageverschiebungen, neue Kundenstrukturen etc. verändern oder wenn zukünftig neue Produkte oder Produktlinien (mit) angeboten werden sollen. Außerdem können Veränderungen der Größe und Struktur des Außendienstes, z. B. durch Fluktuationen, Erhöhungen oder Verringerungen der ADM-Zahl oder durch Zusammenlegungen von Außendienststrukturen nach Unternehmensfusionen bzw. -akquisitionen, eine Neueinteilung erfordern. Das Vertriebsmanagement strebt mit einer neuen Struktur z. B. danach, die Verkaufszahlen und die Marktdurchdringung zu erhöhen, ungleiche Arbeitsbelastungen anzugleichen und/oder die Reisezeiten der ADM zu verringern.

Daher können für die Einteilung der Verkaufsgebiete die Kunden neben geografischen Kriterien auch anhand von Absatzpotenzialen oder der Arbeitsbelastung gruppiert werden (Johnson et al. (1994, S. 118ff.)). Durch die Planung von VKG mit ähnlichen Absatzpotenzialen haben alle ADM vergleichbare Chancen, Verkäufe in ungefähr dem gleichen Umfang zu tätigen. Dadurch entstehen für die ADM faire Einkommensmöglichkeiten. Problematisch an diesem Ansatz ist jedoch, dass einige relevante Kriterien, so z. B. die Kundendichte und die Wettbewerbsintensität infolge der Marktbearbeitungsaktivitäten konkurrierender Anbieter, nicht berücksichtigt werden. Schließlich können die Kunden auch anhand der Arbeitsbelastung für einen ADM eingeteilt werden. Berücksichtigt werden dabei nicht nur individuelle Kundenpotenziale, sondern auch der jeweilige Betreuungsbedarf. Da die Einteilung von Verkaufsgebieten ein komplexes und zeitaufwendiges Entscheidungsproblem darstellt, ist der Einsatz von quantitativen Modellen gegenüber Umstrukturierungen „per Hand" vorteilhaft.

7.2.1 Einteilung von Verkaufsgebieten

Zu der bekanntesten quantitativen Methode zur Einteilung von Verkaufsgebieten zählt das **GEOLINE-Modell** von Hess & Samuels (1971), das ursprünglich auf Überlegungen zur Bildung von politischen Wahlbezirken zurückgeht. Ziel einer Anwendung des GEOLINE-Ansatzes kann es z. B. sein, die Arbeitsbelastungen der Außendienstmitarbeiter gleichmäßig zu verteilen und dabei die Reisezeiten zu minimieren. Erreicht werden kann dies durch die Erzeugung kompakter und gleichwertiger Verkaufsgebiete (siehe Abbildung 7.2).

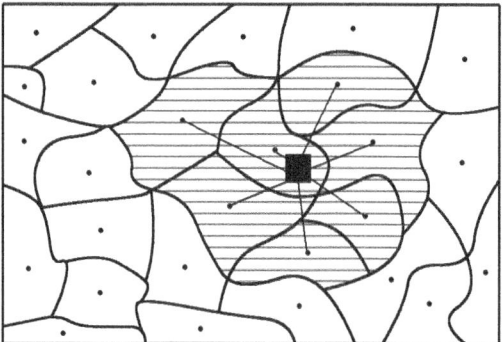

Abb. 7.2: GEOLINE: Verkaufsgebiet mit zugehörigen KGE und Zentren (in Anlehnung an Homburg & Sütterlin (1992))

Kompakte Verkaufsgebiete sind so gestaltet, dass die einzelnen ADM[3] die zu VKG zusammengefassten KGE von ihren jeweiligen Standorten aus (z. B. Wohnort oder Büro) gut und schnell erreichen und dadurch die Reisezeiten minimieren und – als Konsequenz hieraus – die Besuchszeiten bei den Kunden maximieren können. Im GEOLINE-Modell wird implizit davon ausgegangen, dass ein höherer Anteil der Besuchszeit an der insgesamt zur Verfügung stehenden Arbeitszeit eines ADM auch zu größeren Verkaufserträgen führt.

Durch die Anwendung von GEOLINE soll zudem die Gleichwertigkeit der VKG bzgl. der individuellen Arbeitsbelastung gewährleistet werden. Denkbar wären jedoch auch andere als relevant erachtete Kriterien, z. B. das Absatzpotenzial. Es wird davon ausgegangen, dass eine ungleiche Verteilung der Arbeitsbelastung über die betrachteten VKG hinweg dazu führt, dass ADM mit zu vielen Kunden bzw. einem zu großen VKG nicht alle Kunden angemessen besuchen können. ADM mit zu geringer Arbeitsbelastung investieren hingegen u. U. zu viel Zeit in unprofitable Kunden.

---

[3] Der Einfachheit halber wird im Folgenden unterstellt, dass jedes VKG durch genau einen ADM bearbeitet wird. Bei realen Anwendungen kann der Begriff ADM aber auch für ein Team von Außendienstmitarbeitern stehen, die für ein VKG zuständig sind.

Beides führt nicht selten zu Motivationsproblemen und mangelnder Leistung sowie einer hohen Fluktuationsrate.

Neben dem Ziel, kompakte und gleichwertige VKG zu bilden, sollen die durch die Neueinteilung entstehenden Änderungen gegenüber der bestehenden VKG-Einteilung möglichst gering ausfallen, um einmal aufgebaute, persönliche Kundenbeziehungen nicht unnötig zu beeinträchtigen und die Kosten für eventuelle Standortwechsel der ADM gering zu halten. Erfolgt die Bestimmung der neuen VKG-Einteilung auf Basis der existierenden Einteilung, können größere geografische Veränderungen vermieden werden (Hess & Samuels (1971)). Die Bestimmung einer neuen VKG-Einteilung mittels GEOLINE verläuft nach dem folgenden Schema:

Zu Beginn muss die Anzahl m der zu bildenden VKG ($i = 1, \ldots, m$) und die Anzahl n der berücksichtigten KGE ($j = 1, \ldots, n$) vorgegeben werden, wobei $n > m$ gilt. Weiterhin wird für jede KGE j das zugehörige Zentrum durch die horizontalen und vertikalen Koordinaten (h_j, v_j) in einem gedachten Koordinatensystem festgelegt (in Abbildung 7.2 stellen die Punkte die Zentren der KGE dar). Zusätzlich wird jeder KGE ein Aktivitätsmaß a_j (z. B. die bestehende oder zu erwartende Arbeitsbelastung oder das Absatzpotenzial) zugewiesen. Das Aktivitätsmaß dient dazu, die Gleichwertigkeit zwischen den verschiedenen VKG zu gewährleisten. Die Entscheidung für oder gegen ein bestimmtes Maß ist neben der Berücksichtigung der Unternehmensziele auch von der Verfügbarkeit der benötigten Daten abhängig.

Um eine Neueinteilung der VKG zu erhalten, müssen schrittweise lineare Optimierungsprobleme gelöst werden. Dazu werden in jeder Iteration k ($k = 0, 1, 2, \ldots$) die Koordinaten ($H_i^{(k)}, V_i^{(k)}$) der Zentren aller VKG i berechnet. Als Startkoordinaten können die bestehenden Standorte der ADM, gewichtete Schwerpunkte bzw. VKG-Centroide (vgl. Gleichung 7.10) oder zufällig ausgewählte Zentren verwendet werden (in Abb. 7.2 stellt das Quadrat das Zentrum des durch Schraffur angedeuteten Verkaufsgebietes dar). Mithilfe der Koordinaten aller VKG ($H_i^{(k)}, V_i^{(k)}$) und aller KGE (h_j, v_j) werden dann die quadrierten (euklidischen) Distanzen $d_{ij}^{(k)}$ zwischen allen Zentren der VKG und allen Zentren der KGE wie folgt berechnet:

$$d_{ij}^{(k)} = (H_i^{(k)} - h_j)^2 + (V_i^{(k)} - v_j)^2 \quad \forall\, i, j \qquad (7.5)$$

Zusätzlich zu den quadrierten Distanzen wird für das Modell eine Entscheidungsvariable bzw. ein Zugehörigkeitswert $x_{ij}^{(k)} \in [0, 1]$ benötigt, die bzw. der für jede Iteration k angibt, zu welchem Anteil die KGE j dem VKG i zugeordnet wird.

Unter Anwendung der genannten Variablen lässt sich das folgende lineare Optimierungsproblem für die k-te Iteration aufstellen:

$$\sum_{i=1}^{m} \sum_{j=1}^{n} a_j d_{ij}^{(k)} x_{ij}^{(k)} \to \min! \qquad (7.6)$$

unter den Nebenbedingungen:

$$\sum_{j=1}^{n} a_j x_{ij}^{(k)} = \frac{1}{m} \sum_{j=1}^{n} a_j \quad \forall i \quad (7.7)$$

$$\sum_{i=1}^{m} x_{ij}^{(k)} = 1 \quad \forall j, \text{ mit } x_{ij}^{(k)} \in [0,1] \quad \forall i,j \quad (7.8)$$

Die Zielfunktion (Gleichung 7.6) erzeugt kompakte VKG, indem die mit dem Aktivitätsmaß a_j gewichteten Distanzen zwischen den einzelnen VKG und den ihnen zugeordneten KGE minimiert werden. Über Nebenbedingung 7.7 wird die Gleichwertigkeit der VKG sichergestellt. Da jedes potenzielle VKG aus mehreren KGE besteht, ergibt sich die Bewertung eines VKG i durch die Aggregation der Aktivitätswerte a_j der zugehörigen KGE j (linke Seite der Gleichung). Um gleichwertige VKG zu erhalten, muss diese Bewertung eines VKG i der gegebenen durchschnittlichen Bewertung eines VKG entsprechen (rechte Seite der Gleichung). Nebenbedingung 7.8 sorgt dafür, dass alle KGE (anteilsmäßig) den VKG zugeordnet werden.

Da die aus der Lösung des Optimierungsproblems resultierenden Zugehörigkeitswerte $x_{ij}^{(k)}$ definitionsgemäß zwischen 0 und 1 liegen können, ist es möglich, dass eine KGE mehr als nur einem VKG zugeordnet wird. Zur Auflösung dieser Problematik und der eindeutigen Zuordnung aller KGE zu jeweils genau einem VKG schlagen Hess & Samuels (1971) im Anschluss an die lineare Optimierung vor, die Zugehörigkeitswerte zu dichotomisieren. Es gilt:

$$\tilde{x}_{ij}^{(k)} = \begin{cases} 1, & \text{für } x_{ij}^{(k)} = \max_{i=1,\ldots,m} \left\{ x_{ij}^{(k)} \right\} \\ 0, & \text{sonst} \end{cases} \quad \forall i,j \quad (7.9)$$

Durch die Dichotomisierung gemäß Vorschrift 7.9 wird jede KGE komplett jenem VKG zugewiesen, für das sie den größten Zugehörigkeitswert $x_{ij}^{(k)}$ besitzt. Die nachträgliche eindeutige Zuordnung einer KGE zu einem VKG kann allerdings dazu führen, dass die in Nebenbedingung 7.7 geforderte Gleichwertigkeit der VKG nicht mehr erfüllt ist.

Sind alle KGE jeweils einem VKG eindeutig zugewiesen worden, können für den nächsten Iterationsschritt $k+1$ die neuen Koordinaten der VKG-Zentren wie folgt berechnet werden:

$$H_i^{(k+1)} = \frac{\sum_{j=1}^{n} a_j \tilde{x}_{ij}^{(k)} h_j}{\sum_{j=1}^{n} a_j \tilde{x}_{ij}^{(k)}} \quad \text{und} \quad V_i^{(k+1)} = \frac{\sum_{j=1}^{n} a_j \tilde{x}_{ij}^{(k)} v_j}{\sum_{j=1}^{n} a_j \tilde{x}_{ij}^{(k)}} \quad \forall i \quad (7.10)$$

Auf diese Weise erhält man die gewichteten Schwerpunkte bzw. Centroide der jeweiligen VKG i als verbesserte Zentren. Auf Basis dieser werden in Iteration $k+1$ erneut die quadrierten Distanzen $d_{ij}^{(k+1)}$ berechnet, das lineare Optimierungsproblem gelöst, die resultierenden Zugehörigkeitswerte dichotomisiert und die modifizierten Koordinaten der VKG-Zentren für Iteration $k+2$ ermittelt (vgl. Gleichungen 7.5 bis 7.10). Der beschriebene Prozess wird so lange wiederholt, bis sich keine Änderungen mehr bei der Zuordnung der KGE zu den VKG ergeben und die Koordinaten der neuen VKG-Zentren denen der Vorperiode (weitestgehend) entsprechen (d. h. $(H_i^{(k+1)}, V_i^{(k+1)}) \approx (H_i^{(k)}, V_i^{(k)})$ für $\forall\, i$ gilt). Alternativ kann auch das Erreichen einer vorgegebenen Anzahl an Iterationen zum Abbruch des Prozesses führen. Als Ergebnis liefert GEOLINE m neu eingeteilte VKG, die sich entsprechend den dichotomisierten Zugehörigkeitswerten aus n KGE zusammensetzen. Um lokale Minima zu vermeiden, empfiehlt es sich, das Verfahren mit unterschiedlichen Startkoordinaten für die Zentren der VKG zu wiederholen.

Zur Veranschaulichung des GEOLINE-Modells sei die in Tabelle 7.1 dargestellte VKG-Einteilung gegeben. Anhand der zuvor beschriebenen Methodik soll nun eine Optimierung der VKG-Einteilung erfolgen.

Tabelle 7.1: Beispiel einer bestehenden VKG-Einteilung

KGE j	h_j	v_j	a_j	x_{1j}	x_{2j}	x_{3j}	$\sum_{i=1}^{3} x_{ij}$
1	55	32	59	0	0	1	1
2	56	17	49	0	1	0	1
3	22	51	44	1	0	0	1
4	29	66	52	0	0	1	1
5	12	18	58	1	0	0	1
6	33	28	53	1	0	0	1
7	44	75	43	0	0	1	1
8	39	51	41	0	0	1	1
9	73	34	61	0	1	0	1
10	37	10	56	1	0	0	1

Im vorliegenden Beispiel sollen 10 KGE auf 3 VKG aufgeteilt werden. Gegeben sind die Koordinaten (h_j, v_j) der Zentren der KGE j und die Arbeitsbelastung a_j, die in diesem Beispiel für die Anzahl der durchzuführenden Besuche in jeder KGE j steht. Für die durchschnittliche Arbeitsbelastung $\bar{a}_i$ für jedes VKG i gilt demzufolge:

$$\bar{a}_i = \frac{1}{m} \sum_{j=1}^{n} a_j = \frac{516}{3} = 172 \quad \forall i \tag{7.11}$$

Weiterhin geben die Zugehörigkeitswerte x_{ij} an, welchem der drei VKG die einzelnen KGE zugeordnet werden (z. B. gehört KGE 1 zu VKG 3). Um die für die lineare Optimierung benötigten Distanzen d_{ij} zu erhalten, müssen zuerst die Startkoordinaten (H_i, V_i) der VKG i bestimmt werden. Dazu werden die gewichteten Schwerpunkte der einzelnen VKG verwendet. Diese können mit Gleichung 7.10 ermittelt werden (für $k=0$ ist $\tilde{x}_{ij} = x_{ij}$ $\forall i,j$) und sind in Tabelle 7.2 angegeben (auf ganze Werte gerundet). Koordinate H_1 wird z. B. wie nachstehend gezeigt berechnet:

$$H_1 = \frac{\sum_{j=1}^{10} a_j x_{1j} h_j}{\sum_{j=1}^{10} a_j x_{1j}} = \frac{968 + 696 + 1749 + 2072}{44 + 58 + 53 + 56} = \frac{5485}{211} \approx 26 \qquad (7.12)$$

Für Koordinate V_1 gilt entsprechend:

$$V_1 = \frac{\sum_{j=1}^{10} a_j x_{1j} v_j}{\sum_{j=1}^{10} a_j x_{1j}} = \frac{2244 + 1044 + 1484 + 560}{44 + 58 + 53 + 56} = \frac{5332}{211} \approx 25 \qquad (7.13)$$

Tabelle 7.2: Koordinaten der VKG-Zentren (für $k = 0$)

VKG i	H_i	V_i
1	26	25
2	65	26
3	42	55

Die quadrierten Distanzen d_{ij} zwischen den Zentren der VKG i und den Zentren der KGE j werden mithilfe von Gleichung 7.5 errechnet und sind in Tabelle 7.3 dargestellt. Die quadrierte Distanz zwischen den Zentren von VKG 1 und KGE 1 beträgt somit z. B.

$$d_{11} = (H_1 - h_1)^2 + (V_1 - v_1)^2 = (26 - 55)^2 + (25 - 32)^2 = 890. \qquad (7.14)$$

Tabelle 7.3: Distanzen d_{ij} für die bestehende VKG-Einteilung (für $k = 0$)

i \ j	1	2	3	4	5	6	7	8	9	10
1	890	964	692	1690	245	58	2824	845	2290	346
2	136	162	2474	2896	2873	1028	2842	1301	128	1040
3	698	1640	416	290	2269	810	404	25	1402	2050

Das durch die Gleichungen 7.6 bis 7.8 spezifizierte Optimierungsproblem kann in ein einfacher lösbares Transportproblem[4] überführt werden, indem man $\hat{d}_{ij} := d_{ij} a_j \; \forall i, j$ setzt (Albers (1989a, S. 462)). Tabelle 7.4 zeigt das Ausgangstableau des

---

[4] Bei einem Transportproblem sollen Güter zur Befriedigung eines Bedarfs von Vorratsorten zu Bedarfsorten transportiert werden. Dabei sind bestimmte Nebenbedingungen (z. B. Kapazitätsbeschränkungen) zu beachten, unter denen das vorgegebene Ziel (z.B. Transportkostenminimierung) zu erreichen ist. Zur Lösung eines Transportproblems können Algorithmen verwendet werden, die auch bei realen Problemgrößen mit der Rechenleistung gängiger Computer auskommen.

resultierenden Transportproblems, welches mithilfe der neuen Distanzen $\hat{d}_{ij}$ aufgestellt wurde.[5]

Tabelle 7.4: Ausgangstableau des resultierenden Transportproblems ($\hat{d}_{ij}$)

i \ j	1	2	3	4	5	6	7	8	9	10	$\bar{a}_i$
1	52510	47236	30448	87880	14210	3074	121432	34645	139690	19376	172
2	8024	7938	108856	150592	166634	54484	122206	53341	7808	58240	172
3	41182	80360	18304	15080	131602	42930	17372	1025	85522	114800	172
a_j	59	49	44	52	58	53	43	41	61	56	516

Die sich für jede KGE j ergebende Arbeitslast a_j kann als Nachfragemenge des Transportproblems (Bedarf) interpretiert werden, während die in Gleichung 7.11 für jede VKG i ermittelte durchschnittliche Arbeitslast $\bar{a}_i$ als Angebotsmenge (Kapazität) interpretiert wird. Das Transportproblem kann z. B. mit dem **Matrixminimum-Verfahren** gelöst werden (Homburg (1991, S. 192ff.)):

Zu Beginn werden alle Zugehörigkeitswerte x_{ij} gleich 0 gesetzt. In *Schritt 1* des Matrixminimum-Verfahrens wird das kleinste Element der Distanzmatrix $\mathbf{D} = (\hat{d}_{ij})$ resp. Tabelle 7.4 gesucht. In *Schritt 2* ermittelt man die Arbeitslast $\hat{x}_{ij} = \min(\bar{a}_i, a_j)$. Die Angebots- und die Nachfragemenge werden anschließend entsprechend reduziert ($\bar{a}_i := \bar{a}_i - \hat{x}_{ij}$ sowie $a_j := a_j - \hat{x}_{ij}$). Ist $\bar{a}_i$ oder a_j gleich 0, wird Zeile i oder Spalte j gestrichen. Mit den verbleibenden Elementen d_{ij} wird wieder bei *Schritt 1* begonnen, und zwar so lange bis alle $\bar{a}_i$ und a_j gleich 0 sind. Mithilfe der auf diese Weise spezifizierten x_{ij} kann, nachdem gegebenenfalls die Zugehörigkeitswerte dichotomisiert wurden (vgl. Gleichung 7.9), die neue VKG-Einteilung abgelesen werden.

Tabelle 7.5: Resultierende $\hat{x}_{ij}$-Werte nach Beendigung des Matrixminimum-Verfahrens

i \ j	1	2	3	4	5	6	7	8	9	10
1			5		58	53				56
2	59	49	3						61	
3			36	52			43	41		

In unserem Beispiel ist $\hat{d}_{38} = 1025$ der kleinste Wert aller transformierten Distanzen $\hat{d}_{ij}$. Somit ist $\hat{x}_{38} = 41$ (Minimum von $\bar{a}_3 = 172$ und $a_8 = 41$). Für $\bar{a}_3$ ergibt sich eine verbleibende Arbeitsbelastung von 131 ($= 172 - 41$). Da a_8 Null ist ($41 - 41 = 0$), wird Spalte 8 komplett gestrichen. Danach werden beide Schritte für $\hat{d}_{16} = 3074$, dem nun kleinsten verbleibenden Element, wiederholt. Nach Beendigung des Matrixminimum-Verfahrens (vgl. Tabelle 7.5) transformiert man die resul-

---

[5] Die gewichtete quadrierte Distanz $\hat{d}_{12} = 47236$ entspricht somit z. B. der aufgrund der geforderten Besuchszahl für KGE 2 aus Sicht von VKG 1 insgesamt erforderlichen „Transportbelastung".

tierenden Werte für $\hat{x}_{ij}$ wieder zurück ($x_{ij} := \hat{x}_{ij}/a_j$), dichotomisiert und erhält als Lösung für das lineare Optimierungsproblem die in Tabelle 7.6 dargestellten Zugehörigkeitswerte für x_{ij}.

Tabelle 7.6: Alte und neue VKG-Einteilung

KGE j	vor Anwendung von GEOLINE			nach Anwendung von GEOLINE			$\sum_{i=1}^{3} x_{ij}$
	x_{1j}	x_{2j}	x_{3j}	x_{1j}	x_{2j}	x_{3j}	
1	0	0	1	0	1	0	1
2	0	1	0	0	1	0	1
3	1	0	0	0	0	1	1
4	0	0	1	0	0	1	1
5	1	0	0	1	0	0	1
6	1	0	0	1	0	0	1
7	0	0	1	0	0	1	1
8	0	0	1	0	0	1	1
9	0	1	0	0	1	0	1
10	1	0	0	1	0	0	1

Ein Vergleich der Einteilung der Ausgangssituation mit der durch GEOLINE verbesserten VKG-Einteilung in Tabelle 7.6 zeigt, dass KGE 1 und KGE 3 nun zu anderen VKG gehören. Mit der neuen Einteilung und den angepassten VKG-Zentren konnte der Zielfunktionswert (Summe der gewichteten Distanzen der VKG-Einteilung) von 157513 auf 112211 gesenkt werden.

Insgesamt ist GEOLINE ein vergleichsweise einfaches und leicht verständliches Modell, das von der grundsätzlichen Idee her in der Praxis gut anzuwenden ist. Es eignet sich deshalb gut, um sich die grundsätzliche Vorgehensweise bei der modellgestützten VKG-Optimierung zu vergegenwärtigen. Mit GEOLINE sind jedoch auch einige Schwächen verbunden (Decker & Wartenberg (2004, S. 8)). Das Verfahren liefert zum einen nicht zwangsläufig das globale Minimum (vgl. Gleichung 7.6) hinsichtlich der VKG-Einteilung. GEOLINE sollte deshalb immer mit verschiedenen Startkonfigurationen gerechnet werden, um so mögliche lokale Minima zu identifizieren. Zum anderen entstehen nicht immer geografisch zusammenhängende VKG, was wiederum eine erhöhte Reisezeit (und damit Mehrbelastung) impliziert. Des Weiteren werden durch die Verwendung der quadrierten Distanzen bei der VKG-Einteilung reale Straßennetze sowie natürliche Hindernisse wie Seen oder Berge vernachlässigt. Die breite Verfügbarkeit digitaler Karten- und Routenplaner-Software ermöglicht es allerdings, die nur als Näherung zu gebrauchenden Distanzen durch reale Distanzen zu ersetzen und bei einer entsprechenden Implementierung des GEOLINE-Ansatzes zu berücksichtigen. Das Modell verwendet darüber hinaus in der hier betrachteten Form nur ein Aktivtätsmaß zur Gestaltung gleichwertiger VKG. Problematisch ist dies vor allem für Unternehmen, die bei der VKG-Einteilung mehrere Kriterien berücksichtigen wollen. Außerdem können die erzeugten VKG durch die Dichotomisierung der Zugehörigkeitswerte mitunter deutlich von der geforderten Gleichwertigkeit abweichen. Hinzu kommt, dass aus gleichwertigen VKG nicht zwangsläufig die höchsten Gewinne für ein Unternehmen resultieren.

Aufbauend auf dem ursprünglichen GEOLINE-Modell wurden deshalb zahlreiche weitere Ansätze entwickelt, die versuchen, die dargelegten Schwächen zu kompensieren (Decker & Wartenberg (2004, S. 9)). Beispielhaft sei an dieser Stelle der Ansatz von Zoltners & Sinha (1983) erwähnt, bei dem die Einteilung von VKG anhand mehrerer Gleichwertigkeitskriterien zur Charakterisierung von KGE möglich ist und der unter Berücksichtigung von Straßennetzen und natürlichen Hindernissen geografisch zusammenhängende VKG generiert. Einen ausführlichen Überblick über etablierte und neuere Ansätze im Kontext der Vertriebsplanung geben Albers & Mantrala (2008, S. 167ff.).

Um die geplanten Kundenbesuche im VKG eines ADM auf einzelne Touren aufzuteilen und um für diese anschließend optimale Routen mit möglichst geringen Reisezeiten bzw. -kosten zu bestimmen („Traveling"-Salesman Problem), wird auf Modelle der Tourenplanung zurückgegriffen. Einen Lösungsansatz für dieses Planungsproblem liefert z. B. das Modell von Haase, Brandenburg, Jorga & Krüger (2001).

7.2.2 Allokation von Besuchszeiten

Ist die Einteilung der Verkaufsgebiete erfolgt, gilt es, die Frage zu beantworten, wie viel Zeit ein ADM für die Betreuung seiner einzelnen Kunden bzw. Interessenten in seinem Verkaufsgebiet aufwenden soll. Die aufzuwendende Arbeitszeit setzt sich dabei aus der Vor- und Nachbereitung des Besuchs, der Reisezeit, einer eventuellen Wartezeit und der eigentlichen Besuchszeit zusammen (Albers & Krafft (2013, S. 115)). Da die Arbeitszeit eines ADM eine beschränkte Ressource ist und somit häufig nicht alle Kunden mit maximaler Intensität betreut werden können, ergibt sich ein Allokationsproblem.

In der Praxis existieren unterschiedliche Vorgehensweisen, um die vorhandene Arbeitszeit eines ADM auf die Kunden und Interessenten aufzuteilen (Albers (1989a, S. 92ff.); Albers & Krafft (2013, S. 115ff.)). Die ADM können z. B. allen Kunden gleich viele Besuche abstatten oder auf Basis von Kennzahlen entscheiden, welche Kunden mit welchem Zeitbudget besucht werden sollen. Besuche werden hierbei proportional zu ausgewählten Kriterien, wie z. B. Verkaufspotenzialen oder bisherigen Umsätzen, durchgeführt. Alternativ kann die Zeitallokation auch auf Basis von Kundensegmentierungen erfolgen. In der Praxis hat sich insbesondere die sogenannte ABC-Analyse etabliert, die die Kunden eines Unternehmens nach dem Umsatz pro Kunde in drei Segmente einteilt. Konkret wird zwischen A-, B- und C-Kunden unterschieden. A-Kunden sind z. B. die 10 % umsatzstärksten Kunden, die für 50 % des Umsatzes stehen. B-Kunden bilden die nächsten 20 % der Kunden, die weitere 30 % des Gesamtumsatzes auf sich vereinen. Die verbleibenden 70 % der Kunden, die in Summe lediglich 20 % des Gesamtumsatzes ausmachen, bilden schließlich das Segment der C-Kunden. Diese Methoden führen jedoch nicht zwingend zu einer optimalen Besuchsplanung im Sinne des Unternehmenserfolgs. Daher wurden verschiedene quantitative Modelle zur Allokation von Besuchszeiten entwickelt.

Einer der ersten und zugleich erfolgreichsten modellgestützten Ansätze zur Besuchsplanung ist das von Lodish (1971) vorgeschlagene Modell **CALLPLAN**. Ziel dieses Modells ist es, die ADM bei der Planung ihrer Besuche derart zu unterstützen, dass für jeden Kunden und Interessenten optimale Besuchshäufigkeiten bestimmt werden, die dazu führen, dass die zu erwartenden Gesamtumsätze (für einen betrachteten Zeitraum) maximiert werden.

Die Grundlage für eine Besuchsplanung mittels CALLPLAN bilden kundenspezifische Reaktionsfunktionen, die den Einfluss von Besuchshäufigkeiten auf die erwarteten Umsätze bei den einzelnen Kunden wiedergeben. Reaktionsfunktionen können grundsätzlich auf Vergangenheitsdaten oder subjektiven Schätzungen oder beidem basieren. Im CALLPLAN-Modell werden sie durch die ADM (mit Unterstützung durch das Vertriebsmanagement und analog zu dem auf S. 193 beschriebenen Decision Calculus) für jeden Kunden subjektiv geschätzt.

Ausgangspunkt hierfür ist eine Reaktionsfunktion $r_i(x_i)$, die die erwarteten Umsätze mit einem Kunden i ($i = 1, \ldots, I$) wiedergibt, wenn bei diesem Kunden in einer durchschnittlichen Bezugsperiode x_i Besuche durchgeführt werden. Der Zeitraum, für den die Besuchseinteilung gilt, wird als Bezugsperiode (z. B. 3 Monate) bezeichnet, und der Zeitraum, für den die erwarteten Umsätze betrachtet werden, als Reaktionsperiode (z. B. 1 Jahr).

Für die Schätzung der Reaktionsfunktion existieren zwei verschiedene Möglichkeiten. Entweder gibt der ADM für jeden Kunden direkt die erwarteten Umsätze für alle möglichen Besuchshäufigkeiten an oder er greift auf eine approximierte Reaktionsfunktion zurück. Dazu muss der ADM für jeden Kunden i die erwarteten Umsätze während der Reaktionsperiode schätzen, wenn in einer durchschnittlichen Bezugsperiode (1) keine Besuche erfolgen (*ZER*), (2) 50 Prozent weniger Besuche als bisher getätigt werden, (3) die bisherige Besuchsanzahl beibehalten wird, (4) 50 Prozent mehr Besuche als bisher absolviert werden und (5) – hypothetisch – unendlich viele Besuche durchgeführt werden (*SAT*). Mithilfe dieser fünf Stützpunkte lässt sich die Reaktionskurve bestimmen. Für die Approximation der Reaktionsfunktion werden zwei 4-Parameter-Kurven vom Typ der ADBUDG-Funktion von Little (1970, S. 471ff.) verwendet (vgl. Abbildung 7.3 sowie Abbildung 6.5 auf S. 193). Die entsprechende Grundgleichung lautet:

$$r_i(x_i) = ZER + (SAT - ZER)\frac{x_i^\sigma}{\gamma + x_i^\sigma} \quad \forall i \qquad (7.15)$$

Die Parameter *ZER* und *SAT*, die sich direkt aus den Eingabedaten (0 Besuche bzw. unendlich viele Besuche („Sättigungsfrequenz")) ergeben, bestimmen die Bandbreite des Umsatzes, während σ und γ aus vorhandenen Kundenbesuchsdaten zu schätzende Funktionsparameter sind. Die Funktion ist flexibel und kann unterschiedlichen Kundenreaktionen Rechnung tragen, da sie für $\sigma > 1$ S-förmig und für $0 < \sigma < 1$ konkav verläuft. Den Bereich der Reaktionskurve vom Nullniveau bis zum aktuellen Besuchsniveau erhält man, indem Gleichung 7.15 an die Punkte (1), (2), (3) und (5) angepasst wird. Der Bereich vom derzeitigen Besuchsniveau bis zum Sättigungsniveau resultiert aus einer Anpassung an die Punkte (1), (3), (4) und (5).

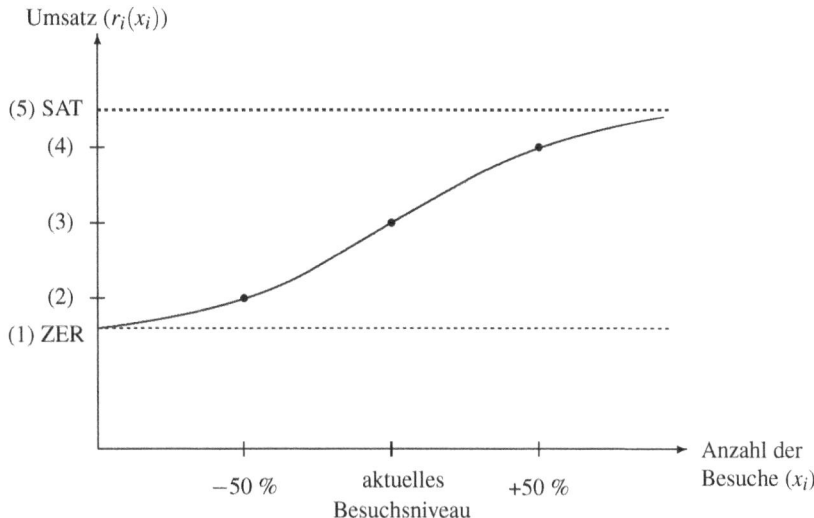

Abb. 7.3: Bestimmung der Reaktionskurve im CALLPLAN-Modell
(in Anlehnung an Little (1970, S. 472))

Ein Vorteil des CALLPLAN-Modells ist es, dass nicht nur bestehende Kunden, sondern auch Interessenten berücksichtigt werden können. Dazu werden für die Punkte (1) bis (5) die jeweiligen Akquisitionswahrscheinlichkeiten geschätzt und mit den erwarteten Umsätzen multipliziert. Die anschließende Approximation der Reaktionskurve wird analog zur Vorgehensweise bei den Kunden durchgeführt.

Um Unterschiede hinsichtlich der Profitabilität zwischen den Kunden in die Optimierung miteinbeziehen zu können, werden die erwarteten Umsätze $r_i(x_i)$ für jeden Kunden i mit einem Faktor d_i gewichtet, der als kundenindividueller Deckungsbeitragssatz (z. B. aufgrund unterschiedlicher, kundenindividueller Produktmixe) interpretiert werden kann. Schließlich wird, unabhängig von den erzielbaren Umsätzen, für jeden Kunden i eine Mindestanzahl von Besuchen $Min_{(i)}$ (z. B. aufgrund von Absprachen) sowie eine maximale Besuchshäufigkeit $Max_{(i)}$ (um den Kunden nicht zur Last zu fallen und entsprechende Reaktanz zu vermeiden) festgelegt.

Nachdem die kundenspezifischen Reaktionsfunktionen und damit die für verschiedene Besuchshäufigkeiten erwarteten Umsätze modelliert worden sind, muss unter Berücksichtigung der nur begrenzt zur Verfügung stehenden Gesamtzeit T (Arbeitszeit eines ADM) eine optimale Allokation der Besuchshäufigkeiten für die Kunden bzw. Interessenten gefunden werden. Dazu werden diese auf J verschiedene geografische Regionen[6] ($j = 1, \ldots, J$) verteilt, wobei g_i die Region kennzeichnet, in der Kunde i wohnt. Im Modell wird davon ausgegangen, dass ein ADM nach der Anreise in die Region j und den dortigen Kundenbesuchen wieder zu seinem Ausgangsstandort (Wohnort bzw. Büro) zurückkehrt. Für jede Anreise in eine Region j ist ein Zeitaufwand von u_j erforderlich und es fallen Kosten in Höhe von c_j an. In

---

[6] In Analogie zum GEOLINE-Modell können anstelle von Regionen auch kleinste Gebietseinheiten (KGE) betrachtet werden.

jeder Bezugsperiode werden nur so viele Anreisen NT_j in eine Region j unternommen, wie einer der dort wohnhaften Kunden maximal besucht werden soll. Wenn die Anzahl der Bezugsperioden je Reaktionsperiode mit e angegeben wird[7], erfolgen in einer Reaktionsperiode $e \times NT_j$ Anreisen in die Region j. Befindet sich ein ADM in der Region g_i eines Kunden i, dann steht t_i für die durchschnittliche Besuchsdauer bei diesem Kunden. Die Reisezeit innerhalb einer Region wird als vernachlässigbar bzw. der Besuchszeit zurechenbar angesehen. Mit den beschriebenen Variablen und Parametern lässt sich das nachstehende, nichtlineare Optimierungsproblem formulieren:

$$z = \sum_{i=1}^{I} d_i r_i(x_i) - e \sum_{j=1}^{J} NT_j c_j \to \max! \qquad (7.16)$$

unter den Nebenbedingungen:

$$\sum_{i=1}^{I} t_i x_i + \sum_{j=1}^{J} NT_j u_j \leq T \qquad (7.17)$$

$$NT_j = \max\{x_i | g_i = j\} \quad \forall j \qquad (7.18)$$

$$Min_{(i)} \leq x_i \leq Max_{(i)} \quad \forall i \qquad (7.19)$$

Ziel des Optimierungsproblems 7.16 ist es, für jeden Kunden i die optimale Besuchsanzahl x_i zu bestimmen, die den Zielfunktionswert z, über alle Kunden und Regionen betrachtet, maximiert. Dieser ergibt sich aus den in der Reaktionsperiode erwarteten, gewichteten Gesamtumsätzen bei allen Kunden, reduziert um die in der Reaktionsperiode anfallenden Reisekosten für alle Regionen. Die Zeitrestriktion wird durch Nebenbedingung 7.17 berücksichtigt. Die für alle Kundenbesuche und Anreisen in die einzelnen Regionen aufzuwendende Zeit darf die insgesamt pro Bezugsperiode zur Verfügung stehende Zeit T (Gesamtzeitbudget) nicht überschreiten. Nebenbedingung 7.18 sorgt dafür, dass die Anzahl der Anreisen NT_j in die jeweilige Region j gleich der dort maximal zu absolvierenden Besuchsanzahl gesetzt wird. Mit Nebenbedingung 7.19 wird schließlich die Einhaltung vorgegebener Besuchsanzahlgrenzen gewährleistet.

Lodish (1971) schlägt für dieses Optimierungsproblem ein zweistufiges, heuristisches Lösungsverfahren vor. Dazu wird die Zeitrestriktion (7.17) gelockert, sodass das Gesamtzeitbudget T vorübergehend überschritten werden kann. In *Stufe 1* wird mit einem schrittweisen Verfahren für jede Region j separat eine optimale Aufteilung der Besuchshäufigkeiten x_i auf die dort ansässigen Kunden bei unterschiedlichen Zeitbudgets t gesucht. Hierbei wird für jeden Kunden i die zugehörige Reaktionsfunktion $r_i(x_i)$ durch eine stückweise lineare, konkave Funktion $\tilde{r}_i(.)$ approximiert (vgl. Abbildung 7.4). Die Näherungsfunktion $\tilde{r}_i(.)$ erhält man, indem für unterschiedliche Anreisehäufigkeiten l zunächst Besuchshäufigkeiten $x_{i,l}$ (für $x_{i,0}$ bis $x_{i,L}$, wobei $x_{i,0} = Min_i$ und $x_{i,L} = Max_i$ ist) und damit dann die Steigungen $b_{i,l}$ der stückweisen linearen Approximation (für $l = 1,\ldots,L$) berechnet werden. Die Besuchsanzahl $x_{i,l}$

---

[7] Im nachfolgenden Beispiel unterstellen wir der Einfachheit halber $e = 1$.

der approximierten Reaktionsfunktion $\tilde{r}_i(.)$ resultiert aus der Besuchsanzahl x_i der ursprünglichen Reaktionsfunktion. Für jeden Kunden i soll gelten:

$$x_{i,l} = \arg\max \left\{ \frac{r_i(x_i) - r_i(x_{i,l-1})}{x_i - x_{i,l-1}} \right\} \quad \text{für } x_i = x_{i,l-1} + 1, \ldots, Max_i \quad \forall i \quad (7.20)$$

Anhand der Werte für $x_{i,l}$ und der zugehörigen Reaktionen $r_i(x_{i,l})$ werden anschließend die Steigungen der approximierten Reaktionskurve errechnet:

$$b_{i,l} = \frac{r_i(x_{i,l}) - r_i(x_{i,l-1})}{x_{i,l} - x_{i,l-1}} \quad \forall i,l \quad (7.21)$$

Mithilfe dieser Werte lässt sich die approximierte Reaktionsfunktion $\tilde{r}_i(.)$ bestimmen, die in den Punkten, in denen sich die Steigung ändert, exakt der ursprünglichen Reaktionsfunktion $r_i(x_i)$ entspricht (vgl. Abbildung 7.4).

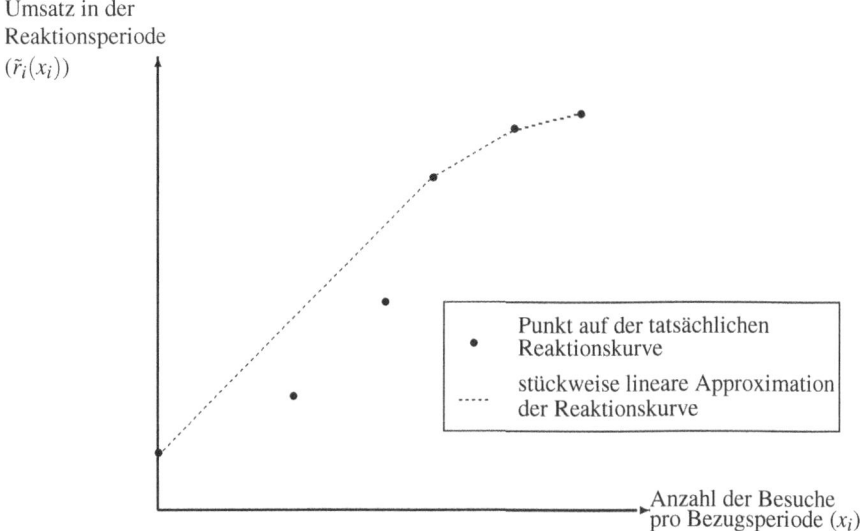

Abb. 7.4: Beispiel einer linear approximierten Reaktionsfunktion (in Anlehnung an Lodish (1971, S. 30))

Für die Allokation der Besuchshäufigkeiten werden in jeder Region j und für jede mögliche Anzahl l an Anreisen schrittweise folgende Operationen durchgeführt:

Zunächst wird für jeden Kunden in der Region die Besuchsobergrenze festgelegt und damit jeweils die approximierte Reaktionsfunktion $\tilde{r}_i(.)$ ermittelt. Des Weiteren erhält jeder Kunde die für ihn relevante, minimale Besuchsanzahl. Um anschließend entscheiden zu können, welche Kunden wie viele Besuche zugeteilt bekommen sollen, die den Zielfunktionswert $\tilde{z}_{jtl} = \sum_i^I d_i r_i(x_i) - lc_j$ maximieren (unter den Nebenbedingungen[8] (1) $\sum_i^l t_i x_i + lu_j \leq t$ und (2) $Min_i \leq x_i \leq min\{Max_i, l\}$), werden für alle Kunden Ertragszuwächse $EZ_{i,l}$ berechnet:

$$EZ_{i,l} = \frac{d_i b_{i,l}}{t_i} \quad \forall i, l \tag{7.22}$$

Sukzessive bekommt jeweils der Kunde, der die höchste Zuwachsrate aufweist, die zu $b_{i,l}$ gehörige Besuchsanzahl $x_{i,l}$ zugewiesen. Hierbei wird final diejenige Besuchszuteilung akzeptiert, die das in der betrachteten Region maximal verfügbare Zeitbudget gerade so überschreitet.

Somit ergeben sich in Stufe 1 Zielfunktionswerte $\tilde{z}_{jtl}$ bezüglich aller Regionen j und aller Anreisehäufigkeiten l, jedoch nicht bezüglich aller möglichen Ausprägungen des zugewiesenen Zeitbudgets t (Lodish (1971)). Um eine optimale Aufteilung des Gesamtzeitbudgets über alle Regionen zu finden, wird in *Stufe 2* der Heuristik das bereits in Stufe 1 beschriebene Verfahren angewandt. Der Unterschied zu der ersten Stufe besteht darin, dass anstatt der Kunden i die Regionen j im Mittelpunkt der Betrachtung stehen. Eine Kritik an diesem Lösungsverfahren besteht darin, dass es möglich ist, dass sich als optimales Ergebnis eine Besuchszeitenallokation ergibt, die das vorgegebene Gesamtzeitbudget T überschreitet.

Um das Vorgehen beim CALLPLAN-Modell zu verdeutlichen, wird im Folgenden beispielhaft gezeigt, wie die Gesamtbesuchszeit eines ADM optimal auf fünf Kunden in einer Region aufgeteilt werden kann. Dazu wird von der in Tabelle 7.7 dargestellten aktuellen Besuchseinteilung des ADM ausgegangen.

Tabelle 7.7: Ausgangsdaten der aktuellen Besuchsplanung für eine Region j_0

Kunde i	Besuchshäufigkeit x_i	Zeit pro Kunde t_i [in ZE]	Umsatz $r_i(x_i)$ [in Tsd. €]	Zeiteinsatz $t_i x_i$ [in ZE]
1	4	3	55	12
2	8	2	48	16
3	2	4	10	8
4	4	1	20	4
5	6	2	80	12
Summe			213	52

Hierbei wird angenommen, dass der ADM in der betrachteten Region j_0 wohnt und somit keine (bzw. allenfalls eine für die Berechnungen vernachlässigbare) Anreise in die Region erforderlich ist. NT_{j_0}, u_{j_0} und c_{j_0} sind somit gleich 0. Die mittlere Dauer eines Besuchs beim Kunden i wird durch t_i (Zeit pro Kunde, inklusive Reisezeit) wiedergegeben. Darüber hinaus werden für alle Kunden identische Deckungsbeitragssätze $d_i = 1$ unterstellt (d. h. zwischen den Kunden existieren keine Unterschiede in der Profitabilität) und die Besuchsanzahl x_i muss für jeden Kunden gleichermaßen zwischen $Min_i = 0$ und $Max_i = 10$ liegen. Bei der momentanen

---

[8] Die Variable t steht hierbei für ein mögliches Zeiteinheitsniveau, z. B. eine Woche oder einen Tag.

Besuchseinteilung erzielt der ADM einen Gesamtumsatz von 213 Tsd. € und er benötigt dazu $T = 52$ Zeiteinheiten (ZE).

Zur Lösung des Allokationsproblems werden zuerst die kundenindividuellen Umsatzreaktionsfunktionen bestimmt. Dazu wurden durch den ADM die in Tabelle 7.8 aufgeführten erwarteten Umsätze $r_i(x_i)$ für die unterschiedlichen Besuchshäufigkeiten x_i bei den Kunden der betrachteten Region j_0 geschätzt.

Tabelle 7.8: Schätzung der Umsätze bei unterschiedlichen Besuchshäufigkeiten in der exemplarisch betrachteten Region j_0 (Angaben in Tsd. €)

Kunde	Besuchshäufigkeit				
	0	−50 %	aktuell	+50 %	∞
i	$S1 = ZER$	$S2$	$S3$	$S4$	$S5 = SAT$
1	0	33	55	61	62
2	0	4	48	53	54
3	0	6	10	13	14
4	0	12	20	24	27
5	0	55	80	94	100

Mithilfe der geschätzten Umsätze lassen sich die Parameter der Reaktionsfunktion vom ADBUDG-Typ (vgl. Gleichung 7.15) ermitteln. Die Werte für ZER und SAT können direkt aus Tabelle 7.8 abgelesen werden. Die Bestimmung der Parameter γ und σ für den Bereich vom aktuellen Besuchsniveau bis zur Sättigungsmenge (Albers (1989a, S. 125ff.)) wird im Folgenden beispielhaft für Kunde 1 gezeigt:

$$R_3 = \frac{S3 - ZER}{SAT - ZER} = \frac{55 - 0}{62 - 0} \approx 0{,}8871 \quad (7.23)$$

$$R_4 = \frac{S4 - ZER}{SAT - ZER} = \frac{61 - 0}{62 - 0} \approx 0{,}9839 \quad (7.24)$$

Zusätzlich zu R_3 und R_4 wird die aktuelle Besuchsanzahl A_3 ($A_3 = x_1 = 4$) und die um 50 % erhöhte Besuchsanzahl A_4 ($A_4 = 1{,}5x_1 = 6$) benötigt. Mit diesen Werten lässt sich der unbekannte Parameter σ bestimmen (Albers (1989a, S. 127)):

$$\sigma = \frac{\ln\left[\frac{(1-R_4)R_3}{(1-R_3)R_4}\right]}{\ln\left[\frac{A_3}{A_4}\right]} \approx \frac{\ln[0{,}1286]}{\ln[0{,}6667]} \approx 5{,}0591 \quad (7.25)$$

Hierauf aufbauend kann dann der Parameter γ berechnet werden:

$$\gamma = \frac{1 - R_3}{R_3} A_3^{\sigma} = \frac{1 - 0{,}8871}{0{,}8871} \cdot 4^{5{,}0591} \approx 141{,}45 \quad (7.26)$$

Damit sind für Kunde 1 alle Parameter der Reaktionsfunktion vom aktuellen Besuchsniveau bis zur Sättigungsmenge bekannt und die erwarteten Umsätze gemäß der Reaktionsfunktion $r_1(x_1) = SAT \frac{x_1^{5,06}}{141{,}45 + x_1^{5,06}}$ können bestimmt werden. Zur Berechnung der Parameter σ und γ vom Nullniveau bis zum aktuellen Besuchsniveau muss analog $S4$ durch $S2$ und A_4 durch A_2 (mit $A_2 = 0,5\,x_i$) ersetzt werden. Für Kunde 1 erhalten wir dann beispielsweise die Reaktionsfunktion $r_1(x_1) = SAT \frac{x_1^{2,79}}{6,07+x_1^{2,79}}$. Insgesamt ergeben sich bei den fünf Kunden für jede mögliche Besuchsanzahl von 0 bis 10 die in Tabelle 7.9 angegebenen, erwarteten Umsätze.

Tabelle 7.9: Erwartete Umsätze (in Tsd. €) bei den Kunden (gerundete Werte)

Kunde	Mögliche Anzahl l der Besuche										
i	0	1	2	3	4	5	6	7	8	9	10
1	0	9	33	48	55	60	61	62	62	62	62
2	0	0	0	1	4	14	29	41	48	50	52
3	0	6	10	13	14	14	14	14	14	14	14
4	0	5	12	17	20	23	24	25	25	26	26
5	0	16	38	55	67	75	80	87	91	94	96

Unter Rückgriff auf die erwarteten Umsätze kann nun die zuvor beschriebene Heuristik (Stufe 1) zur Anwendung kommen. Hiernach werden schrittweise den jeweils profitabelsten Kunden Besuchszeiten zugewiesen. Dazu sind für jeden Kunden die approximierten Reaktionsfunktionen $\tilde{r}(.)$ mit den zugehörigen Besuchshäufigkeiten $x_{i,l}$, Umsätzen $r_i(x_{i,l})$ und Steigungen $b_{i,l}$ zu bestimmen. Für Kunde 1 beträgt z. B. $x_{1,0} = Min_1 = 0$ (Tsd. €) und damit ist auch $r_1(x_{1,0}) = 0$ (Tsd. €). Hiermit ist dann $x_{1,1}$ durch Gleichung 7.20 mit den Werten aus Tabelle 7.9 bestimmbar:

$$\begin{aligned} x_{1,1} &= \arg\max\left\{\frac{r_1(x_1) - r_1(x_{1,0})}{x_1 - x_{1,0}}\right\} \quad \text{für } x_1 = x_{1,0}+1,\ldots,Max_1 \\ &= \arg\max\left\{\frac{r_1(x_1) - 0}{x_1 - 0}\right\} \quad \text{für } x_1 = 1,\ldots,10 \\ &= \arg\max\left\{\frac{9}{1}, \frac{33}{2}, \frac{48}{3}, \ldots, \frac{62}{10}\right\} \\ &= 2 \end{aligned} \quad (7.27)$$

Für $x_{1,1} = 2$ ist $r_1(x_{1,1}) = 33$ Tsd. € (vgl. Tabelle 7.9). Somit gilt für die erste Steigung $b_{1,1}$ gemäß Gleichung 7.21:

$$b_{1,1} = \frac{r_1(x_{1,1}) - r_1(x_{1,0})}{x_{1,1} - x_{1,0}} = \frac{33 - 0}{2 - 0} = 16,5 \quad (7.28)$$

Für den Ertragszuwachs $EZ_{1,1}$ (bei einer angenommen Gewichtung von $d_1 = \ldots = d_5 = 1$) ergibt sich:

$$EZ_{1,1} = \frac{d_1 b_{1,1}}{t_1} = \frac{1 \cdot 16,5}{3} = 5,5 \quad (7.29)$$

In analoger Weise werden für alle Kunden $i = 1,\ldots,5$ und alle möglichen Besuchshäufigkeiten $l = 0,1,\ldots,10$ die Werte für $x_{i,l}$, $r_i(x_{i,l})$ und $b_{i,l}$ ermittelt. Mit den Steigungen $b_{i,l}$ und dem Zeiteinsatz t_i je Kunde aus Tabelle 7.7 lassen sich dann auch die

Zuwachsraten $EZ_{i,l}$ (vgl. Gleichung 7.22) berechnen. Alle Ergebnisse sind in Tabelle 7.10 aufgeführt.

Tabelle 7.10: Ergebnisse für die approximierten Reaktionsfunktionen (gerundete Werte)

Kunde i		\multicolumn{11}{c	}{Mögliche Anzahl l der Besuche}
		0	1	2	3	4	5	6	7	8	9	10
1	$x_{1,l}$	0	2	3	4	5	6	7	8	9	10	
	$r_1(x_{1,l})$	0	33	48	55	60	61	62	62	62	62	
	$b_{1,l}$		16,5	15	7	5	1	1	0	0	0	
	$EZ_{1,l}$		5,5	5	2,3	1,7	0,3	0,3	0	0	0	
2	$x_{2,l}$	0	8	9	10							
	$r_2(x_{2,l})$	0	48	50	52							
	$b_{2,l}$		6	2	2							
	$EZ_{2,l}$		3	1	1							
3	$x_{3,l}$	0	1	2	3	4	5	6	7	8	9	10
	$r_3(x_{3,l})$	0	6	10	13	14	14	14	14	14	14	14
	$b_{3,l}$		6	4	3	1	0	0	0	0	0	0
	$EZ_{3,l}$		1,5	1	0,8	0,3	0	0	0	0	0	0
4	$x_{4,l}$	0	2	3	4	5	6	7	8	9	10	
	$r_4(x_{4,l})$	0	12	17	20	23	24	25	25	26	26	
	$b_{4,l}$		6	5	3	3	1	1	0	1	0	
	$EZ_{4,l}$		6	5	3	3	1	1	0	1	0	
5	$x_{5,l}$	0	2	3	4	5	6	7	8	9	10	
	$r_5(x_{5,l})$	0	38	55	67	75	80	87	91	94	96	
	$b_{5,l}$		19	17	12	8	5	7	4	3	2	
	$EZ_{5,l}$		9,5	8,5	6	4	2,5	4	2	1,5	1	

Die Lösungsheuristik sieht nun in einem ersten Schritt vor, dass die zu $l = 1$ gehörenden Zuwachsraten $EZ_{i,1}$ aller Kunden hinsichtlich des größten Wertes verglichen werden (vgl. Tabelle 7.10). Mit einer Zuwachsrate von $EZ_{5,l} = 9,5$ weist Kunde 5 den größten Wert auf. Diesem werden daher die zugehörigen Besuche $x_{5,1} = 2$ mit dem entsprechenden erwarteten Umsatz $r_5(x_{5,1}) = 38$ Tsd. € zugeteilt. Im folgenden Schritt wird die nächste Zuwachsrate von Kunde 5 (für $l = 2$ ist $EZ_{5,2} = 8,5$) mit denen der übrigen Kunden (für $l = 1$) verglichen. Da Kunde 5 erneut die höchste Zuwachsrate aufweist, erhält er nun drei Besuche mit einem erwarteten Umsatz von $r_5(x_{5,2}) = 55$ Tsd. €. Nach jeweils zwei Zuteilungen wird der Zielfunktionswert z der aktuellen Besuchszuteilung mit Gleichung 7.16 berechnet ($z = 55$ Tsd. €) und die dafür einzusetzende Zeit mit Gleichung 7.17 ermittelt ($t = 6$ ZE). Ist t kleiner als die Gesamtzeit T des ADM ($T = 52$ ZE), wird mit den aktuellen Zuwachsraten wieder bei Schritt 1 begonnen. Ansonsten liegt die optimale Besuchseinteilung für die Region vor.

Da im vorliegenden Beispiel nur eine Region betrachtet wird, entfällt die Stufe 2 des Lösungsverfahrens für CALLPLAN und es ergeben sich bereits nach Beendigung der Stufe 1 der Heuristik die finalen Ergebnisse. Die Ergebnisse der Heuristik sind in Tabelle 7.11 den Ausgangswerten gegenübergestellt. Durch die optimierte

Allokation der Besuchszeiten des ADM kann der erwartete Gesamtumsatz bei gleichem Zeiteinsatz (52 ZE) um etwa 4,2 % von 213 auf 222 Tsd. € gesteigert werden.

Tabelle 7.11: Gegenüberstellung von aktueller und optimierter Besuchsplanung für eine Region j_0

Kunde i	akt. Besuchshäufigkeit x_i	opt. Besuchsanzahl x_i^*	akt. Umsatz $r_i(x_i)$ [in Tsd. €]	opt. Umsatz $r_i(x_i^*)$ [in Tsd. €]
1	4	5	55	60
2	8	8	48	48
3	2	0	10	0
4	4	5	20	23
5	6	8	80	91
Summe			213	222

CALLPLAN ist ein effizientes Instrument zur Unterstützung des Vertriebsmanagements bei der Vorbereitung von Kundenbesuchsplanungen. Dies ist vor allem dann der Fall, wenn komplexe Entscheidungssituationen (große Kundenzahl, viele Regionen etc.) vorliegen. Es eignet sich insbesondere für Unternehmen, deren Kunden regelmäßig von den ADM besucht werden müssen und bei denen der Umsatz in einem beträchtlichen Maße von dem investierten Betreuungsaufwand beeinflusst wird (Lilien et al. (1992, S. 374ff.)). Da die ADM sowohl durch die Schätzungen der kundenspezifischen Reaktionsfunktionen als auch durch verschiedene Modifikationsmöglichkeiten explizit in die Modellspezifikation eingebunden sind, ist die Gefahr, dass die von CALLPLAN vorgeschlagenen Besuchsstrategien nicht akzeptiert werden, eher gering.

Trotz der grundsätzlichen Stärken dieses Ansatzes bleibt kritisch anzumerken, dass bei der heuristischen Lösung die Arbeitszeitrestriktion überschritten werden kann und somit eine optimale Lösung nicht garantiert ist. Um adäquate Reaktionsfunktionen schätzen zu können, ist ein hohes Maß an Wissen hinsichtlich der Kunden und deren wirtschaftlicher Situation notwendig. Somit wird bei einer großen Anzahl von Kunden die Schätzung individueller Reaktionsfunktionen sehr zeit- und informationsaufwendig. Schlimmstenfalls können ungenaue oder gar falsche Schätzungen der Reaktionsfunktionen trotz Optimierung zu einer suboptimalen Besuchsplanung führen. Neben dem CALLPLAN-Modell wurde noch eine Reihe weiterer Ansätze zur optimalen Allokation von Besuchszeiten entwickelt. Decker & Wartenberg (2004, S. 21ff.) geben hierzu einen entsprechenden Überblick.

7.2.3 Bestimmung deckungsbeitragsmaximaler Verkaufsgebiete

Ausgehend von Ansätzen zur Verkaufsgebietseinteilung (vgl. Unterabschnitt 7.2.1) und zur Besuchsplanung (vgl. Unterabschnitt 7.2.2) wurde von Skiera & Albers (1994, 1998) das computergestützte Planungsmodell **COSTA** („Contribution Optimizing Sales Territory Alignment") entwickelt. Mit der vorgeschlagenen Methodik können deckungsbeitragsmaximale Verkaufsgebiete auf der Grundlage von KGE-spezifischen Umsatzreaktionsfunktionen gebildet werden. Das Besondere hieran ist, dass die Allokation der Besuchszeiten (Allokationsproblem) und die VKG-Einteilung (Zuordnungsproblem) simultan gelöst werden. Durch den Einsatz von COSTA können sowohl verschiedene VKG-Einteilungen beurteilt als auch Veränderungen der Außendienstgröße (Anzahl ADM) oder der Standorte der ADM überprüft werden.

Damit mittels COSTA eine VKG-Einteilung gefunden werden kann, die den Gesamtdeckungsbeitrag über alle ADM maximiert, werden als Ausgangspunkt für jede KGE Umsatzreaktionsfunktionen geschätzt, deren Parameter im Folgenden näher erläutert werden sollen.

Der Umsatz r_{ij} in einer KGE j ($j = 1, \ldots, n$), die einem VKG bzw. einem ADM[9] i ($i = 1, \ldots, m$) zugeordnet wird, ist von mehreren Einflussfaktoren abhängig. Zunächst werden für jede KGE j den Umsatz beeinflussende Gebietsmerkmale z_{lj} (Indexmenge: L) in die Reaktionsfunktion einbezogen. Zu diesen, die einzelnen KGE charakterisierenden Merkmalen zählen z. B. Marktpotenzial, Kundenanzahl, Konkurrenzintensität und Marketingmaßnahmen des eigenen Unternehmens. Neben den Gebietsmerkmalen werden für jeden ADM i persönliche Merkmale $\tilde{z}_{l'i}$ (Indexmenge: L') wie Verkaufserfahrung oder Verkaufsfähigkeiten berücksichtigt. Sowohl für die Gebietsmerkmale als auch für die persönlichen Merkmale müssen entsprechende Umsatzelastizitäten γ_l bzw. $\tilde{\gamma}_{l'}$ geschätzt werden. Neben den Merkmalen der KGE und der ADM hat die in einer KGE j eingesetzte Besuchszeit eines ADM i einen wesentlichen Einfluss auf den resultierenden Umsatz.

Um die Besuchszeit zu ermitteln, nehmen Skiera & Albers (1998) an, dass die gesamte Verkaufszeit t_{ij}, die ein ADM i in KGE j einsetzt, bzgl. des Umsatzes optimal auf die dort ansässigen Kunden verteilt wird. Die Verkaufszeit eines ADM i in einer KGE j setzt sich aus den dort anfallenden Reisezeiten t_{ij}^{Reise} und den Besuchszeiten t_{ij}^{Besuch} zusammen. Mithilfe eines konstanten Verhältnisses q_{ij} der Reise- zur Besuchszeit je KGE j und ADM i kann die folgende Beziehung formuliert werden:

$$t_{ij}^{Reise} = q_{ij}\, t_{ij}^{Besuch} \quad \forall i,j \qquad (7.30)$$

Zur Bestimmung des Quotienten q_{ij} wird zunächst die durchschnittliche Gesamtdauer TT_{ij} einer Tour benötigt. Bei COSTA wird, genau wie im CALLPLAN-Modell (vgl. Unterabschnitt 7.2.2), standardmäßig davon ausgegangen, dass der ADM von seinem Standort aus in eine KGE reist, dort seine Kundenbesuche durchführt und danach wieder zum Ausgangspunkt zurückkehrt. Die Gesamtdauer einer Tour setzt sich entsprechend aus der benötigten Zeit für An- und Rückreise RT_{ij} zwischen dem Standort des ADM i und der KGE j, der durchschnittlichen Besuchsdauer CD_{ij} bei den Kunden und der durchschnittlichen Fahrtdauer SD_{ij}, um zum nächsten Kunden innerhalb der KGE zu gelangen, zusammen. Wenn n_{ij} die durchschnittliche Anzahl der Kundenbesuche je Tour ist, dann ergibt sich für die Gesamtdauer einer Tour:

$$TT_{ij} = RT_{ij} + (n_{ij} - 1)SD_{ij} + n_{ij}CD_{ij} \quad \forall i,j \qquad (7.31)$$

Die Umformung von Gleichung 7.31 nach n_{ij} ergibt:

---

[9] Im Folgenden werden die Bezeichnungen VKG und ADM synonym verwendet, da jedes VKG genau einem ADM zugewiesen wird und umgekehrt.

$$n_{ij} = \frac{TT_{ij} - RT_{ij} + SD_{ij}}{CD_{ij} + SD_{ij}} \quad \forall i,j \quad (7.32)$$

Skiera & Albers (1998) empfehlen, zur Vermeidung von Irritationen seitens der ADM die resultierenden Werte ggf. auf ganzzahlige Werte aufzurunden. Das Verhältnis von Reise- zu Besuchszeiten kann anschließend anhand der zuvor erläuterten Parameter ermittelt werden:

$$q_{ij} = \frac{RT_{ij} + (n_{ij} - 1)SD_{ij}}{n_{ij}CD_{ij}} \quad \forall i,j \quad (7.33)$$

Durch q_{ij} werden in den Umsatzreaktionsfunktionen sowohl die Größen der VKG als auch die Standorte der ADM berücksichtigt, da diese zu unterschiedlichen Reisezeiten führen. Unter der Annahme, dass q_{ij} für alle verkaufsrelevanten Zeiten t_{ij} konstant ist, lassen sich die Besuchs- bzw. Reisezeiten unter Berücksichtigung von Gleichung 7.30 in Abhängigkeit von t_{ij} formulieren:

$$t_{ij}^{Reise} = \frac{q_{ij}}{1+q_{ij}} t_{ij} \quad \forall i,j \quad (7.34)$$

$$t_{ij}^{Besuch} = \frac{1}{1+q_{ij}} t_{ij} \quad \forall i,j \quad (7.35)$$

Mit Gleichung 7.34 lassen sich die Reisekosten im nachfolgend erläuterten Optimierungsproblem (vgl. Gleichungen 7.37 bis 7.39) bestimmen. Gleichung 7.35 wird bei der Bestimmung der Umsatzreaktionsfunktion in Form der aufgewandten Besuchszeit eines ADM i in der KGE j berücksichtigt. Zusätzlich muss bzgl. der Besuchszeiten t_{ij}^{Besuch} für jede KGE j eine Besuchszeitenelastizität β_j geschätzt werden, die angibt, um wie viel Prozent sich der Umsatz bei einer einprozentigen Änderung der Besuchszeit in KGE j verändert. Um darüber hinaus auch Niveaueffekte zu berücksichtigen, ist noch ein Skalierungsparameter α zu schätzen. Mithilfe der beschriebenen Parameter kann somit für jede Zuordnung einer KGE j zu einem ADM i eine Umsatzreaktionsfunktion r_{ij} der folgenden multiplikativen Form aufgestellt werden:[10]

$$r_{ij} = r_{ij}(z_{lj}, \tilde{z}_{l'j}, t_{ij}) = \alpha \left(\prod_{l \in L} z_{lj}^{\gamma_l} \right) \left(\prod_{l' \in L'} \tilde{z}_{l'i}^{\tilde{\gamma}_{l'}} \right) \left(\frac{1}{1+q_{ij}} t_{ij} \right)^{\beta_j} \quad \forall i,j \quad (7.36)$$

Da die Umsatzreaktionsfunktionen auf KGE-Basis geschätzt werden, sind sowohl der Datenbedarf als auch die Schätzfehler geringer als bei kundenindividuellen Umsatzreaktionsfunktionen (Skiera & Albers (2002, S. 1109f.)).

Die Parameter $\alpha, \gamma_l, \tilde{\gamma}_{l'}$ und β_j der Umsatzreaktionsfunktionen werden entweder aus objektiven Vergangenheitsdaten oder durch subjektive Schätzungen des Vertriebsmanagements ermittelt. Dabei ist zu berücksichtigen, dass Vergangenheitsdaten bei sich ändernden Rahmenbedingungen ungeeignet sind, während bei stabilen Bedingungen subjektive Schätzungen mitunter zu aufwendig sein können.

---

[10] Durch Anwendung der allgemeinen Formel für Reaktionselastizitäten lässt sich zeigen, dass die Parameter γ_l und $\tilde{\gamma}_{l'}$ als Umsatzreaktionselastizitäten interpretiert werden können.

Im Anschluss an die Schätzung der Umsatzreaktionsfunktionen auf KGE-Ebene wird eine Allokation der Verkaufszeiten auf die jeweiligen KGE sowie eine VKG-Einteilung gesucht, die den Gesamtdeckungsbeitrag über alle VKG maximiert. Um eine VKG-Einteilung auf Deckungsbeitragsbasis bewerten zu können, wird für jede KGE ein konstanter Deckungsbeitragssatz d_j angenommen. Die ADM i verfügen jeweils über eine begrenzte Gesamtverkaufszeit T_i und durch h_{ij} werden die Kosten mit einbezogen, die entstehen, wenn ADM i die KGE j betreut. Mithilfe einer binären Entscheidungsvariable x_{ij} wird schließlich festgelegt, ob eine KGE j einem ADM i zugeteilt wird ($x_{ij} = 1$) oder nicht ($x_{ij} = 0$).

Damit lässt sich das folgende nichtlineare, gemischt-ganzzahlige Optimierungsproblem aufstellen:

$$\sum_{i=1}^{m}\sum_{j=1}^{n}\left[d_j r_{ij} - h_{ij}\left(\frac{q_{ij}}{1+q_{ij}} t_{ij}\right)\right] x_{ij} \to \max! \quad (7.37)$$

unter den Nebenbedingungen:

$$\sum_{j=1}^{n} t_{ij} \leq T_i \quad \forall\, i,\ \text{mit } t_{ij} \geq 0 \quad \forall\, i,j \quad (7.38)$$

$$\sum_{i=1}^{m} x_{ij} = 1 \quad \forall\, j,\ \text{mit } x_{ij} \in \{0,1\} \quad \forall\, i,j \quad (7.39)$$

Zur Lösung dieses Optimierungsproblems müssen Werte für x_{ij} (VKG-Einteilung) und t_{ij} (Verkaufszeitenallokation) gefunden werden, die den Gesamtdeckungsbeitrag über alle ADM resp. VKG maximieren. Dazu werden in Gleichung 7.37, summiert über alle ADM i und KGE j, die von den Besuchszeiten abhängigen Deckungsbeiträge abzüglich der aus den Reisezeiten (vgl. Gleichung 7.34) resultierenden Reisekosten maximiert. Nebenbedingung 7.38 stellt sicher, dass die maximale Arbeitszeit keines ADM überschritten wird, und Nebenbedingung 7.39 ordnet jede KGE exklusiv einem ADM zu. Das durch die Beziehungen 7.37 bis 7.39 beschriebene Optimierungsproblem kann allerdings nicht auf analytischem Wege gelöst werden, weshalb Skiera & Albers (1998) eine Lösungsheuristik vorschlagen. Diese verwendet simultan je einen Algorithmus für die Allokation der Verkaufszeiten und einen für die Einteilung der VKG.

Der Allokationsalgorithmus sucht für jeden ADM i und die ihm zugeordneten KGE j (für $j \in J_i$ mit J_i = Indexmenge der dem VKG_i zugeordneten KGE) eine optimale Allokation der Verkaufszeiten t_{ij}^*. Als Ausgangspunkt wird hierbei eine bestehende VKG-Einteilung verwendet. Die Verkaufszeiten werden für alle ADM i schrittweise neu zwischen den zugehörigen KGE j aufgeteilt, und zwar genau so lange, wie sich dadurch der Gesamtdeckungsbeitrag DB_i^{gesamt} eines ADM i als Summe der Deckungsbeiträge DB_{ij}, die ADM i in KGE j erzielt, erhöhen lässt ($C_{ij} = h_{ij}\, t_{ij}^{Reise}$ stellt hierbei die korrespondierende Kostenfunktion dar):

$$DB_i^{gesamt} = \sum_{j \in J_i} DB_{ij} = \sum_{j \in J_i}(d_j r_{ij} - C_{ij}) \quad \forall\, i \quad (7.40)$$

In jedem Iterationsschritt der Lösungsheuristik entsteht eine verbesserte Aufteilung der Verkaufszeiten. Um die optimalen Verkaufszeiten zu finden, werden die jeweils aktuellen Werte für den optimalen Umsatz r_{ij}^*, die optimalen Reisekosten C_{ij}^* sowie die Umsatzelastizität ε_{ij}^* und die Reisekostenelastizität δ_{ij}^* in die folgende Bedingung eingesetzt. Es gilt:

$$t_{ij}^* = \frac{d_j \varepsilon_{ij}^* r_{ij}^* - \delta_{ij}^* C_{ij}^*}{\sum_{j \in J_i}(d_j \varepsilon_{ij}^* r_{ij}^* - \delta_{ij}^* C_{ij}^*)} T_i = \frac{d_j \varepsilon_{ij}^* r_{ij}^* - \delta_{ij}^* C_{ij}^*}{MMDB_i} \quad \forall\, i, j \in J_i \quad (7.41)$$

Die genannten Elastizitäten ε_{ij} und δ_{ij} sind dabei wie folgt definiert:

$$\varepsilon_{ij} = \frac{\partial r_{ij}}{\partial t_{ij}} \cdot \frac{t_{ij}}{r_{ij}} \quad \text{bzw.} \quad \delta_{ij} = \frac{\partial C_{ij}}{\partial t_{ij}} \cdot \frac{t_{ij}}{C_{ij}} \quad \forall i,j \quad (7.42)$$

Für den mittleren marginalen Deckungsbeitrag $MMDB_i$ des ADM i gilt entsprechend (für eine detaillierte Herleitung der Bedingung vgl. Skiera & Albers (1998, S. 212f.)):

$$MMDB_i = \frac{\sum_{j \in J_i}(d_j \varepsilon_{ij}^* r_{ij}^* - \delta_{ij}^* C_{ij}^*)}{T_i} \quad \forall i \quad (7.43)$$

Der Allokationsalgorithmus stoppt, wenn der Gesamtdeckungsbeitrag DB_i^{gesamt} je ADM i durch Reallokation der Verkaufszeiten nicht mehr weiter gesteigert wird. Als Ergebnis werden an den Algorithmus zur VKG-Einteilung die optimalen Verkaufszeiten t_{ij}^*, die damit erzielbaren Deckungsbeiträge DB_{ij} und der mittlere marginale Deckungsbeitrag $MMDB_i$ übergeben.

Der Zuordnungsalgorithmus startet mit einer VKG-Einteilung, bei der alle KGE j sämtlichen ADM i zugeordnet werden. Da jedoch jede KGE nur von einem ADM betreut werden soll (vgl. Nebenbedingung 7.39 des Optimierungsproblems), wird in jedem Iterationsschritt jene Zuordnung einer KGE j zu einem ADM i gesucht, die bei einer eventuellen Eliminierung zu dem geringsten Rückgang L_{ij} des betreffenden Deckungsbeitrags führen würde. Dies geschieht, indem für jede mögliche Zuordnung einer KGE zu einem ADM der entsprechende Teildeckungsbeitrag DB_{ij} um den Deckungsbeitrag reduziert wird, der näherungsweise erzielt werden könnte, wenn die Verkaufszeit t_{ij} der aktuellen Zuordnung auf die übrigen KGE des ADM verteilt werden würde. Es sei:

$$L_{ij} = DB_{ij} - t_{ij} MMDB_i \quad \forall i,j \quad (7.44)$$

Ist die Zuordnung einer KGE j zu einem ADM bzw. VKG i mit dem geringsten Deckungsbeitragsrückgang L_{ij} identifiziert, wird diese KGE eliminiert, indem die entsprechende Entscheidungsvariable $x_{ij} = 0$ gesetzt wird. Danach ist die Verkaufszeit des ADM i mit dem Allokationsalgorithmus neu auf die für ihn verbleibenden KGE j aufzuteilen. Anschließend wird wiederum die Zuordnung mit dem geringsten Deckungsbeitragsrückgang gesucht und eliminiert. Dieser Vorgang wird so lange wiederholt, bis schließlich alle KGE *j* genau einem ADM *i* zugeordnet sind. Die Lösung kann eventuell noch dadurch verbessert werden, dass der Algorithmus mit einer modifizierten Startlösung erneut durchlaufen wird. Die beste aller auf diese Weise gefundenen Lösungen wird dann den konkreten Planungen zugrundegelegt.

Skiera (1996) hat den Nutzen von COSTA in einem mittelständischen deutschen Unternehmen mit 10 ADM bzw. VKG und 95 KGE (entsprechend zweistelliger Postleitzahlregionen) überprüft.[11] Verglichen mit der ursprünglichen VKG-Einteilung des Unternehmens, konnte mit COSTA der Gesamtdeckungsbeitrag um ca. 5,8 % gesteigert werden. Dies ist neben einer gleichmäßigeren Marktabdeckung gegenüber der Ausgangssituation auch darauf zurückzuführen, dass die Anzahl der Besuche bei den Kunden insgesamt um etwa 3 % gesteigert wurde.

Zusammenfassend kann festgehalten werden (vgl. hierzu auch Skiera & Albers (1998, S. 210 f.)), dass COSTA gegenüber früheren deckungsbeitragsmaximierenden Ansätzen wegen der auf KGE-Ebene aggregierten Umsatzreaktionsfunktionen deutlich weniger Daten benötigt. Mit dem vorgeschlagenen heuristischen Lösungsverfahren können auch Optimierungsprobleme mit einer größeren Zahl an KGE und ADM vergleichsweise schnell gelöst werden. Im Vergleich zu Ansätzen, die gleichwertige VKG erzeugen, kann das Verfahren höhere Gesamtdeckungsbeiträge liefern. Außerdem können damit die Auswirkungen von Änderungen der ADM-Zahl sowie deren Standort überprüft werden.

Aber auch der COSTA-Ansatz ist nicht ganz frei von Schwächen (Wartenberg (1997, S. 83ff.)). So ist z. B. die Akzeptanz des Modells bei den ADM nicht zwangsweise gegeben, da die VKG, die mit COSTA erzeugt werden, ungleiche Potenziale aufweisen können. Dies kann bei einer Entlohnung über Umsatzprovisionen u. U. zu unterschiedlichen Verdienstmöglichkeiten und damit zu Motivationsproblemen führen. Verhindert werden kann dies z. B. dadurch, dass individuelle Umsatzvorgaben für die unterschiedlichen Verkaufspotenziale in den einzelnen Gebieten aufgestellt werden und die Vergütung entsprechend dem Grad der Zielerreichung erfolgt (vgl. Unterabschnitt 7.2.4). Als problematisch kann sich auch erweisen, dass geografische Gegebenheiten in dem hier betrachteten Grundmodell nur über die Fahrtzeiten berücksichtigt werden, weshalb nicht zwangsläufig zusammenhängende VKG entstehen. Andererseits bleibt festzustellen, dass, wie z. B. Zoltners & Sinha (2005, S. 318) vermerken, seitens der ADM, der Kunden und des Unternehmens sehr viele unterschiedliche Anforderungen an eine optimale VKG-Zuordnung existieren, die nicht alle gleichzeitig in einem noch praktikablen Entscheidungsmodell berücksichtigt werden können. Modelle wie COSTA können insbesondere dann erfolgreich angewendet werden, wenn auch andere relevante Problemstellungen der Vertriebsplanung, wie z. B. die Entlohnung der ADM, berücksichtigt werden. Generell gilt jedoch für jede neue Verkaufsgebietseinteilung, unabhängig davon, mit welchem Ansatz sie generiert wurde, dass sie abschließend auch noch einmal durch das Vertriebs-

---

[11] Eine einfache Veranschaulichung der grundsätzlichen Vorgehensweise anhand eines „von Hand" rechenbaren Beispiels ist im vorliegenden Fall aufgrund der Komplexität des Modells nicht möglich bzw. würde so viele vereinfachende Annahmen voraussetzen, dass sein Potenzial nicht mehr angemessen darstellbar wäre.

management auf Plausibilität und Angemessenheit hin überprüft und ggf. angepasst werden sollte (Albers & Krafft (2013, S. 105)).

7.2.4 Ausgestaltung von Vergütungs- und Bonussystemen

Die Motivation und vertriebliche Fähigkeit eines ADM ist ein wesentlicher Faktor für den wirtschaftlichen Erfolg eines Unternehmens. Dies gilt umso mehr, je intensiver die eigenen Produkte über persönlichen Verkauf[12] vertrieben werden. Zur Steigerung der Motivation und um fähige ADM im Unternehmen halten zu können bzw. zu rekrutieren, ist die Existenz eines geeigneten Anreizsystems unerlässlich. Ein praxistaugliches Anreizsystem sollte sowohl die Bedürfnisse des Unternehmens als auch die der ADM berücksichtigen und miteinander in Einklang bringen. Neben der motivierenden Wirkung dient ein Anreizsystem dem Unternehmen auch zur Steuerung und Kontrolle des ADM. Für die Umsetzung dieser Ziele sind unterschiedliche Gestaltungsalternativen denkbar. Grundsätzlich kann zwischen materiellen und immateriellen Anreizen unterschieden werden (Albers & Krafft (2013, S. 191ff.)). Materielle Anreize können wiederum in monetäre und nicht-monetäre Anreize unterteilt werden. Monetäre Anreize erreichen den Vertriebsmitarbeiter direkt in Form von Geld, z. B. als Festgehalt, Prämie oder Provision. Bei nicht-monetären Anreizen erfolgt keine direkte Auszahlung an den ADM. Im Vordergrund stehen vielmehr Sachleistungen, wie z. B. ein Dienstwagen, eine Incentive-Reise oder Sachprämien. Immaterielle Anreize zeichnen sich durch einen nicht-finanziellen Charakter aus und können nach Albers & Krafft (2013, S. 191) in personenbezogene, arbeitsbezogene und organisatorische Anreize unterteilt werden. Personenbezogene Anreize sind individuell auf den ADM ausgerichtete Anreize, wie z. B. Lob und Anerkennung, spezielle Freizeitregelungen oder ein individuelles Coaching. Arbeitsbezogene Anreize sind hingegen im Kontext der Arbeit und deren Ausgestaltung angesiedelt und beinhalten z. B. die Ausgestaltung flexiblerer Arbeitszeiten, eine größere Selbstständigkeit und Verantwortung oder Fortbildungsangebote. Die organisatorischen Anreize schließlich beziehen sich auf die organisatorischen Rahmenbedingungen, die durch ein Unternehmen gegeben sind. Dazu zählen z. B. das Unternehmensimage, der Standort oder der Betriebskindergarten. Bei der Ausgestaltung eines wirksamen Anreizsystems gilt es, materielle und immaterielle Anreize in einem angemessenen Verhältnis zueinander zu berücksichtigen. Da den monetären Anreizen jedoch eine besondere Bedeutung zukommt, liegt im Folgenden der Fokus auf diesen.

Ein **Vergütungssystem** sollte (Zoltners, Sinha & Zoltners (2001, S. 278ff.)) einfach zu verstehen sein (d. h. die ADM sollten die Höhe ihres Einkommens infolge eines intendierten Vertriebsengagements abschätzen können), faire Entlohnungschancen bieten (z. B. durch die Berücksichtigung von Gebietsunterschieden und/oder Fähigkeiten) und flexibel an Veränderungen angepasst werden können (z. B. neue Marktbedingungen, neue Produkte und/oder andere ADM-Strukturen). Zunächst ist

---

[12] Hiermit ist nicht nur der direkte Verkauf an den Endkunden (vgl. direkter Vertrieb) gemeint, sondern insbesondere auch der mitunter mit großen Umsatzvolumina einhergehende Verkauf an Händler.

als erste Orientierung festzulegen, wie hoch das Gehaltsniveau der ADM im Durchschnitt ausfallen soll. Dabei sind externe Faktoren (dazu gehören z. B. die Arbeitsmarktsituation und das Gehaltsniveau bei den Wettbewerbern), interne Faktoren (wie z. B. die gegenwärtige und die zukünftige Gewinnsituation des Unternehmens) und aufgabenbezogene Faktoren (wie z. B. benötigte Fähigkeiten oder Qualifikationen) zu berücksichtigen. Wird ein unterdurchschnittliches Gehaltsniveau zugrunde gelegt, so kann dies zu unmotivierten ADM und infolgedessen zu einer hohen Mitarbeiterfluktuation führen. Umsatzeinbußen und eine unzureichende Kundenbetreuung wären die Konsequenz. Überdurchschnittliche Einkommen können hingegen bei den übrigen Mitarbeitern ein Ungerechtigkeitsgefühl hervorrufen und diese demotivieren.

Des Weiteren ist die Aufteilung zwischen fixen und variablen Gehaltsbestandteilen zu regeln (für eine ausführliche Diskussion dieses Problems vgl. z. B. Albers (1995)). **Festgehälter** gewährleisten den ADM Einkommenssicherheit und werden im Vertrieb insbesondere für die Durchführung von Tätigkeiten gezahlt, die für den langfristigen Unternehmenserfolg wichtig sind, aber keine direkte Umsatzwirkung haben (z. B. Kundenservice und Weiterbildung). Außerdem sind die Personalkosten bei fixen Gehältern gut planbar und Änderungen von VKG-Einteilungen oder Umsatzvorgaben lassen sich relativ unproblematisch durchsetzen. Die Motivationswirkung ist aus naheliegenden Gründen aber eher gering, weshalb es sich anbietet, einen Teil der Entlohnung variabel zu gestalten.

Bei der **variablen Vergütung** (in Form von Provisionen, Prämien, Bonuszahlungen etc.) werden direkt erbrachte Leistungen entlohnt. Dadurch werden die ADM nachhaltiger motiviert, sich für das Unternehmen zu engagieren, und die Höhe der Vergütung wird an die Ertragslage des Unternehmens angepasst (Witt (1996, S. 232)). Aufgrund der Tatsache, dass mit der variablen Entlohnung zusätzlich flexible Steuerungsmöglichkeiten verbunden sind, gewinnt diese Vergütungsform zunehmend an Bedeutung.

Die Entlohnung in Form von **Provisionen** erfolgt anteilsmäßig über Bezugsgrößen wie etwa erzielte Umsätze oder Deckungsbeiträge. Provisionssysteme können je nach Unternehmensstrategie und Ausgestaltung verschiedene Anreize setzen. Während eine lineare Beziehung zwischen Bezugsgröße und Provisionshöhe eine gleichmäßige Marktbearbeitung unterstützt, können progressive bzw. degressive Relationen eine schnelle bzw. langsame Marktdurchdringung bewirken. Darüber hinaus können Provisionssätze nach Produkten und/oder Kundengruppen variiert werden, um auf diese Weise die Verkaufsanstrengungen der ADM in die gewünschte Richtung zu lenken. Dürfen die ADM den Kunden Rabatte oder sonstige Vergünstigungen gewähren (Preiskompetenz), so weisen Deckungsbeiträge gegenüber Umsätzen als Bezugsgröße den Vorteil auf, dass auch Kostenaspekte berücksichtigt werden. Dies verhindert darüber hinaus, dass der Preis so lange gesenkt wird, bis der Kunde schließlich zu einem Preis kauft, der zwar Umsatz, aber möglicherweise keinen Gewinn mehr generiert. Eine zu ausgeprägte Fokussierung der Entlohnung auf Provisionen kann aber auch dazu führen, dass sich die ADM zu stark auf den reinen Verkauf konzentrieren („Hard-selling") und dabei wichtige Aufgaben wie die Kundenberatung oder die Neukundengewinnung vernachlässigen.

Ein einfaches Prämiensystem zur Leistungsvergütung im Vertrieb

Die soeben skizzierte Gefahr des sprichwörtlichen Umsatzes um jeden Preis ist bei **Prämiensystemen** weniger vorhanden, da sich die Prämienhöhe eines ADM im Idealfall danach richtet, in welchem Maße vorgegebene Ziele wie z. B. eine bestimmte Gesamtunternehmensprofitabilität oder ein bestimmter Grad der Kundenzufriedenheit erreicht wurden. Ein Unternehmen kann auf diese Weise Einfluss darauf nehmen, wie viel Zeit die ADM für unterschiedliche Produkte, Kundensegmente oder Tätigkeiten (normaler Verkauf, Neukundengewinnung etc.) aufwenden. Abbildung 7.5 zeigt ein einfaches, kalibrierbares Prämiensystem zur individuellen Leistungsvergütung, bei dem die ADM die Möglichkeit haben, die Prämienhöhe durch das Erreichen von selbstgesetzten, hohen oder niedrigen Zielen zu beeinflussen. Erhält z. B. ein ADM als Zielvorgabe einen Umsatz von 500000 € (100 % Zielerreichung), dann kann dieser die eigene Zielvorgabe z. B. auf 105 % erhöhen, wenn er einen Umsatz von 525000 € im Planungszeitraum für realisierbar hält. Beträgt der tatsächlich erzielte Umsatz dann sogar 550000 € (110 % Zielerreichung), dann bekommt der ADM dafür 145 Punkte gutgeschrieben, die ihrerseits zur Berechnung der Prämienhöhe in € dienen.

		\multicolumn{5}{c	}{Mitarbeiterziel (Zielvorgabe aus Sicht des Mitarbeiters)}	
		90 %	95 %	100 %	**105 %**	110 %	…
		…	…	…	…		
	110 %	120	125	130	**145**	160	…
Zielerreichung bezogen auf Unternehmensvorgabe	105 %	108	110	115	130	120	
	100 %	92	94	100	97	95	…
	95 %	65	75	70	65	55	
	90 %	25	20	15	12	10	…

Abb. 7.5: Beispiel für ein Bonus-Malus-System zur Vertriebssteuerung (Röhle (2004, S. 71))

Liegt der Prämienbewertung hingegen nicht nur ein Ziel, sondern eine Menge von Z Zielen zugrunde, so bietet sich für die Ermittlung der Gesamtpunktzahl P_{Gesamt} – unter Berücksichtigung der zielindividuell erreichten Punkte $P_1,\ldots,P_Z$ und der Zielgewichtungen g_z ($z = 1,\ldots,Z$) – die folgende Rechenvorschrift an:

$$P_{Gesamt} = \frac{g_1 P_1 + \ldots + g_Z P_Z}{\sum_{z=1}^{Z} g_z} \tag{7.45}$$

Die Entscheidung, ob ein Provisions- oder ein Prämiensystem als variable Entlohnung geeigneter ist, hängt von verschiedenen Merkmalen des Verkaufsprozesses, der Vertriebsorganisation und der Nachfrage(un)sicherheit ab. Für eine ausführliche Darstellung und Diskussion dieser Problematik sei auf Albers & Krafft (2013, S. 214ff.) verwiesen.

Viele Modelle zur Gestaltung optimaler Vergütungssysteme beruhen auf der **Prinzipal-Agenten-Theorie**, da diese Lösungsmöglichkeiten für mögliche Konflikte (unterschiedliche Zielsetzungen, Informationsasymmetrie und/oder Unsicherheit der Umsätze) zwischen Prinzipal (Unternehmen) und Agenten (ADM) liefert. Ein potenzieller Konfliktpunkt besteht z. B. darin, dass Prinzipal und Agenten unterschiedliche Ziele verfolgen. Während das Unternehmen i. d. R. den Gewinn maximieren will, streben die ADM nach Nutzenmaximierung (z. B. in Form der Realisation einer maximalen Prämie). Die Agenten sind zudem häufig risikoaverser als der Prinzipal, was zu einer Bevorzugung von Festgehalt gegenüber einer variablen Vergütung führt. Außerdem kann das Unternehmen die tatsächlich erbrachte Verkaufsleistung eines ADM nur schwer präzise beurteilen, weil sie zum einen nicht direkt beobachtbar (Es besteht Informationsasymmetrie, da die ADM die Kunden außerhalb des Unternehmens besuchen.) und zum anderen schwer aus den Umsatzzahlen abzuleiten ist (Es besteht eine Unsicherheit in Bezug auf die Umsätze, da diese auch von stochastischen Faktoren wie z. B. der Marktsituation und dem Verhalten der Wettbewerber beeinflusst werden.). Diese und ähnliche Konflikte werden in verschiedenen Modellen zur Gestaltung von Anreizsystemen für unterschiedliche Bedingungen (homogene oder heterogene ADM, Informationssymmetrie oder -asymmetrie) berücksichtigt (Albers (1995, 1996)).

Bestimmung optimaler Prämienpläne

Die Prinzipal-Agenten-Theorie als Ausgangspunkt nutzend, wurde von Mantrala, Sinha & Zoltners (1994) eine modellgestützte Methode für die Gestaltung optimaler, umsatzbasierter Prämienpläne für einen heterogenen Außendienst (z. B. aufgrund unterschiedlicher Verkaufsfähigkeiten oder Umsatzpotenziale in den einzelnen VKG) entwickelt. Mit ihrer Hilfe lassen sich die Verkaufsanstrengungen der ADM hinsichtlich verschiedener Produkte in einer Weise steuern, dass der Gesamtdeckungsbeitrag maximiert wird. Die optimale Form des Prämienplans wird auf der Basis individueller Nutzenfunktionen der ADM, von unterschiedlichen Verkaufsfähigkeiten oder von Umsatzpotenzialen in den einzelnen VKG gesucht. Entsprechend der Anreize, die der erzeugte Prämienplan für die ADM setzt, teilen diese ihre Verkaufsanstrengungen bei den Kundenbesuchen so auf die einzelnen Produkte des Unternehmens auf, dass sie ihren eigenen Nutzen und damit einhergehend den Unternehmensgewinn maximieren. Im Modell wird ein kombiniertes Vergütungssystem für die ADM als optimal vorausgesetzt. Bei diesem wird ein fixer Gehaltsbestandteil als fest vorgegeben angenommen, womit als eigentliches Optimierungsproblem die

Gestaltung der variablen Entlohnung verbleibt. Die variable Entlohnung erfolgt in Form einer Prämie, deren Höhe davon abhängt, in welchem Maße im Vorfeld durch das Vertriebsmanagement festgelegte Umsatzvorgaben erreicht wurden.

Für die Aufstellung des Modells werden zunächst die Umsatzreaktionsfunktionen der ADM benötigt. Mantrala et al. (1994) nehmen zu diesem Zweck an, dass die Umsätze von den Fähigkeiten und Anstrengungen der ADM abhängen und somit keine stochastischen Umsatzunsicherheiten, wie in Prinzipal-Agenten-Ansätzen verschiedentlich der Fall, bestehen. Mit x_{ij} wird der erwartete Umsatz für Produkt j ($j = 1, ..., J$) bezeichnet, wenn dieses von ADM i ($i = 1, ..., I$) mit einer eingesetzten Verkaufszeit im Umfang von t_{ij} verkauft wird. Zusätzlich werden der minimale Umsatz b_{ij} (ohne Verkaufsanstrengungen) und der maximal erreichbare Umsatz a_{ij} (Sättigungsvolumen) anhand von Unternehmensdaten oder aber subjektiv durch das Vertriebsmanagement geschätzt. Weiterhin wird ein Parameter c_{ij} benötigt, der angibt, mit welcher Rate sich der Umsatz bei steigenden Verkaufsanstrengungen dem Maximalumsatz a_{ij} annähert. Für jeden ADM i werden die Umsätze bei den Kunden aggregiert auf die einzelnen Produkte j betrachtet. Die Umsatzreaktionsfunktionen x_{ij} haben deshalb einen konkaven Verlauf. Es gelte:

$$x_{ij} = x_{ij}(t_{ij}) = b_{ij} + (a_{ij} - b_{ij})(1 - e^{-c_{ij} t_{ij}}) \quad \forall i, j \qquad (7.46)$$

Zur Ermittlung der Verkaufszeit t_{ij}, die ein ADM i einsetzen muss, um ein bestimmtes Umsatzniveau x_{ij} für ein Produkt j zu erreichen, wird Gleichung 7.46 nach t_{ij} aufgelöst. Werden anschließend die einzelnen Verkaufszeiten t_{ij} über alle Produkte j summiert, so ergibt sich für ADM i die Gesamtverkaufszeit T_i, die der ADM benötigt, um die jeweiligen Umsatzniveaus x_{ij} zu realisieren:

$$T_i = \sum_{j=1}^{J} t_{ij} = \sum_{j=1}^{J} \frac{1}{c_{ij}} \ln\left(\frac{a_{ij} - b_{ij}}{a_{ij} - x_{ij}}\right) \quad \forall i \qquad (7.47)$$

Damit der gesuchte Prämienplan die ADM optimal motiviert, werden im Modell zusätzlich individuelle Nutzenfunktionen der ADM berücksichtigt. Der Nutzen U_i eines ADM i hängt positiv von der Prämie B_i und negativ von der dafür insgesamt einzusetzenden Verkaufszeit T_i ab. Die Höhe dieser Prämie ergibt sich entsprechend des jeweils erreichten Umsatzniveaus x_{ij} bei den einzelnen Produkten gemäß eines für alle ADM geltenden Prämienplans $B(\cdot)$. Unter Verwendung von geeignet zu schätzenden Parametern $\alpha_i > 0$, $0 < \beta_i \leq 1$ und $\gamma_i > 0$ kann für jeden ADM i eine individuelle Nutzenfunktion U_i aufgestellt werden. Es gilt:

$$U_i = U_i(B_i, T_i) = \alpha_i B_i^{\beta_i} - \gamma_i T_i \quad \forall i \qquad (7.48)$$

Um die Bestimmung der Funktionsparameter zu erleichtern, wird angenommen, dass in der Nutzenfunktion 7.48 der Nutzenentgang durch die Verkaufsanstrengungen ($\gamma_i T_i$) linear ist. ADM i maximiert seinen Nutzen U_i, indem er unter Berücksichtigung des Prämienplans $B(\cdot)$ die Höhe und Verteilung seiner gesamten Arbeitszeit T_i optimal auf die einzelnen Produkte des Unternehmens verteilt. Wird Gleichung

7.47 in die individuelle Nutzenfunktion 7.48 eingesetzt, so ergibt sich eine Nutzenfunktion in Abhängigkeit von der Prämie B_i und den Umsätzen x_{ij}. Damit ist es nun möglich, die für eine Maximierung des Nutzens U_i benötigten Umsätze x_{ij} des ADM i (bei gegebenem Prämienplan $B(\cdot)$) zu bestimmen. Zur Vereinfachung der Parametrisierung wird γ_i/c_{ij} durch η_{ij} ersetzt und es gilt:

$$U_i = U_i(B_i, x_{ij}) = \alpha_i B_i^{\beta_i} - \sum_{j=1}^{J} \eta_{ij} \ln\left(\frac{a_{ij} - b_{ij}}{a_{ij} - x_{ij}}\right) \quad \forall i \qquad (7.49)$$

Die unbekannten Funktionsparameter α_i, β_i und η_{ij} in Gleichung 7.49 können z. B. anhand von abgefragten Präferenzurteilen der ADM geschätzt werden. Dazu müssen diese verschiedene Kombinationen von Umsatzvorgaben für einzelne Produkte und die daraus resultierenden Prämienzahlungen bewerten. Eine praktische Umsetzung dieser Präferenzmessung kann z. B. mittels einer Conjoint-Analyse erfolgen.

Damit die Umsatzziele für die ADM auch tatsächlich zu erreichen sind, werden sie vom Unternehmen individuell entsprechend den Verkaufspotenzialen in den jeweiligen VKG vorgegeben (z. B. 80 % des Potenzials in jedem VKG).

Für eine Implementierung des Modells muss das Unternehmen demzufolge individuelle Umsatz- bzw. Zielvorgaben q_{ij} festlegen, die angeben, welchen Umsatz die ADM i bei den verschiedenen Produkten j erreichen sollen. Die Höhe der Prämien, die ein ADM i bei einem Prämienplan $B(\cdot)$ erzielen kann, ist abhängig von den Entscheidungsvariablen y_{ij} ($= \frac{x_{ij}}{q_{ij}}$), die den Grad der Zielerreichung bei vorgegebenen Umsatzniveaus für die unterschiedlichen Produkte wiedergeben. Jeder ADM bestimmt im Zuge seiner Nutzenmaximierung, welchen Zielerreichungsgrad er bei den einzelnen Produkten verwirklichen will. Aus diesem Grund gilt für die Prämienhöhe: $B_i = B(y_{i1}, \ldots, y_{ij}, \ldots, y_{iJ})$. Für die Aufstellung des Optimierungsproblems, mit dem ein optimaler Prämienplan $B(\cdot)$ generiert werden kann, wird zusätzlich ein produktspezifischer Deckungsbeitragssatz g_j und ein Mindestnutzen m_i für jeden ADM i vorgegeben, da diese ansonsten nicht bereit wären, für das Unternehmen zu arbeiten. Das Optimierungsproblem lautet damit:

$$\sum_{i=1}^{I} \sum_{j=1}^{J} g_j \, y_{ij} \, q_{ij} - \sum_{i=1}^{I} B(y_{i1}, y_{i2}, \ldots, y_{iJ}) \to \max! \qquad (7.50)$$

unter den Nebenbedingungen:

$$\frac{\partial U_i}{\partial y_{ij}} = 0 \quad \forall i, j \qquad (7.51)$$

$$U_i \geq m_i \quad \forall i \qquad (7.52)$$

$$\frac{b_{ij}}{q_{ij}} \leq y_{ij} \leq \frac{a_{ij}}{q_{ij}} \quad \forall i, j \qquad (7.53)$$

Das Maximierungsproblem berücksichtigt dabei insbesondere das Problem des Vorliegens unterschiedlicher Ziele. Mit der Zielfunktion 7.50 wird für alle ADM und alle Produkte diejenige Ausgestaltung eines gemeinsamen Prämienplans $B(\cdot)$ gesucht, die die Deckungsbeiträge durch den Verkauf der Produkte abzüglich der Kosten für die ausgezahlten Prämien maximiert (Ziel des Prinzipal). Nebenbedingung 7.51 berücksichtigt, dass die ADM ihre Verkaufsanstrengungen ihren Nutzen maximierend auf die Produkte aufteilen (Ziel der Agenten), während Nebenbedingung 7.52 sicherstellt, dass ein vorgegebener Mindestnutzen der ADM nicht unterschritten wird. Abschließend definiert Nebenbedingung 7.53 ein Zielintervall für die Werte y_{ij}, um sinnvolle Lösungen zu gewährleisten. Mit dem beschriebenen Ansatz lassen sich einerseits bereits bestehende Prämienpläne beurteilen und andererseits durch eine iterative Veränderung der Parameterwerte bessere Formen der Ausgestaltung identifizieren, sodass sich hierdurch der Gesamtdeckungsbeitrag des Unternehmens verbessert.

Das vorgestellte Modell zur Bestimmung optimaler Prämienpläne soll nun anhand eines Beispiels erläutert werden, bei dem fünf ADM zwei verschiedene Produkte verkaufen. Die entsprechenden Ausgangsdaten finden sich in Tabelle 7.12.

Tabelle 7.12: Ausgangssituation für das Beispiel zur Bestimmung eines optimalen Prämienplans

ADM	Parameter			Produkt 1 [Angaben in €]			Produkt 2 [Angaben in €]			Mindestnutzen
i	α_i	η_{i1}	η_{i2}	b_{i1}	a_{i1}	q_{i1}	b_{i2}	a_{i2}	q_{i2}	m_i
1	3,5	0,83	0,12	115000	220000	187000	6000	15000	10500	3,73
2	12,0	0,54	0,76	280000	450000	382500	8000	24000	16800	15,27
3	14,5	0,08	0,41	220000	330000	280500	4000	18000	12600	19,33
4	6,0	0,21	0,57	170000	240000	204000	10000	28000	19600	7,61
5	18,0	0,32	0,25	250000	410000	348500	2000	12000	8400	24,00

Die Parameter α_i, η_{i1} und η_{i2} der Nutzenfunktionen der ADM (vgl. Gleichung 7.49) seien von dem Unternehmen für jeden ADM i anhand von Präferenzurteilen geschätzt worden. Außerdem gelte für alle ADM: $\beta_i = 0,05$. Produkt 1 ist ausgereift und bereits am Markt etabliert, während Produkt 2 gerade neu eingeführt wurde und ein dementsprechend geringeres Umsatzpotenzial aufweist. Für beide Produkte sei der Deckungsbeitragssatz $g_j = 1$. Als Umsatzvorgaben q_{ij} werden für das erste Produkt 85 % und für das zweite Produkt 70 % des für jeden ADM und jedes Produkt jeweils möglichen Maximalumsatzes a_{ij} festgelegt. Zusätzlich wird ein Mindestnutzen m_i vorgegeben, der verhindern soll, dass neu gestaltete Prämienpläne zu einer Verschlechterung des Nutzens bei den ADM führen. Der aktuelle Prämienplan zur Entlohnung der ADM hat folgende additive Form:

$$B(y_{i1}, y_{i2}) = -6800 + 6200 y_{i1} + 1100 y_{i2} \quad \forall i \qquad (7.54)$$

Erfüllt bei diesem Plan ein ADM z. B. genau die Umsatzvorgaben für beide Produkte (d. h. gilt $y_{i1} = 1$ und $y_{i2} = 1$), so erhält er eine Prämie in Höhe von $B_i = 500$ € (da $B_i = -6800 + 6200 \cdot 1 + 1100 \cdot 1 = 500$). Um diesen aktuellen Prämienplan zu beurteilen, werden nun für jeden ADM i jene Werte für y_{i1} und y_{i2} gesucht, die dessen

Nutzen maximieren (vgl. Gleichungen 7.50 bis 7.53). Die resultierenden Zielerreichungsgrade, Nutzenniveaus, Prämien und Deckungsbeiträge sind in Tabelle 7.13 aufgeführt.

Tabelle 7.13: Ergebnisse der Optimierung für den aktuellen Prämienplan (gerundete Werte)

ADM	Zielerreichungsgrad		Nutzen	Prämie [in €]	Beitrag zum Unternehmenserfolg [in €]
i	y_{i1}	y_{i2}	U_i	B_i	π_i
1	0,9434	1,2387	3,82	412	189011
2	1,0924	0,7613	15,60	810	429823
3	1,1591	0,9259	20,26	1405	335389
4	1,1180	0,5343	7,95	719	237825
5	1,1193	1,1768	24,83	1434	398527
Summe	–	–	–	4780	1590575

Die Prämienhöhe B_i ergibt sich, indem die nutzenmaximierenden Zielerreichungsgrade y_{i1} und y_{i2} in den aktuellen Prämienplan (vgl. Gleichung 7.54) eingesetzt werden. Ist die Prämienhöhe bekannt, so können z. B. für ADM 1 der Nutzen U_1 und der Beitrag π_1 zum Unternehmenserfolg wie folgt berechnet werden:

$$U_1 = \alpha_1 B_1^{\beta_1} - \sum_{j=1}^{2} \eta_{1j} \ln\left(\frac{a_{1j} - b_{1j}}{a_{1j} - y_{1j} q_{1j}}\right)$$

$$= 3,5 \cdot 412^{0,05} - 0,83 \cdot \ln\left(\frac{220000 - 115000}{220000 - 0,9434 \cdot 187000}\right)$$

$$-0,12 \cdot \ln\left(\frac{15000 - 6000}{15000 - 1,2387 \cdot 10500}\right) \approx 3,82 \quad (7.55)$$

$$\pi_1 = \sum_{j=1}^{2} g_j y_{1j} q_{1j} - B(y_{11}, y_{12})$$

$$= 1 \cdot 0,9434 \cdot 187000 + 1 \cdot 1,2387 \cdot 10500 - 411,65 = 189010,50 \ \text{€}$$
$$(7.56)$$

Bei dem aktuellen Prämienplan wählen die ADM somit Zielerreichungsgrade y_{ij} (vgl. Tabelle 7.13), mit denen der geforderte Mindestnutzen für alle ADM eingehalten wird (vgl. U_i in Tabelle 7.13 mit m_i in Tabelle 7.12). Das gesamte Prämienvolumen beträgt $B = 4780$ € und es wird ein Gesamtbeitrag zum Unternehmenserfolg in Höhe von $\pi = 1590575$ € erzielt.

Das Unternehmen will nun herausfinden, ob mit einem alternativen Prämienplan der folgenden, multiplikativen Form der Gesamtbeitrag zum Unternehmenserfolg im Vergleich zum vorherigen Plan noch gesteigert werden kann. Es sei:

$$B^{neu}(y_{i1}, y_{i2}) = -780 + 1200 y_{i1}^{10} y_{i2}^{2} \quad \forall i \quad (7.57)$$

Wie bereits beim ursprünglichen Prämienplan geschehen, werden auch bei dem alternativen Plan für jeden ADM die optimalen bzw. nutzenmaximierenden Werte für y_{i1} und y_{i2} bestimmt, um dann im Anschluss beide Pläne vergleichen zu können. Die Ergebnisse sind in Tabelle 7.14 dargestellt.

Tabelle 7.14: Ergebnisse der Optimierung für einen weiteren alternativen Prämienplan (gerundete Werte)

ADM	Zielerreichungsgrad		Nutzen	Prämie [in €]	Beitrag zum Unternehmens- erfolg [in €]
i	y_{i1}	y_{i2}	U_i	B_i^{neu}	π_i
1	0,9917	1,2590	3,82	969	197698
2	1,1216	1,0627	16,19	3490	443375
3	1,1690	1,2270	21,68	7830	335535
4	1,1342	0,9487	8,15	3025	246946
5	1,1527	1,3219	26,64	7904	404916
Summe	–	–	–	23218	1628470

Vergleicht man die ursprünglichen Ergebnisse in Tabelle 7.13 mit denen in Tabelle 7.14, so erkennt man, dass der Nutzen bei dem alternativen Prämienplan für alle ADM (bis auf ADM 1) höher ausfällt. Das Gesamtvolumen der Prämien beträgt $B = 23218$ € und der Beitrag zum Unternehmenserfolg kann auf $\pi = 1628470$ € gesteigert werden, was einer Erhöhung um etwa 2,4 % entspricht.

Anhand solcher modellbasiert optimierter Prämienpläne können Unternehmen, die mehrere Produkte verkaufen, das Verhalten ihrer ADM indirekt steuern und damit den Unternehmenserfolg spürbar verbessern. Bei einer großen ADM-Anzahl wird jedoch die Schätzung der individuellen Nutzenfunktionen zunehmend aufwendiger. Darüber hinaus ist nicht ohne Weiteres festzustellen, welche Form von Prämienplänen (additiv, multiplikativ etc.) am besten geeignet sind bzw. den höchsten Erfolg versprechen. Klarheit kann hier nur die unternehmensindividuelle Prüfung der als potenziell geeignet erachteten Operationalisierungen liefern. Im Zweifel müssen, wie durch obiges Beispiel angedeutet, verschiedene Modellierungsoptionen miteinander verglichen und hierauf basierend dann die Modellwahlentscheidungen getroffen werden.

7.2.5 Bestimmung der Außendienstgröße

Eine weitere Aufgabe der Vertriebsplanung besteht in der Bestimmung der (optimalen) **Außendienstgröße** (d. h. der Anzahl der zum Einsatz kommenden ADM). Von dieser hängt z. B. wiederum die Anzahl und Zuordnung der einzelnen VKG in Modellen wie GEOLINE oder COSTA ab. Darüber hinaus bilden die ADM oftmals die einzige Schnittstelle zum Kunden und beeinflussen so maßgeblich die Höhe des erzielten Umsatzes eines Unternehmens (Zoltners et al. (2001)). Daher gilt es, gerade für wachsende Unternehmen, die Außendienstgröße stets zu hinterfragen, da z. B.

eine zu geringe Anzahl an ADM zu nicht realisierten Umsätzen führen kann. Ist die Außendienstgröße hingegen überdimensioniert, so entstehen vermeidbare, zusätzliche Personalkosten, die den Unternehmensgewinn schmälern.

Eine wesentliche Schwierigkeit bei der Bestimmung der optimalen Außendienstgröße ist die Festlegung der durch einen zusätzlich eingestellten ADM zu erwartenden Umsätze. Da diese Information nur schwer zu ermitteln ist, haben sich in der Praxis z. T. einfachere Methoden zur Bestimmung der Anzahl an ADM etabliert (Albers & Krafft (2013, S. 149)). Mit der sogenannten **Breaking-Down-Methode** und der **Arbeitslast-Methode** werden im Folgenden zwei dieser Methoden näher beschrieben. Diese liefern i. d. R. keine optimalen Werte für die Außendienstgröße, können jedoch als eine geeignete Orientierungshilfe angesehen werden.

Bei der **Breaking-Down-Methode** werden mittels eines vorgegebenen Budgets B oder einer vom Umsatz U abhängigen Höchstgrenze h (vorgegebener prozentualer Anteil des Umsatzes U) die Kosten für die Außendienstgröße festgelegt. Bei Kenntnis der durchschnittlichen Personalkosten k für einen ADM kann die maximal mögliche (ganzzahlige) Anzahl n_{max} an ADM je nach Bezugsgröße wie folgt bestimmt werden (Albers (1989a, S. 506f.)):

$$n_{max} = \max\left\{n \in \mathbb{N} \mid n \leq \frac{B}{k}\right\} \tag{7.58}$$

$$n_{max} = \max\left\{n \in \mathbb{N} \mid n \leq \frac{hU}{k}\right\} \tag{7.59}$$

Für zwei Unternehmen A und B mit jeweils durchschnittlich 70000 € Personalkosten pro ADM und einem vorgegebenen Budget von 3,5 Mio. € (Unternehmen A) bzw. einer Höchstgrenze h von 20 % des Umsatzes U in Höhe von 10 Mio. € (Unternehmen B) ergeben sich für die beiden Unternehmen die folgenden maximalen Außendienstgrößen:[13]

$$n_{max}^A = \left\lfloor \frac{3500000}{70000} \right\rfloor = 50 \quad \text{bzw.} \quad n_{max}^B = \left\lfloor \frac{0,2 \times 10000000}{70000} \right\rfloor = \lfloor 28,57 \rfloor = 28 \tag{7.60}$$

Der sich durch diese Methode ergebende Wert ist allerdings nicht zwangsweise auch die wirklich benötigte bzw. optimale Anzahl an ADM.

Ziel der **Arbeitslast-Methode** ist es, die für ein im Vorfeld bekanntes Besuchsprogramm benötigte Arbeitsbelastung gleichmäßig auf alle ADM zu verteilen und so die benötigte Anzahl an ADM zu bestimmen. Dazu gilt es, zunächst für alle Kunden i die in der Planungsperiode erforderlichen Besuchszeiten t_i zu ermitteln. Diese werden anschließend zur Gesamtarbeitsbelastung $W = \sum t_i$ aufsummiert. Die durchschnittliche Arbeitszeit T (in Tagen), die für einen ADM in der Planungsperiode zur Verfügung steht, ergibt sich nach Abzug von Urlaub, Krankheit, Weiterbildungen etc. Schafft ein ADM x Kundenbesuche am Tag (unter der Annahme, dass die Arbeitslast

---

[13] Der Operator $\lfloor \ \rfloor$ bestimmt (den Gleichungen 7.58 und 7.59 entsprechend) die größte ganze Zahl, die kleiner als das oder gleich dem Argument ist.

250   7 Vertriebspolitik

gleichmäßig auf alle ADM verteilt wird), dann lässt sich die benötigte Außendienstgröße $\bar{n}$ wie folgt berechnen (in Anlehnung an Albers (1989a, S. 508f.)):

$$\bar{n} = \max \left\{ n \in \mathbb{N} | n \leq \frac{W}{xT} \right\} \qquad (7.61)$$

Nehmen wir an, ein Unternehmen hat 200 A-Kunden, die 12-mal im Jahr besucht werden sollen, 400 B-Kunden (6 Kundenbesuche/Jahr) und 1400 C-Kunden (3 Kundenbesuche/Jahr). Nach Abzug des Urlaubs, der durchschnittlichen Anzahl an Krankheitstagen etc. ergeben sich $T = 225$ Arbeitstage pro ADM. Nehmen wir weiter an, ein ADM schafft pro Tag im Mittel $x = 4$ Kundenbesuche, dann ergibt sich für die benötigte Außendienstgröße $\bar{n}$:

$$\bar{n} = \left\lfloor \frac{200 \cdot 12 + 400 \cdot 6 + 1400 \cdot 3}{4 \cdot 225} \right\rfloor = 10 \qquad (7.62)$$

Neben der Bestimmung der Außendienstgröße unter Verwendung des Umsatzes bzw. Außendienstbudgets und der Arbeitslast stellen Albers & Krafft (2013, S. 150ff.) noch alternativ die (inkrementelle) Bestimmung der deckungsbeitragsmaximierenden Außendienstgröße vor. Der zu maximierende Deckungsbeitrag DB setzt sich dabei aus dem mit einem Deckungsbeitragssatz d gewichteten Umsatz $U(x)$ (in Abhängigkeit von der Anzahl x an ADM) abzüglich der für die x ADM anfallenden durchschnittlichen Personalkosten k zusammen. Der Deckungsbeitragssatz lässt sich – vorausgesetzt der Produkte-Mix bleibt im Planungszeitraum unverändert – aus dem gegenwärtigen Anteil des Deckungsbeitrags am Erlös herleiten (Albers & Krafft (2013, S. 151)). Formal ergibt sich dann (Albers (2000)):

$$DB = dU(x) - kx \qquad (7.63)$$

Ist die konkrete Umsatzreaktionsfunktion $U(x)$ bekannt, dann lässt sich durch Ableiten der Gleichung 7.63 und anschließendem Auflösen nach x die optimale Anzahl an ADM bestimmen. Für den allgemeinen Fall, so zeigen Krafft & Albers (1994), gilt für die optimale Außendienstgröße unter Berücksichtigung der Besuchselastizität ε:

$$kx = \varepsilon dU(x) \qquad (7.64)$$

Die Besuchselastizität ε kann z. B. auf Basis von Erfahrungswerten bestimmt werden und beschreibt die prozentuale Veränderung des Umsatzes infolge einer prozentualen Veränderung der Anzahl an ADM. Zur Bestimmung der optimalen Außendienstgröße nach Gleichung 7.64 muss sie für den gesamten Funktionsverlauf konstant sein. Im Optimum gilt somit, dass das Verhältnis von Personalkosten (kx) zu dem mit dem Deckungsbeitragssatz gewichteten Umsatz ($dU(x)$) gleich der Besuchselastizität ist. In einer von Albers, Mantrala & Sridhar (2010) durchgeführten Meta-Analyse zur Besuchselastizität kommen die Autoren zu dem Ergebnis, dass von einer durchschnittlichen Besuchselastizität von $\varepsilon = 0,3$ ausgegangen werden kann. Werden des Weiteren ein Deckungsbeitragssatz $d = 0,5$, ein geplanter Umsatz von 70 Mio. € und Personalkosten in Höhe von $k = 70000$ € angenommen, so ergibt sich für die optimale Außendienstgröße nach Gleichung 7.64 (und Umstellung nach x):

$$x = \frac{0,3 \cdot 0,5 \cdot 70000000}{70000} = \frac{10500000}{70000} = 150 \qquad (7.65)$$

Der einfachen Form der Bestimmung optimaler Werte steht bei diesem Ansatz allerdings der Nachteil gegenüber, dass mit zunehmender Anzahl an ADM die Besuchselastizität in praxi i. d. R. zurückgeht und somit obige Prämisse der Konstanz verletzt wird. Damit sind die ermittelten Werte nicht mehr optimal und ermöglichen lediglich Handlungsempfehlungen zur inkrementellen Bestimmung der Außendienstgröße (Albers & Krafft (2013, S .153)):

$$\frac{kx}{dU(x)} \begin{cases} < \varepsilon, & \text{dann Anzahl der ADM erhöhen} \\ = \varepsilon, & \text{dann ist Anzahl der ADM optimal} \\ > \varepsilon, & \text{dann Anzahl der ADM reduzieren} \end{cases} \qquad (7.66)$$

In der Praxis wird die Anzahl der ADM oftmals u. a. anhand der beschriebenen oder ähnlichen Methoden bestimmt. Diese Vorgehensweisen führen jedoch nicht immer zu optimalen Ergebnissen, da keine Beziehungen zwischen der Anzahl der ADM und den damit erzielbaren Umsätzen (z. B. anhand von Reaktionsfunktionen) berücksichtigt werden. Modellgestützte Ansätze zur Bestimmung der optimalen Außendienstgröße liefern u. a. die Arbeiten von Albers (1989a), Lodish (1980) und Rangaswamy, Sinha & Zoltners (1990) oder auch der in Unterabschnitt 7.2.3 dargestellte COSTA-Ansatz von Skiera & Albers (1998).

Literaturverzeichnis

Agrawal, R., T. Imielinski & A. Swami. Mining Association Rules between Sets of Items in Large Databases. In *Proceedings of the 1993 ACM SIGMOD International Conference on Management of Data*, Seiten 207–216. ACM, Washington, 1993.

Agrawal, R. & R. Srikant. Fast Algorithms for Mining Association Rules. In *Proceedings of the 20th International Conference on Very Large Databases*, Seiten 487–499. Morgan Kaufmann Publishers, Santiago de Chile, 1994.

Ahlert, D. *Distributionspolitik: Das Management des Absatzkanals*. Lucius & Lucius, Stuttgart, 1996.

Albers, S. *Entscheidungshilfen für den persönlichen Verkauf*. Duncker & Humblot, Berlin, 1989a.

Albers, S. Gewinnorientierte Neuproduktpositionierung in einem Eigenschaftsraum. *Zeitschrift für betriebswirtschaftliche Forschung*, Band 41(3):186–209, 1989b.

Albers, S. Optimales Verhältnis zwischen Festgehalt und erfolgsabhängiger Entlohnung bei Verkaufsaußendienstmitarbeitern. *Schmalenbachs Zeitschrift für betriebswirtschaftliche Forschung*, Band 47(2):124–141, 1995.

Albers, S. Optimization Models for Salesforce Compensation. *European Journal of Operational Research*, Band 89:1–17, 1996.

Albers, S. Sales-force Management. In K. Blois, Herausgeber, *The Oxford Textbook of Marketing*, Seiten 292–317. Oxford University Press, New York, 2000.

Albers, S., D. Klapper, U. Konradt, A. Walter & J. Wolf. *Methodik der empirischen Forschung*. DUV, Wiesbaden, 3. Auflage, 2009.

Albers, S. & M. Krafft. *Vertriebsmanagement: Organisation – Planung – Controlling – Support*. Springer Gabler, Wiesbaden, 2013.

Albers, S. & M. K. Mantrala. Models for Sales Management Decisions. In B. Wierenga, Herausgeber, *Handbook of Marketing Decision Model*. Springer, New York, 2008.

Albers, S., M. K. Mantrala & S. Sridhar. A Meta-Analysis of Personal Selling Elasticities. *Journal of Marketing Research*, Band 47(5):840–853, 2010.

American Marketing Association. Definitions approved by the American Marketing Association Board of Directors. https://www.ama.org/AboutAMA/Pages/Definition-of-Marketing.aspx, 2013. Zugriff am 4. August 2015.

Assmus, G., J. U. Farley & D. R. Lehmann. How Advertising Affects Sales: Meta-Analysis of Econometric Results. *Journal of Marketing Research*, Band 21(1):65–74, 1984.

Backhaus, K., B. Erichson, W. Plinke & R. Weiber. *Multivariate Analysemethoden*. Springer, Berlin, 13. Auflage, 2011.

Bajari, P. & A. Hortacsu. The Winner's Curse, Reserve Prices, and Endogenous Entry: Empirical Insights from eBay Auctions. *Rand Journal of Economics*, Band 34:329–355, 2003.

Bass, F. M. A New Product Growth Model for Consumer Durables. *Management Science*, Band 15(5):215–227, 1969.

Bazerman, M. & W. Samuelson. I Won the Auction But Don't Want the Prize. *Journal of Conflict Resolution*, Band 27(4):618–634, 1983.

Bazerman, M. H. & D. A. Moore. *Judgment in Managerial Decision Making*. Wiley, Chichester, 8. Auflage, 2008.

Becker, J. *Marketing-Konzeption: Grundlagen des ziel-strategischen und operativen Marketing-Managements*. Vahlen, München, 9. Auflage, 2009.

Ben-Akiva, M. & S. R. Lerman. *Discrete Choice Analysis: Theory and Application to Travel Demand*. MIT Press, Cambridge, 10. Auflage, 2004.

Bendoly, E., K. Donohue & K. L. Schultz. Behavior in Operations Management: Assessing Recent Findings and Revisiting Old Assumptions. *Journal of Operations Management*, Band 24(6):737–752, 2006.

Berens, W., W. Delftmann & W. Schmitting. *Quantitative Planung: Grundlagen, Fallstudien, Lösungen*. Schäffer-Poeschel, Stuttgart, 4. Auflage, 2004.

Bilkey, W. J. & E. Nes. Country-of-Origin Effects on Product Evaluations. *Journal of International Business Studies*, Seiten 89–99, 1982.

Boztug, Y. *Die Analyse der Preiswirkung auf die Markenwahl – Eine nichtparametrische Modellierung*. DUV, Wiesbaden, 2002.

Brexendorf, T., S. Mühlmeier, T. Tomczak & M. Eisend. The Impact of Sales Encounter on Brand Loyalty. *Journal of Business Research*, Band 63(2):45–55, 2009.

Bruhn, M. *Marketing – Grundlagen für Studium und Praxis*. Gabler, Wiesbaden, 12. Auflage, 2014.

Büschken, J. & C. von Thaden. Produktvariation, -differenzierung und -diversifikation. In S. Albers & A. Herrmann, Herausgeber, *Handbuch Produktmanagement: Strategieentwicklung – Produktplanung – Organisation – Kontrolle*, Seiten 595–616. Gabler, Wiesbaden, 2007.

Büning, H., G. Haedrich, H. Kleinert, A. Kuß & B. Streitberg. *Operationale Verfahren der Markt- und Meinungsforschung – Datenerhebung und Datenanalyse*. de Gruyter, Berlin, 1981.

Buzzel, R. & B. Gale. *Das PIMS-Programm*. Gabler, Wiesbaden, 1989.

Clancy, K., P. Krieg & M. Wolf. *Market New Products Successfully*. Lexington Books, Lanham, 2006.

Cooper, L. G. & M. Nakanishi. *Market-Share Analysis: Evaluating Competitive Marketing Effectiveness*. Kluwer, Boston, 1988.

Danaher, P. J. Advertising Models. In B. Wierenga, Herausgeber, *Handbook of Marketing Decision Models*, Seiten 81 – 106. Springer, Berlin, 2008.

Decker, R. & C. Bornemeyer. Produktliniengestaltung. In S. Albers & A. Herrmann, Herausgeber, *Handbuch Produktmanagement: Strategieentwicklung – Produktplanung – Organisation – Kontrolle*, Seiten 573–593. Gabler, Wiesbaden, 2007.

Decker, R. & J. M. Schlifter. Dynamische Allianzen – Markenallianzen als strategisches Instrument zur erfolgreichen Marktbearbeitung. *Markenartikel*, Band 63(2):38–45, 2001.

Decker, R. & R. Wagner. *Marketingforschung – Methoden und Modelle zur Bestimmung des Käuferverhaltens*. Moderne Industrie, München, 2002.

Decker, R. & R. Wagner. Marketing. In F. G. Becker, Herausgeber, *Einführung in Betriebswirtschaftslehre*, Seiten 163–199. Springer, Berlin, 2006.

Decker, R. & F. Wartenberg, Herausgeber. *Vertriebs- und Kundenmanagement: Marketingmethoden im Einsatz*. Eul, Lohmar, 2004.

den Steen, E. V. Rational Overoptimism (And Other Biases). *American Economic Review*, Band 94(4):1141–1151, 2004.

Diller, H., Herausgeber. *Vahlens großes Marketinglexikon*. Vahlen, München, 2001.

Diller, H. *Preispolitik*. Kohlhammer, Stuttgart, 4. Auflage, 2008.

Dorfman, R. & P. Steiner. Optimal Advertising and Optimal Quality. *American Economic Review*, Band 44:826–836, 1954.

Doyle, P. & J. Saunders. Multiproduct Advertising Budgeting. *Marketing Science*, Band 9(2):97–113, 1990.

Erichson, B. Prüfung von Produktideen und -konzepten. In S. Albers & A. Herrmann, Herausgeber, *Handbuch Produktmanagement: Strategieentwicklung – Produktplanung – Organisation – Kontrolle*, Seiten 395–420. Gabler, Wiesbaden, 3. Auflage, 2007.

Esch, F.-R., Herausgeber. *Moderne Markenführung: Grundlagen – Innovative Ansätze – Praktische Umsetzungen*. Gabler, Wiesbaden, 2005.

Esch, F.-R. *Strategie und Technik der Markenführung*. Vahlen, München, 8. Auflage, 2014.

Esch, F.-R., A. Herrmann & H. Sattler. *Marketing – Eine managementorientierte Einführung*. Vahlen, München, 4. Auflage, 2013.

Farsky, M. & H. Sattler. Markenbewertung. In S. Albers & A. Herrmann, Herausgeber, *Handbuch Produktmanagement: Strategieentwicklung – Produktplanung – Organisation – Kontrolle*, Seiten 219–250. Gabler, Wiesbaden, 3. Auflage, 2007.

Fassnacht, M. Preisdifferenzierung. In H. Diller & A. Hermann, Herausgeber, *Handbuch Preispolitik*. Kohlhammer, Wiesbaden, 1. Auflage, 2003.

Fisher, J. C. & R. H. Pry. A Simple Substitution Model of Technological Change. *Technological Forecasting and Social Change*, Band 3:75–88, 1971.

Fourt, L. A. & J. W. Woodlock. Early Prediction of Market Success for New Grocery Products. *Journal of Marketing*, Band 25(2):31–38, 1960.

Fraport AG. Vision. http://www.fraport.com/en/the-fraport-group/about-us/visions-goals-strategy.html, 2015. Zugriff am 4. August 2015.

Freter, H. *Marketing: Die Einführung mit Übungen*. Pearson, München, 2004.

Fuchs, W. & F. Unger. *Management der Marketingkommunikation*. Springer, Berlin, 4. Auflage, 2007.

Gaul, W., E. Aust & D. Baier. Gewinnorientierte Produktliniengestaltung unter Berücksichtigung des Kundennutzens. *Zeitschrift für Betriebswirtschaft*, Band 65(8):835–855, 1995.

Gedenk, K. & B. Skiera. Marketing-Planung auf der Basis von Reaktionsfunktionen: Funktionsschätzung und Optimierung. *Wirtschaftswissenschaftliches Studium*, Band 23(5):258–262, 1994.

Gierl, H. & R. Helm. Generierung von Produktideen und -konzepten. In S. Albers & A. Herrmann, Herausgeber, *Handbuch Produktmanagement: Strategieentwicklung – Produktplanung – Organisation – Kontrolle*, Seiten 315–340. Gabler, Wiesbaden, 3. Auflage, 2007.

Gijsenberg, G., H. van Herde, M. Dekimpe & J.-B. Steenkamp. Advertising and Price Effectiveness over the Business Cycle. Technischer Bericht OR 0902, Katholike Universiteit Leuven, Faculty of Business and Economics, Leuven, 2009.

Grant, R. M. & M. Nippa. *Strategisches Management: Analyse, Entwicklung und Implementierung von Unternehmensstrategien*. Pearson, München, 5. Auflage, 2006.

Green, P. E. & A. M. Krieger. Models and Heuristics for Product Line Selection. *Marketing Science*, Band 4(1):1–19, 1985.

Green, P. E. & A. M. Krieger. A Consumer-based Approach for Designing Product Line Extensions. *Journal of Product Innovation Management*, Band 4(1):21–32, 1987.

Green, P. E., D. S. Tull & G. Albaum. *Research for Marketing Decisions*. Prentice Hall, Englewood Cliffs, 5. Auflage, 1988.

Gupta, S. Modeling Integrative, Multiple Issue Bargaining. *Management Science*, Band 35(7):788–806, 1989.

Haase, K., M. Brandenburg, S. Jorga & C. Krüger. Kundenzuordnung und Rundreiseplanung im Außendienst. *OR Spektrum*, Band 23:491–506, 2001.

Hackl, P. *Einführung in die Ökonometrie*. Pearson, München, 2005.

Hammann, P. & B. Erichson. *Marktforschung*. UTB, Stuttgart, 5. Auflage, 2006.

Hansmann, K.-W. *Industrielles Management*. Oldenbourg, München, 8. Auflage, 2006.

Hanson, W. A. & R. K. Martin. Optimal Bundle Pricing. *Management Science*, Band 36(2):155–174, 1990.

Hanssens, D. M., L. J. Parsons & R. L. Schultz. *Market Response Models. Econometric and Time Series Analysis Series*. Kluwer, Boston, 2. Auflage, 2001.

Hauke, W. & O. Opitz. *Mathematische Unternehmensplanung*. Moderne Industrie, Landsberg, 1996.

Hauser, J. R. & S. M. Shugan. Defensive Marketing Strategies. *Marketing Science*, Band 2(4):319–360, 1983.

Hauser, J. R., O. Toubia, T. Evgeniou, D. Silinskiai & R. Befurt. Disjunctions of Conjunctions, Cognitive Simplicity and Consideration Sets. *Journal of Marketing Research*, Band 47(3):485–496, 2009.

Heinen, E. Zum Wissenschaftsprogramm der entscheidungsorientierten Betriebswirtschaft. *Zeitschrift für Betriebswirtschaft*, Band 39(4):207–220, 1969.

Helson, H. *Adaption Level Theory*. Joanna Cotler Books, New York, 1964.

Henkel. Geschäftsbericht. http://www.henkel.de/blob/19864/ 696eb7265fcf8574de5cdb06f687c927/data/2010-geschaeftsbericht.pdf, 2010. Zugriff am 4. August 2015.

Hess, S. & S. Samuels. Experiences with a Sales Districting Model: Criteria and Implementation. *Management Science*, Band 18(4):41–54, 1971.

Hettich, S. & H. Hippner. Assoziationsanalyse. In H. Hippner, U. Küsters, M. Meyer & K. Wilde, Herausgeber, *Handbuch Data Mining im Marketing – Knowledge Discovery in Marketing Databases*, Seiten 427–463. Vieweg, Braunschweig, 2001.

Hildebrandt, L. Die Erfolgsfaktorenforschung – Entwicklungslinien aus Sicht des Marketing. In M. Rese, A. Söllner & B. P. Utzig, Herausgeber, *Relationship Marketing*. Springer, Berlin, 2002.

Homburg, C. *Modellgestützte Unternehmensplanung*. Gabler, Wiesbaden, 1991.

Homburg, C. *Quantitative Betriebswirtschaftslehre*. Gabler, Wiesbaden, 3. Auflage, 2000.

Homburg, C. & H. Krohmer. *Marketingmanagement, Strategie – Instrumente – Umsetzung – Unternehmensführung*. Gabler, Wiesbaden, 3. Auflage, 2009.

Homburg, C. & S. Sütterlin, Herausgeber. *Modellgestützte Unternehmensplanung. Übungsbuch. Aufgaben – Fallstudien – Lösungen*. Gabler, Wiesbaden, 1992.

Horsky, D. & L. S. Simon. Advertising and the Diffusion of New Products. *Marketing Science*, Band 2:1–10, 1983.

Hruschka, H. *Marketing-Entscheidungen*. Vahlen, München, 1996.

Hruschka, H. Wirksamkeit der Marketinginstrumente. In S. Albers & A. Herrmann, Herausgeber, *Handbuch Produktmanagement: Strategieentwicklung – Produktplanung – Organisation – Kontrolle*, Seiten 517–538. Gabler, Wiesbaden, 2007.

Huff, D. Defining and Estimating a Trading Area. *Journal of Marketing*, Band 28(3):34–38, 1964.

Husserl, E. *Phänomenologische Psychologie*. Meiner, Hamburg, 2003.

Johansson, J. K. Advertising and the S-Curve – A New Approach. *Journal of Marketing Research*, Band 16(9):346–354, 1979.

Johnson, E., D. Kurtz & E. Scheuing. *Sales Management: Concepts, Practices, and Cases*. McGraw-Hill, New York, 1994.

Kahneman, D. & A. Tversky. Prospect Theory: An Analysis of Decisions under Risk. *Econometrica*, Band 47(2):263–292, 1979.

Kenning, P., H. Plassmann & D. Ahlert. Consumer Neuroscience – Implikationen neurowissenschaftlicher Forschung für das Marketing. *Marketing Zeitschrift für die Praxis*, Band 29(1):57–68, 2007.

Kloock, J., H. Sabel & W. Schuhmann. Die Erfahrungskurve in der Unternehmenspolitik. *Zeitschrift für Betriebswirtschaft*, Band 57(Ergänzungsheft 2/87):3–51, 1987.

Koschnick, W. J. *FOCUS-Lexikon Werbeplanung, Mediaplanung, Marktforschung, Kommunikationsforschung, Mediaforschung*. Springer, München, 3. Auflage, 2003.

Kotler, P., G. Armstrong, V. Wong & J. Saunders. *Grundlagen des Marketing*. Pearson, München, 2010.

Kotler, P., K. Keller & F. Bliemel. *Marketing-Management: Strategien für wertschaffendes Handeln*. Pearson, München, 11. Auflage, 2007.

Koyck, L. *Distributed Lags and Investment Analysis*. North-Holland, Amsterdam, 1954.

Krafft, M. & S. Albers. Effektives Management von Pharma-Außendiensten. Teil I: Optimale Größe und Gebiets-Einteilung. *Pharma-Marketing Journal*, Band 6:214–218, 1994.

Krishna, V. *Auction Theory*. Academic Press, San Diego, 2. Auflage, 2010.

Kruschwitz, L. & A. Löffler. *Discounted Cash Flow. A Theory of the Valuation of Firms*. Wiley, Chichester, 2006.

Langkamp, P. *Die Erfassung von Carryover-Effekten im Marketing*. Deutsch, Thun, 1984.

Lasswell, H. D. The Structure and Function of Communication in Society. In L. Bryson, Herausgeber, *The Communication of Ideas*. Cooper Square, New York, 1949.

Leone, R. P., V. R. Rao, K. L. Keller, A. M. Luo, L. McAlister & R. Srivastava. Linking Brand Equity to Customer Equity. *Journal of Service Research*, Band 9(2):125–138, 2006.

Lilien, G., P. Kotler & K. S. Moorthy. *Marketing Models*. Prentice-Hall, Englewood Cliffs, 1992.

Little, J. D. C. Models and Managers: The Concept of a Decision Calculus. *Management Science*, Band 16(8):B466–B485, 1970.

Lodish, L. CALLPLAN: An Interactive Salesman's Call Planning System. *Management Science*, Band 18(4):25–40, 1971.

Lodish, L. A User-Oriented Model for Sales Force Size, Product, and Market Allocation Decisions. *Journal of Marketing*, Band 44(3):70–78, 1980.

Lodish, L. M., M. Abraham, S. Kalmenson, J. Livelsberger, B. Lubetkin, B. Richardson & M. E. Stevens. How T.V. Advertising Works: A Meta-Analysis of 389 Real World Split Cable T.V. Advertising Experiments. *Journal of Marketing Research*, Band 32(2):125–139, 1995a.

Lodish, L. M., M. Abraham, J. Livelsberger, B. Lubetkin, B. Richardson & M. E. Stevens. A Summary of Fifty-Five In-Market Experimental Estimates of the Long-Term Effect of TV Advertising. *Marketing Science*, Band 14(3, Part 2 (Special Issue)):G133–G140, 1995b.

Mantrala, M., P. Sinha & A. Zoltners. Structuring a Multiproduct Sales Quota-Bonus Plan for a Heterogeneous Sales Force: A Practical Model-Based Approach. *Marketing Science*, Band 13(2):121–144, 1994.

Marquardt, D. W. An Algorithm for Least-Squares Estimation of Nonlinear Parameters. *SIAM Journal on Applied Mathematics*, Band 11(2):431–441, 1963.

Maurer, N. *Die Wirkung absatzpolitischer Instrumente: Metaanalyse empirischer Forschungsarbeiten*. Gabler, Wiesbaden, 1995.

McAfee, R. & J. McMillan. Auctions and Bidding. *Journal of Economic Literature*, Band 25(2):699–738, 1987.

McFadden, D. L. Conditional Logit Analysis of Qualitative Choice Behavior. In P. Zarembka, Herausgeber, *Frontiers in Econometrics*, Seiten 105–142. Academic Press, New York, 1974.

Meffert, H., C. Burmann & M. Kirchgeorg. *Marketing: Grundlagen marktorientierter Unternehmensführung*. Gabler, Wiesbaden, 10. Auflage, 2010.

Meißner, M. & R. Decker. Eye-Tracking Information Processing in Choice-Based Conjoint Analysis. *International Journal of Market Research*, Band 52(5):591–610, 2010.

Meißner, M., R. Decker & J. Pfeiffer. Ein empirischer Vergleich der Prozessaufzeichnungsmethoden Mouselab und Eyetracking bei Präferenzmessungen mittels Choice-based Conjoint Analyse. *Marketing ZFP - Journal of Research and Management*, Band 32(3):133–143, 2010.

Meißner, M., R. Decker & S. W. Scholz. An Adaptive Algorithm for Pairwise Comparison-based Preference Measurement. *Journal of Multi-Criteria Decision Analysis*, Band 17(5–6):167–177, 2011.

Meißner, M., A. Musalem & J. Huber. Eye-Tracking Reveals a Process of Conjoint Choice that is Quick, Efficient and Largely Free from Contextual Biases. *Journal of Marketing Research*, Band im Erscheinen, 2015.

Monroe, K. *Pricing: Making Profitable Decisions*. Gabler, New York, 3. Auflage, 2003.

Morrow, J. *Game Theory for Political Scientists*. Princeton University Press, Princeton, 1994.

Naert, P. A. & P. Leeflang. *Building Implementable Marketing Models*. Springer, Boston, 1978.

Nieschlag, R., E. Dichtl & H. Hörschgen. *Marketing*. Duncker & Humblot, Berlin, 19. Auflage, 2002.

Olbrich, R. & D. Battenfeld. *Preispolitik – Ein einführendes Lehr- und Übungsbuch*. Springer, Berlin, 2. Auflage, 2014.

Olderog, T. & B. Skiera. The Benefits of Bundling Strategies. *Schmalenbach Business Review*, Band 52(2):137–159, 2000.

Payne, J. W., J. R. Bettman & E. J. Johnson. *The Adaptive Decision Maker*. Cambridge University Press, Cambridge, 1993.

Pechtl, H. *Preispolitik*. Lucius & Lucius, Stuttgart, 2005.

Pechtl, H. *Preispolitik: Behavioral Pricing und Preissysteme*. UVK Lucius, Stuttgart, 2. Auflage, 2014.

Pfohl, H. C. *Logistiksysteme: Betriebswirtschaftliche Grundlagen*. Springer, Heidelberg, 8. Auflage, 2010.

Pigou, A. C. *The Economics of Welfare*. MacMillian, London, 4. Auflage, 1960.

Porter, M. E. *Wettbewerbsvorteile: Spitzenleistungen erreichen und behaupten.* Campus, Frankfurt, 6. Auflage, 2000.

Raithel, S., M. Sarstedt, S. Scharf & M. Schwaiger. On the Value Relevance of Customer Satisfaction. Multiple Drivers and Multiple Markets. *Journal of the Academy of Marketing Science*, Band 40(4):509–525, 2012.

Rangaswamy, A., P. Sinha & A. Zoltners. An Integrated Model-Based Approach for Sales Force Structuring. *Marketing Science*, Band 9(4):279–298, 1990.

Reutterer, T., M. Hahsler & K. Hornik. Data Mining und Marketing am Beispiel der explorativen Warenkorbanalyse. *Marketing – Zeitschrift für Forschung und Praxis*, Band 29(3):163–179, 2007.

Röhle, M. Ausgestaltung von Entlohnungssystemen im Vertrieb. In R. Decker & F. Wartenberg, Herausgeber, *Vertriebs- und Kundenmanagement: Marketingmethoden im Einsatz*. Eul, Lohmar, 2004.

Roberts, A. The Decision Between Above- and Below-the-Line. *Admap*, Band 16(12):588–592, 1980.

Rommelfanger, H. J. & S. H. Eickemeier. *Entscheidungstheorie: Klassische Konzepte und Fuzzy-Erweiterungen.* Springer, Berlin, 2002.

Rosenkranz, F. *Unternehmensplanung: Grundzüge der modell- und computergestützten Planung mit Übungen.* Oldenbourg, München, 3. Auflage, 1999.

Saaty, T. L. *The Analytic Hierarchy Process: Planning Setting Priorities, Resource Allocation.* McGraw Hill, New York, 2. Auflage, 1980.

Saaty, T. L. Eigenvector and Logarithmic Least Squares. *European Journal of Operational Research*, Band 48(1):156–160, 1990.

Schlicksupp, H. Kreativitätstechniken. In B. Tietz, R. Köhler & J. Zentes, Herausgeber, *Handwörterbuch des Marketing*, Seiten 1289–1309. Schäffer-Poeschel, Stuttgart, 2. Auflage, 1995.

Schmalen, H. *Kommunikationspolitik: Werbeplanung.* Kohlhammer, Stuttgart, 2. Auflage, 1992.

Schmalen, H. *Preispolitik.* Fischer, Stuttgart, 1995.

Scholz, S. W., M. Meißner & R. Decker. Measuring Consumer Preferences for Complex Products: A Compositional Approach Based on Paired Comparisons. *Journal of Marketing Research*, Band 47(4):685–698, 2010.

Sherif, M. D., D. Taub & C. I. Hovland. Assimilation and Contrast Effects of Anchoring Stimuli on Judgments. *Journal of Experimental Psychology*, Band 55(2):150–155, 1958.

Siems, F. *Preismanagement.* Vahlen, München, 2009.

Silk, A. J. & G. L. Urban. Pre-Test-Market Evaluation of New Packaged Goods: A Model and Measurement Methodology. *Journal of Marketing Research*, Band 15(2):171–191, 1978.

Simon, H. *Goodwill und Marketingstrategie.* Gabler, Wiesbaden, 1985.

Simon, H. & M. Fassnacht. *Preismanagement: Strategie, Analyse, Entscheidung und Umsetzung.* Gabler, Wiesbaden, 3. Auflage, 2009.

Simon, H. A. A Behavioral Model of Rational Choice. *Quarterly Journal of Economics*, Band 69:99–118, 1955.

Skiera, B. *Verkaufsgebietseinteilung zur Maximierung des Deckungsbeitrags.* Gabler, Wiesbaden, 1996.

Skiera, B. & S. Albers. COSTA: Ein Entscheidungs-Unterstützungs-System zur deckungsbeitragsmaximalen Einteilung von Verkaufsgebieten. *Zeitschrift für Betriebswirtschaft*, Band 64(10):1261–1283, 1994.

Skiera, B. & S. Albers. COSTA: Contribution Optimizing Sales Territory Alignment:. *Marketing Science*, Band 17(3):196–213, 1998.

Skiera, B. & S. Albers. Einsatzplanung eines Verkaufsaußendienstes auf der Basis einer Umsatzreaktionsfunktion. *Zeitschrift für Betriebswirtschaft*, Band 72(11):1105–1131, 2002.

Specht, G. & W. Fritz. *Distributionsmanagement.* Kohlhammer, Stuttgart, 4. Auflage, 2005.

Srinivasan, V. & A. D. Shocker. LINMAP (Version IV). *Journal of Marketing Research*, Band 19:601–602, 1982.

Steiner, W. *Optimale Neuproduktplanung.* DUV, Wiesbaden, 1999.

Stoer, J. *Numerische Mathematik 1.* Springer, Berlin, 9. Auflage, 2006.

Stremersch, S. & G. Tellis. Strategic Bundling of Products and Prices: A New Synthesis for Marketing. *Journal of Marketing*, Band 66(1):55–72, 2002.

Tellis, G. J. Generalisations about Advertising Effectiveness in Markets. *Journal of Advertising Research*, Band 49(2):240–245, 2009.

Tirole, J. *The Theory of Industrial Organization.* MIT Press, Cambridge, 1989.

Train, K. E. *Discrete Choice Methods with Simulation.* Cambridge University Press, Cambridge, 2. Auflage, 2009.

Trommsdorff, V. Verfahren der Markenbewertung. In M. Bruhn, Herausgeber, *Handbuch Markenführung*, Seiten 1853–1875. Gabler, Wiesbaden, 2004.

Trommsdorff, V. Produktpositionierung. In S. Albers & A. Herrmann, Herausgeber, *Handbuch Produktmanagement: Strategieentwicklung – Produktplanung – Organisation – Kontrolle*, Seiten 341–362. Gabler, Wiesbaden, 2007.

Trommsdorff, V. & T. Teichert. *Konsumentenverhalten.* Kohlhammer, Stuttgart, 8. Auflage, 2011.

Unger, F., N.-V. Durante, E. Gabrys, R. Koch & R. Wailersbacher. *Mediaplanung: Methodische Grundlagen und praktische Anwendungen.* Springer, Berlin, 5. Auflage, 2007.

Urban, G. L. PERCEPTOR: A Model for Product Positioning. *Management Science*, Band 21(8):858–871, 1975.

van Westendorp, P. H. NSS Price Sensitivity Meter (PSM) – A New Approach to Study Consumer Perception of Prices. In *Proceedings of the 15th ESOMAR Congress Venice*, Seiten 139–166. 1976.

Vargo, S. L. & R. F. Lusch. Evolving to a New Dominant Logic for Marketing. *Journal of Marketing*, Band 68(1):1–17, 2004.

Wagner, R. *Multiple Wettbewerbsreaktionen im Produktmanagement.* DUV & Gabler, Wiesbaden, 2001.

Wagner, R. *Komplexe Muster im Marketingmanagement.* Habilitationsschrift, Fakultät für Wirtschaftswissenschaften, Universität Bielefeld, 2008.

Wagner, R. Unternehmen als Akteure und Objekte des Dialogs. In J. Gerdes, J. Hesse & S. Vögele, Herausgeber, *Dialogmarketing im Dialog: Festschrift zum 10-jährigen Bestehen des Siegfried Vögele Instituts*, Seiten 59–72. Springer Gabler, Wiesbaden, 2013.

Wagner, R. Emotionen im crossmedialen Dialog: Messen – Steuern – Kontrollieren. In *Dialogmarketing Perspektiven 2013/2014*, Seiten 9–23. Springer, Berlin, 2014.

Wagner, R. & K.-S. Beinke. Identifying Patterns of Customer Response to Price Endings. *Journal of Product & Brand Management*, Band 15(5):341–351, 2006.

Wartenberg, F. *Entscheidungsunterstützung im persönlichen Verkauf*. Lang, Frankfurt, 1997.

Wübker, G. *Preisbündelung – Formen, Theorie, Messung und Umsetzung*. Springer, Wiesbaden, 1998.

Welge, M. K. & A. Al-Laham. *Strategisches Management: Grundlagen – Prozess – Implementierung*. Gabler, Wiesbaden, 2007.

Wied-Nebbeling, S. *Preistheorie und Industrieökonomik*. Springer, Berlin, 2009.

Wilde, K. D. *Bewertung von Produkt-Markt-Strategien*. Duncker & Humblot, Berlin, 1989.

Wissmeier, U. *Strategien im internationalen Marketing*. Gabler, Wiesbaden, 2002.

Witt, J. *Prozeßorientiertes Verkaufsmanagement*. Gabler, Wiesbaden, 1996.

Wolfstetter, E. *Topics in Microeconomics: Industrial Organization, Auctions and Incentives*. Cambridge University Press, Cambridge, 1999.

Wright, M. A New Theorem for Optimizing the Advertising Budget. *Journal of Advertising Research*, Band 49(2):164–169, 2009.

Yelle, L. E. The Learning Curve: Historical Review and Comprehensive Survey. *Decision Sciences*, Band 10(2):302–328, 1979.

Zoltners, A. & P. Sinha. Sales Territory Alignment: A Review and Model. *Management Science*, Band 29(11):1237–1256, 1983.

Zoltners, A. & P. Sinha. Sales Territory Design: Thirty Years of Modeling and Implementation. *Marketing Science*, Band 24(3):313–331, 2005.

Zoltners, A., P. Sinha & G. Zoltners. *The Complete Guide to Accelerating Sales Force Performance*. AMACOM, New York, 2001.

Zulauf, K., A. Oswald & R. Wagner. Hierarchical Bayes Approach for Analyzing the Impact of Labeling on the Country of Origin Effect. In *Proceedings of the 42nd EMAC Conference, Lost in Translation: Marketing in an Interconnected World*. 2013.

Sachverzeichnis

(μ, σ)-Prinzip, 67
μ-Prinzip, 67

Absatzpolitik, 2
Adaptionsniveau-Theorie, 127
ADBUDG-Modell, 198
After-Sales-Service, 210
AIDA-Modell, 178
Amoroso-Robinson-Relation, 137, 148
Analyse
   a posteriori-, 24, 28
   a priori-, 24, 25
   morphologische, 76
   pre posteriori-, 24, 30
Analytic Hierarchy Process, 60
Ansatz
   entscheidungstheoretischer, 126
   verhaltenswissenschaftlicher, 126
Arbeitslast-Methode, 249
ASSESSOR, 81
Assimilations-Kontrast-Theorie, 127
Assoziationsregel, 104
Attraktionsmodell, 134
Außendienstgröße, 248
Außendienstpolitik, 209
Auktion, 168
   englische, 170, 171
   Höchstpreis-, 170
   holländische, 170, 172
   Vickrey-, 170, 171
Ausstellung, 177

Bass-Modell, 90
Bayes-Nash-Gleichgewichtsstrategie, 172
Bertrand-Annahme, 165
Bertrand-Modell, 165
Bertrand-Nash-Gleichgewicht, 166, 168
Bertrand-Paradoxon, 167
Best-Ager-Marketing, 5
Best-In-Heuristik, 99
Bid Shading, 172
Binomialmodell, 188
Bogenelastizität, 134
Bonussystem, 240
Bottom of the Pyramid Marketing, 6
Brainstorming, 75
Brainwriting, 76
Break-Even-Analyse, 78
Breaking-Down-Methode, 249
Bruttoreichweite, 183
Business Mission, 41

CALLPLAN-Ansatz, 226
Carryover-Effekt, 145, 198
Cash Flow, 46
Corporate Communication, 176
COSTA-Modell, 234
Cournot
   -Annahme, 159
   -Menge, 138, 160
   -Modell, 159
   -Nash-Gleichgewicht, 160
   -Preis, 138
   -Punkt, 138
CPM, 73
CPM-Netzplan, 74
Critical Path Method, 73

DCF, 46
DCF-Ansatz, 112
Decision Calculus, 193
Dienstleistungen, 70
Diffusion, 90
Diffusionsmodell, 90
Direktmarketing, 177
Discounted Cash Flow, 46
Disjunktive Regel, 36
Diversifikation
  horizontale, 94
  laterale, 94
  vertikale, 94
Dominanz
  -regel, 36
  absolute, 22
  Wahrscheinlichkeits-, 22
  Zustands-, 22
Dorfman-Steiner-Theorem, 195
Duopol, 130
Durchschnittsrentabilität, 139
Dynamisch-gewinnmaximaler Preis, 149
Dynamisch-optimaler Preis, 147
Dynamische Effekte, 145
Dynamische Preispolitik, 144

Earnings Before Interests and Taxes, 44
EBIT, 44
Economic Value Added©, 45
eDetailing, 211
Eigenpreiselastizität, 141
Eigenschaftsweise Eliminierung, 36
Einheitspreis, 153
Einperiodiges Simultanspiel, 161
Einzelhandel, 212
Einzelpreisstellung, 154
Elastizität
  Kosten-, 51
  Kreuzpreis-, 11
  Kreuzreaktions-, 120
  Reaktions-, 7, 120
  Werbe-, 195
Englische Auktion, 170, 171
Entscheidung
  unter Risiko, 19, 21
  unter Sicherheit, 19
  unter Ungewissheit, 19
Entscheidungsbaum, 24, 32
Entscheidungsfeld, 18

Entscheidungsheuristik, 36
Entscheidungsregel, 25
Entscheidungstheorie, 16
  deskriptive, 16, 33
  präskriptive, 16
Entscheidungsverhalten
  kompensatorisches, 36
  nicht-kompensatorisches, 35
Enumeratives Modell, 154
Erfahrungskurvenmodell, 51
Erfolgsfaktorenforschung, 48
Erwartungsnutzentheorie, 19
Ethno-Marketing, 5
Exklusivvertrieb, 213

Festgehalt, 241
First-Mover-Advantage, 164
First-Mover-Disadvantage, 167
Fixierungsansatz, 52
Funktion
  Bewertungs-, 25
  kardinale Nutzen-, 20
  Nutzen-, 19
  ordinale Nutzen-, 20

Gebietseinheit
  kleinste, 217
Gebrauchsgüter, 70
Gefangenendilemma, 161
GEOLINE, 218
Geschäftseinheit
  strategische, 41
Gleichgewicht
  Bertrand-Nash-, 166, 168
  Cournot-Nash-, 160
  Nash-, 160
  Stackelberg-, 164
Goodwill-Stock, 199
Goodwill-Transfer
  direkter, 198
  indirekter, 198
Gossen'sches Gesetz, 157
Green Marketing, 5
Grenzrentabilität, 139
Großhandel, 212
Gross Rating Points, 184
Grundabsatz, 192
Gutenberg-Preis-Absatz-Funktion, 131

Handelsvertreter, 214
Holländische Auktion, 170, 172

Industriegüter, 70
Innovation, 72
Intuitive Verfahren, 75
Involvement, 179
Itemmenge, 105
  häufige, 106

Join-Schritt, 106

Kalkulatorischer Ausgleich, 143
Kapitalrentabilität, 45
Kapitalwertfunktion, 147
Kardinale Nutzenfunktion, 20
Kauf-Wiederkauf-Modell (ASSESSOR), 81
Kaufverbundanalyse, 104
Kennzahlen, 43
KGE, 217
Kommunikation
  interne, 178
Kommunikationsprozess, 179
Konfidenz, 104, 105
Konjunktive Regel, 36
Konsumentenrente, 151
Konsumgüter, 70
Kontakt
  -chance, 184
  -dosis, 191
  -maßzahl, 183
  -summe, 183
Kontrahierungspolitik, 126
Konzept der Wettbewerbsvorteile, 50
Konzept-Test, 77
Kosten-Plus-Regel, 128
Koyck-Modell, 200
Kreativitätstechnik, 75
Kreuzpreiselastizität, 11, 136, 141
Kreuzreaktionselastizität, 120
Kritischer-Pfad-Methode, 73
Kundenservice, 210

Ladentest, 81
Lasswell-Formel, 179
Launhardt-Hotelling-Wettbewerb, 167
Lebensstil, 180
Lernrate, 51
Leser

pro Ausgabe, 184
pro Exemplar, 184
Lexikografische Regel, 36
Lieferpolitik, 208
Lifestyle, 180
Logarithmisches Modell, 198

Marke, 110
Markenallianz, 111
Markenwahlmodell, 114
Marketing
  Begriff des, 1
  Best-Ager, 5
  Entwicklungsphasen des, 4
  Green, 5
Marketing-Mix, 126
Marketingmodell, 7
Marketingmultiplikator, 201
Marketingstrategie, 39
Markierung, 110
Marktanteil, 114
  relativer, 48
Marktanteils-Marktwachstums-Matrix, 57
Marktanteilsmodell, 114
Marktreaktionsfunktion, 7
Marktsegmentierung, 181
Marktvollkommenheit, 129
Matrix
  Marktattraktivitäts-Wettbewerbsvorteils-, 57
  Marktanteils-Marktwachstums-, 57
  Wettbewerbspositions-Marktanteils-, 57
Matrixminimum-Verfahren, 223
Maximum-Likelihood-Methode, 117
Mehr-Personen-Preisbildung, 151
Mehrkanal-Vertrieb, 212
Mehrperiodiges Simultanspiel, 162
Mengenbezogene Preisdifferenzierung, 157
Messe, 177
Methode
  der Kleinsten Quadrate, 9
Methode 635, 76
MNL-Modell, 115
Modell
  ADBUDG-, 192, 198
  Bass-, 90
  Distributed-Lag-, 200
  hypergeometrisches, 185
  Koyck-, 200

logarithmisches, 192, 198
Markenwahl-, 114
Marktanteil-, 114
Modelling
  predictive, 13
Monopol, 129
Monopolistische Preisdifferenzierung, 150
Morphologische Analyse, 76
Multi-Channel-Vertrieb, 212
Multinomiales Logit-Modell, 115

Nash-Gleichgewicht, 160
Nettoreichweite, 183
Nicht-kompensatorisches Entscheidungsverhalten, 35
Niehans-Bedingung, 143
Nutzenfunktion, 19

Obsoleszenzrate, 146
Öffentlichkeitsarbeit, 176
Oligopol, 129
Open Innovation, 77
Ordinale Nutzenfunktion, 20

PAF, 130
Penetration-Pricing, 150
Perceptual Map, 86
Polypol, 129
Portfolio-Ansätze, 57
Positionierung, 86
Positionierungsanalyse, 86
Präferenzmodell (ASSESSOR), 82
Präferenzstruktur
  deterministische, 114
  stochastische, 114
Präferenzunsicherheit, 169
Prämiensystem, 242
Pre-Sales-Service, 210
Preis
  dynamisch-gewinnmaximaler, 149
  dynamisch-optimaler, 147
  statisch-gewinnmaximaler, 137, 149
Preis-Absatz-Funktion, 130
  doppelt-geknickte, 132
  doppelt-gekrümmte, 133
  lineare, 130
  logistische, 134
  multiplikative, 131
Preisänderungsresponse, 145, 148

Preisbündelung, 153
  gemischte, 154, 156
  reine, 154, 155
Preisbildung auf oligopolistischen Märkten, 158
Preisdifferenzierung, 150, 152
  dritten Grades, 151
  ersten Grades, 150
  leistungsbezogene, 150
  mengenbezogene, 151, 157
  monopolistische, 150
  personenbezogene, 151
  räumliche, 151
  zeitliche, 151
  zweiten Grades, 150
Preiselastizität, 7, 134
Preismanagement, 126
  dynamisches, 144
Preisniveauvariable, 11
Preispolitik, 126
Primäreffekt, 142
Prinzipal-Agenten-Theorie, 243
Product-Placement, 178
Produkt, 2, 69
  -differenzierung, 94
  -diversifikation, 94
  -eliminierung, 103
  -gestaltung, 71
  -innovation, 72
  -lebenszyklus, 54
  -linie, 95
  -modifikation, 93
  -programm, 72
  -test, 80
  -typen, 69
  -variation, 93
Promotion, 176
Prospect-Theorie, 33, 127
Provision, 241
Prune-Schritt, 107
Public Relations, 176
Punktbewertungsverfahren, 77
Punktelastizität, 135

Qualitätsunsicherheit, 169

Rückwärtsinduktion, 163
Reaktionselastizität, 7, 120
  direkte, 120

Reaktionsparameter, 7
Referenzpreis, 127
Regel
  Disjunktive, 36
  Dominanz-, 36
  Erwartete-Opportunitätskosten-, 28
  Erwarteter-Geldwert-, 27
  Hurwicz-, 26
  Konjunktive, 36
  Laplace-, 27
  Lexikografische, 36
  Maximax-, 26
  Maximin-, 26
  Minimax-Regret-, 26
  Modifizierte Erwarteter-Geldwert-, 29
Reichweite
  Brutto-, 183
  kumulierte, 186
  Netto-, 183
Reichweitenzuwachs, 184
Reisende, 214
Relation
  Präferenz-, 19
Relaunch, 93
Rendite
  kapitalbezogene, 45
Rentabilitätsmaximierung, 138
Return on Investment, 45
ROI, 45

Sättigungsmenge, 192
Sekundäreffekt, 142
Selektivvertrieb, 213
Seller's Greedy-Heuristik, 100
Service Dominant Logic, 70
Simultanspiel
  einperiodiges, 161
  mehrperiodiges, 162
Sinus-Milieus, 181
Skimming-Pricing, 150
Sortiment, 72
Sortimentsverbund
  preisbedingter, 141
Spieltheorie, 158
Sponsoring, 177
Stackelberg-Gleichgewicht, 164
Stackelberg-Modell, 163
Standortpolitik, 208
Statisch-gewinnmaximaler Preis, 137

Strategie
  Norm-, 57
Strategisches Dreieck, 3
Substitutionalität, 122
Support, 104, 105
Synektik, 76
Systematisches Verfahren, 76

Target-Return-Pricing, 128
Tausenderkontaktpreis, 184
Teilkostenkalkulation, 128
Testmarkt, 81
Testmarktsimulation, 81
Theorem
  Bayes-, 29
  Dorfman-Steiner-, 195
Tit-for-Tat, 162
Transaktion, 104

Überschneidung
  externe, 183
  interne, 183
Universalvertrieb, 213
Unternehmenskommunikation, 176

Verbrauchsgüter, 70
Verbundbeziehung, 103
Verfahren
  kostenorientiertes, 128
  marktorientiertes, 129
Vergütung
  variable, 241
Vergütungssystem, 240
Verkaufsförderung, 176, 210
Verkaufsgebiet, 216
  geografisches, 217
Verkaufspolitik, 209
Vertrieb
  akquisitorischer, 208
  direkter, 210
  indirekter, 211
  physischer bzw. logistischer, 208
Vertriebswegepolitik, 209
Vickrey-Auktion, 171
VKG, 217
Vollkostenkalkulation, 128

Wahrnehmungsraum, 86
Web 2.0, 5

Werbebudgetierungsansätze
 heuristische, 202
 modellbasierte, 202
 pragmatische, 202
 theoriebasierte, 202
Werberecall
 gestützter, 191
 ungestützter, 191
Werberesponsefunktion, 191
Werbestreuplanung, 182
Wettbewerbspositions-Marktanteils-Matrix, 57

Ziele
 strategische, 40

The manufacturer's authorised representative in the EU is Springer Nature Customer Service Centre GmbH, Europaplatz 3, 69115 Heidelberg, Germany. If you have any concerns regarding our products, please contact ProductSafety@springernature.com

Printed and bound by CPI Group (UK) Ltd, Croydon, CR0 4YY

23/03/2026

02076679-0019